Reise-Taschenbuch

extremadura

D1727838

Jürgen Strohmaier

Senkrechtstarter

Schlangengleich winden sich Straßen durch die frühlingshafte Natur im Tal Valle del Jerte. Links und rechts stellen Kirschbäume ihre weiße Blütenpracht zur Schau. Kaum ein Auto stört die Stille der Landschaft, über die sich ein schier endloser Himmel wölbt. Lebendig wird es nur zum Kirschblütenfest im März und April, ein Highlight im regionalen Veranstaltungskalender. Und schon zwei Monate später werden die ersten Früchte geerntet, über 30 Mio. kg sind es in der Extremadura.

Überflieger

Die himm-
lischen
Berge
Las Hurdes

Stierkampf
Coria •

Zeitreise ins
Mittelalter
Cáceres
•

Malpartida
de Cáceres
•

Valencia de
Alcántara
•

Das Grab der Gräfin

Cadillac
in
Beton

Tapas,
Tapas,
Tapas

Badajoz •

Mérida •

Das
kleine
Rom

Eigentlich Portugal •   Olivenza

Welch' hübsche Plätze
Zafra •

Mediterran

Monasterio
de Tentudía •

Halt den Lauf der Sonne an

Extremadura — das stille Spanien. Mal eben drüber-fliegen über unberührte Berge und weite Eichenhaine, über uralte Städte und unentdeckte Dörfer.

Valle del Jerte

Ist hier Japan?

● Jaraiz de la Vera

Scharf!

Parque Nacional
de Monfragüe

Unter Geiern

Bei den Eroberern

● Trujillo

● Guadalupe   Welteroberung

Montánchez

Lecker
Schinken

Embalse de
Orellana

Ein Bad im See

La Siberia

Sehr, sehr einsam

Puebla de Alcocer ●

Gigant der
Extremadura

Sierra Grande

Eichen, doch nicht weichen

● Llerena

Achtung Inquisition

Querfeldein

Fundstücke — zwischen Eichenhainen, rauen Bergen und stillen Seen, Dörfern und Städten voller Historie. Spanien en miniature – nur die Touristenmassen fehlen. Zum Glück.

In der Ruhe liegt die Kraft

Auf den ersten Blick mag die Extremadura etwas provinziell erscheinen. Und wahrscheinlich ist sie es auch. Aber hat das nicht auch seinen Reiz? Mal ein paar Gänge runterschalten. Planschen in einem Naturschwimmbad, eingefasst von hohen Felsen und dunklen Wäldern. Oder Sonnenbaden am Strand; zwar ohne Meer, doch entlang großer Seen. Wandern über Blumenwiesen, durch schier endlose Eichenhaine. Und selbst die seit 500 Jahren beinahe unveränderten Zentren von Cáceres und Trujillo präsentieren sich in aller Stille.

Alle Vögel sind schon da

Mérida wird von einem Storch regiert. In den Lüften schweben Adler, Geier, Milane. 130 000 Kraniche zieht's jeden Winter in die Eichenwälder. Und mit ihnen Tausende Birdwatcher, verstreut über das weite Land. Mit einem gemeinsamen Treffpunkt: Regionalstraße EX-208, km 28. Warum? Gegenüber erhebt sich der »Geierfels«.

Paläste aus purem Gold

Was ist denn das? Eine Festung oder ein Palast? Antwort: Beides in einem. Reich geworden waren die Pizarros und die Cortéz, jene berühmten Eroberer Amerikas. Reich geworden mit geraubtem Gold, auf dem Rücken versklavter Völker. Ihren Wohlstand verprassten sie in der alten Heimat, z. B. durch den Bau luxuriöser Wehrburgen, die sie nebenbei vor rivalisierenden Familien schützten. Denn so ganz vom Krieg konnten sie nie so recht lassen.

Nahezu jeder größere Ort der Extremadura hat eine »Plaza Mayor«. Ein Spaziergang über diesen zentral gelegenen Platz gehört ebenso zu den allabendlichen Ritualen der Extremeños wie ein Glas Bier in der Bar. Dazu passen Oliven vor dem Abendessen.

Geliebtes Schwein

Er hängt als Keule von der Decke der Bars und ist auch in den Gourmettempeln unverzichtbar: Der *Jamón Ibérico*. Ganz frisch und hauchdünn wird der Eichelschinken vor den Augen der Gäste aufgeschnitten. Einen solchen Schinken gibt es weltweit nicht noch mal. Sagen die Einheimischen, die ihn zum Symbol ihres Landstrichs gemacht haben. Aber genug geschrieben. Probieren geht über Studieren.

Wehrhaft

Auf dem Hügel steht die Burg, zu Füßen lebten die Menschen gut geschützt vor dem portugiesischen Feind, aus dem mittlerweile der befreundete Nachbar wurde. Und aus den Befestigungen wurden Besuchspunkte für Urlauber.

Das Häppchen

Einer Tapa kann kaum ein Extremeño widerstehen. Deshalb ist auch für jeden Geschmack etwas dabei – vom fetttriefenden Ausgebackenen bis zum kalorienarmen, glutenfreien Appetithappen.

Weißt du, wie viel Sternlein stehen? Am Himmel über dem Monfragüe-Park unzählige! So sauber ist dort die Luft, dass die UNESCO ihn zum Lichtschutzgebiet auserkoren hat.

Auf einen Sprung zum Nachbarn

Warum nicht mal in Portugal vorbeischauen? Die Zusammenarbeit der beiden Nachbarn ist hervorragend, die Tourismusämter im grenznahen Gebiet, ›Raya‹ genannt, machen sogar Werbung für die Gegenseite. Allerdings: Tapa-Bars gibt's dort keine. Und wer alles auf einmal haben will, schaut sich Olivenza an, das ist Portugal in Spanien.

*Der arme Baum, hoffentlich hält er durch.
Aber Störche wissen eben, wo sich's schön
leben lässt – in der Extremadura.*

Inhalt

Vor Ort

Mérida und Umgebung 14

Cáceres und Umgebung 40

Trujillo und Parque Nacional de Monfragüe 70

Plasencia und der Norden 96

Badajoz und die Raya 140

Zafra und die südlichen Sierras 174

Parkähnliche Landschaften aus Stein- und Korkeichen bedecken 35 % der Extremadura.

Guadalupe und der mittlere Osten 210

Das Kleingedruckte

Das Magazin

Vor

Ein hochsommerliches Vergnügen bildet das Planschen in den Naturbädern der wasserreichen Bergregionen.

Ort

Mérida und Umgebung

In Saus und Braus — lebten die Römer im Vergnügungs-
zentrum. Heute schieben sich die angesagtesten Tapa-Bars vor
antike Steinbögen. Lieblingsspeise zum Glas Bier ist der dünn
geschnittene iberische Schinken.

Seite 17
Mérida ⭐

In Saus und Braus
sollten die römischen
Veteranen in der Ex-
tremadura die Friedens-
zeiten erleben, also ließ
Kaiser Augustus für sie
eine moderne Haupt-
stadt mit Vergnügungs-
zentrum erbauen. Für
heutige Besucher ein
grandioses archäologi-
sches Ensemble!

Méridas Wahrzeichen
ist ein Geschenk des
antiken Rom.

Eintauchen

Seite 26
Plaza de España

Die Bars und Cafés um
den zentralen städ-
tischen Platz haben
lange geöffnet und sind
Ausgangspunkt für
weitere nächtliche Un-
ternehmungen. Und für
den Spaziergang durch
die lebendige Fußgän-
gerzone.

Seite 28
Casa del Mitreo

Im Überfluss ließ es sich
schon immer angenehm
leben – so auch in dem
römischen Palast Casa
del Mitreo: mit Boden-
mosaiken, auf denen die
Sonne einen Strahlen-
kranz trägt und der
Mond seinen runden
Rücken zeigt.

Seite 19
Paseo de Roma

Thymian wächst am
Weg, Oleander blüht
rosa und der Blick fällt
auf zwei ungewöhnliche
Brücken. Die Flusspro-
menade Paseo de Roma
lädt zum Spaziergenge-
hen und Joggen ein.

Museo Nacional de Arte Romano

Ein mitreißender Museumsbau voller Masken mit offenen Mündern, Lanzenträgern im Kampf mit Löwen, fruchtbarkeitssteigernden und glücksbringenden Amuletten, Glasbehälter für vergossene Tränen samt den üblichen römischen Statuen.

Frühstücken in den Bars

Mit kräftiger Schweineleberpastete oder einer süßen Hefeteigschnecke beginnt der Tag in den Bars von Mérida. Dazu gibt es natürlich einen aromatischen *café solo*.

Im Naturpark Cornalvo

Auf Schusters Rappen oder auf dem Fahrradsattel geht's um einen römischen Stausee und durch Korkeichenwälder.

&

Die Thermen von Alange

In die modernen Kur- und Wellnessanlagen wurden zwei römische Originalbäder einbezogen. Über steinerne Stufen geht's ins heilende Wasser.

Die Extremadura ist die Heimat vieler Störche. Kein Wunder, dass auch das Rathaus Méridas von einem Storchennest bekrönt wird, in dem ein Paar lautstark mit den Schnäbeln klappert.

In Mérida manch Neues! Genau, und das ist das Schöne. Zeitgenössisches neben Römischem, auch mal Modernes über Altem. Oder wild gemischt in ein und demselben Bauwerk.

erleben

Die römische Extremadura

M

Mérida ist der Inbegriff des Römischen. Mit Superlativen wie »das spanische Rom« wird die Stadt überschüttet. 1993 erfuhr sie mit der Anerkennung als Welterbe der Menschheit die allerhöchste Würdigung. Und es ist wirklich so! Auf Schritt und Tritt stoßen Besucher in der Hauptstadt des einstigen Lusitanien auf Geschichte. Das Römische Theater und das Nationalmuseum für Römische Kunst bilden ohne Zweifel kulturelle Highlights einer jeden Reise in die Extremadura.

Eine solche Aufmerksamkeit fand Mérida nach dem Abzug der Römer allerdings nicht immer. Das belanglose Provinznest des frühen 20. Jh. zählte gerade einmal 12 000 Einwohner. Die antiken Schätze waren, kaum zu glauben, unter Kichererbsenfeldern und Müllhalden verborgen. Doch so ganz in Vergessenheit geraten war die glorreiche Geschichte nun auch wieder nicht, und 1910 begannen groß angelegte Ausgrabungsarbeiten. Seitdem wird das grandiose archäologische Ensemble neu zusammengesetzt. Stück für Stück.

Im südlich gelegenen Badeort Alange kurten einst die Römer. Trinkwasser schöpften sie aus zwei Stauseen in der

ORIENTIERUNG **O**

Infos: http://turismomerida.org
Verkehr: Mit dem Auto ist **Mérida** von Badajoz, Madrid und Lissabon über die Autobahn A-5 zu erreichen; aus Salamanca, Plasencia, Cáceres und Sevilla über die A-66. Parken können Sie in der Tiefgarage Avenida José Fernández López und auf dem öffentlichen Parkplatz des Museo Abierto de Mérida (MAM), Calle Cabo Verde.
Per Zug ist Mérida mehrmals tgl. mit Badajoz, Cáceres und Madrid sowie 1 x tgl. mit Sevilla verbunden. Häufiger sind Busverbindungen.
Nach **Alange** geht es per Bus, der **Naturpark Cornalvo** ist nur mit dem eigenen Fahrzeug zu erreichen.

Umgebung. Eine lang gezogene römische Staumauer liegt mitten im Naturpark Cornalvo mit zahlreichen Posten zur Vogelbeobachtung sowie Rad- und Spazierwegen. Der Río Guadiana, an dem auch Mérida liegt, durchzieht die Gegend von Ost nach West. Wellige Weidelandschaften, die von immergrünen Eichenhainen bestanden sind, prägen die Landschaft. Nur nach Süden hin durchbrechen vereinzelt verkarstete Felsformationen das sanfte Bild.

Mérida ● E8

Es gab Streit! Was sollte Hauptstadt der 1983 neu geschaffenen autonomen Region Extremadura sein? Die beiden großen Städte Badajoz und Cáceres neideten sich gegenseitig diesen Titel. Da kam ein geschichtsträchtiges Städtchen als Alternative gerade recht, zumal es ziemlich in der Mitte der Extremadura liegt.

Avantgardistische Glaskästen entstanden am Ufer des Río Guadiana für die neue Verwaltung. Freilich blieb die große Vergangenheit allgegenwärtig. Nahezu allen modernen Bauvorhaben gehen archäologische Ausgrabungen voraus. Wie auf Stelzen stehen viele Gebäude auf ihren römischen Fundamenten, nicht nur die erwähnten Verwaltungsbauten. Einen spannenden Balanceakt müssen die Planer bewältigen. Denn diese Stadt lebt nur dank ihrer Ruinen, sie lebt mit ihnen und gleichzeitig ihnen zum Trotze!

Ohne jeden Zweifel gäbe es noch allerlei Überraschendes dem Dunkel der Geschichte bzw. dem städtischen Untergrund zu entreißen. Aber dafür müssten wohl die Bewohner vertrieben werden, die lieber selbst auf Schatzsuche gehen und manch eigenen Fund stolz präsentieren, etwa als Dekoration eines Restaurants oder im Innenhof eines Wohnhauses. Das Arrangement zwischen antik und neu ist gelungen. Mérida wirkt sympathisch in seiner Bescheidenheit, die nicht die Klischees einer modernen Hauptstadt bedienen will.

Leben in Saus und Braus

Die Menschen vor zwei Jahrtausenden hatten das noch anders gehalten, sie liebten Luxus und wollten ihren Prunk zeigen. Kaiser Augustus hatte

Römisches auf Schritt und Tritt, und manchmal mit kurioser Geschichte. Der Tempel der Diana war eigentlich Kaiser Augustus gewidmet und im 16. Jh. setzte eine reiche Familie ihren Palast an die Säulen.

die iberische Halbinsel endgültig dem Römischen Reich einverleibt, nachdem der erbitterte Widerstand der einheimischen Lusitaner und Vettonen nach zwei kriegerischen Jahrhunderten endlich gebrochen war. Nun standen zivile Maßnahmen der Herrschaftssicherung auf der römischen Agenda. Zunächst galt es, die Veteranen der siegreichen Legionen zu versorgen.

Für sie ließ Augustus 25 v. Chr. eine komplett neue Stadt aus dem Boden stampfen. Klotzen statt Kleckern! Emerita Augusta, wie die Modellstadt genannt wurde, war mit allen Errungenschaften der römischen Zivilisation gesegnet. In wenigen Jahrzehnten entstanden kolossale Vergnügungsstätten – Theater, Amphitheater und Rennbahn. Schmucke Bäder wurden angelegt. Das Wasser kam aus Stauseen der Umgebung und lief über Aquädukte. Es entstanden Tempel, zwei Foren und Villen. So sahen sich die verdienten Veteranen mit einem genussvollen Lebensabend belohnt.

Der Kaiser als Gott

Gleichzeitig sollte die monumentale Architektur die römische Überlegenheit auch in Friedenszeiten demonstrieren. Um die Legitimität seiner Herrschaft zu unterstreichen, zog Kaiser Augustus schließlich die ultimative Trumpfkarte und ließ sich in den Tempeln von Mérida als göttliches Wesen feiern.

Das römische Imperium basierte auf einem hoch effizienten Kommunikationssystem, auch und gerade in der neu geschaffenen Provinz Lusitanien, deren Hauptstadt Mérida bald sein sollte. Anlässlich ihrer Gründung wurde eine mächtige Brücke über den Río Guadiana gebaut. Moderne gepflasterte Straßen führten nach Asturien, nach Andalusien, nach Lissabon und Toledo. Emerita Augusta war ein zentraler Verkehrsknotenpunkt auf der iberischen Halbinsel. Die Stadt hatte ihren Zenit erreicht.

Eine Stadt verfällt

Mit der Verbreitung des Christentums verwaisten zwar die Prachtbauten der heidnischen Spektakel, allerdings blieb Mérida auch im 5. und 6. Jh. unter Herrschaft zunächst der Sueben und dann der Westgoten Hauptstadt. Nach langer Belagerung mussten sich diese im Jahr 713 dem arabischen Feldherrn Musa Ibn Nusayr ergeben. Der Verfall begann und der Rest der Geschichte ist schnell erzählt. Das erfolgsverwöhnte Mérida tat sich schwer mit dem Abstieg in die Regionalliga und zettelte Aufstände gegen die arabische Hauptstadt Córdoba an, die allerdings massiv niedergeschlagen wurden.

Während der Reconquista gelang dem König von León, Alfonso IX., 1230 die Einnahme der Stadt. Er übergab sie dem Santiago-Orden. Trotz eines kurzen Aufschwungs im 15. Jh. unter der Katholischen Königin Isabella blieb Mérida ein Schatten seiner majestätischen Vergangenheit im Imperium romanum – und das bei aller Wertschätzung irgendwie bis heute.

FAKTENCHECK **F**

Einwohner: 59 352 (2018), drittgrößte Stadt der Extremadura, Landkreis Tierra de Mérida – Vegas Bajas
Bedeutung: Hauptstadt der Extremadura
Stimmung auf den ersten Blick: sympathisches Alltagstreiben
Stimmung auf den zweiten Blick: sympathisches Alltagstreiben inmitten römischer Hinterlassenschaften
Besonderheiten: Verwaltungszentrum, Außenstelle der Universität der Extremadura; die Bauten der Römerzeit und des frühen Mittelalters sind als UNESCO-Welterbe anerkannt.

Stadtspaziergang

Eine Besonderheit zeichnet Mérida vor den meisten Nachbarstädten aus. Trutzig-abweisende Stadtmauern fehlen, die gesamte Stadtkulisse breitet sich vor den Augen der Ankommenden aus. Dort, jenseits des Río Guadiana, den die Römer Ana genannt hatten. Alle Sehenswürdigkeiten im Stadtgebiet sind gut zu Fuß zu erreichen.

Römischer Rekord
Seit über 2000 Jahren führt der weit ausladende **Puente Romana** ❶ hinüber zur heutigen Plaza de Roma. Mit ihren beachtlichen 792 m gilt sie als längste römische Brücke weltweit. 60 Rundbögen überspannen den Fluss, etwa 12 m hebt sie sich über den durchschnittlichen Wasserstand. Robust wirkt sie, revolutionär war die Bauweise: Ein Betonkern wurde mit hervorstehenden Quadersteinen aus Granit verkleidet. Schmale Öffnungen zwischen den Bögen und halbrunde Wellenbrecher vor den Pfeilern reduzieren die Wucht der anströmenden Fluten. Gleichwohl musste der Übergang regelmäßig ausgebessert werden, denn nicht nur das winterliche Hochwasser riss Lücken. Aufgrund der strategischen Bedeutung stand der Übergang im Mittelpunkt zahlreicher kriegerischer Auseinandersetzungen, zuletzt im Spanischen Bürgerkrieg.

Eine umfangreiche Sanierung erfolgte im 17. Jh., wofür Granitblöcke aus dem römischen Theater verwendet wurden. Halbwegs erhalten zeigt sich der stadtnahe Abschnitt unterhalb der Festung. Hier stieß die Brücke direkt auf den *decumanus maximus,* die römische Hauptstraße von Ost nach West. Eine Bronzestatue der römischen Wölfin erinnert an das »kleine Rom«, wie Mérida auch liebevoll genannt wurde. Vom Brückensteg schweift der Blick hinüber zum modernen **Puente Lusitania** ❷

flussabwärts. In strahlendem Weiß baute sie der spanische Stararchitekt Santiago Calatrava (s. S. 38).

Erholung gefällig?
Ein paar Stufen führen von der Brücke zur reizenden Flusspromenade **Paseo de Roma** hinab. Von rosablühendem Oleander gesäumt verläuft er unter schattenspendenden Platanen zum Puente Lusitania und noch ein Stückchen darüber hinaus durch die Flussauen. Wie zu römischen Zeiten wächst Thymian am Wegesrand. Familien gehen spazieren, Jogger absolvieren ihr Training. Des Nachts turteln verliebte Pärchen.

Monumentaler Machterhalt
Zur Kontrolle von Brücke und Fluss erhob sich eine arabische Festung über das Ufer. Zudem bot sie den maurischen Eliten und Militärführern Schutz vor lokalen Revolten. Mit der **Alcazaba** ❸ von Mérida entstand 835 die erste arabische Wehranlage auf der iberischen Halbinsel. Sie gilt als wichtigste architektonische Hinterlassenschaft dieser Epoche. Die monumentale Anlage war durch 25 quadratische Wachtürme gesichert und von einer 550 m langen und etwa 10 m hohen Mauer umgeben. Zwei Portale in Form eines Hufeisens führten hinein. Unbekümmert griffen die Baumeister auf vorgefundenes Baumaterial früherer Epochen zurück. So fanden für die Mauern 135 römische Grabsteine neue Verwendung. Sie lassen sich an ihren Inschriften erkennen. Den Zugang zur arabischen Zisterne bilden Säulen und Türstürze mit Pflanzenmotiven aus westgotischer Zeit. Einen auffallend ockerfarbigen Porticus errichtete ein Privatmann im 14. Jh. – über dem Pulverturm.

Von den Burgmauern öffnet sich der Blick über den Fluss. Kein Wunder, dass die Ritter des Santiago-Ordens diese Festung nach der Rückeroberung zu ihrer Kommandozentrale machten. Im 16. Jh.

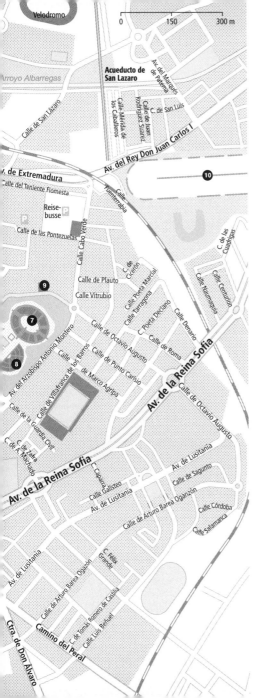

Mérida

Ansehen

1. Puente Romana
2. Puente Lusitania
3. Alcazaba
4. Centro Cultural Alcazaba
5. Templo de Diana
6. Foro Municipal
7. Anfiteatro
8. Teatro Romano
9. Casa del Anfiteatro
10. Circo romano
11. Basílica de Santa Eulalia
12. Reste der römischen Hauptstraße
13. Plaza de la Constitución
14. Arco de Trajano
15. Plaza de España
16. Restos Arqueológicos de Morería
17. Acueducto de Los Milagros
18. Casa del Mitreo
19. Museo Nacional de Arte Romano
20. Museo de Arte Visigodo

Schlafen

1. Mérida Palace
2. Capitolio
3. MPD
4. Emeritae

Essen

1. Parador
2. Rex Numitor
3. Tábula Calda

Fortsetzung S. 22

Mérida Fortsetzung von Seite 21

4 Shangri-La   **2** Nico Jimenez   **Ausgehen**
5 Sybarit Gastroshop   **3** Joaquín Luna   **1** Barocco
6 Fusiona Gastrobar   **4** Terracota   **2** Maruja Limón
7 Entrecañas   **5** La Esparteria   **3** Jazz Bar

4 Garoa Copas

Einkaufen   **Bewegen**
1 Artesanos Roco   **1** Ciclos Lusitania

---

erbauten sie im nördlichen Bereich ein Kloster, von dem vor 100 Jahren nicht viel mehr als ein Haufen Steine übrig war. Nach aufwendiger Restaurierung werden aber nun erneut die Geschicke der Region von hier aus gelenkt, denn das extremenische Regierungspräsidium ist eingezogen. Bei freundlicher Bitte gestatten die Wachen am Haupteingang in der Calle Graciano meist einen kurzen Blick in den Klosterhof. An den Säulen im Patio und den Quadern der Außenmauern lässt sich leicht erkennen, an welchen Stellen die ursprünglichen Baumaterialien durch neue ersetzt wurden.

Paseo de Roma, o. Nr., April–Sept. tgl. 9–21, Okt.–März 9–18.30 Uhr, Eintritt 6 €, mit Kombiticket 15 €

Römisches und Modernes

Gegenüber der Alcazaba beginnt die Calle Romero Leal. Das Eckgebäude zur Calle John Lennon, das **Centro Cultural Alcazaba 4**, ist ein gelungenes Beispiel für die Einbeziehung römischer Funde in die zeitgenössische Architektur. Im Erdgeschoss des Kulturzentrums sind römische Ruinen und Ausstellungen aktueller Kunst zu bestaunen, zugleich ist im Gebäude das städtische Kino untergebracht.

C/ John Lennon, 5, Mo–Fr 8.30–15, 17–20.30 Uhr, Eintritt frei, bei Veranstaltungen länger geöffnet

Oder doch ein anderer?

Nach einigen Schritten die Calle Romero Leal hinab erhebt sich eine römische Kultstätte, die seit dem 17. Jh. als **Templo de Diana 5** bezeichnet wird. Fälschlicherweise, denn laut neueren Forschungen wurde dort nicht Diana, sondern Kaiser Augustus gehuldigt. Kurios ist die Ursache für den hervorragenden baulichen Zustand. Die reiche Familie Los Corbos ließ im 16. Jh. ihren Palast über dem Sockel bauen und die römischen Säulen in die Fassade integrieren. Inzwischen stehen diese Säulen wieder frei, weitere bei Ausgrabungen entdeckte Teile des Tempels wurden hinzugefügt.

Die rückwärtigen Abschnitte des Renaissancepalasts blieben jedoch stehen. Das frühere Umfeld wurde nach weiteren Grabungen rekonstruiert. Allerdings stört das umlaufende moderne Gebäude doch sehr die historische Ansicht. Geplant war es als Einkaufszentrum, wurde von der Bevölkerung allerdings nie angenommen.

C/ Romero Leal, Ecke C/ Santa Catalina, frei zugänglich

Am Mittelpunkt

Weiter auf der Calle Sagasta sind bald die rekonstruierten Überreste des Forums **Foro Municipal 6** erreicht, um das sich Tempel, Thermen und Gärten gruppierten. Entsprechend den Regeln der römischen Stadtplanung lag dieses soziale und politische Zentrum an jener Stelle, an der sich die Hauptstraße von Ost nach West (decumanus maximus) mit der Verbindung von Nord nach Süd (kardo maximus) kreuzte. Die rückwärtige Wand der Säulenhalle, verziert mit zwei Statuen, konnte wiederaufgebaut werden. Die vorgelagerten korinthischen Säulen tragen einen breiten Fries, geschmückt von zwei Medaillon-Repliken. Die linke zeigt den Kopf von Medusa, Jupiter die rechte. Die Originale hängen im **Römischen Nationalmuseum** in unmittelbarer Nachbarschaft (s. S. 28).

C/ Sagasta, o. Nr., frei zugänglich

Brot und Spiele

Was war das wieder spannend! Die 14 000 Zuschauer im **Amphitheater** ❼ (Anfiteatro) tobten. Sie saßen gemäß ihrem sozialen Stand auf unterschiedlichen Rängen rund um die ovale Kampfarena. Bei den tödlichen Gladiatorenkämpfen, blutigen Tierhatzen oder gefährlichen Kämpfen zwischen Mensch und Tier. Die politischen Würdenträger hatten ihre Plätze am Haupteingang, ihnen gegenüber saßen die privaten Finanziers der Spiele. Mosaike und Fresken mit realistischen Kampfszenen verzierten die untere Innenwand. Heute hängen auch sie im Römischen Museum Méridas.

Die unteren Ränge sind erhalten, die Steine der oberen wurden über Jahrhunderte abgebaut. Manch eine hochwertige Marmorverkleidung fand sich später als Grabstein auf einem Friedhof wieder. Kurios sind die Löcher in den Granitquadern, die bei genauerem Hinsehen zu entdecken sind. Es handelt sich um antike Dübellöcher zur Befestigung der Marmorplatten.

Plaza Margarita Xirgu, o. Nr., April–Sept. tgl. 9–21, Okt.–März 9–18.30 Uhr, Eintritt 12 € inkl. Teatro Romano (s. u.), mit Kombiticket 15 €

Zur Erbauung gedacht

Der ausgeschilderte Rundgang führt nun ins benachbarte Theater, das zur selben Zeit geplant worden war. So spannend wie die gewalttätigen Schaukämpfe fanden die Römer die Tragödien und Komödien nicht, die im **Teatro Romano** ❽ gegeben wurden. Es fiel kleiner aus und ist doch einzigartig auf der iberischen Halbinsel, gemeinsam mit seinem Pendant im südfranzösischen Orange zählt es sogar zu den großartigsten römischen Theaterbauten überhaupt. Marcus Agrippa, Freund und Schwiegersohn von Augustus, ließ die gewaltige Anlage mit der Stadtgründung zunächst aus Holz errichten. Erst unter Kaiser Hadrian entstand im 2. Jh. der massive Bau aus Granit und Marmor. Über die Jahrhunderte als Steinbruch missbraucht und zugeschüttet, begannen 1910 erste Ausgrabungen, Steine und Säulen wurden wieder zusammengesetzt. Zu neuem Leben erweckte das erste **Festival de Teatro Clásico** dieses Schmuckstück im Sommer 1933. Damit erhielt das antike Bauwerk seine ursprüngliche Bestimmung zurück. Allerdings findet heute auf den steinernen Rängen nur noch gut ein Drittel der ursprünglich 6000 Zuschauer Platz.

Der frei stehende, nach hinten ansteigende **Zuschauerraum** ruht auf komplexen Gewölbeunterbauten. Die griechischen Vorbilder hatten sich aus statischen Gründen noch an einen Hügel lehnen müssen. Die Sitzreihen erheben sich halbkreisförmig um den zentralen Chorraum, aus dem die politischen Würdenträger auf gepolsterten Ehrenplätzen die Spektakel verfolgten. Auf den mit Marmor verkleideten Bankreihen nahmen die weniger privilegierten Zuschauer ihre Plätze ein. Unten und somit nahe der Bühne saß das Militär, auf halber Höhe die Priester und Kaufleute und ganz oben einfaches Volk und Frauen.

Die **Bühne** war 60 m lang und mit Holzbrettern verkleidet, ein großes Segel schützte die Schauspieler vor der sengenden Sonne. Sie mussten mehrere Stücke nacheinander in Szene setzen, nonstop von morgens bis abends. Als rückwärtige Begrenzung diente die 17 m hohe und 7 m breite Fassade des **Bühnenhauses.** Es war aus reinem Marmor errichtet, der von nachfolgenden Generationen eifrig geplündert wurde. Weitgehend original sind die zwei übereinanderstehenden Reihen korinthischer Säulen aus bläulich schimmerndem portugiesischen Marmor. Nur wer genau hinschaut, wird die jeweils dritte Säule von links und rechts als Remake des Wiederaufbaus erkennen. Der Farbton unterscheidet sich, und sie sind aus drei Teilen zusammengesetzt.

Ganz schön viele Köpfe

Im Säulenwald verbergen sich die Repliken der Säulen der Fruchtbarkeitsgöttin Ceres, ihrer Tochter Proserpina und des Gottes Pluto, der die Schöne in die Unterwelt entführte und zur Gemahlin machte. Die Erinnerung an ihre Abenteuer regte die Fantasie der Zuschauer schon vor Beginn der Aufführungen an. Drei Kaiserfiguren komplementieren die steinerne Szenerie. Ihre Köpfe waren auswechselbar, je nachdem, welcher Kaiser gerade regierte.

Hinter dem Bühnenhaus wurde der ursprüngliche **Garten** rekonstruiert. Säulengänge sind von Pflanzen umrankt, plätschernde Wasserkanäle tragen fast arabische Züge. Die Anlage diente der Erholung der Schauspieler, allgemeiner Kontemplation und kulturellen Debatten. Zahlreiche Originalsäulen fanden später beim Bau der großen Moschee von Córdoba eine Wiederverwendung. Fast unbeschädigt bargen Archäologen den Kopf von Augustus im zentralen Bereich des Peristyls. Er ist im Römischen Museum zu bewundern. Gemeißelt aus kostbarem Marmor aus Carrara sollte er die Bevölkerung auf den Kaiser einstimmen, denn das Theater war moralische Anstalt.

Plaza Margarita Xirgu, o. Nr., gleiche Öffnungszeiten und Eintritt wie Anfiteatro

Komfortabel ging es zu

Nur einen Steinwurf entfernt vom Römischen Theater wurden unter einem westgotischen Friedhof die Überreste einer weitläufigen Villa aus dem 1. bis 3. Jh. n. Chr. entdeckt: **Casa del Anfiteatro** ❾. Die Grabungen förderten zudem einen Teil des **Aquädukts San Lázaro** zutage, das Wasser in die komfortablen Thermen führte. Sie wurden mit einer ziemlich futuristischen Fußbodenheizung erwärmt: Heiße Luft zirkulierte in flachen Bogengängen aus Ziegelsteinen.

Neben Wandbemalungen gefallen zwei Bodenmosaike. Eines schmückt den Speisesaal und zeigt drei Männer, die barfuß Weintrauben zertreten. Das andere ist mit Meeresfischen dekoriert. Brassen, Muränen, Weißfische, Seezungen, Zackenbarsche oder Meeraale waren begehrte Delikatessen in einer Stadt im Landesinneren und großer Luxus. Zugleich sollten sie ein gutes Lebensumfeld schaffen, denn nach römischen Vorstellungen schützten Fische ein Haus vor negativen Einflüssen.

Plaza Margarita Xirgu, o. Nr., zeitweise wegen Sanierung geschl.

Mit dem Wagen Runde um Runde

Damit hat sich die römische Antike in Mérida allerdings noch längst nicht erschöpft. Nach nur zehn Fußminuten ist östlich des Stadtzentrums der **Circo romano** ❿ erreicht. Die Pferderennbahn bildete gemeinsam mit Theater und Amphitheater den Dreiklang der römischen Vergnügungsstätten. Von der Terrasse des Infozentrums lässt sich die wahre Größe des Veranstaltungsorts begreifen. Elf Sitzreihen umgaben eine

Fläche, die viermal so lang war wie ein Fußballplatz und fast doppelt so breit. Viel ist allerdings nicht mehr zu sehen, eher ein weites, reichlich staubiges Feld.

Rund 30 000 Zuschauer fasste das Stadion. Wagenrennen waren die bevorzugte Attraktion, noch vor den blutigen Gladiatorenkämpfen und uneinholbar für die pädagogisierenden Theaterstücke. Sogar der berühmteste römische Wagenlenker aller Zeiten, der Lusitaner Caius Apuleius Diocles, eine Art Sebastian Vettel der Antike, verdiente sich seine ersten Sporen in Mérida. Insgesamt sieben Runden musste er fahren, immer herum um die mit Statuen geschmückte, etwa 1 m hohe und 250 m lange Mittelmauer, von der Reste erhalten blieben.

Avda. Juan Carlos I, o. Nr., April–Sept. tgl. 9–21, Okt.–März 9–18.30 Uhr, Eintritt 6 €, Kombiticket 15 €

Im Ofen einer Heiligen

Auf dem Rückweg in die Innenstadt führt die Avenida de Extremadura an einem Kirchlein von großer lokaler Bedeutung vorbei: **Basílica de Santa Eulalia** ⑪, geweiht der hl. Eulalia, der Schutzpatronin Méridas. Angeblich demonstrierte das junge Mädchen aus gutem Hause gegen die Christenverfolgung, wurde unter Diokletian verhaftet, gefoltert und im Jahre 304 n. Chr. bei lebendigem Leibe den Flammen anheimgegeben. Ihre Verehrung begann im 6. Jh. nach der abgeschlossenen Christianisierung der iberischen Halbinsel. Die Kapelle aus dem 17. Jh. schmiegt sich in barocker Pracht strahlend weiß an einen römischen Marstempel. Höchst originell! Der nicht gerade zimperliche Volksmund von Mérida nennt sie *Hornito de Santa Eulalia*, zu Deutsch »Kleiner Ofen der Heiligen«.

Das Innere enthält mehr, als die schlichte Fassade erwarten lässt, Ausgrabungen haben die wechselhafte Nutzung dieses Ortes zutage gefördert. Bis ins dritte nachchristliche Jahrhundert standen hier römische Wohnhäuser, die einem Friedhof weichen mussten, auf dem sich auch das erste Mausoleum für Eulalia befand. Im 5. Jh. wurde dieses Grabmal mit einer frühchristlichen Basilika überbaut, die jedoch nach dem Einzug der Araber im Jahr 835 zerstört wurde. Nicht aber verschwand die Erinnerung an den geheiligten Platz, weswegen die Kirche sofort nach der christlichen Reconquista errichtet wurde.

Der Ausstellungsbereich liegt im Kellergeschoss unter dem Gebäude. Stufen führen hinter einem seitlichen Nebeneingang hinab und weiter durch ein etwas verwirrendes Ruinenfeld, das illustrative Skizzen und spanische Texte zu erklären versuchen. Das Besondere aber besteht darin, dass Besucher an einigen Stellen durch einen Spalt in der Decke in die Kirche darüber schauen können. Eine Ausstellung im Eingangsbereich beleuchtet anhand langer Erläuterungen, Bilddokumenten und Modellen die wechselhafte Geschichte.

Avda. de Extremadura, 13, Ausgrabungsstätte: April–Sept. tgl. 9–21, Okt.–März 9–18.30 Uhr, Eintritt 6 €, mit Kombiticket 15 €, Kirche Mo–Sa 10.15–14, 15.30–18 Uhr, gegen eine Spende von 2 €

Römische Fußgängerzone

Der Weg führt nun über die Rambla Mártir Santa Eulalia, die bald zur Fußgängerzone Calle Santa Eulalia wird. Dort, beim Bankgebäude der Caja Madrid/ Bankia (C/ Eulália, 43), ist das **Originalpflaster der römischen Hauptstraße** ⑫ *decumanus maximus* ausgegraben worden. Darüber erhebt sich ein neues Wohn- und Geschäftsgebäude. Auch die Einkaufsstraße gibt sich dem Lebensstil der Einwohner entsprechend bescheiden. Meist zweistöckige Häuser beherbergen kleine Zeitschriften-, Bekleidungs- oder Brillenläden. Hoffentlich können sie sich künftig gegenüber den modernen Kettenläden behaupten. Zara samt Ableger hat allerdings bereits mehrere Geschäfte eröffnet. Luxuriöses Prêt-à-porter ist freilich nicht im Angebot.

Auf dem Verfassungsplatz

Bald führt die Calle San Francisco nach rechts an der derzeit verwaisten Markthalle vorbei zur reizenden **Plaza de la Constitución ⓭**. Palmen wachsen auf einer kleinen, von Orangenbäumen eingefassten Grünfläche. Hier wird Méridas einst zweites Forum vermutet, das *foro provincial* mit Verwaltungsgebäuden der römischen Provinzregierung. Reste eines vermutlich größeren Tempels kamen in einer Baugrube in der abzweigenden Calle Holguín zum Vorschein.

An der östlichen Platzseite bezog der staatliche **Parador 1** einen früheren Jesuitenkonvent aus dem 18. Jh. Auch Nicht-Gästen ist ein Blick in den Innenhof gestattet. Die Säulen aus römischer und westgotischer Herstellung haben die Araber mit kufischen Inschriften verziert.

Und was sollte das?

Das entgegengesetzte Platzende hat sich dank mehrerer Bars zum Zentrum des Nachtlebens gemausert. Gleich dahinter erhebt sich in der Calle Trajano der einzeln stehende Trajansbogen **Arco de Trajano ⓮** über die angrenzenden Häuser und weitere Bars. Einzig der Gegendruck der Granitsteine ermöglicht seine beeindruckende Höhe von 15 m. So sicher heute erwiesen ist, dass der Name nichts mit Kaiser Trajan zu tun hatte, so rätselhaft ist doch die ursprüngliche Funktion. Allerdings führte hier der *cardo maximus* vorbei, die Nord-Süd-Achse einer römischen Stadt. Der Bogen könnte ein geheiligtes Tempelgebiet eingegrenzt haben, dessen Überreste heute im Boden unter der Calle Holguín schlummern.

Unter Palmen und Störchen

Einige Schritte weiter stoßen Sie auf den verkehrsberuhigten städtischen Hauptplatz **Plaza de España ⓯**. Getränkeausschänke samt Tischen und Stühlen verlocken zum Ausruhen und Beobachten. In der warmen Jahreszeit pulsiert bis spät nachts das pralle Leben. Reichlich uneinheitlich zeigt sich derweil das Häuserensemble. Alle Stile und Epochen sind vorhanden – nur diesmal gar nichts Römisches! Ein prächtiger Renaissancepalast, heute das attraktive Hotel **Mérida Palace 1** beherbergend, nimmt die Längsseite ein, umgeben von romantischem Eklektizismus, buntem Regionalismus, hässlichen Beton- und einfachen Wohnbauten. Alltag pur. Mit einer Besonderheit: Auf dem **Rathaus** an der Stirnseite hat es sich ein Storchenpaar bequem gemacht.

Alt und Neu

Bald ist das Flussufer erreicht. Nahe dem Puente Lusitania wurden die Reste eines Wohnviertels ausgegraben, das kontinuierlich von der römischen Epoche bis zur katholischen Rückeroberung besiedelt war. Etwas irreführend wird es Morería (Maurenviertel) genannt. Denn der Rundgang durch die **Restos Arqueológicos de Morería ⓰**, der mit spanischsprachigen Infotafeln beschildert ist, zeigt hauptsächlich römische Mauern.

Über diesen wurde der weiße Stelzenbau des Verwaltungsgebäudes für die autonome Region Extremadura errichtet. Neben der Kasse lohnt ein Blick in das **Infozentrum zur Vía de la Plata,** das Erläuterungen zur antiken Konstruktionsweise, der touristischen Infrastruktur und dem Verlauf dieses Jahrtausende alten Verkehrswegs bietet.

Paseo de Roma, o. Nr., April–Sept. tgl. 9–21, Okt.–März 9–18.30 Uhr, Eintritt 6 €, mit Kombiticket 15 €, Infozentrum Juni–Sept. Di–So 9.30–13.45, 17–19, Okt.–Mai 9.30–13.45, 16–18.15 Uhr, Eintritt frei

Lieblingsort

Immer viel los auf der Plaza de España

Was hat dieser von Palmen bestandene Platz nicht schon alles gesehen:
Märkte, Theatervorstellungen, Stierkämpfe, Maskenbälle, Prozessionen. Sogar
Hinrichtungen! Diese Geschichte lässt seit dem 19. Jh. ein barockisiertes
Wasserspiel mit musizierenden Engeln vergessen. Jugendliche versuchen
sich, meist erfolglos, an allzu gewagten Kunststücken auf ihren Skateboards.
Oft lockt ein Karussell die ganz Kleinen, im Winter wird eine Eisbahn installiert.
Straßenmusikanten spielen auf. Ein Storchenpaar auf dem Rathaus klappert
mit seinen Schnäbeln den Takt vor. Und ich fühle mich wohl inmitten dieses
Brennpunkts des städtischen Alltags, jenseits aller römischen, maurischen
und westgotischen Highlights. Neben Großfamilien oder Geschäftsleuten ge-
nieße ich an einem der modernen Getränkekioske einen schwarzen *café solo*
oder ein kühles Glas Bier nach einem sonnenheißen Tag. Und freue mich, wie
normal spanisch der Ort wirkt. Irgendwie auch ein bisschen chaotisch.

Außerhalb der Altstadt

Nass für die Stadt

Die Römer benötigten Wasser für die Gründung ihrer Stadt und ihre luxuriöse Lebensweise in rauen Mengen – auch für ihre Badevergnügen. Also konstruierten sie die zwei Stauseen Proserpina und Cornalvo in der nahen Umgebung sowie zwei getrennte Leitungssysteme nach Mérida: neben dem Acueducto San Lázaro (s. S. 24) im Norden der Stadt das **Acueducto de Los Milagros** ⓱. Von diesem ursprünglich 10 km langen Aquädukt blieb ein 830 m langes Teilstück an der Avenida Vía de la Plata am nördlichen Stadtrand stehen. In dreistöckigen Bogengängen überquert es den Río Albarregas in einer Höhe von bis zu 25 m. Ein Betonkern wird von Granit- und Backsteinen verkleidet, die für eine interessante Farbwirkung sorgen. Allerdings – so imposant wie auf etlichen Werbefotos im Abendlicht wirkt die römische Wasserleitung, die heute vor modernen Wohnhäusern steht, nun auch wieder nicht.

EIN RELIKT DER DIKTATUR BESEITIGT **D**

Jahrzehntelang stieß unangenehm ein Überbleibsel aus der Franco-Zeit ins Auge: An der Fassade der Iglesia de Santa María La Mayor am nordöstlichen Rand der Plaza de España prangte der Name von José Antonio Primo de Rivera, eingemeißelt im frühgotischen Gemäuer. Er war 1933 Gründer der faschistischen Falange. Nur ein kleiner roter Farbfleck erinnerte an deren blutige Spuren. Im Einklang mit der spanischen Gesetzgebung wurde die Inschrift 2017 endlich entfernt.

Chaos mit Bart

Nahe der Stierkampfarena am südlichen Rand der Altstadt wurde ein weiteres luxuriöses Herrenhaus aus dem späten 1. Jh. ausgegraben: die **Casa del Mitreo** ⓲. Mehr als zehn Wohn- und Geschäftsräume gruppieren sich um drei Innenhöfe. Einige Räume lagen im Untergeschoss. Sie wurden dank ihrer kühleren Temperaturen im Sommer bewohnt. An verschiedenen Stellen sind Reste einer Wandbemalung und geometrische Bodenmosaike erhalten. Einfach brillant: Auf einem erscheinen das römische Weltbild und die Naturkräfte als allegorische Figuren. So lässt sich der Mond an seinem sichelähnlichen runden Rücken erkennen, die Sonne trägt einen Strahlenkranz um ihr Haupt, das Chaos mit langem Bart lächelt im Hintergrund. Außerdem gestaltet der Bilderreigen die Naturelemente Wind, Wolken, Blitz, Donner und Schnee sowie die vier Jahreszeiten in unglaublich farbiger Strahlkraft.

C/ Oviedo, o. Nr., April–Sept. tgl. 9–21, Okt.–März 9–18.30 Uhr, Eintritt 6 €, mit Kombiticket 15 €

Museen

Römisch at its best

⓳ **Museo Nacional de Arte Romano:** 1986 öffnete das einzige spanische Museum seine Tore, das ausschließlich der römischen Kunst und Kultur gewidmet ist. Architekt Rafael Moneo, der auch den spektakulären Erweiterungsbau des Prado in Madrid verantwortet, katapultierte sich bereits mit diesem frühen Werk in Mérida in die Oberliga der Museumsbauer. In Nachbarschaft zum Amphitheater schuf er ein avantgardistisches Gebäude, das sich von der römischen Architektur inspirieren ließ. Das Ergebnis ist eine harmonische Entsprechung von Form und Inhalt, von Gebäude und Ausstellungsstücken.

Die Funde der vorangegangenen Ausgrabungen sind in den Neubau integriert. So sind im Eingangsbereich Teile einer antiken Wasserleitung, Gräber und Ruinen eines früheren Handwerkerviertels zu sehen. Die originale römische Straßenpflasterung überquerend geht es zunächst in die Krypta, in der Reste eines Wohnhauses und der Totenstadt zu sehen sind. Tageslicht durchflutet die ungewöhnliche Weite der Haupthalle. Keine Zwischendecken verstellen den Blick in die Höhe. Die Wände aus flachen, hellbraun-roten Ziegelsteinen kommen fast ohne Mörtel aus, sie sind die Baustoffe der römischen Antike. Das Gebäude vermittelt jene würdevolle Stimmung, die den römischen Schätzen aus Mérida angemessen scheint.

Unter neun Rundbögen, deren Formung und Höhe dem Trajansbogen (s. S. 26) gleichen, schreiten Museumsbesucher wie auf einer römischen Hauptstraße auf die rückwärtige Backsteinmauer zu, die Bezüge zum römischen Forum herstellt. Vier Toga tragende Marmorskulpturen ruhen auf ihren Sockeln. Darüber sind in ursprünglicher Höhe jeweils drei Medaillons und Karyatiden angebracht. Sie schmückten einst den Fries des Säulengangs im Forum. In den linken Nischen der Haupthalle stehen vor allem römische Götterstatuen.

Auf der rechten Seite vermitteln jeweils zehn Säle auf drei Etagen ein komplexes Bild der römischen Kunst und Kultur. Die ersten drei Säle im Erdgeschoss sind dem Theater und Zirkus gewidmet. Die Wandfresken in Saal I, auf denen ein einzelner Lanzenträger den Kampf mit einem Löwen aufnimmt, stammen aus dem Amphitheater. In Saal II (Erdgeschoss) verblüffen die Funde aus dem Theaterbereich. Manche Masken zeigen offene Münder, denn die Schauspieler sollten frei sprechen und sogar Kritik üben. Zusätzlich kann der vortrefflich skulptierte Kopf des Stadtgründers Kaiser Augustus bewundert werden. Saal VII (EG) präsentiert ein römisches

Wohnzimmer mit rotem Wandanstrich. Die Fenster waren durch Metallgitter geschützt. Schmucke Fresken zeigen die Lieblingsbeschäftigungen der römischen Veteranen: Jagd und rasante Wagenfahrten auf der Rennbahn.

Unterhaltsame Einzelheiten aus dem Alltagsleben gibt es in den oberen Etagen. Kostbare Glasbehälter (Saal IV, 1. OG) nahmen wahlweise Salben, Duftöle oder die Tränen der Trauernden auf. Die Menge der vergossenen Tränenflüssigkeit stand für die Tiefe der Trauer. Knöpfe, Löffel und Würfelspiele stellt der benachbarte Saal V aus. Amulette aus Terrakotta nehmen die Form von Köpfen an. Sie sollten die Fruchtbarkeit steigern, Schmerzen lindern und allgemein Glück bringen. Fast modern wirken zahlreiche Werkzeuge (Saal IV, 2. OG), etwa der Meißel eines Steinmetzes, die Axt eines Bergmanns oder der Zirkel eines Architekten. Das Fürchten lehren allerdings die Zangen eines Zahnarztes. Brote aus dem Gemeinschaftsofen wurden mit Stempeln markiert, ein Brauch, der sich in den Dörfern der Extremadura bis ins 20. Jh. gehalten hat (s. Tour S. 204).

Highlights des Museums bilden zwei großflächige Bodenmosaike, die an den Querwänden befestigt wurden. Vom oberen Stockwerk des Saals I ist ein armes Wildschwein zu sehen, das unter einer Korkeiche erlegt wurde – welch realitätsnahes Motiv noch für die heutige Extremadura! Formvollendet umlaufen Bänder allegorische Darstellungen der vier Jahreszeiten.

Auf dem Mosaik neben Saal X treten die christlichen Heiligen Marcian und Paulus als römische Wagenlenker auf. Als Zeichen des Sieges halten sie einen Palmzweig in der Hand. Die Frage bleibt, ob damit wohl der Ausgang des Rennens oder der Siegeszug des Christentums gemeint war. Meisterhaft verwoben sind die geometrischen und vegetativen Muster der Umrandung.

Durch das römische Museum schreiten die Besucher wie auf einer antiken Hauptstraße und befinden sich doch in einem avantgardistischen Gebäude.

C/ José Ramón Mélida, o. Nr., http://museo arteromano.mcu.es, April–Sept. Di–Sa 9.30–20, Okt.–März Di–Sa 9.30–18.30, So ganzjährig 10–15 Uhr, Eintritt 3 €, Sa Nachmittag und So Vormittag frei

Mal was anderes

⑳ Museo de Arte Visigodo: Bei aller augenfälligen Dominanz der römischen Geschichte bietet Mérida doch auch einen Schatz an Funden aus der westgotischen Epoche. Nur wenige Schritte hinter dem Trajansbogen werden sie derzeit in der Kirche des früheren Klarissenklosters ausgestellt. Ein größeres Museum befindet sich seit Jahren in Planung. Auf Säulen, Friesen, Reliefs und in Mauernischen sind geometrische Motive und Pflanzenabbildungen zu bewundern, ein Merkmal westgotischer Kunst. Sie war von Byzanz und Nordafrika beeinflusst, wohin die wohlhabende Handels- und Bischofsstadt kulturelle und kommerzielle Verbindungen pflegte. Mérida wird daher sogar als Wiege der westgotischen Kunst auf der iberischen Halbinsel bezeichnet. Die hohe Qualität der, allerdings wenigen Steinmetzarbeiten lässt auf eine erkleckliche Zahl luxuriös ausgestatteter Paläste und Kirchen schließen. Leider erklärt die Ausstellung kaum die einstige Funktion der Fundstücke.

C/ Santa Julia, 1, April–Sept. Di–Sa 9.30–20, Okt.–März Di–Sa 9.30–18.30 Uhr, Eintritt frei

Schlafen

Wunderschöner Stadtpalast

① Mérida Palace: Ihr Haupt betten Sie unter neorömische Mosaike, das Planschen in der Badewanne wird von einem römischen Medaillonkopf überwacht und die Utensilien des modernen Hotellebens wie TV und Minibar verstecken sich in einem stilvollen Schrank. Einige Zimmer in diesem Palast aus dem 16. Jh. gehen auf den verkehrsberuhigten, im Sommer aber spanisch-lauten Platz. Empfehlenswert sind Nr. 118 und 218, weniger empfehlenswert die teils etwas dunklen Räume im hinteren Hotelbereich. Kleiner Außenpool, Sauna, Fitnessraum.

Plaza de España, 19, T 924 38 38 00, https://de.ilunionmeridapalace.com, DZ online ab 75 €, Normalpreise bis 200 €

Schick designt
2 Capitolio: Elf in kräftige Farben getauchte Apartments für bis 4 Personen, 37 m² groß und mit kompletter Küche ausgestattet. So modern designt die Räume sind, tragen sie doch die Namen antiker Stätten. Neubau nahe der Fußgängerzone.

Travesía de Cervantes, 2, T 924 30 31 63, www.capitolio.es, 80–180 € je nach Saison und Größe

Im Zebralook
3 MPD: Die Apartments in einem Neubau nahe des Römischen Museums sind zwischen 27 und 40 m² groß und rollstuhlgerecht, die Wände teils grau-weiß gestreift. Von Vorteil sind die hauseigenen Parkplätze. Und wer nicht genug von den Besichtigungen in Mérida bekommen kann: Von einigen Zimmern fällt der Blick auf Ausgrabungen.

Travesía Mártir Santa Eulalia, 12, T 924 96 26 84, http://hotelapartamentosmpd.com, Standardstudios 50–70 €

Schlicht öko
4 Emeritae: 25 einfache, doch saubere Zimmer mit Klimaanlage gruppieren sich um schmale Innenhöfe. Farben: grau und weiß. Die Besitzer nehmen Rücksicht auf die Umwelt. So werden etwa 70 % des Heißwassers durch eigene Sonnenkollektoren erwärmt. LED-Leuchten sind Ehrensache.

FRÜHSTÜCK IN DER BAR

Wenn Ihnen das Frühstück im Hotel zu teuer erscheint, bietet sich gerade in Mérida eine gute Alternative: Viele Bars bieten ab 2 € einen Kaffee und einen Toast an, etwa die *tostada de cachuela*. Das ist eine kräftige Pastete aus Schweineleber, Eiern, Zwiebeln, Knoblauch und Paprika. Wer es lieber süß mag: *Ensaimada* – eine ausgebackene, mit Puderzucker bestreute Schnecke aus lockerem Hefeteig.

C/ Sagasta, 40, T 924 30 31 83, http://hostalemeritae.com, DZ 30–70 €, zur Hochsaison Mindestaufenthalt von 3 Nächten

Essen

Traditionell gut
1 Parador: Kleine Auswahl an traditionellen Gerichten, gereicht im gediegenen Ambiente eines Klosters aus dem 18. Jh. Spezialität ist das Lendenstück von der einheimischen Rinderrasse Retinto *(solomillo de retinto)*.

Plaza de la Constitución, 3, T 924 31 38 00, tgl. 13.30–16, 20.30–23 Uhr, Hauptspeisen 19–25 €, Menü 35 €

Ambitioniert
2 Rex Numitor: Der Teigrand einer halbierten Semmel wird mit Gemüse und Obst gefüllt, darüber wird aus einem Kännchen die extremenische Tomatensuppe eingeschenkt. Und die entspannte Atmosphäre hilft, falls vielleicht nicht jedes Gericht voll den sehr hohen Ansprüchen gerecht wird.

C/ Castelar, 1, T 924 31 86 54, auf Facebook, tgl. 13–16.30, 20–23.30 Uhr, Hauptspeisen 14–23 €, Menüs 16 € (mittags) bis 30 €

Beim Tausendsassa

3 Tábula Calda: Besitzer Sr. Manuel liebt sein mittelalterliches Haus, in das Sie durch einen echten römischen Bogen treten. Außerdem schätzt er neorömische Fresken und Nachahmungen von Chagall-Kunstwerken an den Wänden. Und arabische Traditionen, an die das Wasserspiel im Speiseraum erinnert. Serviert werden Gerichte seiner Mutter, etwa die *salada sefardi* als Appetizer: Orangensalat mit Zucker, Zimt und Olivenöl. Oder das Lammragout *caldereta de cordero.* Das Gemüse stammt aus eigenem Anbau. Alles in allem: ein Unikum!
C/ Romero Leal, 11, T 924 30 49 50, www.tabulacalda.com, tgl. 13–16.30, 20–0.30 Uhr, Hauptspeisen 12–19 €, Tagesmenü ca. 13,50 € (Mo–Fr), Hausmenü Saporis Terrae ca. 25 €

Vegane Küche

4 Shangri-La: Außergewöhnlich ist es schon, in der fleischorientierten Extremadura mit Salaten, Seitan und Crêpes punkten zu wollen. Und in der Tat handelt es sich um das einzige rein vegetarische Restaurant der Extremadura. Spezialitäten sind Moussaka und Zucchinicrêpe.
C/ Sagasta, 21, T 636 75 28 37 (mobil), Mi/Do 13–16, 19–23, Fr/Sa 13–1, So 13–23 Uhr, Hauptspeisen 6–12 €

Extremadura hip

5 Sybarit Gastroshop: Holz und von großen Fenstern durchbrochene Granitwände prägen das Innere. Auf den Tisch kommen Tapas wie Tintenfische *(chipirones)* gegrillt auf Himalayasalz und Hauptspeisen wie Stockfisch *(bacalao)* im Teigmantel, dazu *mojo rojo,* eine Sauce aus Paprika und Paprikapulver der Extremadura, Kreuzkümmel, Koriander, Chili, Knoblauch. Natürlich gibt's auch Iberisches Schwein.
C/ Concepción con Trajano, o. Nr., T 924 30 81 81, https://de-de.facebook.com/sybarit gastroshop, tgl. 13–0.30, Fr/Sa bis 2 Uhr, Tapas um 4 €, Hauptspeisen 10–17 €

Der Name verpflichtet

6 Fusiona Gastrobar: Wirklich gemütlich ist etwas anderes, dafür überzeugen ungewöhnliche Kombinationen, etwa der im Wok geschmorte Thunfisch auf Braunalgen, oder auf Humus, oder mit Kirschen und Kürbis. Auch zahlreiche vegetarische Optionen.
C/ José Ramón Mélida, 15, T 924 10 29 36, www.facebook.com/pg/fusiona.gastrobar, Mo/Di 20.15–23.45, Mi–So 13.30–17, 20.15–23.45 Uhr, Tapas ca. 5 €, Hauptspeisen um 12 €

Auch Ungewöhnliches

7 Entrecañas: Für eine Tapasbar recht modernes Ambiente, in dem Frittiertes und Tellergerichte gereicht werden, etwa in Maismehl ausgebackener Stockfisch mit Knoblauchmayonnaise oder mit Leber gefüllte Ravioli in einer milden Gorgonzolacreme und gerösteten Pinienkernen.
C/ Félix Valverde Lillo, 4, T 924 30 17 42, So–Fr 8–0, Sa 9–1 Uhr, als Tapas um 3,50–6,80 €, als Hauptspeise 7–13 €

Einkaufen

Auserlesenes Naschwerk

1 Artesanos Roco: Ein einfacher Laden mit großer Backkunst. Nach hauseigenen Rezepten und in der Tradition der Extremadura werden alle Plätzchen ohne Farb- und Konservierungsstoffe selbst gemacht. Zu hohen Feiertagen, wie Ostern und Weihnachten, gibt's Festgebäck.
C/ José Ramón Mélida, 13, https://es-es.facebook.com/artesanos.roco, tgl. 10–14, 17–20.30 Uhr

Schinkenrekordler

2 Nico Jimenez: Der Besitzer ist ein Star in Spanien, auch weil er laut Guinness-Buch mit 13,90 m die längste hauchdünne Schinkenscheibe geschnitten hat. Zum Schinken gibt es weitere Spezialitäten aus der Extremadura.

C/ José Ramón Mélida, 24, http://www.nico jimenez.com, Mo–Sa 10–14, 17–21 Uhr

Direkte Produktionskette
3 Joaquín Luna: Der Schinken stammt von Tieren aus eigener Aufzucht, produziert in hauseigenen Trockenräumen und verkauft im eigenen Laden. Dazu gibt es extremenischen Käse. Während des Einkaufs ist auf einem Bildschirm die Herstellung von Schinken und Wurst zu bestaunen.
C/ José Ramón Mélida, 42, www.joaquinluna. com, Di–So 10–14, 18–21, im Winter 17–20 Uhr

Römisch oder futuristisch?
4 Terracota: Das preisgekrönte Bruderpaar Lorenzo und Juanma Pérez Vinagre betonen ihr avantgardistisches Töpferkonzept und die Qualität ihrer Arbeiten. Zu Recht. Sie führen römisches Kunsthandwerk in die Gegenwart über. Und wo könnte das besser gelingen als in Mérida?

ESPARTOGRAS　　　　**E**

80 cm lang werden die Halme. Daraus wurden einst die Schiffstaue für die Eroberungsfahrten gedreht. Zunächst musste die Ernte zu Büscheln gebunden und gewässert werden, dann getrocknet und mit Holzknüppeln beklopft. Frauenarbeit war das, und knochenhart. Jetzt war das Material weich und die einzelnen Halme konnten zwischen Daumen, Finger und Handballen zu Schnüren gedreht werden. **La Esparteria** 5 verkauft Hüte und Körbe aus dem Naturprodukt, dazu anderes Kunsthandwerk wie Tonwaren und Spazierstöcke (C/ El Puente, 24, www.laesparteria1937. com, Mo–Fr 10–14, 17–20, Sa 10.30–14, So 11–14 Uhr).

C/ José Ramón Mélida, 26, www.terracota merida.com, tgl. 10–14.30, 17.30–21 Uhr

Bewegen

Stadterkundung per Rad
1 Ciclos Lusitania: Am beliebtesten sind die zweisitzigen Rikschas und die Kettcars für die Kids.
Parque Molina Pan Caliente (unter der Lusitania-Brücke), T 646 21 63 41 (mobil), www. cicloslusitania.blogspot.pt, nur Do–So

In den Lüften
Siempre en las nubes: Frühmorgens hebt der Ballon ab und fährt rund eine Stunde durch die Lüfte, dazu gibt's Sekt und ein kräftiges Frühstück. Der Spaß kostet 165 €/Person und findet nur statt, wenn die Mindestteilnehmerzahl von sechs Abenteuerlustigen erreicht wird.
T 912 52 45 55, www.siempreenlasnubes. com

Ausgehen

Das aktuelle Zentrum des Nachtlebens gruppiert sich um den Trajansbogen. Im dem Namen entsprechend opulent eingerichteten **Barocco** 1 (Plaza de la Constitución, 8, https://de-de.facebook.com/barocco.merida, tgl. 15.30–5 Uhr) gibt's ebenso hin und wieder kleine Konzerte wie im benachbarten **Maruja Limón** 2 (tgl. 10–4 Uhr) und in der schon mehr als 30 Jahre alten **Jazz Bar** 3 (Nr. 10 https://es-es.facebook.com/JazzBarMerida, Mo–Sa 16–3, So 16–24 Uhr). **Garoa Copas** 4 in der angrenzenden Calle Holguín 32 kommt eher schlicht daher, besticht aber mit einem kleinen Innenhof und samstäglichen Konzerten.

Haus der Kultur
4 Centro Cultural Alcazaba: Konzerte, anspruchsvolle Filme im Original

TOUR
Durch Korkeichenwälder zu einem uralten Stausee

Per Rad oder zu Fuß durch den Parque Natural de Cornalvo

Infos

Start: Centro de Interpretación del Parque Natural de Cornalvo (♥ E 7), Ctra. Trujillanos, Trujillanos, 10 km nordöstl. von Mérida an der Autobahn E-90.

Länge: per Rad 20 km zum und rund um den Embalse de Cornalvo; zu Fuß: flache 7 km um den See.

Radverleih: Ciclos Lusitania (s. S. 33, mit Radanlieferung).

Sanft hügelige Wiesen, so weit das Auge reicht, bewachsen mit Stein- und Korkeichen, fast menschenleer. Dazwischen ein See mit einer Staumauer aus römischen Zeiten. Worauf also warten? Mit Schwung in den Sattel und kräftig in die Pedale getreten! Und wer nicht radeln will: Auch zu Fuß lässt sich die Schönheit dieses Naturparks bestens erkunden.

Der Auftakt der Radtour lässt Raum zum Betrachten der Landschaft – dank der meist flachen Teerstraße. Über eine Fläche von 10 570 ha erstrecken sich saftige Wiesen, die vom Frühjahr bis in den Sommer hinein ein farbenfrohes Kleid aus bunten Blumen tragen. Nur wenige Steineichen verstellen die Blicke auf dieses Wunderwerk der Natur. Umliegende Felder bieten Nahrung für zahlreiche Vogelarten. Dennoch braucht es sehr viel Glück, um einen Schwarzstorch in den Lüften zu entdecken. Dieses inoffizielle Wappentier des **Parque Natural de Cornalvo** nistet in den dichteren Korkeichenwäldern, die sich die Hügel am Horizont hinaufziehen. Häufiger kreisen Weißstörche, auch Zwerg- oder Schlangenadler und hin und wieder sogar ein Mönchsgeier über den Köpfen der Ausflügler.

Nach 6 km weist das Schild »Presa de Cornalvo« nach rechts. Hier – oder wegen der besseren Parkmöglichkeiten auch bereits beim Landgut **Cortijo de Campomanes** 1,1 km vorher – liegen gute Ausgangspunkte für die Umrundung auf Schusters Rappen. Alternativ können Sie per Auto auch direkt zum

See fahren. Die Teerdecke wird rau, an manchen Stellen durchsetzt von Schlaglöchern. Dicht stehen Eichen. Lackzistrosen blühen weiß im Frühjahr. Im Spätherbst und Winter zeigt der eine oder andere Erdbeerbaum seine roten Früchte. Aus ihnen wird scharfer Schnaps destilliert.

Nur noch ein paar kurze, aber steile Anstiege trennen Sie vom Erreichen

Recht sportlich geht es hier durch den Naturpark; gemütlich zu Fuß ist es aber fast noch schöner.

des **Embalse de Cornalvo**. Bereits die Römer stauten an dieser Stelle das Wasser. Sie waren es, die den 220 m langen und 18 m hohen Damm bauten, um über einen Kanal Mérida mit Wasser zu versorgen (s. S. 28). Hier beginnt der schönste Teil der Tour: In 7 km geht es auf einem befestigten Erdweg um den See herum, den Sie am besten entgegen dem Uhrzeigersinn laufen. Denn so folgt die Überquerung der Staumauer als Höhepunkt zum Schluss.

Kurioses zeigt sich auf der entgegengesetzten Seeseite, allerdings nur bei niedrigem Wasserstand. Dann ragt der **Bogen eines frühen Brunnens** aus den Fluten. Korkeichen, Eschen und sogar rot blühender Oleander begleiten die Spaziergänger und Radler. Am Ufer finden sich zahlreiche Plätze fürs Picknick oder zum Baden. Vom Staudamm geht es schließlich denselben Weg zurück zum Ausgangspunkt.

Gut trainierte Radler können die Tour noch zur Vogelbeobachtungsstation am 10 km entfernten **Embalse del Muelas** verlängern. Dazu allerdings bedarf es wegen der Steigungen guter Kondition und aufgrund heftiger Schlaglöcher einer passablen Beherrschung des Rades. Zwei Abzweigungen sind zu beachten: Bei Coto Rías nach 4,6 km geht es auf dem Hauptweg geradeaus, nach links hingegen 2 km später bei zwei frei stehenden Häusern und hinter einer in den Boden eingelassenen Viehsperre. Es gibt aber auch eine kräftesparende Alternative: Ab dem Informationszentrum ist die **Vogelbeobachtungsstation** ebenfalls mit dem Auto zu erreichen.

Das Zentrum der Parkverwaltung präsentiert eine kleine, schön aufbereitete Ausstellung über die Besonderheiten des Naturparks (www.facebook.com/pg/pncornalvo, tgl. 9–14.30/15, 16–18 Uhr).

mit Untertiteln sowie eine Bibliothek mit kostenlosem Internetanschluss.
C/ John Lennon, 5, T 924 33 06 80

Feiern

An allen Festtagen finden nächtliche Führungen durch das römische Theater statt. Infos erteilt das Tourismusamt.
- **Semana Santa:** Karwoche, www.semanasantademerida.es, zusätzlicher Höhepunkt zu den täglichen Prozessionen ist die Aufführung der Passion Christi im römischen Theater (Nacht zum Karfreitag).
- **Festival de Mérida:** Ende Juni–Ende Aug., www.festivaldemerida.es. Klassisches Theaterfestival im römischen Theater.
- **Feria de Mérida:** Vier Tage um den 3. Sept., Volks- und Folklorefest auf dem Recinto Ferial.
- **Santa Eulalia:** um den 10. Dez., www.facebook.com/santa.eulaliademerida, Kulturfest zu Ehren der Stadtheiligen.

Infos

- **Turismo del Teatro Romano:** Paseo José Álvarez Sáenz de Buruaga, o. Nr., T 924 33 07 22, www.turismomerida.org, im Sommer Mo–Mi 9–21, Do–So 9–14, 17.30–21, im Winter Mo–Mi 9–20.30, Do–So: 10–14, 17.30–20.30 Uhr.
- **Oficina de Turismo de la Puerta de la Villa:** Calle Santa Eulalia, 62, T 924 38 01 91, im Sommer tgl. 9–21, im Winter 9–18.30 Uhr.
- **Kombiticket:** Die Ausgrabungsstätten der Stadt sind gut mit einer gemeinsamen Eintrittskarte für 15 € zu besichtigen. Erhältlich an allen Kassen beinhaltet sie: Alcazaba, Teatro Romano, Anfiteatro, Casa del Anfiteatro, Circo Romano, Basílica de Santa Eulalia, Restos Arqueológicos de Morería und Casa del Mitreo. Einzeltickets kosten 6 €.

Alange ♥ E8

Die römische Spurensuche lässt sich im Heilbad Alange mit Wellness verbinden – etwa 20 km südöstlich von Mérida und durchaus einen Abstecher wert. Wenn sich der Blick so langsam an die weiten Landschaften gewöhnt hat, erhebt sich plötzlich auf einem frei stehenden Granitfelsen eine arabische Festungsanlage. Strategisch eminent bedeutsam war dieser **Castillo de la Culebra** für die Kontrolle der Vía de la Plata. Und hart umkämpft. Zunächst bei Berberaufständen, dann zwischen Mauren und Christen. Mehrfach wechselte die Burg ihren Besitzer, bis 1243 die Reconquista endgültig den Sieg davontrug. Bis heute herrscht der quadratische Wehrturm über die Ebene. Erhalten blieben zudem Zisternen und Mauerreste.

Baden wie die Römer

Im 3. und 4. Jh. n. Chr. entdeckten die Römer das Thermalwasser des Orts, das mit einer Temperatur von knapp 28 °C aus einer Quelle schießt. Was die Römer noch nicht wussten: Bei dem Wasser der **Römischen Thermen** handelt es sich um radioaktives Wasser mit metallischen Spurenelementen. Was sie hingegen durchaus wussten: Es hilft gegen Gelenkentzündungen, Erkrankungen der Atemwege, des Nervensystems und bei Kreislaufproblemen.

In den großzügigen Ausbau der Kur- und Wellnessanlagen unserer Zeit wurden zwei römische Originalbäder einbezogen. Das eine hatten die Männer genutzt, das andere die Frauen. Über steinerne Stufen schritten sie ins Wasser. Im wahrsten Sinne des Wortes können Sie hier also baden wie die Römer (C/ Baños, 58, https://balneariodealange.com, tgl. 9.30 und 19.30 Uhr, Eintritt 3 €).

Südlich des Ortes erstreckt sich der etwa 50 km² große **Embalse de Alange**. Nahe den Kureinrichtungen liegen ein kleiner Badestrand, Anlegestellen für Ruderboote und ein Solarium. Auch Angler können hier ihrer Leidenschaft frönen.

Schlafen

Im Kurpark

Gran Hotel Aqualange: Modernisierte, 26 m² große Zimmer, die sich um die lichte Galerie eines ehrwürdigen Kurhotels gruppieren. Der Blick geht entweder auf den Garten oder die umliegenden Hügel. Zahlreiche Kur- und Wellnessangebote. Paseo de las Huertas, 3, T 924 36 56 08, https://balneariodealange.com/hotel_aqualange.html, Mitte Dez.–Mitte März geschl., DZ um 110 €

Freundlich

El Balcón de Alange: Die kräftigen Farben der Bettdecken kontrastieren das Weiß in den 15 m² großen, einfachen Zimmern in einem Stadthaus nahe Ortskern und Badeanstalt. Gefrühstückt wird im Wohnzimmer, zum Haus gehört ein kleiner Gartenbereich. Hilfsbereite Wirtsfamilie. C/ Coso, 67, T 924 36 53 90, www.elbalcondealange.es, DZ um 58 €

Bewegen

Wellness

Balneario de Alange: Außer Kuren gibt es zahlreiche Wellnessangebote, etwa ein Bad in abwechselnd heißem und kaltem Quellwasser. Auch Schwimmbad und Garten können genutzt werden, dazu Massagen, Anwendungen und Packungen. C/ Baños, 58, T 924 36 51 06, www.balneariodealange.com, Mitte März–Mitte Nov. 9.30–13.30, 17–20 Uhr, Mi nur vormittags

SPEZIALITÄT: SCHNECKEN

Alange rühmt sich seiner Schneckengerichte. Im Restaurant **Trinidad** (C/ Encomienda, 51, am Kreisel an Ortseinfahrt, Di geschl.) werden sie zunächst in heißem Wasser blanchiert, anschließend köcheln sie in Wein und Wasser. Nun kommen sie in eine Sauce aus Paprika, Zwiebeln, Knoblauch, Kümmel, Pfeffer und Salz. Dazu wird eine in Öl ausgebackene Brotscheibe gereicht.

In der Wand

Klettern: Über 100 Kletterrouten gibt es im Burgfelsen, einige sind allerdings von Januar bis Juni aus Rücksicht auf die Vogelwelt gesperrt; Schwierigkeitsgrad von 3a bis 7c, 22 m maximale Höhe, Infos u. a. unter www.enlavertical.com/escuelas/view/96.

Zum Kastell

Wandern: Das Tourismusamt hält Beschreibungen zu mehreren Wanderungen bereit, eine davon ist die Ruta Ibn Marwan hinauf zur Burgruine (Länge 3,2 km).

Feiern

- **Semana Santa:** Karwoche. Volkstümliche Alternative zu den riesigen Prozessionen in Mérida.
- **Fiestas Patronales a La Virgen Milagrosa:** Mehrere Tage um den 12. Sept. Stadtfest zu Ehren der Schutzheiligen.

Infos

- **Oficina de Turismo:** C/ Trinidad, 19, T 924 36 52 19, www.alange.es und www.visitaalange.es, Di–Fr 10–14, 16–19, Sa/So 10–13.30 Uhr.

Zugabe
Der Zukunft zugewandt

Weltarchitektur in Mérida

Der 189 m weit gespannte und 34 m hohe Brückenbogen schwebt geradezu über dem Río Guadiana und bildet einen futuristischen Kontrapunkt zu all dem Antiken in Mérida. Seit 1993 nimmt dieser Puente Lusitania den Autoverkehr auf, der bis dahin über die altgediente römische Brücke rauschte. Die 5,5 m breite, mittlere Spur ist Fußgängern und Radfahrern vorbehalten. Verantwortlich für den Bau zeichnet sich Santiago Calatrava, der zwar Spanier ist, aber in Zürich lebt. Weiß ist seine bevorzugte Farbe und die fantasievolle Formensprache macht seine Brücken, Bahnhöfe, Veranstaltungshallen und Wohnhäuser weltweit wiedererkennbar, auch wenn sie in seinem Frühwerk in der Extremadura weniger fein ausfiel als in den späteren Werken, wie der Metrostation Oculus am Ground Zero in New York. ■

Cáceres und Umgebung

Spieglein, Spieglein an der Wand — unparteiische Beobachter dürften kaum zweifeln. Das historische Stadtbild von Cáceres braucht in puncto Schönheit keine Konkurrenz zu fürchten.

Seite 43

Montánchez ✪

Das Städtchen nennt sich Balkon der Extremadura, und das Panorama ist wirklich erste Sahne.

Der Schinken aus Montánchez ist absolute Spitze!

Seite 45

Cáceres ✪

Das Leben tobt in den Gassen und auf den Plätzen der mittelalterlichen Stadt, deren Schönheit heraussticht.

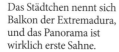

Seite 54

Semana Santa

Im Centro Semana Santa in Cáceres erschnuppern Sie die Gerüche der österlichen Prozessionen und tragen das Gewicht der Christusfiguren.

Eintauchen

Seite 55

Entspannen im Klostergarten

Ein verwunschener Paradiesgarten versteckt sich hinter einem schmalen Gittertor inmitten der quirligen Altstadt von Cáceres – ein idealer Ort für eine kleine oder auch größere Pause zwischendurch.

Seite 58

Arabische Zisterne in Cáceres

Einem arabischen Gotteshaus gleicht die gewaltige Zisterne unter dem Museo de Cáceres. Mit einer Seitenlänge von 15 x 10 m ist sie immerhin die zweitgrößte in Europa – nach Istanbul.

Seite 62
Regionales Kunsthandwerk

Im Centro Provincial de Artesanía con Cáceres können Besucher sowohl die Erzeugnisse heimischer Handwerker und einen Adelspalast von innen bewundern.

Seite 60
Schlemmen in Cáceres

Gourmets sind im Restaurant Atrio bestens aufgehoben, für Kunstfreunde empfiehlt sich die Gastro-Galerie Los Siete Jardines und Genießer der bodenständigen Küche probieren die Tapas rund um die Calle Pizarro. Allen gemeinsam ist die Freude über klösterliches Gebäck.

Seite 65
Museo Vostell

Auf Raketenflügeln schweben zwei Autos über einer Landschaft. Nein, ein normales Museum ist das nicht! In der historischen Wollwäscherei warten viele Überraschungen.

Seite 68
Los Barruecos

Grüne Weiden umgeben kleine Seen, wie dazwischengeworfen wirken urzeitliche Granitbrocken und moderne Kunstwerke. Alles überwacht von Storchkolonien. Mitten hindurch führen zahlreiche Wanderwege.

In den Mischwäldern rund um Montánchez wachsen während des ganzen Jahres schmackhafte Speisepilze. Früh morgens geht's hinaus!

»Das architektonische Ensemble, das Vorhandensein von Festungshäusern, Palasthäusern und Türmen behielt ein hohes Maß an Einheitlichkeit.« (die UNESCO über Cáceres)

erleben

Mittelalter mit Zukunft

E

Einem Traum aus dem Mittelalter gleicht die historische Silhouette von Cáceres. Da ist es kein Wunder, dass die Stadt als Kulisse für »Game of Thrones« ausgewählt wurde. Hinter Wehrmauern erheben sich die Paläste der reichsten Adelsfamilien. Mächtiger als der Klerus erschienen sie. Das legt zumindest der Vergleich ihrer Prachtbauten mit den Gotteshäusern nahe. Moderne wäre hier fehl am Platz. Als ein Madrider Architekturbüro eine Ruine in einen avantgardistischen Kubus verwandeln wollte, verhinderte dies ein Proteststurm der Bevölkerung aus.

Moderne und Zukunft dieser Stadt verkörpern junge Familien und Hochschüler der regionalen Universität. Sie tragen das Selbstbewusstsein einer sich neu erfindenden Stadt zur Schau. Auf den lebendigen Plätzen außerhalb der Befestigungsmauern und in den angesagten Bars tummeln sich auch viele europäische Austauschstudenten.

Seiner Zeit voraus war der deutsche Künstler Wolf Vostell. Ins benachbarte Malpartida de Cáceres stellte er ein Museum, das einen Gleichklang aus avantgardistischem Kunstschaffen und einer archaischen, von Granitbrocken

ORIENTIERUNG **o**

Infos: www.turismo.caceres.es
Verkehr: Cáceres liegt mitten im Zentrum der Extremadura und ist mit dem Auto über die A-66 (Sevilla–Mérida–Plasencia–Salamanca) sehr gut erreichbar. Die A-58 nach Trujillo verbindet die Stadt außerdem mit der Autobahn Richtung Madrid. Nach Badajoz führt die gut ausgebaute Regionalstraße EX-100. Von dort geht es über die gebührenpflichtige A-6 nach Lissabon. Per Bahn ist Cáceres 3–5 x tgl. an Mérida, Badajoz und Madrid angebunden. Häufiger fahren Busse, auch in die nähere Umgebung.

übersäten Landschaft komponierte. Ein atemberaubendes Experiment.

Und noch etwas Atemberaubendes: das Panorama im südlichen Montánchez, das sich »Balkon der Extremadura« nennt. Wie von einer Kanzel fällt der Blick hinab auf ausgedehnte Berg- und Weidelandschaften. So weit das Auge reicht. Und sonst noch was? Ja! In Montánchez gibt es den besten Schinken Spaniens. So heißt es zumindest vor Ort. In den Trockenräumen des Gebirgsorts reifen die feinen Schinken nach traditionellen Methoden.

Dolmen de Lácara ♀ D7

Wer sich für megalithische Grabstätten interessiert, sollte auf der Fahrt von Mérida Richtung Cáceres dem kolossalen Dolmen von Lácara einen Besuch abstatten. Bei Aljucén etwa 19 km nördlich von Mérida zweigt die regionale EX-214 Richtung La Nave de Santiago von der Hauptstraße ab. Die Zufahrt ist zwischen Km 8 und 9 ausgeschildert. Das letzte, etwa 10 Minuten lange Stück muss zu Fuß zurückgelegt werden. Aber es lohnt sich.

Das **Steingrab,** vermutlich aus der Kalk- und Bronzezeit, liegt inmitten einer sanften Weidelandschaft. Ein Zugang von 1,7 m Breite und 4,7 m Länge führt in die runde Grabkammer. Einer der einst acht gut 5 m hohen Tragsteine steht noch aufrecht, die Deckplatte ist zerstört. Wuchtige Steine bilden einen äußeren Ring um den Dolmen.

Santa Lucía del Trampal ♀ E6

Auf halber Höhe zwischen Mérida und Cáceres liegt der Abzweig der EX-382 Richtung Montánchez. An der Ortsausfahrt von Alcuéscar weist ein Schild am 4 km langen, allerdings schwer befahrbaren Weg durch anmutige Korkeichenhaine zu einer **westgotisch-mozarabischen Kirche** aus dem 7. bis 8. Jh., die einzig erhaltene südlich des Río Tajo. Ins Auge springen die wuchtigen Grundmauern. Römische Inschriften belegen, dass die verwendeten Steine aus Vorgängerbauten stammen. Der Innenraum in Form eines T-förmigen Kreuzes ist leer. Die wertvolle Ausstattung wurde vermutlich im 9. Jh. geraubt.

Die Anlage verfiel, bis das Langhaus nach der Festigung der christlichen Herrschaft im 15. Jh. neu errichtet wurde. Vergitterte Fenster ermöglichen Einblicke. Eintritt gewährt nur eine Führung durch Mitarbeiter des Informationszentrums. Dessen Schautafeln erläutern die damalige Bau- und Lebensweise.

Öffnungszeiten offiziell, aber unzuverlässig Di–So 10–14, 16–19, 1. Juni–30. Sept. 10–14, 17–20 Uhr, Eintritt frei

Montánchez

Balkon der Extremadura! In steilen Kurven windet sich die Straße die knapp 1000 m hohen Berge hinauf, die aus der Ebene zwischen Mérida, Cáceres und Trujillo emporsteigen. Die weißen Häuser von Montánchez schmiegen sich harmonisch an den Burghügel. Dort thront die Festung aus dem 12. Jh., die später vom Santiago-Orden erweitert und verstärkt wurde. Drei halbwegs erhaltene Zisternen stammen noch aus der arabischen Epoche.

Was für ein Ausblick

All diese Historie aber verblasst vor den aufsehenerregenden Ausblicken von den Mauern auf die nahen Bergtäler in östlicher Himmelsrichtung und die endlosen Weidelandschaften, die erst weit hinten im Westen von neuen Gebirgszügen unterbrochen werden. Und unmittelbar zu Füßen liegt das hübsche Dorf, von schmalen Gassen durchzogen, die auf kleine wohlgestaltete Plätze münden. Auf der **Plaza del Altozano** wachsen um ein Brünnlein sogar Palmen. Manch ein Haus ist blumengeschmückt.

Städtisches Gravitationszentrum ist die bescheidene **Plaza Mayor.** An der

Längsseite steht das Rathaus, rundherum reihen sich einige Bars, Schinkengeschäfte, Banken. So wirkt dieser Platz eher uneinheitlich, wenig romantisch. Aber er ist Treff für Jung und Alt. Von hier aus lässt sich zwar nicht in die Ferne schauen, dafür das bunte Treiben beobachten. Das einfache Terrassencafé bildet somit eine weitere Art von Balkon der Extremadura.

Die umliegenden dichten Mischwälder ziehen Wanderer an. Bekannt ist Montánchez für seine Schinkenproduktion. Im Ortskern befinden sich die Läden der örtlichen Produzenten, die sogar das Königshaus beliefern. Probieren vor dem Kauf ist erlaubt.

Schlafen

Es gibt einige Stadthäuser zu mieten, die sich preislich aber eher für Familien oder kleinere Gruppen lohnen. Im Ortskern liegt ein Steinhaus von 1890, **El Fontano,** das bis zu sieben Gästen Platz bietet: C/ Santo Domingo, 17, T 927 38 01 73, www.casa ruralfontano.com, ca. 150 €.

Essen

Ländlich deftig
La Posada: Sehr einfache Taverne mit schöner Auswahl an regionalen Gerichten,

SCHWAMMERLN SUCHEN

Im Frühjahr und Herbst verwandeln sich die Wälder der Sierra de Montánchez in ein Paradies für Pilzsammler. Steinpilze, Pfifferlinge, Täublinge, aber auch Riesenschirmpilz und Austernseitling sind hier heimisch. In der Küche der Region werden sie gedünstet oder mit Eiern verrührt.

bei denen natürlich der Schinken nicht zu kurz kommt. Empfehlenswert sind Kaninchen *(conejo)* und die *patatas revolcás,* dank scharfem Paprika und Knoblauch ordentlich würzige Kartoffelstücke. Plaza del Altozano, 6, T 927 38 00 45, tgl. 10–16 Uhr, Hauptspeisen ab 8 €, Menüs ab 12 €

Einkaufen

Feinster Schinken
Casa Bautista: Einer der vielen örtlichen Produzenten mit zahlreichen Auszeichnungen, der sich rühmt, den spanischen Hof zu beliefern – eine Tradition in Montánchez aus den Zeiten Königs des Philipp IV. Und der lebte im 17. Jh.! C/ Mártires, 18, und Plaza de España, 7, www. jamonescasabautista.com

Bewegen

Wandern und Radfahren
Ein Spaziergang sowie zwei mittelschwere Wanderungen von 8 und 10 km Länge führen von Montánchez in die Eichen- und Kastanienwälder. Höhenunterschiede 250 und 150 m. Zahlreiche weitere Wege in der Umgebung. Fünf davon sind für Mountainbiker geeignet, nähere Infos erteilt das Bürgermeisteramt. Beschreibungen für Wanderer liefert auch die Seite der Unterkunft Casa Rural Fontana, www. casaruralfontano.com/en/rutas-por-la-sierra-de-montanchez.html, für Mountainbiker http://montancheztevaaencantar.es/en/destino-btt.

Feiern

● **Jornadas Gastronómicas del Cerdo Ibérico:** Anfang Dez. Schlachtfest mit Theateraufführungen, Musik und natürlich jeder Menge Essen.

Balkon der Extremadura: Rund 700 m über die Ebene hebt sich der Burghügel von Montánchez, ein quirliges Städtchen, denn es bildet das Schinkenzentrum der Extremadura, vor Ort sagen sie: ganz Spaniens.

Infos

• **Ayuntamiento:** Plaza de España, 1, T 927 38 07 63, http://montanchezteva aencantar.es/en und www.montanchez.es. Touristeninformation des Bürgermeisteramts, nur Fr 16–20, Sa 12–14, 17–20, So 12–14 Uhr.
• **Busse:** Mehrmals tgl. nach Cáceres und Mérida.

Cáceres **9 E5**

Das Schmuckstück Cáceres hebt sich unerwartet über die endlose, fast menschenleere Landschaft. Schnell sind die Neubausiedlungen der aufstrebenden Provinzhauptstadt durchquert. Die Plaza Mayor wird erreicht, Schnittstelle zwischen Zukunft und Geschichte. Nach Süden laufen schmale Einkaufsstraßen mit Traditionsgeschäften auf den verkehrsreichen Paseo de España zu, der von Filialen der großen Modeketten und Telefongesellschaften gesäumt ist. Hier spult die Neuzeit ihren immer gleichen Film ab.

Schnitt! Der Blick schwenkt hinüber zur Längsseite der Plaza Mayor und fängt die arabische Wehrmauer mit ihren Festungstürmen ein. Sie schützt die mittelalterliche Ritterstadt, nahezu unberührt seit einem halben Jahrtausend. Es bereitet immenses Vergnügen, sich in den engen Gassen zu verlieren und schmale Treppen auf und ab zu steigen. Zu bestaunen sind die wappenverzierten Fassaden zahlloser Adelspaläste und wehrhafte Kirchengebäude. Kleine Plätze laden zur Rast bei leckeren Keksen aus

Nonnenklöstern ein. Oder einfach nur zum Schauen und Träumen.

Nicht nur schöne Kulisse

Cáceres vermag es, jedem Regisseur von Mantel-und-Degenfilmen wahre Jubelschreie zu entlocken. Auch Szenen von »Game of Thrones« wurden hier gedreht. Und doch bleibt die Stadt nicht nur Kulisse. 600 Menschen leben noch hinter den schweren mittelalterlichen Mauern. Viele Herrenhäuser beherbergen öffentlich zugängliche Behörden. Urlauber erhalten dadurch die Möglichkeit, in einen reizenden Patio zu treten, die schweren Treppenaufgänge aus Granit zu bestaunen und bisweilen sogar einen der repräsentativen Empfangssalons. Nachts lässt gezielt gesetztes Scheinwerferlicht die Gebäude magisch aus der Dunkelheit treten.

1986 hat die UNESCO diese Altstadt zum Welterbe erklärt. Doch entwickelt sich Cáceres weiter und bleibt nicht, wie etwa Trujillo, in der Zeit der Konquistadoren stehen. Die Universitätsstadt ist jung und lebendig, ein Ort der Kultur. Auch hierbei zweigeteilt. Den traditionellen Prozessionen der Semana Santa folgt das avantgardistische Festival **World of Music, Arts and Dance** (Womad). Das von Peter Gabriel 1982 ins Leben gerufene Spektakel zieht jährlich Zehntausende junge Menschen an.

Die hohe Lebensqualität ließ die Einwohnerzahl von 82 000 im Jahre 2000 auf aktuell rund 96 000 steigen. Bürgermeisterin und Bewohner wagten sogar – wenn auch erfolglos – die Bewerbung zur Europäischen Kulturhauptstadt. Viel hat die Stadt dadurch gewonnen. Neue Museen sind entstanden und in die alten Paläste gezogen, ebenso wie durchgestylte Hotels. Das historische Zentrum wurde verkehrsberuhigt. Urlauber wie Einheimische dürfen sich freuen. Auch über die lebendigen Bars, die Kneipen mit guter einheimischer Kost und das beste Restaurant der Extremadura.

Geschichte

78 v. Chr. richteten die Römer ein Truppenlager ein, um den Widerstand des ansässigen Stammes der Vettonen zu brechen. Eine Colonia Norba Caesarina wurde 25 v. Chr. zeitgleich mit Mérida gegründet. An der Vía de la Plata (s. S. 254) gelegen, entwickelte sich Cáceres zur blühenden Handelsstadt. Doch mit dem Niedergang des römischen Reiches schwand die Bedeutung. Der Ort wurde von den arabischen Invasoren zunächst kaum wahrgenommen. Dies änderte sich mit Beginn der christlichen Reconquista. Abermals bestimmten Militärstrategen die Geschicke der Stadt. Almoraviden und später Almohaden, zur Verstärkung der arabischen Truppen aus Nordafrika herbeigeeilt, nutzten Überreste einer römischen Stadtbefestigung zur eigenen Verteidigung. Qarci, so der neue Name, war ab 1166 hart umkämpft, wurde mehrmals erobert und rückerobert. Der Feldzug des Glaubens stand gegen den Jihad.

FAKTENCHECK **F**

Einwohner: 96 068 (2018), zweitgrößte Stadt der Extremadura
Bedeutung: Hauptstadt der Provinz Cáceres, Sitz des Obersten Gerichtshofs der Extremadura
Stimmung auf den ersten Blick: Mittelalter allerorten
Stimmung auf den zweiten Blick: lebendiges Treiben jenseits des historischen Zentrums, zahlreiche Tapasbars
Besonderheiten: Drehort für »Game of Thrones« (7. Staffel), wichtigste Einkommenszweige sind Tourismus und Bauwirtschaft

Im Namen von San Tiago

Eine Schar kampferprobter christlicher Ritter nannte sich ›Brüder von Cáceres‹. Sie machten den hl. Jakobus (span.: San Tiago) zu ihrem Schutzheiligen und gründeten im 12. Jh. den bald einflussreichen Santiago-Orden. König Alfonso IX. aus León glückte schließlich 1229 der endgültige Sieg über die Mauren. Mit der großzügigen Zuteilung von Privilegien und Ländereien lockte er Adelsfamilien aus nordspanischen Provinzen, die zwischen dem 14. und 16. Jh. die wehrhaften Paläste innerhalb der Stadtmauern erbauten. Cáceres blieb direkt dem kastilischen Königshaus unterstellt und nicht, wie so viele andere Orte, den Militärorden.

Adelige buhlten um die königliche Gunst, beäugten einander misstrauisch und suchten den eigenen Ruhm und Einfluss mit Intrigen oder Waffengängen zu mehren. Mit Schießscharten und Pechnasen wurde das eigene Stammhaus verstärkt. Rund 30 Wehr- oder Geschlechtertürme bestimmten die mittelalterliche Silhouette – ein San Gimignano der Extremadura. Das Stadtbild sollte sich bald ändern, denn Königin Isabella wies die ungestümen Feudalbarone in ihre Grenzen, politisch wie architektonisch: Die Wehrtürme mussten sie abreißen. Als Ausgleich erhielten ihre Festungshäuser ein elegantes Festkleid. Platereske oder Mudéjar-Fenster, Gitterbalkone und durchbrochene Steinbordüren zeigen die Weltoffenheit der heraufziehenden Renaissance.

Durch die Altstadt

Auf den ersten Blick wirkt die Altstadt wie eine einträchtige Ansammlung von Palästen, die sich irgendwie ähneln. Und doch besitzt jedes Gebäude nicht nur architektonisch seine ›individuelle‹

GAME OF THRONES

Cáceres stand Kopf, als die Filmcrew von »Game of Thrones« in die engen Straßen einzog. Gezeigt wird in Folge 3 der Staffel 7, wie der verrufene Euron Greyjoy in Kingslanding einreitet. Menschenmassen begrüßen ihn als Helden, während sie seine Gefangenen Yara Greyjoy, Ellaria Sand und ihre Tochter beschimpfen und bespucken. Weitere Drehorte waren Malpartida de Cáceres und die Burg von Trujillo, die im Film kurzerhand ans Meer verlegt wird.

Geschichte. Die jeweiligen Schicksale in und um die Herrscherhäuser erzählen auch die allgemeine Entwicklung von Cáceres seit dem ausgehenden Mittelalter.

Ein Festplatz

Ausgangspunkt für die Erkundung der Alt- wie der Neustadt, aber auch für den nächtlichen Zug durch Kneipen ist die großzügig angelegte autofreie **Plaza Mayor ❶**. Was hat dieses Zentrum des städtischen Lebens seit dem 13. Jh. nicht schon alles gesehen … Stierkämpfe, Feste, Theater, Konzerte, Prozessionen, Märkte, Ratsversammlungen. Im Sommer verwandelt es sich in ein riesiges Open-Air-Café, zum großflächigen Weihnachtsmarkt mit Schlittschuhbahn wird es im Dezember.

Im 16. Jh. wurden an drei Seiten Arkadengänge zum Schutz vor Sonne und Regen errichtet. Die kleinen, mit Metallgitter verzierten Balkone in den oberen Stockwerken folgten im 18. Jh. und wurden als Logenplätze für die Veranstaltungen vermietet. Und jüngst wurde dem Platz durch Stahlträger am Rande und Pflasterung mit modernen

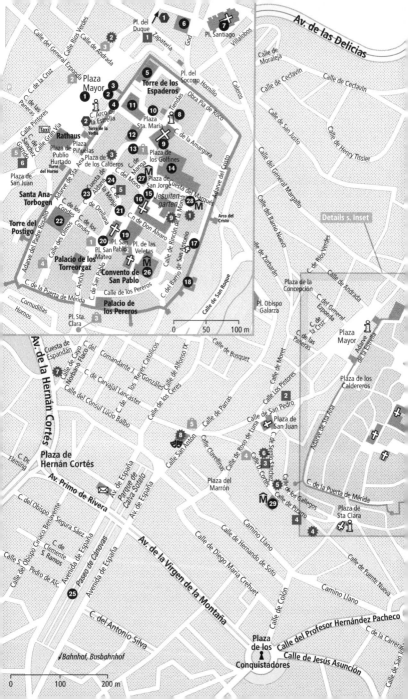

Cáceres

Ansehen

1 Plaza Mayor
2 Ermita de la Paz
3 Torre Bujaco
4 Arco de la Estrella
5 Casa de los Toledo-Moctezuma
6 Palacio de Godoy
7 Iglesia de Santiago
8 Palacio de Carvajal
9 Catedral de Santa María
10 Casa de Ovando
11 Bischofspalast
12 Palacio Mayoralgo
13 Casa Moraga
14 Palacio de los Golfines de Abajo
15 Iglesia de San Francisco Javier
16 Centro de Divulgación Semana Santa de Cáceres
17 Ermita de San Antonio
18 Baluarte de los Pozos
19 Casa de la Cigüeña
20 Plaza de San Mateo
21 Casa del Sol
22 Palacio de los Golfines de Arriba
23 Casa Mudéjar
24 Casa del Mono
25 Paseo de Cánovas
26 Museo de Cáceres
27 Museo Casa-Palacio de los Becerra
28 Casa-Museo Árabe Yusuf al Burch
29 Centro de Artes Visuales Fundación Helga de Alvear

Schlafen

1 Atrio
2 Casa Don Fernando
3 La Boheme
4 Don Carlos
5 Baluart Apartments

Essen

1 Madruelo
2 El Figón de Eustaquio
3 El Paladar de Felisa
4 Trinidad
5 La Cacharrería
6 Chocolat's

Einkaufen

1 Centro Provincial de Artesanía
2 Convento San Pablo
3 Convento de Santa Clara
4 Convento de las Jerónimas
5 Gabriel Mostazo

Bewegen

1 Baños Arabes
2 Oficina de Guías

Ausgehen

1 Los Siete Jardines
2 La Tetería
3 El Corral de las Cigüeñas
4 Mastro Piero
5 La Habana
6 La Traviata
7 Boogaloo
8 Gran Teatro
9 Filmoteca

Schiefer- und Granitplatten ein aktuelles Outfit verpasst.

Das **Rathaus** begrenzt die schmale Südseite der Plaza Mayor, die arabische Stadtmauer und ihre Türme schließen die Längsseite ab. Auf halber Höhe führen Treppen, vorbei an der **Ermita de la Paz 2**, ins Mittelalter. Ein eleganter Habsburger Doppeladler schmückt ihr Eisengitter.

Arabische Festung

Zu der 25 m hohen, rechteckigen **Torre Bujaco 3** führt ein schmaler Zugang, der unmittelbar vor dem Stadttor nach links abzweigt. Der arabische Wehrturm wurde im 12. Jh. aus Bruchsteinen erbaut und war der Stadtmauer vorgelagert, um Angreifer effizienter stoppen zu können. Die Kanten sind mit Granit verstärkt. Der ungewöhnliche Name ehrt bis heute

Sparsam, aber gezielt eingesetztes Scheinwerferlicht verleiht der nächtlichen Altstadt etwas Magisches und betont zugleich den mittelalterlichen Charakter.

den grausamen Feldherrn Abu Yacub. Dieser hatte Santiago-Ordensritter, die 1173 den Turm verteidigten, gefangen genommen und hingerichtet.

Einige Schautafeln unter einem imposanten Mudéjargewölbe im Innenraum erzählen vom Alltag des römischen, arabischen und mittelalterlichen Cáceres. Eine schmale Treppe führt auf die Plattform, deren Zinnen lustige Hütchen aus Stein aufgesetzt wurden, Panoramatafeln erleichtern die Orientierung.

Vom Ausstellungsraum besteht eine Verbindung zum begehbaren Wehrgang. Von dort lassen sich weitere arabische Verteidigungstechniken am Turm erkennen, so die schmalen Schießscharten für Pfeilschützen und ein kleiner Vorbau mit Öffnungen an der Unterseite, die Pechnasen. Durch diese floss heißes Wasser, Olivenöl oder Pech auf die Angreifer hinab. Übrigens kommt daher der Ausdruck »Pech haben«. Ganz friedlich lässt sich mit etwas Glück gegen Sonnenuntergang der Zug der Kuhreiher von den Feldern in ihr Nachtquartier beobachten.

Plaza Mayor, o. Nr., Di–So 10–14, 17.30–20.30, im Winter 10–14, 16.30–19.30 Uhr, Eintritt 2,50 €, mit Baluarte de los Pozos 3 €

Was für ein Eingang!

Vorhang auf für den elegantesten Eingang in die Altstadt! Einst stand hier anstelle des **Arco de la Estrella** ❹ eine bescheidene gotische Pforte. Doch Kirchenfürsten und Adel wollten endlich per Kutsche zu ihren Palästen vorfahren. Und dafür sorgte der Barockarchitekt Manuel de Lara Churriguera mit einer Verbreiterung der Durchfahrt. Auf der Rückseite verabschiedet die *virgen de la* *estrella*, die Sternmarie, in einem Wandaltar diejenigen, die die Stadt verlassen. Direkt hinter der Stadtmauer empfiehlt sich derjenige Weg nach links.

Ohne Rachegedanken

Bei Moctezuma (eingedeutscht Montezuma) fällt der Gedanke wohl unwillkürlich auf dessen Rache, aber kaum auf den Namen eines Königsgeschlechts. Moctezuma war der letzte Herrscher der Azteken. Und tatsächlich floss in den Adern des Palastherrn, Juan Cano de Saavedra y Moctezuma, aztekisches Blut. Sein Großvater hatte an der Eroberung Mexikos in den Jahren 1519–21 teilgenommen und Tecuichpoch, die Tochter des Aztekenkönigs, geheiratet. Inzwischen bergen die wehrhaften Mauern der **Casa de los Toledo-Moctezuma** ❺ aus dem 14.–16. Jh. das Provinzarchiv. Manchmal öffnen sich die schweren Tore an der Plaza del Conde de Canilleros für Kunstausstellungen. Dann lassen sich die schönen Fresken in den Festsälen bewundern, die römische Kaiser und aztekische Könige gleichermaßen in Szene setzen.

Beim Aufsteiger

Der Prachtpalast **Palacio de Godoy** ❻ in der Calle Francisco de Godoy wurde Mitte des 16. Jh. vor den Toren der Stadt errichtet. Denn sein Erbauer, Francisco de Godoy, war ein Emporkömmling, der bei der alteingesessenen Aristokratenrunde innerhalb der Stadtmauern keinen Platz mehr fand. Die Baufinanzierung sicherte sich der Hauptmann an der Seite von Francisco Pizarro durch südamerikanisches Gold. Nach seiner Rückkehr wollte er den frisch erworbenen Reichtum zeigen. Fast königlich wirkt sein Wappen über einem Eckbalkon. Immerhin 10 Mio. € brachten heutige Investoren für den Umbau zu einem Luxushotel auf, kurioserweise Geld aus Südamerika, hat die Immobilienfirma doch ihren Sitz im peruanischen Lima.

Ein Hauch von Michelangelo

Die gotische Kirche **Iglesia de Santiago** ❼, gegenüber an der Plazuela de Santiago, entstand wie der Palacio de Godoy Mitte des 16. Jh. Die gröber gearbeiteten Grundmauern des Vorgängerbaus aus dem 12. Jh. sind neben dem Kirchenportal noch erhalten. Das ungewöhnlich breite Hauptschiff wird von Licht durchflutet, wenig ist noch von einer mittelalterlichen Wehrhaftigkeit zu spüren. Das geschnitzte Holzretabel im Hauptaltar, geprägt vom Geist der Renaissance, entstand in derselben Zeit wie sein Pendant in der Kathedrale. Doch wie verschieden ist der jeweilige künstlerische Ausdruck! In der Kathedrale (s. u.) waren unbekannte Holzschnitzer tätig, in der Iglesia de Santiago der berühmte Bildhauer Alonso de Berruguete. Er hatte sein Handwerk bei Michelangelo erlernt. Seine Hauptwerke schuf er in Salamanca, Sevilla und Toledo.

Während das Retabel in der Kathedrale unbemalt blieb, ließ Berruguete polychrome Holzskulpturen raffiniert aus einem gemalten Hintergrund treten. Der Meister verstarb vor Beendigung des Auftrags und seine Gesellen mussten das Werk allein vollenden. So erklären sich die unterschiedlichen Qualitäten der einzelnen Tafelbilder. Vergleichen Sie z. B. einmal die dynamische Bildkomposition der Heiligen Drei Könige links unten mit den steifen Darstellungen in der oberen Reihe.

tgl. 9–12, 17–19 Uhr (unzuverlässig), Eintritt frei

Schön grün hier

Der Weg von der Iglesia de Santiago in Richtung zentralem Altstadtplatz Santa María führt durch die von Granitmauern eingefasste Calle Tiendas. Sie bildete einst das Zentrum des jüdischen Geschäftslebens und ist inzwischen Teil des katholischen Pilgerpfads Vía de la Plata. In der Eingangshalle des städtischen

Tourismusbüros im **Palacio de Carvajal** ❽ an der Ecke zur Calle Amargura steht ein Modell der Altstadt.

Tun vielleicht gerade die Beine weh? Im hinteren Teil des Gebäudes versteckt sich ein begrünter, baumbestandener Innenhof mit steinernen Bänken. Noch so ein Kleinod in Cáceres.

Jesus ist schwarz

Ein glücksbringender Franziskanermönch, ein mehrstöckiger Altar, ein schwarzer Jesus. Die Kathedrale von Cáceres, **Catedral de Santa María** ❾, hat einiges zu bieten. Doch der Reihe nach. Das Gotteshaus aus dem späten 15. Jh. markiert den Übergang von der Romanik zur Gotik. Die schweren Außenwände aus groben Granitquadern werden von den gotischen Spitzbögen der beiden Portale optisch aufgelockert. Rechts in der Ecke steht der Glücksbringer – Sie müssen nur die Füße der Bronzefigur des hl. Pedro de Alcántara berühren. Viele taten das bereits, entsprechend blank poliert sind die Zehen des Franziskanermönchs und Ratgebers der hl. Teresa von Ávila.

Ein gotisches Kreuzgewölbe überspannt den dreischiffigen Innenraum. In Pestzeiten trugen die Wände wegen der desinfizierenden Wirkung einen weißen Kalkanstrich, der erst im letzten Jahrhundert abgeschlagen wurde. Der im 16. Jh. formvollendet geschnitzte Hauptaltar erzählt auf zwölf Tafeln die Geschichte Marias und der Passion Jesu, wobei das dunkle Zedernholz nicht hinter Blattgold oder Farbe verschwindet. Die Wehrhaftigkeit des christlichen Glaubens als Leitmotiv des mittelalterlichen Cáceres findet ihren künstlerischen Ausdruck in zwei kämpfenden Heiligenfiguren: unten links der Maurentöter Jakobus, unten rechts der Stadtheilige und Drachentöter Georg.

Die Ebenholzfigur eines schwarzen Christi am Kreuz (14./15. Jh.) soll aus einem einzigen Baumstamm geschnitzt worden sein. Sie verbirgt sich in der Seitenkapelle rechts vom Hauptaltar. Die große Stunde dieses *cristo negro* schlägt im Morgengrauen des Gründonnerstags. Dann führt ihn eine Prozession hinaus auf die Gassen. Nach alter Regel darf die Statue die Altstadt aber nicht verlassen. Deswegen nimmt die ehrwürdige Bruderschaft Cofradía del Cristo Negro nicht an der großen *procesión magna* teil, die alle fünf Jahre auf der Plaza Mayor, also im neuen Teil, stattfindet.

Plaza de Santa María, o. Nr., März–April Mo/ Di, Do–Sa 10–20, Mi 10–14.30, 16–20, So 10–12.30 Uhr, Mai–Sept. abends eine Stunde länger, Okt.–Feb. abends eine Stunde kürzer, Eintritt 4 €

Paläste rundherum

Leider fehlt auf der unregelmäßig geschnittenen **Plaza Santa María** ein Terrassencafé, um die Fassaden der umliegenden Paläste in Ruhe betrachten zu können. Immerhin können Sie durch die meist geöffnete schwere Eingangstür der **Casa de Ovando** ❿ (Nr. 2) an der östlichen Seite schlüpfen und einen Blick in den Innenhof werfen. Er ist vollgestellt mit Blumen, denn die alten Gemäuer sind weiterhin bewohnt, und zwar höchstpersönlich von der Gräfin Canilleros aus uraltem Geschlecht. Angeblich nächtigt sie in einem Himmelbett aus dem 15. Jh., allerdings auf neuer Matratze, immerhin. Erbauen ließ den Palast Hernando de Ovando, Bruder des ersten Gouverneurs auf Hispaniola, der von Kolumbus entdeckten westindischen Insel.

Die Grundsteinlegung für den benachbarten **Bischofspalast** ⓫ erfolgte unmittelbar nach der Reconquista. Über die Jahrhunderte wurde er verschönert und erweitert. So riesig ist er, dass die Rückfront an das Stadttor Arco de la Estrella grenzt! Eintreten ist nicht erlaubt. Eine besondere Aufmerksamkeit gebührt den beiden Medaillons über dem Renaissanceportal. Sie zeigen die Gesichter von Indios, deren Missionierung ein früherer Bischof vorantrieb.

Links davon erhebt sich der **Palacio Mayoralgo** ⓬ (Nr. 8) aus dem 15./16. Jh. Zwei Zwillingsfenster über dem Portal umrahmen das von floralen Ornamenten eingefasste Familienwappen. Die Fassade sieht fast aus wie geleckt. Sie wurde im Spanischen Bürgerkrieg von einer Bombe getroffen und neu aufgebaut. Einst besaß die Familie der Mayoralgos ein bedeutendes Majorat, das erste der Extremadura. Die Nachfahren versilberten den Palast. Römische Mauerreste wurden jüngst im Inneren entdeckt und sollen zugänglich gemacht werden, bis dahin ermöglicht eine Glastür den Blick in den Innenhof.

Frei zugänglich ist jedoch die **Casa Moraga** ⓭ schräg gegenüber. Dort genießen Sie den Charme eines kleinen Innenhofes, wenn Sie über Stufen zur oberen Galerie steigen. In den Verkaufsräumen des Handwerkszentrums **Centro Provincial de Artesanía** ❶ erklärt ein Film die fast vergessenen Gewerke.

So prasste der Adel

Ein Palast der Superlative schiebt sich zwischen die Plätze Santa María und San Jorge. 6000 m² Wohnfläche. Dreimal so groß wie die meisten anderen Herrschaftshäuser ist der **Palacio de los Golfines de Abajo** ⓮. Doch damit nicht genug. Das Adelsgeschlecht der Golfines baute sich in der Oberstadt sogar noch einen zweiten Palast. Kein Zweifel, die Adelssippe machte gute Geschäfte und verfügte über beste politische Verbindungen. Für den König stand immer ein Gästebett bereit.

Die Außenwände zeigen die Metamorphose eines Wehrpalasts aus dem frühen 15. Jh. zur schmucken Residenz. Von der kriegerischen Vergangenheit zeugen der robuste Eckturm mit Aus-

guckterrasse und einer Pechnase ebenso wie die wuchtige Fassade aus Bruchsteinen und Granit. Sie wurde aber bereits einige Jahrzehnte später durch platereske Fensterumrandungen und den Aufsatz einer filigranen Steinbordüre auf den eleganten Stil der Renaissance getrimmt. Charakteristisch für viele Stadtpaläste sind die strahlenförmigen Keilsteine, die das Eingangstor umrahmen. Das Innere offenbart das Leben des Adels bis in die Gegenwart. Highlight einer Führung bildet der Wappensaal mit farbigen Fresken aus dem 16. Jh., einmalig in Spanien. Kurios dagegen ist ein Bild, das das allererste Auto in Madrid zeigt, wie es Radfahrer und Fußgänger beiseite räumt.

Plaza de los Golfines, 1, www.palaciogolfi nesdeabajo.com, Führungen Di–Sa 10, 11, 12, 13, 17, 18, 19, im Winter 10, 11, 12, 13, 16.30, 17.30, 18.30 Uhr, So jeweils nur vormittags, in der Saison Reservierung ratsam, Führung 2,50 €

Eine Kirche gegen Luther

Ein paar Schritte weiter öffnet sich die Plaza de San Jorge, Platz des hl. Georg. Eine Metallskulptur zeigt den Drachentöter am Fuße einer doppelseitigen Treppe, die zur **Iglesia de San Francisco Javier** ⓯ hinaufsteigt. Die barocke Jesuitenkirche aus dem 18. Jh. wirkt mit zwei himmelstürmenden Türmen und weißer Fassade wie ein Störfaktor unter den Adelspalästen aus behauenem Granitstein. Ein angebautes überdimensioniertes Kolleg dokumentiert die Geltungssucht der Jesuiten, mit der sie die Gläubigen auf dem richtigen Weg gegen die Reformatoren halten wollten. Gemäß ihren architektonischen Vorgaben wölbt sich eine Rundkuppel über das Kirchenschiff (s. auch Lieblingsort S. 55).

Plaza San Jorge, 9, tgl. 10–14, 17–20 Uhr, im Winter 10–14, 16.30–19.30 Uhr, Eintritt 1,50 € inkl. Turmbesteigung

Prozession spielen

In die düstere Krypta der Jesuitenkirche wurde eine anregende Ausstellung gesetzt, gewidmet der *semana santa*. Auf einem Rundgang für alle Sinne können Besucher dieses **Centro de Divulgación Semana Santa de Cáceres** ⓰ die Gerüche der Prozessionen erschnuppern: Weihrauch, Rosmarin und Kerzenwachs. Sie hören die Bußgesänge im Kopfhörer, dürfen sich eine der schwarzen Kapuzen der Bruderschaften überstülpen und das Gewicht der Prozessionsfiguren auf die eigenen Schultern laden. Kaum zu glauben, dass diese auf den Wallfahrten stundenlang zu (er)tragen sind.

Im rückwärtigen Raum bereiten Infotafeln zur Wasserversorgung auf den Abstieg in die **Zisterne des Jesuitenkollegs** vor. Sie ist eine der fast 100 Wasserreservoirs, die sich unter den Palästen verbergen, als Ausgleich dafür, dass kein größerer Fluss durch die Stadt fließt. Sollte es während der Besichtigung regnen, entschädigt ein fulminantes Konzert der durch die Deckenlöcher fallenden Tropfen für dieses Malheur.

Cuesta de la Compañia, o. Nr., Di–So 10–14, 17.30–20.30, im Winter 10–14, 16.30–19.30 Uhr, Eintritt 2,50 €

Kaum noch jüdische Spuren

Hinter dem Jesuitenkomplex nach links führt die winzige Callejón Don Álvaro hinab in die Welt der bescheidenen Häuser. Dort wo die steile Hanglage den Bau großer Paläste verhinderte, versteckte sich das **alte Judenviertel**. Die Spuren jüdischen Lebens wurden durch die Inquisition fast beseitigt. Aller jüdischer Grund fiel der Familie Golfínes zu. Doch die Gebäude in der **Calle Barrio de San Antonio** atmen noch ein wenig den alten jüdischen Geist. Im Gegensatz zu den christlichen Herrscherhäusern aus Naturstein sind sie weiß gekalkt. Der graue Anstrich am unteren Mauerwerk sollte gegen Ungeziefer schützen. An die Stelle der Synagoge allerdings wurde im 15. Jh. die katholische **Ermita de San Antonio** ⓱ gesetzt (C/ Barrio de San Antonio, 3, aktuell geschl.).

Hoch hinauf

Ebenso schlicht scheint das Haus Nr. 17. Ein im Boden eingelassener Fußabdruck aus Messing weist es als jüdisches Kulturgut aus. Der jüdische Besitzer wollte oder musste seinen Reichtum verbergen. Repräsentativ hingegen waren die Innenräume unter einem Mudéjargewölbe. Am Fuß des Turmes **Baluarte de los Pozos** ⓲ wurden die Grundmauern eines römischen Hauses mit Zisterne gefunden. Ein **Informationszentrum** dokumentiert die Ausgrabungen und stellt Modelle der wichtigsten Stadthäuser aus. Zudem gibt es einen direkten Zugang zu Stadtmauer und Wehrturm. Auf dem Hügel gegenüber, immerhin 600 m hoch, erhebt sich der barocke Wallfahrtsort Santuario de Nuestra Señora de la Montaña.

Barrio de San Antonio, 17, Di–So 10–14, 17.30–20.30, im Winter 10–14, 16.30–19.30 Uhr, Eintritt 2,50 €, mit Torre Bujaco 3 €

Turmhoch

Der zinnenbewehrte Palastturm der **Casa de la Cigüeña** ⓳ an der Plaza de San Pablo scheint fast in den Himmel zu wachsen und überragt die Silhouette der Stadt. Als 1467 Königin Isabella den Abriss der etwa 30 städtischen Türme verfügte, war ihr treuer Vasall und Hauptmann Diego de Ovando gerade fleißig am Bauen. Als Dank für seine Dienste erhielt er die Erlaubnis, seinen Turm so hoch zu bauen, wie es ihm beliebte. Was er denn auch tat. Inzwischen ist die Militärbehörde eingezogen und zeigt eine kleine historische Waffensammlung.

Süß & salzig

An der **Plaza de San Mateo** ⓴ stand einst die Moschee. Heute umrahmen

Lieblingsort

Ideal zum Entspannen

Ein verwunschener Paradiesgarten versteckt sich hinter einem schmalen Gittertor inmitten der Altstadt von Cáceres. Der Klostergarten neben der **Iglesia de
San Francisco Javier** 15 ist ein wunderschöner Platz zum Ausruhen während
der Spaziergänge durch das extremenische Mittelalter. Kühlung im Sommer
bringt ein kleines Wasserspiel und ein Picknick auf den Steinbänken ist durchaus erlaubt.

Ein avantgardistisches Highlight weit über die Stadtgrenzen hinaus bildet das Museum der deutschstämmigen Galeristin Helga de Alvear, das ein Best-of der progressiven Kunst des 20. und 21. Jh. versammelt.

die Iglesia de San Mateo, der **Convento San Pablo** 🄯 und, als weltliches Gegenstück, das beste Restaurant der Extremadura, **Atrio** 🄯, den Platz. Allerdings ist Konkurrenz nah. Das Gebäck der Klarissen aus dem Kloster wird in der ganzen Stadt gerühmt und vor Ort durch ein Drehfenster verkauft. Verjagt wurden die Störche vom Dach. Bis zu einer Tonne wiegt ein Nest, zu schwer für die mittelalterliche Konstruktion. In der **Iglesia de San Mateo** aus dem 16. Jh. liegen die großen Geschlechter der Stadt begraben.

Psycho-Wappen
Die Calle Orellana führt entlang der Kirchenwand zur **Casa del Sol** 🄯 aus dem 16. Jh. (Callejón de la Monja, 2). Eine originelle Idee hatte die Gründerfamilie Solis für ihr Wappen. Das männliche

Sonnengesicht sendet schlangenförmige Strahlen. Darüber wacht der behelmte Kopf eines Ritters des Alcántara-Ordens. Sollte dies zur psychologischen Abschreckung der Feinde nicht gereicht haben, konnten noch die Pechnasen eingesetzt werden!

Dem Diktator zu Diensten
So mächtig waren die Familienzweige der Golfínes, dass sie sich nicht mit nur einem Palast in der Unterstadt begnügen wollten. Auch oben, *arriba,* wollten sie herrschen. Könige übernachteten im **Palacio de los Golfínes de Arriba** 🄯 in der Calle del Olmo 2 und erlaubten einen hohen Geschlechterturm. General Franco richtete zu Beginn des Spanischen Bürgerkriegs für 38 Tage sein Hauptquartier in den alten Mauern ein, um sich am 28. September 1936 zum

generalísimo und Staatschef ernennen zu lassen. Am offenen Fenster wurde er von einer Menschenmenge gefeiert.

Ein Affenhaus

Die Gasse Calle Cuesta de Aldana verbindet den Palast mit der Plaza de Santa María oberhalb der Plaza Mayor, dem Ausgangs- und Endpunkt des Rundgangs durch die Altstadt. Auf der linken Seite steht die **Casa Mudéjar** ㉓ (Nr. 14) mit einem Zwillingsfenster in einer Backsteinfassade. Ein paar Stufen abwärts hängt rechts ein Affe vor dem Haus. Aus Metall. Ein amüsantes Namensiegel für die **Casa del Mono** ㉔ (Nr. 5), dem Haus des Affen. Und so geht die Legende: Ein Ehemann hatte seiner bis dahin kinderlosen Gattin als Ersatz einen kleinen Affen von einer seiner Reisen mitgebracht. Als er wieder einmal aus der Ferne zurückkam, war sie endlich schwanger. Freilich von einem anderen, aber das behielt sie wohlweislich für sich. Überglücklich war der vermeintliche Vater über den Nachwuchs. Nur der inzwischen vernachlässigte Affe spielte nicht mit und warf empört das Baby aus dem Fenster. Über solche oder ähnliche Wirrnisse des Lebens lässt sich bis spät nachts gegenüber in der Bar **El Corral de las Cigüeñas** ❸ philosophieren. Ganz exotisch unter einer hohen Palme im Innenhof.

Durch die Neustadt

Zurück auf der Plaza Mayor geht es über die Gran Vía auf die schmucke **Plaza Don Juan** mit dem für seine bodenständige extremenische Küche gerühmten Restaurant **El Figón de Eustaquio** ❷. Das anschließende Geviert der Calle Sánchez, Gallegos und Pizarro lebt durch seine Musikbars. **Mastro Piero** ❹, **La Habana** und ❺ **La Traviata** ❻ sind

angesagt. Die Gebäude sind ein- oder zweistöckig und wirken neben der aristokratischen Wucht der Altstadt angenehm bescheiden. Dazwischen schieben sich sichtbar Wohnhäuser einst wohlhabender Familien. In ein solches ist das wichtigste Museum für zeitgenössische Kunst westlich von Madrid gezogen, das **Centro de Artes Visuales Fundación Helga de Alvear** (s. S. 58).

Immer was los

In den angrenzenden verkehrsberuhigten Straßen Los Pintores, San Pedro, Roso de Luna und Clavellinas gibt es kleinere Geschäfte für Kleidung, Schmuck, Delikatessen, Ramsch. Und einfache Bars. Das **Gran Teatro** ❽ bildet den Übergang zum modernen Cáceres an der **Avenida de España,** um die sich neuzeitliche Geschäfts-, Ausgeh- und Wohnviertel gruppieren. Die Hauptverkehrsstraße umläuft den parkähnlichen **Paseo de Cánovas** ㉕. Gnädig verstecken sich die hässlichen Betonbauten hinter Platanen und Palmen. Hier tobt das Leben. Tagsüber hetzen Spanier im Kaufrausch vorbei an alten Männern, die gemächlich ihre Zeitung auf der Parkbank lesen. Bei Einbruch der Dunkelheit trifft sich ganz Cáceres zur abendlichen *marcha*. Schüler und Studenten in größeren Gruppen, frisch Verliebte, Familien mit Kind und Kegel. Zum Sehen und Gesehenwerden, zum Trinken, zum Essen, fürs Konzert. Es zieht sie in die Calle Pizarro, auf die Plaza Mayor oder durch die Calle Primo de Rivera ins neue, fünf Minuten entfernte Ausgehviertel La Madrila nach Osten.

Museen

Riesenwasserbecken

㉖ **Museo de Cáceres:** Es war wie überall während der christlichen Rückeroberung: Alles Arabische wurde zerstört. Alles? Nein, im maurischen Herrscherpalast von Cáceres war offensichtlich der unterirdische Wasserspeicher übersehen worden. Diese zweitgrößte **arabische Zisterne** in Europa nach Istanbul bildet eine Attraktion des Regionalmuseums. Das Becken misst etwa 15 x 10 m. Das Gewölbe ruht auf römischen und westgotischen Säulen sowie arabischen Hufeisenbögen: eine Moschee des Wassers.

Darüber hebt sich seit dem 15. Jh. die **Casa de las Veletas** (Wetterfahnen) und beherbergt den reichen Museumsschatz. Für jeden ist etwas dabei. Im Erdgeschoss sind archäologische Funde von der Steinzeit bis zur westgotischen Epoche zu sehen. Frühgeschichtliche Grabsteine mit kreisförmigen Ritzzeichnungen fallen auf, ebenso drei vettonische Granitschweine und zeitlos schöner keltiberischer Goldschmuck (4./5. Jh. v. Chr.), der orientalische Einflüsse offenbart.

Umfangreich ist die volkskundliche Sammlung im Obergeschoss, wenn auch etwas hausbacken in der Präsentation. Sie zeigt, was die Menschen beschäftigte: Flussfischerei, Jagd, Wanderweidewirtschaft, Ackerbau, Weben, Kunsthandwerk. Zwei seltsame Gestalten stehen in Saal 14 hinter Glas. Es sind Jarramplos und Carantoña, archaische Figuren auf winterlichen Festen. Die Abteilung **Bellas Artes** widmet sich in drei Sälen der spanischen Kunst seit dem 13. Jh., mit Werken u. a. von El Greco, Picasso, Miró und Tápies.

Plaza de las Veletas, o. Nr., http://museode caceres.juntaex.es, Mitte April–Sept. Di–Sa 9–15.30, 17–20.30, So 10–15.30, Okt.– Mitte April Di–Sa 9–15.30, 16.30–19.30, So 10–14.30 Uhr, Kunstsammlung jeweils nur Di–Sa 9–15.30 Uhr, Eintritt für EU-Bürger frei, sonst 1,20 €

Hohe Kunst beim Hochadel

㉗ Museo Casa-Palacio de los Becerra: Die Vorfahren von Mercedes Calles (1915–2001) halfen dem König bei der christlichen Rückeroberung. Mit Geld, Waffen, Pferden, Männern. Sie selbst war als Gattin eines Diplomaten viel unterwegs und nach der Verrentung lebte sie weiterhin in Luxushotels. Ihr eigenes Haus füllte sie mit Sammelobjekten: elegante Elfenbeinfiguren aus Japan, ein fein ziseliertes Silberkreuz, in das winzige Reliquien eingeschlossen sind, eine Truhe, deren Rindslederüberzug mit christlichen Motiven bemalt ist, ausgesuchtes Porzellan aus Segovia. Alles aus dem 18. Jh. Die beiden darüber liegenden Stockwerke nehmen große Werk für Wechselausstellungen auf, von Picasso, Zurbarán, Warhol, aber auch mal von Comiczeichnern.

Plaza de San Jorge, 2, http://fmercedescalles. es, Di–Sa 10.30–14, 17–20, So 11–14 Uhr, Eintritt für die Sammlung frei, für Ausstellungen 3,50 €

Arabisches Allerlei

㉘ Casa-Museo Árabe Yusuf al Burch: Der Arabien-Fan José de la Torre sammelte 12 Jahre lang. Dann gründete er sein Museum in einem unscheinbaren Haus aus dem 12. Jh., übersetzte seinen Namen ins Arabische in Yusuf al Burch (auf Deutsch übrigens Josef des Turmes) und stellte von nun an sein Sammelsurium aus. 1976 war das. Seitdem sind in dem arabischen Gebäude mit Eingangshalle, Patios, Wohnräumen, Vorratskammer und Zisterne allerlei Kuriositäten zu sehen, einige kunsthistorisch wertvoll, viele eher Alltagskrempel. Kurios allemal.

Cuesta del Marqués, 4, http://www.facebook.com/ Casamuseoarabe, tgl. 10.30–14, 16–20, im Winter bis 19 Uhr (nicht ganz zuverlässig), Eintritt 1,50 €

Avantgarde

㉙ Centro de Artes Visuales Fundación Helga de Alvear: Als Sensation werteten Kunstkreise die Eröffnung des Kunstzentrums in einem restaurierten Bürgerhaus in der Calle Pizarro. Die in Deutschland geborene Helga de Alvear betreibt eine angesehene Galerie in Madrid und betätigt sich als Sammlerin. Sie stellte mit gutem Auge, profunder Kenntnis und künstlerischem Spürsinn ein wahres Best-of der Avantgardebewegungen des 20. Jh. in Europa und Nordamerika zusammen. Wechselnde Ausstellungen erlauben einen umfassenden Einblick in die moderne und zeitgenössische Kunst. Der Fundus reicht von Marcel Duchamp, Pablo Picasso, Sonja Delaunay und Wassily Kandinsky über Joan Miró, Jean Dubuffet, Francis Bacon, Paul Thek und Mark Tobey bis hin zu noch aktiven Künstlern wie Stephan Balkenhol, Gerhard Richter, Francis Alÿs, Rachel Whiteread, Wolfgang Laib und Miquel Barceló. Nach Fertigstellung eines stattlichen Erweiterungsbaus 2021 werden viele der 2800 Werke permanent zu sehen sein.

C/ Pizarro, 8, www.fundacionhelgadealvear.es, Juni–Sept. Di–Sa 10–14, 18–21, im Okt.–Mai 10–14, 17–20, So jeweils 10–14.30 Uhr, Eintritt frei

Schlafen

In den letzten Jahren wurden zahlreiche Stadthäuser restauriert und in attraktive Unterkünfte umgewandelt, darunter auch rund 300 Privatwohnungen.

Erste Adresse

1 **Atrio:** Unumstritten war die Modernisierung eines Adelspalasts durch die Architekten Emilio Tuñón und Luis Moreno Mansilla und seine Umwandlung in ein Hotel nicht. Aber das ist Schnee von gestern und das Ergebnis lässt sich wirklich sehen, von außen und von innen – Luxus pur! Jedes der mindestens 30 m² großen Zimmer ist individuell designt, die Wände aber immer weiß, das Holz hellbraun. Gay-friendly und mit **Sterne-Restaurant** (s. S. 60).

Plaza San Mateo, 1, T 927 24 29 28, https:// restauranteatrio.com, DZ um 300 €

In der Altstadt

2 **Casa Don Fernando:** Modernes Hotel in historischem Gebäude und toller Lage. Die behutsame Renovierung erfolg-te mit viel Stilgefühl, die 36 farbenfroh gestalteten Zimmer sind allerdings etwas klein. Teurere Premiumzimmer zeigen auf den Platz.

Plaza Mayor, 30, T 927 62 71 76, https:// de.sohoteles.com, DZ 75–125 €

Liebevoll

3 **La Boheme:** Ein schmales Haus am Rand des Hauptplatzes bietet sieben geschmackvolle Gästezimmer, teilweise mit Balkon. Neoarabische Einrichtungselemente, Bodenmosaike und kräftige Farben geben den Ton an. Mit arabischem **Teesalon** (s. u.).

Plaza Mayor, o. Nr., T 927 21 73 51, www. hotellaboheme.com, DZ ab 70 €

Geschmackvoll

4 **Don Carlos:** Das Gebäude stammt aus dem Jahre 1803, beim Umbau in eine Unterkunft wurden die alten Strukturen erhalten. Dazu passen die unterschiedlichen Brauntöne in den gepflegten, verschieden großen Zimmern.

C/ Donoso Cortés, 15, T 927 22 55 27, www. hoteldoncarloscaceres.net, DZ 45–85 €

Sinnvoll ausgestattet

5 **Baluart Apartments:** Fünf Studios und Apartments für bis zu 4 Personen, modern und sachlich eingerichtet, mit Küchenzeile und mindestens 28 m² groß. Praktisch: Empfang erfolgt an der Rezeption, die tagsüber besetzt ist. Handtücher und Bettwäsche werden gestellt.

C/ Maestro Sánchez Garrido, 3, T 676 29 65 43 (mobil), www.baluartapartments.com, Studio für 2 Schläfer 45–245 € (Semana Santa)

Essen

Die Plaza Mayor säumen zahlreiche Restaurants und Bars. Oft versuchen Kellner die Gäste anzulocken. Andererseits sitzen Sie wunderschön, wenn Sie ein wenig auf Qualität verzichten können. Beliebt wegen des Eichelbieres Cerex aus einer kleinen einheimischen Brauerei ist **Taberna del Rincón** (Nr. 17, tgl. geöffnet). In den Gassen rundherum verstecken sich zahlreiche empfehlenswerte Einkehrmöglichkeiten.

Veredelte Tradition

1 Madruelo: Besitzer Francisco Javier schwört auf sein *solomillo* von freilaufenden Schweinen und verfeinert überlieferte Familienrezepte. Genüsslich kredenzt er etwa die Hausspezialität *lomo de orza*. Orza ist ein Tontopf, in dem das Schweinefleisch in eigenem Fett, dazu mit Olivenöl, Kräutern und Gewürzen auf natürliche Art konserviert wird.

HÖCHSTER GENUSS: RESTAURANTE ATRIO **G**

Besser als bei José Polo und Toño Pérez lässt es sich in der Extremadura wohl nicht speisen. Die verfeinerte Küche des gleichnamigen Luxushotels **Atrio** 1 verbindet Einflüsse aus der Region und des Mittelmeerraums. Ein Beispiel, das Gourmets das Wasser im Munde zusammenlaufen lassen dürfte, ist schon die Vorspeise *Careta de cerdo ibérico, cigala y jugo cremosos de ave*. Drei Lebenselemente sind harmonisch vereint in der Verbindung von iberischem Schwein (Erde), Languste (Wasser) und Crème vom Geflügel (Luft). Die Kombination unterschiedlicher Zutaten ist Programm. Zum Essen werden feine Weine aus dem vielleicht reichhaltigsten Weinkeller Spaniens kredenzt, der immerhin 45 000 Flaschen zählt (Plaza San Mateo 1, T 927 24 29 28, www. restauranteatrio.com, tgl. 14–16, 20.30–23 Uhr, Menüs ca. 129–139 €; s. auch S. 290).

C/ de Camberos, 2, T 927 24 36 76, www. madruelo.com, tgl. 13.30–16, Mi–Sa auch 21–23 Uhr, Hauptspeisen ab 14–20 €, Menüs 30–36 €

Seit 1947

2 El Figón de Eustaquío: Eine Institution für die regionale Küche. Spezialitäten sind die hauseigene Suppe auf Tomatenbasis mit Brot, Knoblauch und Ei *(sopa el Figón)*, geschmortes Lammfleisch *(frite extremeño)* und das Hirschragout in Pilzsauce *(venedo en guiso de setas)*. Plaza de San Juan, 12–14, T 927 24 81 94, www.elfigondeeustaquio.com, tgl. 13.30–16, 20–24 Uhr, Hauptspeisen 14–26 €, Tagesmenü 19 €, Regionalmenü 27 €

Preis/Leistung passt

3 El Paladar de Felisa: Am Körperumfang erkennbar isst Patronin Felisa López selbst sehr gerne. Ihre eher einfachen Gerichte kommen vom Grill: Schwein, Rind, Hühnchen, aber auch drei vegetarische Speisen mit Tofu und Seitan stehen auf der Karte. Dazu eine große Auswahl an Tapas und Salaten. Günstige Preise, der Speisesaal unter Granitbögen ist allerdings etwas düster. C/ Sergio Sánchez, 10, T 927 21 66 15, www.elpaladardefelisa.com, Di–Sa 13.30–16, 20.30–24, So nur mittags, Tapas 2–4 €, Tagesmenü 10 €, Hauptspeisen um 12 €

Religiös?

4 Trinidad: So weit ist's noch nicht, dass der Pfarrer in der Dreifaltigkeit *(trinidad)* bedienen würde. Doch an Heiligenbildchen mangelt es nicht, am Altar, am Altartuch auf den Tischen, dazu gregorianische Gesänge auf der Toilette. Bei all dem Zinnober schmecken die kleinen Speisen: Die in Soja und Zitrone marinierten und mit würziger Sauce gereichten, ausgebackenen Hühnerstückchen *(lagrimitas de pollo)*, das Wokgericht mit roten und grünen Paprika, Speck, Reis und japanischer Sauce *(wok de panceta)* oder einfach nur

Attraktiv und touristisch gibt sich die Plaza Mayor. Schön ist's allemal, über die Getränkekarte hinweg die Stadtkulisse zu bestaunen und dann, vom Kaffee gestärkt, vielleicht den arabischen Torre Bujaco zu besteigen.

die wilden, d. h. scharfen Kartoffeln *(patatas bravas)*. Stilgerecht gibt's Oblaten zur Rechnung.

C/ Pizarro, 21, T 663 75 92 49, https://es-es. facebook.com/trinidadrestaurante, Mi–So 13.30–16, 20.30–23.30, Fr/Sa bis 0.30 Uhr, Di nur abends, So nur mittags, Tapas 5–6 €

Höchstgelobte Tapas

5 **La Cacharrería:** Da ist schon was dran, an der Behauptung vieler Einwohner, dass die kleinen Speisen der Cacharrería zumindest in Cáceres einmalig sind. Fantasievoll zusammengestellt und angerichtet sind sie allemal. Die Kroketten aus extremenischer Schweinewurst *(croquetas de patatera)* mit Datteln, die Stückchen vom Schweinsrüssel *(morros de cerdo)* mit Koriander, dazu ›Harmloses‹ wie Käse, Tomaten und Basilikum oder libanesischer Humus. Entspannte Räumlichkeiten mit zahlreichen Bildern dekoriert, auch ein kleiner Patio.

C/ Orellano,1, T 615 21 27 50, Do–Mo 12.30–16, 20.30–24 Uhr, Tapas um 5 €

Frühstück und Süßes

6 **Chocolat's:** Große Auswahl an Tees und Torten, darunter ein sehr guter Apfelkuchen, aber auch der Himbeerkuchen mit weißer Schokolade und Frischkäse ist einen Versuch wert. Für alle, die auf Kalorien achten wollen, gibt's frisch gepressten Orangensaft und Croissants, dazu viele Toasts. Mit Terrasse.

Gran Via, o. Nr., T 927 22 01 58, Mo–Fr 9–14, 16.30–21, Sa/So schon ab 16 Uhr. Torten um 4 €, Gebäck und Toasts ab 2 €

Einkaufen

Die Einkaufszonen der Stadt befinden sich zwischen der Avenida de España und der Plaza Mayor.

Kunsthandwerk

1 Centro Provincial de Artesanía:
Dank der großen Auswahl an Holz-, Glas-, Metall-, Porzellan-, Stoffarbeiten empfehlenswert, auch wenn mancher Kitsch darunter ist. Und wer begeistert von der Reise sein eigenes Zuhause mit handgeschreinerten extremenischen Möbeln einrichten will, findet diese im Obergeschoss.

C/ Cuesta de Aldana, 1, www.extremadurartesana.com, Di–Sa 10–14, 17.30–20.30, im Winter 16.30–19.30 Uhr, So nur vormittags

Klösterliches Gebäck

Gleich in drei Klöstern der Stadt verkaufen die Nonnen köstliches Naschwerk nach hauseigenen Rezepturen und natürlich ohne Konservierungsstoffe: im **Convento San Pablo 2** (Plaza de San Mateo 2, tgl. 9–13, 17–19.45 Uhr), im **Convento de Santa Clara 3** (Plaza de Santa Clara, tgl. 9–13, 16–19 Uhr) und im **Convento de las Jerónimas 4** (C/ Olmo 8, tgl. 9.30–13.30, 16.30–18.30 Uhr).

Den Magen vollschlagen

5 Gabriel Mostazo: Riesige, hochwertige Auswahl an allem Essbaren, was die Extremadura hervorbringt, darunter sogar Paprikamarmelade (mermelada de pimentón), allerlei eingelegte Gemüse und Früchte oder Honig aus den

---

MIT HUMOR UNTERWEGS

Die Stadtführerin María Evangelina Pérez hat in Heidelberg studiert und kennt ihre Heimatstadt Cáceres aus dem Effeff. Mit zahlreichen Hintergrundinformationen hat sie auch den vorliegenden Reiseführer bereichert. Ihre Stadtführungen auf Badisch sind ebenso informativ wie unterhaltsam (Evangelina_cc@hotmail.com).

Bergregionen, Kirschbonbons. Großen Raum nehmen freilich Schinken, Käse und Weine ein.

C/ San Antón, 6, www.mostazo.es, Mo–Fr 9.30–14, 17–20.30, Sa 10–14 Uhr.

Bewegen

Bad der Gefühle

1 Baños Arabes: Wellnessangebote im – laut Eigenwerbung – »Baño de Sensaciones«. Bäder mit Aromatherapie oder mit Entspannungsmassagen auch mit Olivenöl von 15 bis 45 Min. Dauer.

C/ Peña, 5, T 927 22 32 56, www.elaljibedecaceres.com, Di–So 10, 12, 18 und 20, Fr/Sa auch 22 Uhr, Anmeldung sinnvoll

Stadtführungen

2 Oficina de Guías: Erkundungen von Cáceres mit staatlich ausgebildeten Stadtführern.

Plaza Mayor, 2, T 927 21 72 37, Mo–Sa 10–12.30, 18–19, im Winter 17–18 Uhr, So jeweils nur vormittags

Auf Pferdes Rücken

Centro Ecuestre El Romeral: Unterschiedlich lange Ausritte durch die Eichenhaine, dazu Aktivitäten auf eigenem Reitgelände, auch und gerade für Kinder. Und wer mag, kann sein eigenes Pferd in den Stallungen unterbringen.

Carretera EX-100, km 5 (19 km südl.), T 696 12 63 52 (mobil), www.romeral.es

---

Ausgehen

Es gibt drei Zentren des Nachtlebens. Für Urlauber interessant dürften dank der zentralen Lage die Angebote rund um die **Plaza Mayor** und die **Calle Pizarro** sein. Zudem treffen sich Nachtschwärmer im Bezirk **La Madrila** westlich der Avenida de España, rund um die Calle Dr. Fleming und die Plaza de Albatros.

Kunst und Copas

Los Siete Jardines: Hier trifft der Begriff verstecktes Kleinod uneingeschränkt zu, insbesondere auf die Dachterrasse unter einer Palme. Leandro Lorrio, Direktor des örtlichen Musikkonservatoriums hatte die Idee zu Bar und Café in entspannter Atmosphäre, in dem Konzerte, Ausstellungen, Theater, Gesprächskreise stattfinden. Zusätzlich gibt es eine kleine Speisekarte, die auch vegane und glutenfreie Gerichte aufführt.

C/ Rincón de la Monja, 9, T 927 21 73 36, https://lossietejardines.es, Mo–Fr ab 13, Sa/So ab 11 Uhr bis die letzten Gäste gehen, Hauptspeisen um 9 €

Tee, Tee und nochmals Tee

La Tetería: Fast 30 verschiedene Sorten von ›gesund‹ über Rooibusch bis ›geschmacksreich‹, etwa der Pakistani Supremo mit Aromen von Zimt, Orange, Kardamom, Nelke, Ingwer, Paprika, Vanille. Gereicht in arabischem Ambiente mit kleinem Patio um ein Wasserspiel. Dazu wenige alkoholische Cocktails.

Im Hotel La Boheme (s. o.), Plaza Mayor, o. Nr., tgl. 16–21.30 Uhr

Torta del Casar heißt der dickflüssige Käse aus Schafsmilch, der aus seiner Schale gelöffelt wird.

Hinter der Mauer

El Corral de las Cigüeñas: Musikbar für sommerliches Kaffeetrinken am Nachmittag und abendliche Cocktails und Toasts das ganze Jahr über, bei schönem Wetter im Freien unter zwei kleinen Palmen, geschützt durch eine begrünte Wand. Hin und wieder Livemusik, v. a. samstags von lokalen Bands, die auf ein paar Musikstücke vorbeischauen.

C/ Cuesta de Aldana, 6, T 927 21 64 25, www.facebook.com/elcorralcc, Do/Fr ab 19, Sa ab 18, So ab 17 Uhr bis spät nachts, im Hochsommer auch nachmittags

Für jeden etwas

Mastro Piero: Tapabar, Ginclub, Lounge und Gartenanlage zusammen, alles in farbiges Neonlicht getaucht. Und die Musik? Von Flamenco bis Pop und Hiphop, je nach Wochentag und Uhrzeit. Ähnlich vielfältig war auch der Namensgeber: Johann Sebastian Mastropiero war vielleicht Argentinier, vielleicht Italiener, vielleicht Amerikaner. Und sein Zwillingsbruder war Mitglied der amerikanischen Mafia. Er nannte sich auch mal Klaus Müller oder Wolfgang Amadeus y Etcétera Mastropiero, Vaclav Cashorcheck. Und komponierte unter jedem Pseudonym andere Musik.

C/ Fuente Nueva, 4, T 927 21 48 37, www.mastropierogastrobar.es, Mi–So 13–2 Uhr

Falscher Name

La Habana: Die Einrichtung der Kunstbar mit Ausstellungen und kulturellen Veranstaltungen orientiert sich am Jugendstil. Die Musik ist allerdings eher von Shakira denn original lateinamerikanisch.

C/ Pizarro,1, T 927 22 58 98, auf Facebook,
Do/Fr 19–3, Sa 16–3 Uhr

Alteingesessen zeitgemäß

🔆 **La Traviata:** Musikcafé in dunklen
Farben mit Kunst- und Fotoausstellungen
und manchmal DJs. Schon seit 1991.
Doch die Musik geht mit der Zeit: Funky,
House, Acid House. Kleine Terrasse.
C/ Luis Sergio Sánchez, 8, T 927 21 13 74,
auf Facebook, tgl. 17–4 Uhr

Laut

🔆 **Boogaloo:** Vinylplatten und Künst-
lerfotos zieren den Jazzclub, in dem immer häufiger Hardrock und Soul gespielt
werden, Fr/Sa auch live. Dazu passt die
große Auswahl an Bieren. Da überrascht
vielleicht die große Zahl junger Fans.
Avda. Hernán Cortés, 10, T 645 07 13 70
(mobil), www.facebook.com/boogaloocace
res, tgl. 16–4.30 Uhr

Klänge der Welt

🔆 **Gran Teatro:** Die Theaterauffführun-
gen sind leider in Spanisch, aber viele
Konzerte unterschiedlicher Stilrichtungen sprechen die universelle Sprache
der Musik.
C/ San Antón, o. Nr., T 927 01 08 84, www.
granteatrocc.com

Filmkunst

🔆 **Filmoteca:** Staatliche Einrichtung zur
Förderung des Kinolebens. Die zumeist
anspruchsvollen Filme sind in Original-
fassung.
C/ Rincón de la Monja, 6, T 927 00 54 80,
www.facebook.com/FilmotecaEx

Feiern

• **Semana Santa:** Karwoche. Größtes
religiöses Fest in der Extremadura mit
tgl. mehreren Prozessionen durch die
engen Altstadtgassen (http://semana
santacaceres.es).

• **WOMAD:** Mai. Das Festival World of
Music, Arts and Dance wird weltweit in
verschiedenen Städten ausgetragen. Die
Universalität der Kunst soll zur Verständi-
gung aller Menschen beitragen. Größte
Kulturveranstaltung der Extremadura
(https://womadespana.com).
• **Festival de Teatro Clásico:** Juni. Thea-
terfest auch auf städtischen Plätzen und
in historischen Gebäuden (www.grantea
trocc.com).
• **Festival Cine Gay & Lésbico Extremadura:** Anfang/Mitte Nov. Spanische und
internationale Schwulen- und Lesbenfilme
werden in der Filmoteca (s. o.) gezeigt.
Der symbolische Eintrittspreis von ca. 1 €
kommt gleichgeschlechtlichen Projekten
in aller Welt zugute (www.fancinegay.
com).
• **Mercado Medieval:** Anfang Dez. Gauk-
ler, Musiker und Kunsthandwerker gestalten den Mittelaltermarkt in den Gassen
und auf den Plätzen des historischen Zentrums. Islamische, jüdische und christliche
Traditionen leben auf, deswegen heißt
die Veranstaltung bei den Einwohnern
Dreikulturenmarkt. Viele Buden bieten
Essbares.

Infos

• **Oficina de Turismo de Cáceres (städtisches Amt):** Plaza Mayor, o. Nr., T 927
11 12 22, www.ayto-caceres.es/turismo,
tgl. 10–14, 17.30–20.30, im Winter tgl.
10–14, 16.30–19.30 Uhr.
• **Turismo de Extremadura (regiona-
les Amt):** C/ Amargura, 1, T 927 25
55 97, www.turismo.caceres.es, Mo–Fr
8–20.45, Sa 10–13.45, 17–19.45, So
10–13.45 Uhr. Auskünfte zu Stadt und
Umgebung.
• **Bahn:** Avda. de Alemania (südwestlicher
Stadtrand), T 927 23 37 61. Mehrmals
tgl. Verbindungen nach Madrid, Mérida,
Badajoz, Lissabon.
• **Bus:** C/ de Túnez, o. Nr. (südwestlicher

TOUR
Kunstwelten und archaische Landschaften

Ein Besuch des Museo Vostell samt kleiner Wanderung

Wie vom Blitz getroffen fühlte sich der Leverkusener Experimentalkünstler Wolf Vostell bei seiner ersten Begegnung mit der Wildnis der **Barruecos.** In der urwüchsigen Landschaft der Heimat seiner Frau Mercedes stieß er auf eine verlassene Wollwäscherei. Und überlegte, welch produktiven Dreiklang die Urgewalten der Natur, die verfallenen Industriegebäude und die zeitgenössische Kunst bilden könnten. Hier sollte sein Museum entstehen! Es war 1974, als Vostell hier erste Wurzeln schlug. Noch herrschte Diktatur in Spanien. Kein gutes Pflaster für jemanden, der bereits die bundesdeutsche Gesellschaft mit kritischen Videoinstallationen provoziert hatte. Und so sollte es nach einer ersten Einweihung 1976 noch 20 Jahre bis zur endgültigen Eröffnung des **Museo Vostell** dauern, denn auch die nun demokratisch legitimierten Kulturpolitiker konnten sich nur schwer mit einbetonierten Cadillacs in ihrer ruhigen Gegend anfreunden. Und die waren nun mal Vostells Markenzeichen.

Die alte Industriearchitektur weiß ästhetisch zu beeindrucken. Der **erste Saal** stellt Vostells eigene Werke unter Rundbögen aus. Es glänzt und funkelt, es lärmt und tönt. Aus einem dunklen Cadillac stoßen geräuschvoll sechs Schrubber zwischen weißen Porzellantellern vor und zurück. Wie Heuschreckenbeine. **»Autofieber«** (1973) transportiert die sieben biblischen Plagen in die Neuzeit. Gott hatte einst die Heuschrecken über Ägypten geschickt. Sie fraßen alles Grün und brachten tiefes Elend. Die leeren Teller und

N-521 *Malpartida de Cáceres*

Fuente de La Serrana

seo Vostell
Ⓜ
rt/Ziel

Charca del Barrueco de Abajo

■ *Monumento Natural Los Barruecos*

0   200   400 m

am Boden liegende Figuren kritisieren den Hunger in den Entwicklungsländern. Das Auto erweist sich als neue Plage in der Gesellschaft. Schon 1976 hatte Vostell für Aufregung gesorgt, als er sein eigenes Gefährt einbetonierte. Viele Nachbarn empfanden die Aufstellung des Werkes als persönlichen Angriff, besaßen damals doch nur ganze vier Einwohner einen eigenen Wagen.

Bei aller Ernsthaftigkeit des Anliegens erzeugen viele Kunstwerke doch auch ein Schmunzeln. Die Sinne des Betrachters öffnen sich so für Vostells Systemkritik. Etwa für das blutrote Objektbild an der linken Schmalseite. »**Mythos von Berlin**« wurde vom Berliner Senat 1987 anlässlich der 750-Jahr-Feier der Stadtgründung in Auftrag gegeben. Pferdeknochen symbolisieren das Leid der Weltkriege. Zwei Bildschirme zeigen je vier Stunden Fernsehen der DDR und der BRD, die zur selben Zeit ausgestrahlt wurden. Links unten repräsentieren Hammer und Sichel die DDR, die eine schwarze Mauer von der BRD trennt. Dass sie nicht durchgezogen ist, zeugt von des Künstlers Hoffnung auf die Wiedervereinigung – zwei Jahre vor dem Mauerfall.

Der Weg der Wolle: Seit dem 12. Jh. flohen Schäfer mit ihren Herden vor sommerlicher Hitze in die Berge und überwinterten in den wärmeren Ebenen. Mehr als hundert Routen verbanden Malpartida de Cáceres mit der 1993 m hohen Serra da Estrela in Portugal. Über 300 Wollfabriken lagen entlang der Strecke. Die touristische Route Rota da Lã folgt dem Weg der Schafe: www. museu.ubi.pt

In den Augen Vostells kommen Sie nun zum wichtigsten Teil des Museums. Kein Kunstwerk! Nein, es handelt sich bloß um eine **schmale Tür** gegenüber dem Eingang. Doch sie trennt abrupt zwei Klangwelten. Innen das Gedröhne der Moderne. Und außen? Die Musik der Natur. Quakende Frösche, blökende Schafe, singende Vögel. Störche haben ihre Nester gebaut. Irgendwann müssen Sie jedoch durch die Pforte zurückkehren, denn der **zweite Ausstellungssaal** wartet; er wird über einen Hof erreicht. Der einstige Lagerraum für Wolle beinhaltet im linken Flügel 31 Werke von Künstlern der Fluxusbewegung. Sie pries *no sense* und bezieht sich auf ein ästhetisch-klangliches Umfeld. Beispiel ist eine Küche mit Klavier. Manche der Tasten sind schwarz beklebt. Durch deren Anschlagen können Sie die Geräte einschalten: Kühlschrank, Staubsauger, Lampe, Ventilator, Fernseher. Jedes erzeugt ein eigenes Geräusch. So kreieren Sie Ihre speziellen Klangwelten.

Rechts vom Museumseingang befinden sich die Reste der früheren Wollwäscherei. Ein **Informationszentrum** beschreibt anhand von Modellen, Schautafeln und Ge

Ein Cadillac wird zum Kunstobjekt und transportiert die sieben biblischen Plagen in die Neuzeit.

rätschaften die Geschichte der Schafzucht in der Extremadura und die Arbeitsabläufe in der Fabrik. Seit 1790 in Betrieb, ging sie zu Beginn des 20. Jh. wegen sinkender Wollpreise auf dem Weltmarkt bankrott.

Ein **Wasserschöpfrad** ist auf der Gebäuderückseite im Freien erhalten. Hier endet der Rundgang vor zwei Skulpturen. Yoko Onos Installation »Painting to hammer a nail in cross version« (2000) vereint drei Holzkreuze mit kleinen Leitern und Metalleimern. Und Wolf Vostell nennt seine letzte Installation (1997) »Warum hat der Prozess von Pilatus mit Jesus nur 2 Minuten gedauert?« Zu sehen ist eine reichlich ramponierte Rakete, die zwei Autos trägt.

Am Ausgang des Museums beginnt eine ca. 1-stündige Wanderung durch die Landschaft, die Wolf Vostell in den 70er-Jahren so fasziniert hatte. Ein gelber Pfeil weist auf einen breiten Sandweg, der bald den Blick auf den See freigibt; er wurde im 18. Jh. zur Versorgung der Wollwäscherei angelegt. Der Weg steigt leicht an, folgt aber immer der Uferlinie. Ein Gattertor wird durchschritten, ein Pfad schlängelt sich nun zwischen Ginster und Gestein. Nach knapp 15 Minuten werden eine Vogelbeobachtungsstation und zwei spitz zulaufende Felsbrocken passiert.

Der Blick öffnet sich auf die Felsenkette des **Monumento Natural Los Barruecos,** der nach weiteren 15 Minuten erreicht ist. Ein Holzschild mit langgezogenem gelben Strich bedeutet das Ende der Streckenwanderung. Sie kann aber, nun der grünen Ausschilderung folgend, zu einer mittelschweren, dreistündigen Rundwanderung ausgebaut werden. Auch wer davon Abstand nimmt, könnte wegen einiger hübscher Pausenorte noch bis zur Quelle **Fuente de La Serrana** laufen, dabei einen in den Fels betonierten Cadillac passierend. Ansonsten geht es denselben Weg zurück, bei niedrigem Wasserstand ist eine Abkürzung auf einem nicht ausgeschilderten, aber gut sichtbaren Pfad entlang am Ufer möglich.

Stadtrand), T 927 23 25 50. Regelmäßig in die Umgebung und die großen Städte.

- **Auto:** Die Zufahrt ins historische Zentrum ist verboten und wird per Kameras kontrolliert. Autofahrer, die dort eine Unterkunft gebucht haben, dürfen einfahren. Das Hotel meldet der Polizei anschließend die Autonummer, um die 200 € Strafe zu vermeiden. Sonst empfiehlt sich das Parkhaus Plaza del Obispo Galarza (fünf Fußminuten von der Altstadt entfernt.

- **Taxi:** Gran Vía, südl. Ende der Plaza Mayor.

Malpartida de Cáceres und Los Barruecos ♀ D5

Fast ein Muss für Liebhaber moderner Kunst und für Naturfreunde ist der Ausflug nach Malpartida de Cáceres. Erstere finden eine berauschende Kunstsammlung, die anderen ein Naturdenkmal. Das Städtchen mit seinen knapp 4500 Einwohnern an der N 521, nur 14 km westlich von Cáceres gelegen, hat selbst allerdings nichts Aufregendes zu bieten. Die Umgebung macht's: 3,5 km südlich des Ortes schuf sich der deutsche Künstler Wolf Vostell (1932–98) sein zweites Domizil und hinterließ das **Museo Vostell Malpartida** (siehe Tour S. 65).

Archaisch und wunderlich

Entflammt war der Berliner Großstädter für die Urkraft der **Los Barruecos.** Welch gewaltige Natur! Jahrhundertelange Erosion hat wunderliche Granittürme aus dem kargen Boden wachsen lassen. Genügsamer Ginster und Geißklee überziehen den frühlingshaften Boden mit sattem Gelb. Dazwischen wachsen knorrige Stein- und Korkeichen. Eine ungebändigte, archaische Landschaft. Weißstörche finden reichlich Nahrung in Stauseen. Die Vögel nisten nicht auf Kaminen oder Dächern, sondern auf den Felsblöcken. Es grenzt an ein Wunder, dass ihre Gelege auf dem glattgewaschenen Granit halten.

Ein interessant aufbereitetes **Infozentrum** zeigt ein nachgebautes Nest, es ist überraschend klein. Hinzu kommen ein lieblicher botanischer Garten und zahlreiche Erklärungstafeln zur Vogelwelt. Sieben **Wanderwege** erschließen das naturgeschützte Gebiet Los Barruecos. Der beliebteste von nur einer Stunde Dauer beginnt am Museum Vostell (siehe Tour S. 65).

Infos

- **Centro de Interpretación Monumento Natural Los Barruecos:** Ctra. Los Barruecos, o. Nr., T 927 276 236, Juni–Sept. tgl. 8–15, Okt.–Mai 9–14, 16–18 Uhr.
- **Bus:** Häufig von Cáceres nach Malpartida de Cáceres, von dort nur zu Fuß oder per Taxi zu Museo Vostell und Infozentrum.

Arroyo de la Luz ♀ D5

Einen Schatz birgt die einschiffige Pfarrkirche **Nuestra Señora de la Asunción** im nahegelegenen Arroyo de la Luz. Der Altar im plateresken Stil vereint auf 20 Bildtafeln den umfangreichsten Bilderzyklus des Malers Luis de Morales außerhalb eines Museums. Der Zyklus »El Divino (Der Göttliche)« entstand zwischen 1560 und 1563.

Plaza de la Constitución, 21, Mi–Sa 10–14, 16–19, So 10–14 Uhr, T 927 27 04 37, wenn geschlossen, bitte im Tourismusamt neben der Kirche (www.arroyodelaluz.es/es/turismo) nachfragen

Zugabe
Nonnen haben gut lachen

Lust auf einen himmlischen Keks? Dann ab ins Kloster

Ziemlich eitel waren die Ordensschwestern und verwendeten das Eiweiß zum Festigen ihrer Frisur und der Kragen ihrer Tracht. Mit dem Dotter kreierten sie göttliche Kekse und Süßspeisen. Und im Land der schwarzen Schweine ersetzten sie die Butter gerne durch Schmalz! Für die *Roscos de Yema de Santa Clara* fehlen nun nur noch Zucker, Mehl und Anisgewürz. Frisch aus dem Ofen gibt's in vielen Klöstern der Region eine köstliche Auswahl an traditionellem Gebäck zu kaufen. ∎

Trujillo und Parque Nacional de Monfragüe

Eine bezaubernde Provinzstadt — ist Trujillo, mit einem Vogelparadies und dem größten Mittelmeerwald in Sichtweite.

Trujillo ✪

Oben thront die arabische Festung, darunter das romanisch-gotische Mittelalter und um die Plaza Mayor reihen sich die Renaissancepaläste der Eroberer Südamerikas. Einen schöneren Platz für *café*, Cocktail oder *caña* gibt es kaum.

Gänsegeier leben in der Felswand hoch über dem Fluss Tajo.

Klösterliche Kekse

Zuerst zeigen Ihnen die liebenswürdigen Nonnen stolz die Klosterkirche ihres Convento de Jerónimas de Santa María Magdalena, und anschließend reichen sie süße Kekse aus der eigenen Backstube.

Iglesia de Santiago

In dem bescheidenen Gotteshaus treten auf: reiche Sponsoren aus dem Mittelalter, ein pilgernder Jesus, ein durstiger Christus inmitten allerlei Geschichten aus dem Alltag der letzten Jahrhunderte.

Alcazaba

Auf der arabischen Festung in Trujillo mit Ausblicken in alle Himmelsrichtungen wacht die katholische Stadtheilige. Und gegen einen kleinen Obolus schenkt Sie Ihnen ganz persönlich das schönste Lachen.

Eintauchen

Seite 87
Gloss Lounge

Trujillo ist eher verschlafen und kaum etwas für Nachtschwärmer. Die Gloss Lounge über der Plaza de España bildet die löbliche Ausnahme.

Seite 90
Wanderung durch den Nationalpark

Erdbeerbäume, baumhohes Heidekraut und tote Wälder säumen einen abwechslungsreichen Rundweg im Naturpark Monfragüe, der hinauf zum Aussichtspunkt La Umbria führt – eine perfekte Ergänzung zum Birdwatching.

Seite 93
Salto del Gitano

Am Flussufer stakst ein Schwarzstorch, in den Felsen gegenüber haben Hunderte von Geiern ihre Horste gebaut und kreisen majestätisch in den Lüften – unberührt von den Ferngläsern, die ihnen folgen.

Seite 88
Parque Nacional de Monfragüe ✪

Das Rückzugsgebiet für über 300 Vogelarten und der größte, fast unberührte Mittelmeerwald mit seltenen Pflanzen ziehen Naturfreunde und Birdwatcher in ihren Bann.

Keine Luftverschmutzung verstellt nachts den Blick auf den von Sternen übersäten Himmel über dem Castillo des Nationalparks Monfragüe.

Salto del Gitano

Río Tajo

Parque Nacional de Monfragüe ✪

Cáceres

Trujillo ✪

0   25 km

»Es bereitete Spaß, die Vogel- und Pflanzenwelt in so alter Kulturlandschaft zu entdecken, auch iberische Luchse konnten wir beobachten«. (Aus einem Reisebericht)

erleben

Das Land der Eroberer

Weltweit verbreitet ist der Name der kleinen Stadt: Trujillo gibt es in Peru, in Honduras, der Dominikanischen Republik oder in Venezuela. Sogar eine Bar in Gelsenkirchen trug einmal diesen Namen. Der Grund für diese vielen Orte gleichen Namens: Hier, mitten in der Extremadura, lag einst der Ausgangspunkt für die spanischen Eroberungen in Amerika. *Conquistadores* nahmen die Ortsbezeichnung mit in die fernen Welten und schenkten ihrer Heimat nach der Rückkehr mittelalterliche Wehrburgen und festliche Adelspaläste.

Nicht ganz so atemberaubend wie in Cáceres wirkt die Altstadt von Trujillo, dafür erscheint sie anmutiger. Und auch vielfältiger, sind doch hier auch arabische Stadtfundamente schön erhalten.

Nationalpark Monfragüe

Ein weiterer Trumpf der Region liegt 40 km nördlich im Parque Nacional de Monfragüe. Vor allem Vogelkundler bringt der einzige Nationalpark der Extremadura ins Schwärmen. Für viele bildet er den eigentlichen Anlass für eine Reise in den Westen Spaniens. Denn hier sind es die Vögel, die sich die

ORIENTIERUNG **O**

Infos: www.trujillo.es (Informationen über die Stadt Trujillo), www.turismocaceres.org (Informationen über die Region).
Verkehr: Trujillo liegt an der Autobahn A-5 von Madrid nach Lissabon über Mérida und Badajoz. Es bestehen zahlreiche Busverbindungen nach Madrid und Mérida, seltener nach Cáceres und Sevilla.
Die öffentliche Anbindung an den Nationalpark Monfragüe ist ungenügend. Nur wochentags verkehrt ein einziger Bus von Plasencia und Torrejón. Der Bahnhof Monfragüe an der Strecke Madrid–Lissabon liegt 18 km vom Zentrum des Naturparks entfernt.

wasserreichen Naturlandschaften vom Menschen zurückerobert haben. Rund 300 verschiedene Arten werden in den bewaldeten Hügeln gezählt, darunter der Spanische Kaiseradler, der Gänsegeier und das inoffizielle Wappentier des Parks, der Mönchsgeier. Aber auch andere Naturliebhaber kommen auf ihre Kosten. Auf drei ausgeschilderten Rundwegen können Wanderer die ebenfalls vielfältige mediterrane Pflanzenwelt des Nationalparks genießen.

Trujillo

 ♥F5

Die bezaubernde Provinzstadt mit rund 9500 Einwohnern besitzt Ausstrahlung. Im wahrsten Sinne des Wortes, denn schon von der Autobahn ist meilenweit zu sehen, wie das historische Gemäuer ganz allmählich aus der weiten Ebene des Weidelandes zur Festung auf des Berges Spitze strebt. Seine Leichtigkeit verdankt Trujillo gerade dieser Hügellage. Manche blumengeschmückte Gasse ist zu schmal für den Autoverkehr. Da macht es erst recht Spaß, zu Fuß ohne Ziel umherzustreifen.

Wiege der Eroberer

Der Blick in die Ferne hat die Entwicklung bestimmt. Trujillo wurde zur Wiege der Eroberer. Der berühmteste von ihnen war Francisco Pizarro. Er bezwang 1533 das Inkareich in Peru. Seine drei Brüder Hernando, Juan und Gonzalo waren mit dabei. Diego García de Paredes (s. Tour S. 80) legte 1557 den Grundstein zu einem neuen Trujillo in Venezuela. Francisco de las Casas eroberte weite Teile Mexikos und taufte einen Ort in Honduras auf den Namen seines Geburtsorts.

Nicht vergessen ist der wagemutige Francisco de Orellana. Auf der Suche nach dem magischen Goldland Eldorado befuhr er 1541/42 den Amazonas auf seiner ganzen Länge von 6000 km. Auch wenn er das sagenumwobene Land nicht fand, wurde das 16. Jh. zur goldenen Zeit Trujillos. Doch dann waren Ruhm und Reichtum auch schon vorbei. Oder aus einer anderen Perspektive betrachtet: Trujillos Geschichte setzte sich in Süd- und Mittelamerika fort.

Plaza Mayor und das Denkmal für den Eroberer Francisco Pizarro aus origineller Perspektive. Im Mittelalter wurden unter den Arkaden Märkte abgehalten, heute bieten sie Platz für so manches Restaurant.

Dreigeteilte Stadt(geschichte)

Die Anfänge reichen allerdings weiter zurück. Eine Siedlung aus vorrömischer Zeit war als Turgalium bekannt, die Römer gründeten Castra Iuliae. Die Araber befestigten den Hügel. Erst im zweiten Anlauf konnte ihr Torgiela von den christlichen Heeren im Jahr 1232 zurückerobert werden.

Diese drei Geschichtsetappen prägten das dreigeteilte Stadtbild. Die arabische Festung thront oben. Darunter wird die romanisch-gotische Oberstadt, die *villa medieval,* von einer mächtigen Mauer geschützt. Für die Eroberer blieb die Unterstadt. Sie bauten ihre Paläste im Geist der Renaissance rund um die Plaza Mayor. Kurz gesagt: oben arabisch, unten Aufbruch und dazwischen Mittelalter.

Seit dem 17. Jh. ruht nun der Ort eingefroren im Zustand seiner höchsten Blüte. Der Blick vom Burghügel zeigt einen recht kleinen historischen Stadtkern, gleich dahinter beginnen die umliegenden Felder. Wenig Raum benötigt die gesichtslose Neustadt.

Die Nähe zur Natur hat aus der Hauptstadt der lärmenden und brandschatzenden Eroberer eine Hauptstadt der friedlichen Störche gemacht. Sie nisten auf Dächern, Kaminen, Kirch- und Festungstürmen. Sie scheinen zu wissen, wo es schön ist – in der Altstadt von Trujillo.

Stadtrundgang

Ausgangspunkt: Plaza Mayor

Die historische Entwicklung würde den Beginn des Stadtrundgangs an der arabischen Festung nahelegen. Doch zäumen wir lieber das Pferd von hinten auf und starten den Spaziergang in der Unterstadt an der **Plaza Mayor** ❶. Hier lebten einst Handwerker und Händler, Araber und Juden, die sich mit Bauland vor den Toren der mittelalterlichen Siedlung begnügen mussten. Wahrzeichen ist ein Reiterstandbild an der nördlichen Platzseite. Es zeigt einen heroischen Francisco Pizarro unter einer Harlekin-ähnlichen Kopfbedeckung. Sein reich verziertes Streitross traktiert er mit martialischen Sporen. Die Bronzestatue bringt immerhin 6500 kg auf die Waage und wurde vom amerikanischen Bildhauer Charles Cary Rumsey geschaffen. Seine Witwe Mary Harriman stiftete sie 1929 der Stadt. Eine Kopie steht in der vom Ritter gegründeten Stadt Lima in Peru.

Die südlich abzweigende **Calle Tiendas** bildete das Zentrum der *judería,* die von der Inquisition Ende des 15. Jh. ausgemerzt wurde. Licht und Schatten lagen nah beieinander. Nur wenige Jahre später begann die Eroberung der Neuen Welt. Der zunehmende Wohlstand ließ Trujillo aus allen Nähten seiner mittelalterlichen Stadtmauer platzen. Da blieb auch für die Renaissancepaläste der Adelsfamilien, erbaut mit dem Gold und Silber aus

FAKTENCHECK

Einwohner: 9193 (2018)
Partnerstädte: zwei andere Trujillos in Peru und in Venezuela
Bedeutung: Wiege der Eroberer
Stimmung auf den ersten Blick: Mittelalter
Stimmung auf den zweiten Blick: enge Gassen, eine weite Plaza Mayor, viele Häuser verlassen, Geschäfte geschlossen und zum Verkauf stehend
Besonderheiten: Zentrum der Rinderzucht (180 Betriebe mit 20 000 Tieren) und Schafzucht (130 Betriebe mit 80 000 Tieren), Käseproduktion.

Amerika, nur mehr das Viertel rund um den Hauptplatz. Statt Namensschildern zieren großspurige Adelswappen die Fassaden. Eckbalkone gewährten der lokalen Aristokratie eine perfekte Sicht auf die kirchlichen Prozessionen und weltlichen Spektakel.

Originelle Gestalten

Ebenfalls außerhalb der Stadtmauern begann im 14. Jh. der Bau der **Iglesia de San Martín** ❷, der sich über zwei Jahrhunderte hinzog. Vor der strengen gotischen Puerta de las Limas an der Südfassade versammelte sich im Mittelalter der Rat der Stadt. Über das Hauptportal im schlichten Stil der Renaissance hebt sich in Stein gemeißelt das Stadtwappen. Darin umrahmen Burgtürme die Stadtheilige *virgen de la victoria*, die milde auf die Kirchgänger hinabschaut.

Über den einschiffigen Kirchenraum spannt sich in überraschender Eleganz ein spätgotisches Gewölbe. Ein farbenfroh bemalter und vergoldeter Rokokoaltar in einer ersten Seitenkapelle rechts lässt leicht die zeitlos schöne Kostbarkeit gegenüber übersehen: Intensiv blicken die Augen einer hölzernen Marienfigur (13. Jh.) auf die Besucher. Aufrecht auf ihrem Schoß stehend hebt Jesus fast lässig zwei Finger zum Gruße. Es ist nicht der Säugling, sondern der bereits gekrönte Himmelskönig!

Die kunstvollen Dekorationen der Barockorgel darüber können Sie im Detail betrachten, wenn Sie die Treppe rechts des Eingangs zur Empore ersteigen. Zwei Engel scheinen auf ihren Posaunen die Orgelmusik tatkräftig zu unterstützen. Die untere Reihe der Orgelpfeifen ragt horizontal in den Raum. Sie werden Spanische Trompeten genannt, gibt es diese Variante des Orgelbaus doch nur auf der iberischen Halbinsel. So sollten die zumeist sehr großen Gotteshäuser klanglich ausgefüllt werden. Die vertikalen Pfeifen tragen ih-

Störche gehören zu Trujillo wie mittelalterliche Kirchtürme und die Paläste einstiger Eroberer.

ren Ton durch die Münder von bärtigen Figuren in das Kirchenschiff.

Plaza Mayor, o. Nr., im Sommer tgl. 10–14, 17.30–20, im Winter 10–14, 16.30–19 Uhr, Eintritt 1,50 €, Kombiticket 7,50 €

Ein Klosterhof mit Herz

Seitlich der Kirche, zu Beginn der Calle García de Paredes, liefern die geteilten Wappen an der Ecke eines repräsentativen Renaissancepalasts einen Hinweis zu seiner Entstehungsgeschichte. Der **Palacio de los Duques de San Carlos** ❸ wurde möglich dank der ehelichen Verbindung der einflussreichen Familien Vargas und Carvajal. Beide Wappen sind gekrönt vom Habsburger Doppeladler. Kaiser Karl V. erteilte die Erlaubnis zur Verwendung dieses Hoheitszeichens als Dank für militärische oder politische Unterstützung.

Lieblingsort

Auf einem der schönsten Plätze der Extremadura

Ein Urlaubstag in Trujillo lässt sich kaum schöner beginnen als in einem der Terrassencafés an der Ostseite der **Plaza Mayor ❶**. Bei *café solo* und *tostada* (Toast wahlweise mit Marmelade oder kräftigem Aufstrich) oder *pincho de tortilla* (Tortilla-Spießchen). Die Morgensonne taucht die Kirchen, Adelspaläste und das arabische Castillo in sanftes Licht. Der Blick schweift zum Reiterstandbild des Eroberers Francisco Pizarro, der Geist öffnet sich langsam für die große Geschichte dieser Stadt. Und entspannt sich abends beim Cocktail in der Bar **Gloss Lounge ❷**.

Auf Höhe des ersten Stocks hebt sich ein Eckbalkon über die Straße, wie er an vielen extremenischen Adelspalästen zu finden ist. Weiteres Zeichen für den weltzugewandten Zeitgeist ist die elegante Loggia. Sie durchbricht die Seitenwand, da die Adeligen keine wehrhafte Behausung mehr wünschten.

Ab 1960 wurde der Palast von den Schwestern des Hieronymitenordens bewohnt. Da sie 2013 in ihr Stammkloster etwas hügelaufwärts umzogen, kann die Besonderheit des Kreuzgangs leider nur noch während kultureller Veranstaltungen besichtigt werden: ein ›Klosterhof mit Herz‹. Denn die vier Ecksäulen stehen auf einem herzförmigen Grundriss! Einen Blick dürfen Besucher nur dann auch in das imposante Treppenhaus werfen, dessen Decke ein weiterer Habsburger Doppeladler ziert. Eine einfache Kapelle für die Nonnen wurde nachträglich im Salon des Palasts eingerichtet.

Ein wenig Toskana

Die Bauwerke der Plaza Mayor im Uhrzeigersinn betrachtend, folgt als Nächstes der **Palacio de los Orellana Toledo (Palacio de Piedras Albas)** ❹, der allerdings ebenfalls nur von außen zu bewundern ist. Die Arkadengänge im Erdgeschoss sind dem Platz zugewandt, darüber erhebt sich eine offene Loggia nach florentinischem Vorbild. Eine elegant in Stein gemeißelte Bordüre schließt die Fassade kunstvoll nach oben ab.

Der Hingucker

Der **Palacio de la Conquista** ❺ an der Ecke zur Calle Hernando Pizarro ist der prunkvollste unter den Adelspalästen von Trujillo. Erbauen ließ das Herrenhaus Hernando Pizarro, der einzige der vier in die Ferne ausgezogenen Brüder, der in die Heimat zurückkehrte. Allerdings musste er erst 21 Jahre in einer kargen Gefängniszelle ausharren, bevor er die Annehmlichkeiten seines repräsentativen Palasts genießen durfte, hatte er doch Diego de Almagro, den Eroberer von Chile ermorden lassen.

Nach seiner Begnadigung ließ es Hernando noch einmal krachen. Mit 51 Jahren nahm er seine 18-jährige Nichte Francisca Pizarro y Yupanqui zur Frau und zeugte viele Nachfahren. Sie entstammte der Verbindung seines berühmten Bruders Francisco mit der Inka-Prinzessin Hualas Yupanqui. Beide spanisch-peruanischen Paare sind rechts und links vom Eckbalkon abgebildet. Das überbordende platereske Wappen darüber zeigt die Eroberung Südamerikas in seltener Ehrlichkeit. Mit schweren Metallketten um den Hals sind die Indios aneinandergebunden und ertragen ihre Knechtschaft mit versteinerten Mienen. Auch die zwölf auf dem Dachfries dargestellten Figuren haben Indiogesichter, sind allerdings nur mit dem Fernglas erkennbar.

Noch mehr Pizarros

Am seitlichen Ende des Palacio de la Conquista führt ein schmaler Durchgang beim Palacio de Justicia, dem einstigen Rathausgebäude, zum nächsten Palast des Pizarro-Clans: **Palacio de Juan Pizarro de Orellana** ❻. Diese Residenz bezog Juan Pizarro de Orellana, erster spanischer Vizegouverneur der Inkahauptstadt Cuzco, nach seiner Heimkehr Ende des 16. Jh. Zwei Familienwappen an der Fassade werden von etwas staksigen Engeln gehalten. Die Orellanas führen zehn Münzen oder Medaillons in ihrem Schild, die Pizarros zwei Bären. Sie halten sich an einer Kiefer fest, an der goldene Zapfen hängen.

Durch einen ausladenden Rundbogen gehts in einen schlichten, doppelstöckigen Innenhof. Die historischen Räume werden inzwischen vom Waisenhaus Colegio Sagrada Corazón de Jesus genutzt. Einst war hier die Casa

de Contratación untergebracht. In dieser Art von Auswandererbehörde trug sich in Listen ein, wer nach Peru wollte. Nur auf der Durchreise nach Guadalupe war der Dichter Cervantes, als er bei der Familie Orellana Quartier bezog.

Nach diesem kleinen Abstecher geht es wieder zurück zur Plaza Mayor.
Plazuela de D. Juantena, 1, meist tgl. 10.30–13, 16.30–18.30, April–Sept. bis 19.30 Uhr, Eintritt gegen Spende, ggf. an der Pforte klingeln!

Auf dem Weg ins Mittelalter

Von der Iglesia de San Martín führt die Calle Ballesteros hinauf zur Festung. Nach wenigen Metern passieren Sie den **Palast des Francisco de las Casas,** einer der Eroberer Mexicos. Die Renaissancemauern waren bereits halb verfallen, als sie restauriert und zu einem der schönsten Hotels der Extremadura umgewandelt wurden, dem **Eurostars Palacio de Santa Marta** . Die gelungene Verbindung von ehrwürdigen Granitbögen und modernem

Trujillo

Ansehen

1. Plaza Mayor
2. Iglesia de San Martín
3. Palacio de los Duques de San Carlos
4. Palacio de los Orellana Toledo (Palacio de Piedras Albas)
5. Palacio de la Conquista
6. Palacio de Juan Pizarro de Orellana
7. Alcázar de Luis de Chaves
8. Iglesia de Santiago
9. Convento de Jerónimas de Santa María Magdalena
10. Alcazaba
11. Iglesia de Santa María la Mayor
12. Casa Museo de Pizarro

Schlafen

1. Eurostars Palacio de Santa Marta
2. Dos Orillas

3. Hostal San Miguel
4. Viña las Torres

Essen

1. Parador
2. Bizcocho
3. Mesón Hueso
4. La Cadena

Einkaufen

1. Santaolaria
2. Pastelería Basilio
3. Casa Bautista
4. Tejidos Pedro Marcos

Ausgehen

1. La Abadía
2. Gloss Lounge

Design können auch Nicht-Gäste im Bistro genießen, bevor sie sich der steil ansteigenden Pflastergasse anvertrauen.

Die dank ihrer kunstvoll gestalteten Rundkuppel auffällige **Torre del Alfiler** schräg gegenüber kann bestiegen werden. Ein Dokumentationszentrum zeigt archäologische Funde, Stadtansichten und Modelle von Palästen (im Sommer tgl. 10–14, 17.30–20, im Winter 10–14, 16.30–19 Uhr, Eintritt 1,50 €, Kombiticket 7,50 €).

Das obere Ende der Gasse markiert unübersehbar der imposante Wachturm eines weiteren Grafenpalasts, des **Alcázar de Luis de Chaves** 7 (Cuesta de la Sangre, 12), in dem 1477 sogar das spanische Königspaar nächtigte. Daneben blieb das zinnenverzierte Stadttor **Puerta de Santiago** (Puerta de Santiago, o. Nr.) erhalten. Hier beginnt das mittelalterliche Trujillo, gleich rechts liegt die älteste Kirche der Stadt, die **Iglesia de Santiago** 8 (s. Tour S. 80).

TOUR
Eine Kirche erzählt Geschichte(n)

Ein Rundgang durch die Iglesia de Santiago

Sie sehen nach nichts Besonderem aus, diese fensterlosen Mauern aus groben Granitquadern. Lediglich ein filigranes Eisenkreuz auf dem Giebeldach weist sie als Gotteshaus aus. Die künstlerische Ausgestaltung des Kircheninneren dokumentiert allerdings eine spannende Phase der extremenischen Geschichte: Sie erzählt von der Festigung der christlichen Herrschaft nach der Reconquista und von wagemutigen Eroberern aus Trujillo.

Klein, schlicht, einfach, wehrhaft. So war die erste Kirche in Trujillo, 1232 an der Stadtmauer erbaut. Ein arabischer Wachturm wurde gar als Kirchturm zweckentfremdet. Schnell musste der Bau hochgezogen werden, denn solch ein Gotteshaus besaß politische Symbolkraft für die neue christliche Herrschaft. **Der hl. Jakob** (span.: San Tiago) war eine Symbolfigur, galt er doch als Maurentöter. Später sollte der Schlachtruf »San Tiago hilf« vor den Kämpfen der Konquistadoren mit mexikanischen Azteken, peruanischen Inkas oder chilenischen Mapuchos erschallen. Doch zunächst zählten Gottesfurcht, Bescheidenheit und Improvisationsgeist zu den Tugenden der Reconquistadoren. Also wurde das Kirchlein multifunktional genutzt – als Gebetsstätte, Zufluchtsort für die Christen und Tagungsort für den Stadtrat. Und inzwischen als originelles **Heimatmuseum.**

Die **Iglesia de Santiago** ❽ liegt an der Plaza de Santiago, unweit des Stadttors Puerta de Santiago.

Weit entfernt von ihren späteren Pfründen, Privilegien und Reichtümern war die katholische Kirche anfangs auf privates Engagement angewiesen. Die Iglesia de Santiago von Trujillo machte da keine Ausnahme. Es war die Familie Tapias, die den Bau finanzierte. Und gemäß der Devise »Tue Gutes und rede

Infos

Öffnungszeiten:
im Sommer tgl.
10–14, 17.30–20,
im Winter 10–14,
16.30–19 Uhr.

Eintritt:
Einfaches Ticket
1,50 €, Kombiticket
7,50 €.

darüber« verewigte sie sich gleich mehrfach mit ihrem Wappen, das immerhin sechs Adler zieren. Ein wenig hochtrabend? Durchaus! Schon am Eingang laufen Sie über ein **Familiengrab** mit dem Hoheitssymbol, das von den vielen Fußtritten schon reichlich abgeschrappt ist.

Da Bescheidenheit nicht eben ihre Zier war, verewigten sich die Tapias auch am wichtigsten Ort in einer Kirche, dem **Hauptaltar.** Auf dem Gemälde aus dem frühen 17. Jh. wird Jesus, passend zum Schutzheiligen der Kirche, als Santiago-Pilger dargestellt. Er trägt die unverwechselbaren Kennzeichen des Pilgerstabs und einen ausgehöhlten Kürbis für das Trinkwasser. Links davon und sehr weit oben in der halbrunden Apsis erscheint erneut das Wappen der Tapias – also bereits auf dem besten Weg ins Paradies und zum ewigen Seelenfrieden!

Auch das prächtige **Wappen** gegenüber steckt voller Familiengeschichten. Die Paredes galten als besonders kämpferische Ritter. Diego García de Paredes, der als legendäres Energiebündel den Beinamen »Samson der Extremadura« erhielt, war an der Einnahme von Granada beteiligt, die die christlichen Rückeroberungen auf der iberischen Halbinsel abschloss.

Sein Sohn schlug in Südamerika manch wagemutige Schlacht für Glauben und spanische Krone und gründete ein Trujillo in Venezuela. Welch' nahtloser Übergang von der Reconquista zur Conquista bei Vater und Sohn! Doch zu anderen Tätigkeiten als Kämpfen, Morden, Huren oder Plündern taugten die extremenischen Ritter damals auch kaum. Immerhin: Der über dem Familienwappen thronende **Habsburger Doppeladler** symbolisiert den kaiserlichen Dank für ihren Einsatz. Die Enkelin von Diego García de Paredes schließlich heiratete ein Mitglied der Familie Tapias, die sich mit einer solchen Schwiegertochter wahrlich schmücken konnte. Flugs wurde ein Platz für ihr Wappen am Altar frei gemacht und die Paredes durften sich in Stein gemeißelt verewigen.

Doch nun genug der blutigen Geschichte, es sei der Sprung in die Gegenwart gewagt. Im linken **Seitenschiff** nahe dem Hauptaltar wird in den Augen der

In den Seitenkapellen ist das Wappen der Tapias oft zweigeteilt. So trägt es an der linken Seitenwand zusätzlich die Wellen, die das Geschlecht der Vargas anzeigen. Auf diese Weise wurden Hochzeiten mit Mitgliedern anderer adeliger Clans – sowie der eigene Machtzuwachs manifestiert.

Prächtige Wappen erzählen aus der Familiengeschichte der Eroberer.

gegenwärtigen Bewohner die wichtigste Statue dieser Kirche angestrahlt. Bereits im Jahr 1372 wurde der schmerzverzerrte Jesus am Kreuz geschnitzt. Voller Dramatik treten die Knochen des ausgemergelten Körpers unter der Haut hervor. Der Mund ist halb geöffnet, die Zähne stehen hervor. Kein Zweifel, dieser Mann leidet ganz entsetzlich. An Durst! Und wenn die Einwohner von Trujillo in Zeiten großer Trockenheit selbigen erdulden, tragen sie den **Cristo de las Aguas** in einer Prozession durch den Ort, um den Himmel mit vielen Bitten und Gebeten um Regen anzuflehen.

Wenige Meter dahinter öffnet sich ein Portal zur **Sakristei,** das ebenso von einer Jakobsmuschel geziert ist wie die Säulenkapitelle und von schwarz-weißen Fresken umrandet wird. Hier hatten die letzten beiden Pastoren die Hausbibliothek aufbewahrt. Ihrem persönlichen Einsatz ist es zu verdanken, dass das Gotteshaus nach den Zerstörungen durch napoleonische Soldaten im 19. Jh. restauriert wurde. Allerdings wurde hier bereits 1896 der letzte Gottesdienst gefeiert und der Sakralbau in ein Heimatmuseum verwandelt.

Lange Zeit wurden in dem Gotteshaus Alltagsgegenstände aus dem Haus einer jüdischen Familie an der Plaza Mayor ausgestellt. Schließlich wurden sie entfernt. Ein Platz für jene einst bedeutende Bevölkerungsgruppe, die die katholische Inquisition brutal verfolgte, schien vielleicht doch ein zu weitgehender Beitrag zur späten Versöhnung.

Arbeitslos wurde damit der **Küster,** zu dessen anspruchsloser Junggesellenwohnung unter dem Kirchendach schmale Treppen führen. Immer vor Ort, blieb er in Rufbereitschaft, um etwa in Notzeiten die Sturmglocke zu läuten. Schmal war seine Bettstatt. Die metallene Bettpfanne sorgte im Winter mit Kohlenglut für einige Wärme. Vergleichsweise geräumig war die Dienstwohnung, ausgerüstet mit offener Feuerstelle, Kochgeschirr aus Metall, Tisch und Stuhl, Essbesteck und Vorratsbehältern. Für alles war gesorgt! Allerdings fiel nur wenig Licht durch die beiden schmalen Fenster, die an Schießscharten der frühen kriegerischen Jahre erinnern.

Vom Hochchor bietet sich ein schöner Überblick über das Kircheninnere, während der **Glockenturm** im Vergleich zu anderen Aussichtspunkten von Trujillo nur ein bescheidenes Panorama eröffnet. Er ist einfach nicht hoch genug.

Süßes & Sakrales

Das wuchtige Gebäude des **Convento de Jerónimas de Santa María Magdalena** ❾, errichtet im 14. und 15. Jh., wird von den Schwestern des Hieronymitenordens bewohnt. Die gesprächigen Nonnen zeigen gerne die gotische Klosterkirche aus dem 15. Jh., sind sie doch sehr stolz auf eine Kopie der Jungfrau von Guadalupe und eine kunstvolle Jesusfigur am Kreuz, die im 17. Jh. gefertigt wurde. Zum Abschluss der Privatführung – oder auch ohne – können Sie sich etwas Gebäck gönnen: Die Schwestern backen und verkaufen wunderbare **Kekse** mit so herrlichen Namen wie *tocinillos de cielo*, zu Deutsch ›Himmelsspeck‹.

C/ del Convento de las Jerónimas, 4, tgl. 10–13, Mo–Sa 16.30–18.30 Uhr, Eintritt 1 €, am Eingang kräftig klingeln

50 Cent für ein Lächeln

Ein markanter Hufeisenbogen gibt den Durchgang zu einem Meisterwerk der defensiven Militärtechnik frei, das die Kalifen von Córdoba im 10./11. Jh. errichten ließen: die **Alcazaba** ❿. Die mit Zinnen bekränzten Mauern und die vorgelagerten Verteidigungstürme können bestiegen und umlaufen werden. Die Ausblicke in alle vier Himmelsrichtungen streifen über die Dächer von Trujillo und das flache Land bis zu den Bergketten vor Guadalupe und dem Nationalpark von Monfragüe. Hinab schauen Sie in die rückwärtigen Überreste einer sechseckigen Burgerweiterung. Dieser sogenannte *albacar* war ebenfalls von Mauern und mehreren Wachtürmen gesichert.

Im viereckigen Waffenhof weist ein schlichter Bogen aus Backstein den Weg zum wertvollsten Gut einer Festung, dem Trinkwasser. Stufen führen hinab zur schummrigen Zisterne. Gegenüber führt ein Aufgang in eine Kapelle auf der Höhe des oberen Wehrgangs, in der seit dem 16. Jh. der Stadtheiligen *virgen de la victoria* gehuldigt wird. Um ihrer

Aufgabe als Schutzpatronin gerecht zu werden, schaut sie für gewöhnlich wachend auf ihre Gemeinde herab, nachts hell angestrahlt. Allerdings genügt schon die Investition von 0,50 €, um den Schwenkmechanismus in Gang zu setzen und die Jungfrau ganz für sich allein lächeln zu sehen.

Schließlich führt die Calle del Castillo nahe der **Stadtmauer** zurück ins Zentrum. In arabischer Zeit war diese mit 17 Wachtürmen bestückt, für deren Bau sogar römische Quadersteine recycelt wurden. Von den ursprünglich sieben Stadttoren blieben vier erhalten.

Plaza del Castillo, 1, im Sommer tgl. 10–14, 17.30–20, im Winter 10–14, 16.30–19 Uhr, Eintritt 1,50 €, Kombiticket 7,50 €

Hier ruhen sie alle

Die massive Pfarrkirche **Iglesia de Santa María la Mayor** ⓫ wurde vom 13.–16. Jh. über einer Moschee errichtet. Der elegante Innenraum wird von einem grazilen plateresken Sterngewölbe abgeschlossen. Ein Meisterwerk der kastilischen Malerei stellt der Hochaltar dar. 1480 schuf Fernando Gallego aus Salamanca die 25 goldgerahmten Tafelbilder. Die realistischen Darstellungen sind flämisch beeinflusst. Kunstgeschichtlich Interessierte sollten für 1 € die Altarbeleuchtung aktivieren, um die Farbkraft zu erleben und die Details besser zu erkennen.

Kein Wunder, dass sich die reichen Rittersfamilien in einem derartig schönen Gotteshaus ihre Grabstätten kauften und so die weitere Ausgestaltung finanzierten. Links vom Hauptaltar liegt Pizarro senior begraben, während sein berühmtester Sohn Francisco in der fernen Erde Perus, in Lima ruht. Rechts vom Altar schmückt das Adelswappen mit zehn Münzen die Familiengruft der Orellanas. Rechts vom Eingang befindet sich die letzte Ruhestätte von Diego García de Paredes, dank seiner schier

F

Wenn Stadtbesucher mit Feldstecher die Fassade der **Iglesia de Santa María la Mayor** absuchen, sind es garantiert Fans des Fußballvereins von Bilbao. Sie schauen nach dem Wappen ihres Klubs. Und das kommt so: Als die Kirche 1972 restauriert werden musste, beauftragten die Stadtverantwortlichen den ortsansässigen Steinmetz Antonio Serván. Dieser, ein fanatischer Fan von Bilbao, einst trainiert von Jupp Heynckes, meißelte heimlich das Vereinswappen in die mittelalterliche Granitfassade, mitsamt dem Schriftzug Athletic Bilbao. Und dort prangt er seitdem, aber so hoch, dass er mit bloßem Auge kaum zu erkennen ist.

unerschöpflichen Kräfte auch »Samson der Extremadura« genannt. Er stritt für die Katholischen Könige und für Kaiser Karl V. auf italienischen, türkischen und französischen Schlachtfeldern. Eine lateinische Grabinschrift rühmt seine Heldentaten. Der ältere, romanische Turm wurde restauriert, kann allerdings nicht bestiegen werden. Dagegen führen etwa 100 sehr schmale Stufen auf den Glockenturm aus dem 16. Jh. Das Panorama lohnt die Mühe.

Gegenüber dem Kirchenportal führt die Calle Palomas zurück in den unteren Teil der Altstadt, vorbei an den Wehrhäusern des Mittelalters, aus denen so mancher, heute unbekannter Ritter in die Fremde zog. Durch die **Puerta de San Andrés** geht es wieder in die Unterstadt der Renaissance.

C/ Santa María, o. Nr., April–Sept. tgl. 10.30–14, 17–20, Okt.–März 10–14, 16–19.30 Uhr, Eintritt 2 €

Museum

Pizarros aller Orten

⑫ Casa Museo de Pizarro: In einem bescheidenen Haus schräg gegenüber der Iglesia de Santiago lebte hinter dicken Granitmauern der adlige Landbesitzer Gonzalo Pizarro. Hier wurde Hernando, sein einziger ehelicher Sohn geboren. Die drei illegitimen Söhne wuchsen hingegen in den ärmlichen Behausungen ihrer Mütter auf. Ein Museum beleuchtet Herkunft und Wirken der Konquistadoren. Die Wohnräume im Erdgeschoss sind nach dem Geschmack der Kleinadeligen eingerichtet und zeigen Gebrauchsgegenstände des 16. Jh. Im ersten Stock werden Francisco Pizarros Lebensweg und die Mühen seiner Exkursionen nachgezeichnet. Auch die unterworfene Kultur der Inkas ist anhand zahlreicher originaler Fundstücke beschrieben.

C/ de los Mártires, o. Nr., im Sommer tgl. 10–14, 17.30–20, im Winter 10–14, 16.30–19 Uhr, Eintritt 1,50 €, Kombiticket 7,50 €

Schlafen

Juwel am Platze

① Eurostars Palacio de Santa Marta: Traumhafter Stadtpalast mit 50 Zimmern ruhig über der Plaza Mayor. Die teureren Premiumzimmer schauen auf den Platz, besonders schön ist Nr. 304. Die Standardzimmer sind allerdings teils dunkel und etwas klein. Dazu Pool mit Panorama. Wegen der engen Gasse ist der hoteleigene Parkplatz für große Autos schwer anzusteuern.

C/ Ballesteros, 6, T 927 65 91 90, www.eurostarspalaciosantamarta.com, DZ 94–220 € (Semana Santa), Angebote ab 55 €

Kleinod der Altstadt

② Dos Orillas: Schnuckelige Unterkunft in restauriertem Wohnhaus aus dem 16. Jh. Die 13 unterschiedlich gestalteten Zimmer tragen die Namen von Ländern, in denen es ein Trujillo gibt und sind in antikem Stil eingerichtet, beruhigende Brauntöne sind vorherrschend. Gefrühstückt wird bei schönem Wetter im Innenhof.

C/ Cambrones, 6, T 927 65 90 79, www. dosorillas.com, DZ 60–95 €

Zweckmäßig gut

3 Hostal San Miguel: Nettes Familienunternehmen am Rande der Unterstadt, fünf Fußminuten zur Plaza Mayor. Spärlich möblierte Zimmer in kräftigen Wandfarben, mindestens 16 m² groß, viele aber deutlich geräumiger, moderne Bäder. Auch Drei- und Vierbettzimmer. Beeindruckend sind die Ziegelgewölbe im Haus aus dem 17. Jh.

Plazuela San Miguel, 3, T 927 32 25 71, www.hostalsanmiguel.es, DZ ca. 50 €

Auf dem Lande

4 Viña las Torres: Acht Zimmer in einem ruhig gelegenen Landgut in strahlendem Weiß, das mit dem saftigen Grün des Gartens mit seinen Palmen, Rosensträuchern, Zitronenbäumen kontrastiert. Die gediegenen Zimmer im Wohnturm haben Aussicht; mit Pool und Sauna.

San Clemente, EX-208, km 87,6, ca. 12 km südöstlich von Trujillo, T 927 31 93 50, www.vinalastorres.com, DZ ca. 80 € inkl. Frühstück

Essen

Viele Restaurants liegen um die Plaza Mayor und sind auf Touristen eingestellt. Die Speisekarten gibt es auch auf Englisch.

Klösterliches Ambiente

1 Parador: Diese Umgebung müssen Sie natürlich mögen: Getafelt wird in einer historischen Klosterkapelle vor vergoldeten Altären und unter gotischen Bögen, bei schönem Wetter auch im Kreuzgang. Die Speisen sind traditionell mit zeitgenössischem Touch. Da verirrt sich sogar mal Hamburger auf die Karte, Spezialitäten kommen aber aus der Extremadura, wie das Nachtischeis mit Käsegeschmack und Honig aus den Bergen. Auch Hotelbetrieb.

Sta. Beatriz de Silva, 1, T 927 32 13 50, www.parador.es, tgl. 13.30–16, 20.30–22.30 Uhr, Hauptspeisen 16–25 €, Regionalmenü ca. 30 €

Authentisch

2 Bizcocho: Im kleinen Speisesaal mit nur 28 Gedecken behandelt der distinguierte Patron Señor Antonio seine Gäste mit ausgesuchter Höflichkeit und erklärt gerne die Speisen, etwa das geschmorte Rebhuhn *perdiz estufada* oder *carzuela de cochinillo*. Das sind auf Salat angerichtete Teile vom Spanferkel.

Plaza Mayor, 11, T 927 32 20 17, http://restaurantebizcochoplaza.com, tgl. 13–16.30, 20.30–23.30 Uhr, Hauptspeisen 15–19 €, extremenisches Tapas-Menü 30 €

Ortstypisch

3 Mesón Hueso: Das kleine Restaurant bietet eine große Auswahl an einheimischen Gerichten, von Eierspeisen bis zu *moraga,* Schweinefleischstücke auf Holzkohle gegrillt. Eine schöne Auswahl bietet das Regionalmenü.

C/ Arquillo, 4, T 927 32 28 20, www.hostalhueso.com, tgl. 13.15–16, 20–22 Uhr, Hauptspeisen 9–21 €, Regionalmenü ca. 16 €

Günstige Wahl

4 La Cadena: Schön ist der Blick von der Terrasse auf den Hauptplatz. Der Großteil der einfachen Speisen kommt vom Grill, neben den üblichen Schweinefleisch auch einige Fischgerichte, wie Forelle.

Plaza Mayor, 8, T 927 32 14 63, tgl. 13–16, 20.30–23.30 Uhr, Hauptspeisen 7–13 €, Menüs 12 und 16 €

Einkaufen

Aus der Extremadura

1 Santaolaria: Schmaler Laden mit extremenischen Spezialitäten meist von kleinen Erzeugern: Wein, Likör, Gebäck, Käse, Olivenöl, Würste. Etwas störend mag sein, dass Kunden zum Probieren fast gezwungen werden, in der Hoffnung, dass darauf ein Kauf folgt.

Plaza Mayor, 6, Mo–Sa 9–21 Uhr

Süße und salzige Tradition

2 Pastelería Basilio: Seit 1939 im Besitz einer Konditorfamilie, inzwischen in der dritten Generation. Riesenauswahl an Gebäck, Kuchen und Pralinen, darunter viel mit Marzipan, eine Tradition vor Ort. Dazu Feinkostangebote wie Brot, Wein, Schinken und Käse. Und wer zufällig einen Festtag feiern möchte, kann eine beeindruckende Torte vorbestellen.

C/ de los Herreros,1, www.facebook.com/pasteleriabasilio, tgl. 9.15–21 Uhr

SHOPPEN WIE ANNO DAZUMAL   **S**

Auch wenn Sie wahrscheinlich nichts kaufen werden, lohnt an der Plaza Mayor 23/24 ein Blick in das Geschäft **Tejidos Pedro Marcos 4** – ein Stoff- und Oberbekleidungsladen wie anno dazumal. Das Angebot reicht von Strampelanzügen über Kurzwaren bis zu feinem Tuch. Die aktuelle Besitzerin Juana Plaza García kann das Gründungsdatum des Ladens nicht genau bestimmen, aber es dürfte rund 200 Jahre zurückliegen. Konkurrenz um den Titel des ältesten Geschäfts der Extremadura droht nur von der Confitería Gutiérrez in Mérida, die 1827 eröffnet wurde (Mo–Sa 10–14, 16–19 Uhr).

Süße Versuchung

9 Convento de Jerónimas de Santa María Magdalena: Ziemlich düster ist der Klostereingang, das Gebäck der Nonnen strahlt hingegen in frischem Gelbbraun, etwa die Blätterteigstücke mit Mandeln (hojaldres).

C/ del Convento de las Jerónimas, 4, tgl. 10–13, Mo–Sa 16.30–18.30 Uhr, kräftig klingeln

Beste Schinken

3 Casa Bautista: Hochwertiger Schinken in der Filiale des Produzenten aus Montánchez. Wer mag, kann sich eine ganze Keule vom Eichelschinken für fast 500 € einpacken lassen. Die wiegt immerhin über 8 kg. Vakuumverpackt gibt's aufgeschnittene 100 g dieses Spitzenschinkens schon für 11 €.

Avda. Virgen de Guadalupe, 3 (Ortseinfahrt), www.jamonescasabautista.es, Mo–Sa 10–14, 16–19 Uhr

Bewegen

Im Gleichgewicht

Segway: Schwer vorstellbar, doch machbar. Und ein wenig Abenteuer macht den Besuch der engen Altstadtgassen vielleicht noch besonderer. 20, 50, 70 oder 150 Minuten dauert die Reise, jeweils mit Einführung.

Segwayiberica, nach Reservierung, T 609 31 34 81 (mobil), www.segwayiberica.com, 10–60 € je nach Dauer

Ausgehen

Aushängeschild

La Abadía: Fast schon historisch ist die Bar in einem ehemaligen Klosterkrankenhaus, seit Urzeiten die Nr. 1 des Nachtlebens und bekannt bis nach Madrid. Getrunken und getanzt wird unter wuchtigen Steinbögen, gechillt im großen Garten. Konzerte verschiedener Stilrichtungen.

C/ García de Paredes, Fr/Sa 0–4.45 Uhr

Tapas & Drinks

⚜ **Gloss Lounge:** Rund ein Dutzend unterschiedliche Wodkas stehen etwa 100 Gins gegenüber. Dazu werden fantasievolle Tapas gereicht, empfehlenswert ist etwa der Toast mit geräuchertem Stockfisch, Orange, grünem Salat und Paprika *(tosta de bacalao ahumado)*. Noch besser sind eigentlich nur die Tische im Freien über der Plaza Mayor.

Plaza Mayor, 4, www.facebook.com/pg/gloss.ginclubtrujillo, Mo–Do 10.30–3, Fr 10.30–3.30, Sa/So 12–3.30 Uhr, Tapas meist 4,50–6,50 €, Cocktails 6,50–12 €

Feiern

• **Semana Santa:** in der Karwoche. Die Prozessionen am Mittwoch, Donnerstag und Freitag werden von lautem Trommeln begleitet.

• **Chíviri:** Ostersonntag. In historischen Schäferkostümen tanzen Tausende auf der Plaza Mayor zu einem Vers aus dem 19. Jh.: »Ay! Chíviri, chíviri, chíviri! Ay! Chíviri, chíviri, chón!« Am Ostermontag mündet das Fest in eine Prozession in La Dehesilla wenig außerhalb Richtung Cáceres.

• **Feria del Queso:** Ende April/Anfang Mai, www.feriadelquesotrujillo.es. Die Plaza Mayor ist voll mit Verkaufsständen. Ein Schwerpunkt liegt auf südamerikanischem Käse, den einst die extremenischen Eroberer in ihre Heimat mitbrachten.

• **Christi Himmelfahrt:** Seit dem 15. Jh. wird die Figur Christi unter einem Baldachin auf der Plaza Mayor aufgestellt. Schon damals wurden Sänger und Tänzer zur Begleitung des Festakts angestellt.

• **Stadtfest Virgen de la Victoria:** Ende Aug./Anfang Sept. Prozession und festliches Treiben zu Ehren der Schutzheiligen Trujillos.

Infos

• **Oficina de Turismo:** Plaza Mayor, o. Nr., T 927 32 26 77, www.trujillo.es/ofici na-de-turismo, Sommer tgl. 10–13.30, 17.30–20, Winter 10–13.30, 16–19 Uhr.

• **Kombiticket:** Das Tourismusamt gibt ein Kombiticket zum Preis von 5,50 € aus, das den Eintritt in folgende Sehenswürdigkeiten ermöglicht: Iglesia de San Martín, Torre del Alfiler, Casa Museo Pizarro, Iglesia de Santiago, Alcazaba und Museo del Traje. Der Einzelpreis beträgt 1,50 €.

• **Visitas guiadas:** Das Tourismusamt organisiert Stadtführungen mit Besichtigung der Alcazaba, des Casa Museo de Pizarro, der Kirchen Santiago und Santa María, des Aljibe Altamirano, einer Zisterne aus dem 10. Jh., die für individuelle Besucher geschlossen ist, tgl. 11 und 16.30 Uhr, Ausgangspunkt: Tourismusamt, Dauer ca. 2 Std. (in Spanisch), 7,50 € inkl. Eintrittspreisen.

Schon in jungen Jahren wird die Semana Santa in tiefer Ehrfurcht begangen.

- **Auto:** Die Altstadtgassen sind sehr eng. Auch die Anfahrt zu den Innenstadthotels ist v. a. mit großen Autos nicht ganz einfach. Unter dem Paseo Ruiz de Mendoza liegt die Tiefgarage Parking Centro. Tipp: Stadtnah finden sich kostenfreie Parkplätze an der Avda. de la Coronación.
- **Busse:** Avda. de Miajadas, o. Nr., T 927 32 12 02. Verbindungen u. a. nach Cáceres, Guadalupe, Mérida, Madrid und Salamanca.

Parque Nacional de Monfragüe ✪

📍 F/G 3/4

Einige Superlative vorweg: Monfragüe ist der einzige Nationalpark in der Extremadura und einer von nur 14 Spaniens. Er umfasst den größten, fast unberührten Mittelmeerwald der Welt und ist umgeben von Weide- und Wiesenlandschaften. Zahlreiche vom Aussterben bedrohte Vogelarten finden hier eines der letzten Rückzugsgebiete. In einer schmalen Felsfront nisten hunderte Gänsegeier.

Ein Räuberversteck wird …

Versperrt von zwei steilen Felsgraten waren die tiefen Täler der Flüsse Tajo und Tiétar lange Zeit nahezu unzugänglich. Kein Wunder, dass die Römer nur einen Namen kannten: unwegsames Gebirge – Monsfragorum. Kaum überrascht da, dass Monfragüe noch im 18. Jh. als Räuberversteck diente. Erst 1966 wurden die Flüsse durch Staumauern gezähmt. Doch noch heute ist das Vorwärtskommen nur auf einer engkurvigen Straße möglich. Bis 1979 waren die verantwortlichen Politiker nahe dran, die unberührte Natur zugunsten gewinnbringender Eukalyptuspflanzungen zu zerstören.

… zum Naturschutzgebiet

Doch Proteste von Umweltschützern zeigten in der jungen spanischen Demokratie rasch Erfolg und führten zur Ausweisung eines Naturparks auf 18 396 ha Fläche. 2003 folgte die Anerkennung als UNO-Biosphärenreservat. 2007 schließlich wurde der Nationalpark gebildet und der Zugang zu weiten Gebieten zum Schutz von Flora und Fauna untersagt. Bereits gepflanzte Eukalyptushaine wurden zurückgebaut. Auch das einzige Atomkraftwerk der Extremadura bei Almaraz an der östlichen Grenze, das durch sein Kühlwasser zur Erhitzung des Río Tajo beiträgt, sollte nach politischen Versprechungen stillgelegt werden. Die Betreiber setzten jedoch eine Verlängerung der Lizenz bis mindestens 2028 durch.

Flora und Fauna

Fliegende Kaiser und Mönche

Über 300 Vogelarten finden im Nationalpark ihre Heimat oder ihr Winterquartier. Dazu gehören zwölf Paare des Spa-

---

INFOS ZUM BESUCH DES NATIONALPARKS

Nur ein kleiner Teil des Parks ist für Besucher offen. Wege dürfen nicht verlassen werden. Beste Reisezeit ist März bis Mai, wenn die Natur erblüht und die Vögel bei der Balz zu beobachten sind; sehr voll wird es allerdings zur Osterzeit. Empfehlenswert sind auch Oktober bis Dezember. Dann überwintern viele Zugvögel im Park, und nur wenige Reisende sind unterwegs. Der Aufenthalt sollte im Centro de Visitantes (s. S. 94) in Villarreal de San Carlos beginnen.

nischen Kaiseradlers, mehr als 500 Paare des Gänsegeiers und an die 30 Schwarzstorchpaare. Inoffizielles Wappentier aber ist der Mönchsgeier. Laut letzter Zählung leben rund 300 Paare in den bewaldeten Hügeln. Oft überfliegen sie die Ebenen auf Nahrungssuche. Auch Schlangen- und Zwergadler sind keine Seltenheit oder Uhus und Eulen. Wiedehopfe, Bienenfresser, Alpensegler, Pirole, Blaulstern, Blaumerle, Nachtigallen, verschiedene Arten von Grasmücken und Lerchen leben im Park.

Zur Artenvielfalt in der Luft kommen seltene Tiere am Boden. Der fast ausgestorbene Iberische Luchs wird seit einigen Jahren ausgewildert. Manchmal kreuzt ein Rothirsch mit mächtigem Geweih den Weg. Oder eine Horde Wildschweine. Die nachtaktiven Ginsterkatzen allerdings bekommen Sie kaum zu Gesicht. Regelmäßig werden Kaninchen ausgesetzt, um den Raubvögeln Nahrung zu geben. Hiervon profitieren auch die Füchse. Amphibien und Reptilien leben bevorzugt in den Feuchtgebieten, darunter der Feuersalamander. Hier fühlen sich auch Fischotter heimisch.

Fast ebenso prächtig zeigt sich die Flora. Eichenhaine, so weit das Auge reicht. Erdbeerbäume, auch Ahorn, Eschen und der Wilde Ölbaum. Charakteristisch ist der selten gewordene Zürgelbaum, ein Hanfgewächs. Lackzistrosen blühen im Frühjahr strahlend weiß, das Heidekraut wird mehr als mannshoch, dazwischen zeigt sich Myrte. Ein Sinnenschmaus für mitteleuropäische Augen.

Erkundung des Parks

Kunst der Urahnen

Dank des Fisch- und Wildreichtums diente die Gegend bereits vor 5000 Jahren als Rückzugsgebiet unserer Vorfah-

BIRDWATCHING

Die spektakulärste Stelle zur Vogelbeobachtung im Park ist zweifellos der **Salto del Gitano,** insbesondere zum Betrachten der Gänsegeierkolonie (s. Lieblingsort S. 93). Drei weitere empfehlenswerte Vogelbeobachtungsstationen befinden sich am Flusslauf des Tiétar an der Parkstraße. Es sind dies **La Tajadilla, La Higuerillo** und, ganz besonders, **Portilla del Tiétar.** Doch auch abseits dieser ausgewiesenen Plätze erleben Sie überall im Nationalpark die großartige Vogelwelt. Wer sich lieber einer sachkundigen Führung anschließen möchte: Extremadurabirds bietet halb- und ganztägige Beobachtungstouren ab zwei Personen an (T 676 78 42 21 (mobil), http://www.iberian-nature. com; weitere Anbieter siehe unter Bewegen, S. 94).

ren. In einer 10 m tiefen Höhle auf dem Weg zur Burgruine im Südwesten des Nationalparks wurden **Ritzzeichnungen** entdeckt. Sie zeigen menschliche Figuren, Tiere, Linien, Punkte und abstrakte Zeichen. Vorherrschend ist die rote Farbe, daneben weiß und schwarz. Die Entstehungszeit reicht vom 3. Jt. bis etwa 500 v. Chr. Leider ist die Malerei aufgrund von Felsabbrüchen zeitweise unzugänglich.

Infos im Centro de Arte Rupestre de Monfragüe, C/ Carretera, o. Nr., Torrejón el Rubio, http://centrosurmonfrague.com/centro-arte-rupestre-monfrague, Mi–So 10–14, 16–20 Uhr, Eintritt 1,50 €

Romantisch im Sommer

Die Ruine einer **Burg** auf 465 m Höhe ist über einen Abzweig von der Verbindungsstraße Trujillo–Plasencia zu

TOUR
Durch mediterrane Pflanzenwelt zu 5-Sterne-Ausblicken

Eine Wanderung im Nationalpark Monfragüe

Infos

Start:
Parkplatz an der
Fuente del Francés,
EX-208, nahe km 26
(♀ F 3/4)

Länge:
5 km, ca. 1,5 Std.,
teilweise rot markiert
(Verlängerung zur
Burg: hin und zurück
plus ca. 80 Min.).

Für Wanderer, die in aller Ruhe die vielfältige mediterrane Pflanzenwelt des Nationalparks beobachten wollen, empfiehlt sich der Rundweg **Umbría del Castillo,** der ab der Brücke oberhalb der **Fuente del Francés** zum Aussichtspunkt La Umbria führt. Die etwa 90-minütige Wanderung ist nicht sonderlich schwierig, doch sollten Sie eine einigermaßen gute Kondition und vor allem festes Schuhwerk haben.

Startpunkt ist der Parkplatz an besagter Brücke. Von hier geht es zunächst auf einem Schotterweg am Fluss entlang zur **Casa de los Camineros** (Hinweisschild). Eschen und Erdbeerbäume, aus deren Früchten der scharfe Aguardiente de Madroños gewonnen wird, säumen den Weg. Nach einigen Minuten weist ein Schild nach rechts bergan. Das Haus der *camineros,* der Straßenarbeiter, die einst hier nächtigten, wird pas-

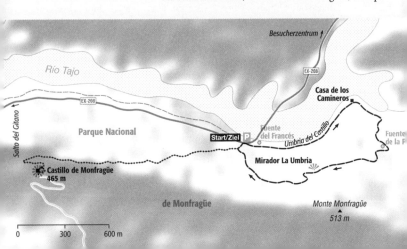

siert. Zwischen Stein- und Kermeseichen, Thymian, Schopflavendel und weiß blühendem Heidekraut schlängelt sich der schmale Pfad entlang rot markierter Holzpfosten bergauf. Nach etwa einer halben Stunde schließlich ist die **Fuente de la Parra** erreicht.

Blick aus der Ferne auf den Geierfelsen über dem Río Tajo

Die kleine Quelle liefert Trinkwasser für durstige Wandersleute, denn nun geht es, jetzt noch etwas steiler als bisher schon, weiter hinauf. An einer Gabelung teilt sich der Weg in zwei Pfade, die sich aber später wieder vereinen. Das Heidekraut wächst bald so hoch, dass es selbst einen gestandenen Basketballer überragt. Zistrosen kommen hinzu. Nach knapp 10 Minuten, die Höhe ist mittlerweile erreicht, wechseln den Hang entlang kurze Anstiege mit Abstiegen. Romantisch, fast urtümlich wirken dunkle Wälder aus teilweise abgestorbenen Bäumen.

Schließlich ist der Aussichtspunkt **Mirador La Umbria** erreicht, von dem sich ein wunderbares Panorama eröffnet. Unten fließt der Río Tajo, auch der Ausgangspunkt der Wanderung ist zu sehen, ebenso die weiten Hügelketten im Westen und Norden. Zwar wird im Anschluss der Gipfel des 513 m hohen **Monte Monfragüe** nicht bestiegen, dennoch folgt, nach einer Kehre, noch eine nächste, ziemlich deftige Steigung. Nun noch weitere 5 Minuten, dann stürzt der Weg sich plötzlich ins Tal, nur selten durch im Boden eingelassene Holzbohlen treppenartig abgemildert.

Ungefähr eine Viertelstunde später verlangt eine Weggabelung Ihre Entscheidung. Nach rechts geht's in 5 Minuten direkt zum Ausgangspunkt dieses Rundwegs zurück. Wer hingegen weiterhin Lust und Power in sich fühlt, kann jetzt noch einen Umweg nach links zum **Castillo** (s. S. 89) nehmen. 45 Minuten dauert die Wanderung bis dorthin; von der Burgruine aus können Sie, auf 465 m Höhe, ein weiteres Mal einen fantastischen Rundblick genießen.

erreichen. Von Mauren gebaut ging das *castillo* nach der christlichen Rückeroberung nacheinander in den Besitz verschiedener Orden über. Mehrfach umgestaltet, gelangte es im 15. Jh. in adeligen Familienbesitz. Im Unabhängigkeitskrieg gegen Napoleon wurde sie schließlich geschleift. Ihre enorme strategische Bedeutung erschließt sich so richtig erst von oben. Von hier bietet sich ein unverstellter Fünf-Sterne-Blick in alle vier Himmelsrichtungen – und eventuelle Angreifer konnten sich einst kaum verbergen.

Heute ist die Anlage ein beliebter Treffpunkt in lauen Sommernächten. Verliebte suchen die Romantik nahe dem klaren Sternenhimmel, etliche Flaschen Sekt werden bei einer Geburtstagsfeier geköpft, Familien verlängern ihr abendliches Picknick bis nach Mitternacht. Und auch so mancher Urlauber findet hier herauf.

Ex–208, km 31, frei zugänglich

Ein Labyrinth für die Sinne

Auch im Museum **Centro de Interpretación de la Naturaleza** kommen Sie der Natur nahe, und das auf vielfältige Art und sehr lebendige Weise! Natürlich gibt es die üblichen Schautafeln, etwa zum Tier- und Pflanzenreichtum im Nationalpark. Das Ökosystem wird vorgestellt und dessen Bedrohungen. Zu sehen sind Naturmodelle, aber auch echte Bäume wachsen und werden plastisch erklärt. Und ein originales Geiernest gibt es zu sehen. Der darauf thronende Vogel ist allerdings nachgebildet.

Zum Abschluss aber lockt ein dunkles Labyrinth der Sinne: In schwarzen Gängen werden Neugierige durch Sehen, Hören und Tasten zu den Geheimnissen der Natur geführt. Manchmal ist es richtig gruselig, etwa wenn das Kreischen der Geier beim Äsen ertönt, dem durch ein kleines Guckloch zugeschaut wird. Allerdings nur im Film.

Mo–Fr 9.30–18, Sa/So ab 9, im Sommer bis 19.30 Uhr, Eintritt frei

Schlafen

In freier Natur

Las Corchuelas: Traumhaft in die Landschaft eingebettetes, 200 Jahre altes Landhaus mit sechs Zimmern, die mit Möbeln aus Familienbesitz der engagierten Gastgeberin Carmen ausgestattet sind. Moderne Bäder, schöner Garten. Das 2 km von der Hauptstraße entfernte Gut umfasst 600 ha, viele der Zutaten für das nach Familienrezepten zubereitete Abendessen werden selbst produziert.
Ctra. Plasencia–Trujillo, EX-208, km 32,100, T 608 82 19 61 (mobil), www.lascorchuelas. com, DZ ca. 110 € inkl. Frühstück, mit Halbpension ca. 150 €

In Dorfnähe

Hospedería Parque de Monfragüe: Der architektonische Versuch, Rustikales mit Modernem zu verbinden, scheiterte an manchen Stellen an der handwerklichen Umsetzung. Doch werden die Gäste durch die Nähe zum Nationalpark entschädigt. Das Hotel nimmt am Programm für Sternenbeobachtung teil. Ein Pluspunkt ist das gute Restaurant (s. u.).
Torrejón el Rubio, Ctra. Plasencia–Trujillo, EX-208, km 37, T 927 45 52 78, www.hospederiasdeextremadura.es, je nach Saison DZ 75–130 €

Zünftig im Park

Casa Rural El Cabrerín: Im Zentrum des Nationalparks wenige Schritte vom Parkbüro. Vier rustikale, karg möblierte Zimmer mit Klimaanlage in einem regionaltypischen Granitgebäude. Das Zimmer La Majá besitzt einen Balkon. Eine Küchenbenutzung ist möglich.
Villarreal de San Carlos, T 927 19 90 02, www.elcabrerin.com, Auskünfte in der Bar Casa Paqui (s. u.), DZ 60 € inkl. Frühstück

Lieblingsort

Für Vogelkundler ein Muss: der Geierfelsen im Nationalpark Monfragüe

Fernglas scharf gestellt und Kamera ausgepackt! Über dem legenden-umwobenen Felsvorsprung **Salto del Gitano** (EX-208, km 28, 📍 F4) kreisen Dutzende von Geiern in majestätischem Flug, mit über 2,50 m Flügelspann-weite. In den Steilhang haben sie ihre Horste gebaut. Manchmal mischt sich sogar ein Schwarzstorch unter sie. Der im Tal fließende Río Tajo trennt die Vogelbeobachtungsstelle an der Parkstraße von den Vögeln. Das gibt ihnen Sicherheit. Auch wenn es zuweilen sehr voll wird und die Fotoapparate der Birdwatcher im Akkord klicken (s. S. 89).

Essen

Im Hotel
Hospedería Parque de Monfragüe: Bessere regionale Küche mit manch kreativer Note. Der Speisesaal bietet von den fensternahen Tischen einen wunderschönen Blick über die Landschaft, ist allerdings doch sehr von Beton bestimmt.

Torrejón el Rubio (s. o.), tgl. 13.30–16, 20.30–23 Uhr, Hauptspeisen ab 14 €, Menü ca. 15 €

Hausmannskost
Monfragüe »Casa Paqui«: Einfaches Essen in einem Speisesaal hinter der Bar. Am Tresen gibt es Tapas. Im Restaurant kommen viele Jagdgerichte wie Wildschwein- oder Hirschragout auf den Tisch. Abends empfiehlt sich eine Anmeldung.

Villarreal de San Carlos, T 927 19 90 02, tgl. 13–15.45, 19.30–21 Uhr, Hauptspeisen 8–13 €

Bewegen

Organisierte Ausflüge
Mehrere Unternehmen führen thematische Ausflüge in den Nationalpark durch, darunter natürlich auch zur Vogelbeobachtung: **Monfragüe Natural,** T 927 45 94 75, www.monfraguenatural.com; **Monfragüe Vivo,** T 620 94 17 78 (mobil), www.monfraguevivo.com; **En Ruta Monfragüe,** T 927 40 41 13, www.rutaspormonfrague.com. Ausgangspunkt ist jeweils das Besucherzentrum (Centro de Visitantes) in Villarreal de San Carlos (s. u.).

Auf zwei Rädern
Monfragüe BTT: Das Mountainbike-Zentrum der Gemeindeverwaltung hat 12 Routen von insgesamt mehr als 350 km Länge ausgearbeitet. Möglich ist das Befahren in Begleitung oder allein. Zehn Räder Trek Marlin stehen zur Ausleihe bereit, sechs für Männer, vier für Frauen.

Ayuntamiento de Torrejón El Rubio, Plaza de España, 1, T 957 45 50 04, http://torrejonelrubio.com/btt

Auf zwei Beinen
Drei **Wanderwege** sind im Park ausgeschildert: Großer Beliebtheit erfreut sich die 7,5 km lange Rundtour auf den 372 m hohen Aussichtspunkt **Cerro Gimio,** die am Besucherzentrum beginnt. In die entgegengesetzte Richtung zum Aussichtspunkt **La Tajadilla** führt eine Wanderung über 8,5 km (hin und zurück). Für Wanderer, die in aller Ruhe die vielfältige mediterrane Pflanzenwelt beobachten wollen, empfiehlt sich die Route **Umbría del Castillo** ab der Brücke Fuente del Francés (siehe Tour S. 90). Karten hält das Besucherzentrum bereit.

Infos

● **Centro de Visitantes (Besucherzentrum):** Villarreal de San Carlos, EX-208, km 23, T 927 19 91 34, www.miteco.gob.es/es/red-parques-nacionales/nuestros-parques/monfrague, Mo–Fr 9.30–19.30, im Winter 9.30–18, Sa/So jeweils ab 9 Uhr
● **Auto:** Es gibt zwei asphaltierte Straßen, die nicht verlassen werden dürfen: Die Regionalstraße EX-208 von Trujillo und Plasencia führt zu Besucherzentrum, Burgruine, Wanderwegen und Salto del Gitano. Vom Besucherzentrum besteht eine Zufahrt zur Vogelbeobachtungsstation Portilla del Tiétar.
● **Bahn:** Der Bahnhof Monfragüe an der Strecke Madrid–Lissabon liegt 18 km von Villarreal entfernt (3 x tgl. Verbindung nach Madrid).
● **Bus:** Mo–Fr 1 x tgl. von Plasencia und Torrejón. Nach Trujillo existiert keine Anbindung.

Zugabe
Ein Schweinehirte zerstört das Inkareich

Pizarros Suche nach Gold

Eroberer und Schlächter der Inkas, Francisco Pizarro, wie er sich selbst gerne sah und abbilden ließ.

Es ist das 16. Jh. und die Bevölkerung lebt in bitterer Armut. Begierig lauschen die Menschen den Erzählungen von fruchtbaren Ländern mit riesigen Goldvorkommen jenseits des Ozeans, wo jeder genug zu essen haben soll – sogar ganz ohne zu arbeiten. Um 1509 schließt sich der Schweinehirt Francisco Pizarro einer der Eroberungsfahrten an. Der uneheliche Sohn eines Kleinadeligen fühlt sich als christlicher *caballero*. Ritterliche Ehre und christliche Reinheit des Blutes werden zu seiner Richtschnur. Ihre legitime Einkommenssicherung sehen die spanischen Eroberer, von denen allein 56 aus dem eher unbedeutenden Trujillo stammen, im Kämpfen, Erobern und Plündern.

Zehn Jahre vergehen, bis Pizarro nach allerlei Verrat zum Bürgermeister der gerade gegründeten Stadt Panama wird. Getrieben von der Gier nach Gold im sagenumwobenen Eldorado unternimmt er mehrere, allerdings erfolglose Fahrten entlang der südamerikanischen Küste. Am Strand von Peru zieht er mit dem Schwert einen Strich in den Sand: »Wenn Ihr auf meine Seite tretet, erwarten Euch Kampf und Tod. Oder Ruhm und Reichtum.« Nur 12 Wagemutige folgen ihm, trotzdem ernennt ihn die spanische Königin am 26. Juli 1529 zum Gouverneur von Peru. Zwei Jahre später bricht er mit 178 Getreuen zur großen Eroberung

auf. Ihre Waffen und Pferde hinterlassen einen solchen Eindruck beim Heer der Inkas, dass die fast 50 000 Bewaffneten keine Gegenwehr leisten. Ihren angebeteten Häuptling Atahualpa lässt Pizarro nach einem gemeinsamen Abendessen hinterlistig hinrichten. In den folgenden 50 Jahren soll die Zahl der Ureinwohner von 7 Mio. auf 500 000 gesunken sein.

Etwa 1300 in Süd- und Mittelamerika gegründete Städte erhielten Namen aus der Extremadura. Mehrere Trujillos sind darunter. Doch die Stadt des Francisco Pizarro bekam einen neuen Namen: Lima, wo sich der erbarmungslose Zerstörer des Inkareichs allerdings nur sechs Jahre an seinem Sieg berauschen konnte. Im Juni 1541 fiel er selbst einem Mordanschlag zum Opfer. ■

Plasencia und der Norden

So viele Tapasbars — gibt es nur in Plasencia, und dahinter erreichen die stillen Berge über 2000 m Höhe.

Die Kathedrale von Plasencia

Seltsame Szenerie in einer Kirche: Frivole Blicke aufs Alltagsleben und beißende Kritik am Klerus präsentiert das Kirchengestühl dieser Kathedrale. Doch auch Heilige, Erzengel und Kirchenväter treten auf.

Auf dem Wochenmarkt von Plasencia

Dienstags findet dieser größte Freiluftmarkt der nördlichen Extremadura statt. Das Angebot reicht von Gemüse bis Kleidung. Sogar einen Stand für den Stockfisch Bacaloa gibt es.

Die Kirschblüte im Frühjahr ist fast so lieblich wie in Japan.

Mit dem Rad über den Puerto de Honduras

Steil, anstrengend und das Radlerherz ausfüllend – auf dem Drahtesel geht es auf den 1430 m hohen Pass. Oben angekommen, gehts auf der anderen Seite rasant bergab.

Das Ende eines Kaisers

Karl V. inszenierte im Alterssitz Monasterio de Yuste einen kaiserlichen Abgang, der durchaus groteske Züge trug. Bis zu 20 Gänge zählten die Essen, für die 20 Bedienstete verantwortlich waren.

Eintauchen

Seite 117
Hervás ✪

Ein mittelalterliches jüdisches Viertel schmückt ein Städtchen, das außerdem Wanderwege in die Bergwelt, saubere Naturschwimmbäder und schöne Einkehrmöglichkeiten bietet.

Seite 124
Las Hurdes ✪

Ein magisches Bergland, in dessen Seen und Bächen Wanderer sommerliche Erfrischung finden. Blaugrün schimmern die Flussschleifen des Rio Alagón, über die sich atemraubend ein Aussichtspunkt erhebt.

Seite 129
Cascada del Chorrito

Der Wasserfall ist perfekter Abschluss einer Tour zu abgelegenen Bergdörfern.

Seite 131
Rund ums Olivenöl

In Robledillo de Gata widmet sich ein Museum diesem wichtigen Wirtschaftszweig der Region.

Seite 132
Wandernd durch die Sierra de la Gata

Aus dem mittelalterlichen Ortszentrum von San Martín de Trevejo führt ein Schmugglerpfad durch dichten Kastanienwald auf den Grenzberg nach Kastilien.

Sierra de la Gata – das Land, wo die Oliven wachsen.

»Dienstag im September, Markttag auf der Plaza Mayor, durch die Straßen wehte der Duft von Blumen, Früchten und frischem Gemüse.«
(I. Allende: »Inés meines Herzens«)

erleben

Erholsame Berglandschaften

D

Die nördlichen Landesteile der Extremadura versprechen vor allem eines: Entspannung. Sie beginnt bereits in den Tapasbars von Plasencia. So viele Gaststätten so nah beieinander mit so unterschiedlichen Appetithäppchen finden sich nirgends sonst in der Extremadura. Das Provinzstädtchen bildet das Tor zu einsamen, über 2000 m hohen Gebirgszügen. Schneebedeckt zeigen sich die Gipfel bis ins Frühjahr. Den Mischwald dominieren Kastanienbäume. Von Wasserläufen durchzogen sind die fruchtbaren Täler Vera, Jerte und Ambroz, in denen Oliven- und Kirschbäume wachsen. Tabak und Paprika werden angepflanzt. Bäche und kleine Seen laden zum romantischen Bad ein, markierte Wege zum Wandern. Berühmtheit erlangte jener Gebirgspfad, auf dem sich 1554 Kaiser Karl V. in einer Sänfte zu seinem Alterssitz im Kloster Yuste tragen ließ (s. Tour S. 112).

Vier Jahrhunderte später kam die nordöstliche Region Las Hurdes zu allerdings trauriger Bekanntheit. Luis Buñuels Film »Land ohne Brot« führte die bittere Armut und menschliche Verzweiflung in einem verlassenen Landstrich einer breiten Öffentlichkeit vor Augen. Wie

ORIENTIERUNG **O**

Infos: www.turismocaceres.org (Informationen über die Nordhälfte der Extremadura), www.plasencia.es (über Plasencia), www.jarandilladelavera.es/municipio (über das Vera-Tal), www.turismodehervas.com (über das Tal Ambroz), www.sierradegata.org (über die Sierra da Gata), www.coria.org (über Coria).
Verkehr: Plasencia bildet den Verkehrsknotenpunkt der nördlichen Extremadura. Hauptstraßen führen in die Täler Vera, Jerte und Ambroz. Die vierspurige EX-A1 reicht von Moralejo über Coria und Plasencia bis zur Autobahn nach Madrid mit Abzweig in den Nationalpark Monfragüe. Kurvenreich und eng sind die Straßen in den Bergregionen Las Hurdes und Gata. Plasencia, Hervás und Coria sind von Cáceres, Madrid und Salamanca per Bus zu erreichen. Lokale Busse fahren selten. Plasencia liegt an der Zuglinie Madrid–Cáceres.

hat sich das Bild doch seitdem zum Positiven gewandelt! Gleichermaßen geliebt und gehasst wird das römisch-mittelalterliche Coria. Zehntausende pilgern zu blutigen sommerlichen Stierkämpfen. Die Zahl der Gegner nimmt derweil rasant zu.

Plasencia ⚲ F3

Plasencias Bevölkerung wächst: in den letzten zehn Jahren um 10 % auf über 40 000 Einwohner, in den letzten 50 Jahren hat sie sich verdoppelt. Eigentlich ein gutes Zeichen in einer Region mit chronischer Abwanderung. Aber das bedeutet zugleich, reizlose Neubausiedlungen bei der Anfahrt. Dahinter verbirgt sich ein historisches Zentrum, das bescheiden, vielleicht sogar ein bisschen spröde wirkt und dabei weitgehend unberührt bleibt vom Strom der Touristen. Zumal die Autobahn den Fernverkehr an der Stadt vorbeiführt.

Dank der Vía de la Plata (s. S. 254) sorgte der Warenaustauch über die Jahrhunderte für Wohlstand, der in achtungsgebietenden Adelspalästen seinen architektonischen Ausdruck fand. Viele sind älter als jene in Cáceres. Und sie bilden, im Gegensatz zu dort, kein abgetrenntes Viertel, sondern fügen sich organisch ins Stadtbild ein; auch der an jedem Dienstag abgehaltene Markt wurzelt im Mittelalter. In den letzten Jahrzehnten hat sich die Gemeinde zum modernen Handelszentrum der nördlichen Extremadura gemausert, Grund für den Anstieg der Einwohnerzahl.

Jüdische Vergangenheit

Wo Handel betrieben wurde, ließen sich auch Handwerker nieder. Sie lebten in den geradlinigen Gassen, die sternförmig von der Plaza Mayor abzweigen. Manche führen jene Gewerke im Namen, die hier ausgeübt wurden, etwa die Calle Zapatería (dt.: Schuhladen). Es war das Jahr 1186, als Plasencia auf Befehl des Königs Alfonso VIII. mitten

Das dicke Gemäuer der Kathedrale schützt ein Feuerwerk aus Gold, ein anstößiges Chorgestühl und einen byzantinischen Melonenturm.

im Kampfgebiet der Reconquista als Militärstützpunkt und kulturelles Zentrum gegründet wurde, die erste Siedlung der kastilischen Ritter in der Extremadura. Zur Absicherung entstand bis 1201 die Stadtmauer.

In der Folgezeit ließen sich viele Juden in Plasencia nieder und bildeten eine der bedeutendsten Gemeinden Spaniens. Ihre Synagoge stand zunächst an der Stelle des heutigen Parador, ab 1482 dann in der Calle Trujillo. Auf dem ersten Höhepunkt der Judenverfolgung 1492 flohen sie ins nahe Portugal. Seit wenigen Jahren erinnert die Stadt an ihre jüdische Vergangenheit mit Marmorsteinen im Straßenpflaster vor den früheren Wohnorten der Juden. Das Wohnhaus des Rabbi Salomon etwa stand in der Calle Zapatería 4 nahe der Plaza Mayor, in deren Umgebung sehr viele Juden lebten.

FAKTENCHECK **F**

Einwohner: 40 141 (2018), viertgrößte Stadt der Extremadura
Bedeutung: Eingangstor zu den nördlichen Durchgangstälern nach Nordspanien
Stimmung auf den ersten Blick: Spanischer Alltag
Stimmung auf den zweiten Blick: In das normale Stadtbild zwängen sich mächtige Adelspaläste und eine verdoppelte Kathedrale.
Besonderheiten: Bischofssitz, Campus der Universität der Extremadura mit vier Fachbereichen, Handelsstadt mit mehr als 1000 Läden, darunter 300 Bars und Restaurants, Gründung einer eigenen Sparkasse bereits zu Beginn des 20. Jh., aus der die Regionalbank Caja de Extremadura (heute Liberbank) hervorging.

Stadtrundgang

Großvater schlägt die Glocke

Die **Plaza Mayor** ❶ ist idealer Ausgangspunkt für eine Stadterkundung. Auch sie zeigt sich prunklos im Vergleich zu den Hauptplätzen von Cáceres oder Trujillo. Und doch bietet sie Besonderes. Hier schlägt das Herz der Tapa-Kultur in der Extremadura, die Bars können sogar mit Madrid mithalten. Zumindest zeigen sich die Bewohner Plasencias davon überzeugt. Doch zunächst lohnt – vielleicht vom Straßencafé – ein genauer Blick auf den **Uhrturm des Rathauses** (Nr. 47) an der Stirnseite des Platzes. Sehen Sie hoch oben die grün gekleidete Figur mit Rauschebart? Seit Menschengedenken erinnert **Großvater Mayorga** per Glockenschlag an die Aufgaben des Tages. Der Palast mit seinen Doppelarkaden im Renaissancestil wurde im 16. Jh. erbaut.

In kaum zehn Fußminuten sind alle Sehenswürdigkeiten durch die hübschen Gassen zu erreichen. Die Calle Santa Clara führt zur Bischofskirche. Auf dem Weg dorthin passieren Sie das ehemalige **Kloster Santa Clara** (o. Nr.) mit gotischer Flamboyantfassade, das das städtische Tourismusamt und eine Ausstellung zur Stadtgeschichte (s. unter Infos S. 108) beherbergt.

Doppelt gemoppelt

Solch eine Kathedrale gibt es selten zu sehen. Genauer gesagt: Eigentlich sind es gleich zwei Kathedralen zu einer verpackt – **Alte und Neue Kathedrale** ❷. Die Steinbänke auf dem Vorplatz, der anmutig von Orangenbäumen bewacht ist, laden zu einer Verschnaufpause vor der Besichtigung ein. Lieblich plätschert das Wasser im Brünnlein dazu. Ebenso im Patio des Bischofspalasts an der Stirnseite. Im Kontrast erhebt sich davor die mächtige platereske Fassade der sogenannten **Neuen Kirche** aus dem 16. und 17. Jh., gebaut an die frühere romanisch-gotische Kathedrale. Herausragende Architekten aus Andalusien und Kastilien schufen mit Unterstützung des deutschstämmigen Francisco de Colonia einen Renaissancebau im Sinne der Gegenreformation. Göttliche Allmacht sollte schon durch die Wucht der Fassade demonstriert werden.

In das Innere gelangen Besucher über die dreischiffige **Alte Kathedrale,** deren Bauzeit von Anfang des 13. Jh. bis ins 15. Jh. reichte. Eine wehmütige Stimmung geht von ihr aus, wie sie dort so unvollendet steht. Es gibt Seitenmauern mit einem verschlossenen Eingangsportal und einen Glockenturm. Erhalten blieben außerdem ein unfertiges Gewölbe und ein quadratischer **Kreuzgang,** in dem das **Kathedralmuseum** vier Räume bezogen hat. Es zeigt Heiligenfiguren und sakrale Gemälde vom 13. bis 17. Jh. Darunter befinden sich Werke des Renaissancemalers Luis de Morales (s. S. 273). Das Schmuckstück der Sammlung bildet gleich im ersten Saal ein kunstvoll gestalteter, farbenfroher Altar aus dem 16. Jh., zusammengesetzt aus Azulejos aus Talavera de la Reina, einem Zentrum der spanischen Kachelkunst.

Nach Umlaufen des Kreuzgangs öffnet sich der Eingang zur **Neuen Kathedrale.** Gold, Gold, Gold! Selbst die Säulen, die in ein reiches Netzgewölbe münden, sind mit dem Edelmetall überzogen. Der gewaltige Hochaltar von 23 m Höhe und 13 m Breite präsentiert sich ebenfalls mit Gold ummantelt. Plastisch treten barocke Figuren aus dem Altar hervor, etwa die himmelfahrende Maria. Die flankierenden Bilder zeigen die Verkündigung und Szenen der Geburt Christi. Etwas bizarr wirken Adam und Eva auf seitlichen Pfeilern rechts und links vor dem Altar, denn sie zeigen sich splitterfasernackt, ohne den üblichen Schutz durchs Feigenblatt.

DER MELONENTURM

Von der rechten Seite des Kreuzgangs trifft ein Blick nach links oben auf eine kegelförmige, von Plättchen belegte Kuppel. Der Volksmund, um Benennungen von Kuriositäten selten verlegen, nennt sie Melonenturm. Die Bautradition geht auf Byzanz zurück, die Bauweise gelangte im Mittelalter nach Frankreich und von dort über den Pilgerpfad nach Plasencia.

Angesichts der überschwänglichen, vielleicht auch etwas aufdringlichen Pracht des Hochaltars tritt das Schnitzwerk des Chorgestühls auch nach aufwendiger Restaurierung fast ein wenig in den Hintergrund. Trotzdem ein Höhepunkt! (s. Tour S. 104).

Plaza de la Catedral, 1, www.catedralesdeplasencia.org/web, Di–Sa 11–13.30, 17–19.30, im Winter 11–13.30, 16–18.30 Uhr, Eintritt 4 € inkl. Sakralmuseum, Patio Bischofspalast Mo–Fr 10–13.30 Uhr, Eintritt frei

Ein Blick von oben

Zurück auf der Plaza Mayor lohnen ein paar Schritte in die Calle del Rey. In Haus Nr. 10 öffnen Glasfenster den Blick auf die **alte Weinkellerei** ❸ der reichen Familie Pulido. Seit dem 13. Jh. schon wurde in Plasencia Wein gekeltert. Weiter führt die Straße zur mittelalterlichen **Stadtmauer.** Zwei Wehrtürme über dem **Centro de Interpretación de la Ciudad Mediaval** ❹ können bestiegen werden. Der Blick reicht über die Neustadt zu den umliegenden Bergen (Di–Sa 10–14, 16–19, So 10–14 Uhr, Eintritt frei).

Noble Paläste

Von der Plaza Mayor in westliche Richtung steuert die Calle Zapatería den **Convento de San Vicente Ferrer** ❺ an,

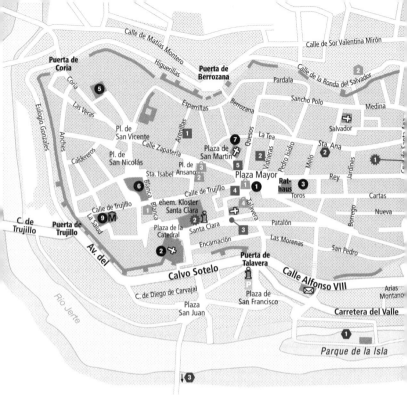

der im 15. Jh. über der ersten Synagoge erbaut wurde. Eine **Ausstellung** in der Klosterkirche widmet sich der Semana Santa (Di–So 11–14, 17–20 Uhr, Eintritt frei). In das Klostergebäude ist der **Parador** eingezogen, das nobelste Hotel der Stadt (kostenlose Führungen tgl. 16 Uhr auch für Nicht-Gäste).

Im nahen **Palacio de los Monroy** , auch Casa de las Dos Torres genannt (Rincón de San Nicolas, o. Nr.), nächtigten ebenfalls schon illustre Gäste, unter ihnen Könige und Ordensritter. Immerhin handelt es sich um den ältesten Palast der Stadt. Die romanische Fassade stammt aus dem 13. Jh.

Achten Sie hinter dem Eingang der **Iglesia de San Martín** (13.–16. Jh.) am gleichnamigen Platz vielleicht auf die klei-

ne Kachel über dem Gabenkasten. Eine Spende hilft, Verwandte aus dem Fegefeuer zu befreien! Das Hauptwerk bildet der Altar (1561) mit vier Tafeln von Luis de Morales (Di–Sa 11–13, 17–19, im Winter 12–14, 16–18 Uhr, Eintritt 2,50 €).

Erholung im Grünen

Außerhalb der Stadtmauern wartet Erholung. Im **Parque de los Pinos** (Avenida de la Hispanidad) begannen die Stadtväter 1918 mit Anpflanzungen, aus denen eine weitläufige Gartenanlage mit Seen, Quellen und Tieren entstand. Das Aquädukt stammt aus dem 16. Jh. und löste eine Wasserleitung aus maurischen Zeiten ab.

Mo–Fr 9–19, Sa/So ab 10, im Hochsommer bis 21 Uhr, Eintritt frei

Plasencia

Ansehen

❶ Plaza Mayor
❷ Alte und Neue Kathedrale
❸ Historische Weinkellerei
❹ Centro de Interpretación de la Ciudad Mediaval
❺ Convento de San Vicente Ferrer/Parador
❻ Palacio de los Monroy
❼ Iglesia de San Martín
❽ Parque de los Pinos
❾ Museo Etnográfico Textil Pérez Enciso

Schlafen

1 Dona Maria »La Brava«
2 Hotel Dora

Essen

1 Casa Juan

2 Succo
3 Tentempié
4 Globo
5 Cafe Torero

Einkaufen

1 Wochenmarkt
2 Ecotahona del Ambroz
3 El Rincón del Jamón
4 Pasteleria Virgen del Puerto

Bewegen

❶ Schwimmbad La Isla
❷ GR-100 Sports
❸ Bicicletas Kilometro.0

Ausgehen

✦ Teatro Alkázar
✦ Sala Impacto

Museum

Welt der Textilien

❾ **Museo Etnográfico Textil Pérez Enciso:** Das faszinierende Volkskundemuseum versteckt sich nahe der Kathedrale im Gebäude des früheren Hospitals Santa María aus dem 13. Jh. Was nicht alles aus Stoffen gemacht werden kann! Im Saal IV des Obergeschosses etwa sind Fragmente eines Messgewandes aus Damast und Brokat zu bewundern, das mit feinsten Fäden aus Seide, Gold und Silber bestickt wurde. Ein farbenprächtiges Meisterwerk aus dem Jahre 1756. Der Schwerpunkt der Sammlung aber liegt auf Alltagskleidung und populären Festgewändern. Darunter gefallen kunstvoll durchbrochene Strickstrümpfe über bunt bemaltem Schuhwerk. Ja, sie waren durchaus eitel damals.

Plazuela del Marqués de la Puebla, o. Nr., www.facebook.com/museoetnografico plasencia, Mi–Fr 11–14, 17–20, Sa 10–14, 17–20, So 11–14 Uhr, Eintritt frei

---

Schlafen

Schwelgen wie die Mönche

❺ **Parador de Plasencia:** 64 edel-traditionell eingerichtete Zimmer in einer so großzügigen Klosteranlage aus dem 16. Jh., dass Verlaufen fast vorprogrammiert ist. Zur Geschichte: Eine Adelsfamilie hatte als Fürbitte für die Gesundung ihres Sohnes den Konvent für den

TOUR
Ein überaus
kritisches Chorgestühl

Rundgang durch die Neue Kathedrale von Plasencia

Infos

**Neue Kathe-
drale ❷:**
Plaza de la Catedral,
www.catedrales
deplasencia.org/web,
Di–Sa 11–13.30,
17–19.30, im Winter
11–13.30, 16–18.30
Uhr, Eintritt 4 €.

Hinter dem Kreuzgang der Alten Kathedrale (s. S. 101) öffnet sich das Portal zur neuen Kathedrale mit ihrem packenden **Chorgestühl:** Oben sehen Sie die üblichen Heiligen und Bibelszenen ins Gestühl geschnitzt. Aber unten stoßen Sie auf offenherzige Szenen aus dem Alltagsleben und beißende Kritik am Klerus. Verantwortlich zeichnete im Jahr 1497 der begnadete Künstler **Rodrigo Alemán,** eine Art Hieronymus Bosch unter den Holzbildhauern. Sein Werk gilt als bedeutendste Bildhauerarbeit der Extremadura im ausgehenden Mittelalter und hat die Inquisition überlebt. Der Holzschnitzer hatte bereits die Kathedrale von Toledo geschmückt. Er wusste um seinen Wert und vermochte in Plasencia einen hohen Lohn vom Domkapitel auszuhandeln, das auf seinen Bänken Platz zu nehmen wünschte. Das Handwerk hatte er vermutlich in den Niederlanden gelernt, wohingegen der Künstlername Alemán auf deutsche Abstammung verweist. Jedenfalls brachte er deutschen Einfluss in die iberische Bildhauerkunst, etwa figürliche Intarsien.

Solche **Einlegearbeiten** zieren die Rückwände der oberen Sitzreihe. Die Katholische Königin Isabella vorn links und ihr Gatte Ferdinand vorn rechts lassen den Bischof in der Mitte in den Hintergrund treten. Zwischen ihnen tummeln sich Heilige, Kirchenväter und Erzengel. Unter dem Bischof hat sich Meister Rodrigo beim Hobeln selbst in Szene gesetzt, zu sehen auf einer Miserikordie (dt. ›Gnade‹), also jenem Konsolenstück an der Unterseite eines Klappsitzes, das gnädigerweise ein unauffälliges Abstützen beim Stehen während der Messe erlaubt.

Im Detail liegt die Würze. Diese Holzschnitzereien erzählen Religiöses, Frivoles und Lästerliches.

Ehrte der Künstler gemäß dem Auftrag im oberen Abschnitt des Gestühls die höchsten Herrscher, widmete er sich in der Mitte **biblischen Themen.** Bei genauem Hinsehen finden Sie auf den schmalen Holzreliefs über den Sitzen Szenen aus dem Alten und Neuen Testament: Davids Kampf gegen Goliath, das letzte Abendmahl oder die Auferstehung Jesu. Vorn links erstarrt Lots Frau beim Zurückblicken auf das zerstörte Sodom zur Säule. Oben ist sie noch Mensch, unten schon Säule.

Gerade auf den **Miserikordien,** an die die Domherren ihren Allerwertesten lehnten, hat der Holzschnitzer frivole Szenen verewigt. Eine Frau schürzt freizügig ihre Röcke und zeigt die wohlgeformten Beine im Waschtrog. Ein Mann versohlt der Gattin den entblößten Hintern, aber auch eine Frau verdrischt ihren Mann. Dass es anders geht, beweist ein liebkosendes Paar, ein Hund symbolisiert Treue. Kinder werden beim Spielen gezeigt, Bäcker und Schmide bei der Arbeit, ein Stierkämpfer in Aktion! Ebenfalls hier unten erscheinen die Mönche, meist trunken und lüstern. Ein Kuttenträger erbettelt von einer Frau sexuelle Gefälligkeiten, ein anderer erteilt einer jungen Hübschen mit einer Hand die Absolution und betatscht sie mit der anderen. Und das alles in einem Gotteshaus! Grund mag sein, dass die Domherren ein Hühnchen mit den freizügigen Franziskanern zu rupfen hatten und deren Bloßstellung insgeheim begrüßten.

Große Imaginationskraft bewies Rodrigo Alemán im Figurenschmuck der **Bänke.** Eine lesende Katze, eine tanzende Wildsau, eine langhaarige Wilde, Fabelwesen und Affen mit obszönen Gesten. Sexualität wird, im Mittelalter nicht unüblich, gänzlich ungeniert als Mittel der menschlichen Fortpflanzung dargestellt. Die Abbildung eines Rabbiners mit langem Bart und eines angeketteten Mauren stützt eine andere These, wonach einige der ausführenden Handwerker zwangsgetaufte Juden oder Moslems waren, die mit der lästerlichen Darstellung des Klerus eigentlich die Inquisition aufs Korn nahmen.

Predigerorden gestiftet, dafür aber die Synagoge abreißen lassen. Ein kleiner Fitnessraum ist unter Gewölben in Mudéjarstil eingerichtet. Stilvolles Restaurant.

Plaza San Vicente Ferrer, o. Nr., T 927 42 58 70, www.parador.es, DZ 100–200 € (Semana Santa). Hotelgäste mit Auto steuern besser gleich die ausgeschilderte Tiefgarage (kostenpflichtig) in der Ronda Higuerillas an

Drei Kulturen
1 Dona Maria »La Brava«: Ein uraltes Stadthaus bietet drei Apartments, die thematisch unterschiedlich eingerichtet sind. La Juderia ist von der jüdischen Kultur befruchtet, La Jaime arabisch und La Asomadilla rustikal extremenisch. Alle sind mit Küche ausgestattet. Zuvorkommender Besitzer.

C/ Trujillo, 26, T 927 41 92 56, www.marial abrava.com, Apartments für bis zu 4 Personen 70–125 €

Einfach praktisch
2 Hotel Dora: 14 einfache, rund 15 m² große Zimmer mit Bad und Klimaanlage in einem Neubau an der Außenseite der Stadtmauer, teilweise mit Balkon, zum Innenhof ruhig, wenn auch etwas hellhörig. Die Einrichtung beschränkt sich auf das Wesentliche und ist sehr sauber gehalten.

Ronda del Salvador, 37, T 927 41 10 34, https://hotelenplasencia.es, DZ 45–60 €

Essen

Plasencia wird gerühmt für seine Tapasbars, die meisten liegen um die Plaza Mayor.

Leicht fischig
1 Casa Juan: Juan Ángel Ferrer hat in einer Kochschule im französischen Baskenland gelernt. Und das ist seiner Küche anzumerken. Neben dem üblichen schwarzen Schwein bietet seine Küche etwa Entenbrust in Trüffelsauce (maigret

de pato) und viel Fisch, etwa der Steinbutt aus dem Ofen mit Pilzen (rodaballo). Lassen Sie sich vom düsteren Eingang nicht abschrecken, zumindest bei schönem Wetter speisen Sie auf der Terrasse.

C/ Arenillas, 2, T 927 42 40 42, www. restaurantecasajuan.com, Fr–Mi 13.30–16, 20.30–23 Uhr, Hauptspeisen 15–19 €

Nur das Fenster fehlt
2 Succo: Begonnen hat alles als Tapasbar mit Restaurantbetrieb, nun ist aus dem Succo ein Restaurant geworden, das im Eingangsraum auch Tapas reicht. Gut gegessen wird im abgetrennten Raum dahinter, leider ohne Blick nach draußen. Die Speisen liegen modern angerichtet auf dem Teller, auch Vegetarisches, wie die Gemüseplatte Parrillada de Verduras con Salsa Romesco. Ansonsten listet die Karte etwa vier Fisch- und sechs traditionelle Fleischgerichte, meist vom schwarzen Schwein.

C/ Vidrieras, 7, T 927 41 29 32, www. restaurantesucco.es, tgl. 9–23.30, Küche 13.30–16, 20.30–23 Uhr, Hauptspeisen 15–22 €, Tagesmenü 15 €

Tapas weltweit
3 Tentempié: Als gastronomisch bezeichnet Rodrigo Rebate seine Tapas, und das ist nicht mal übertrieben, etwa wenn der rosa gebratene Thunfisch auf Linsen, Sprossen und Mango serviert wird. Mit der Pekingente wurde der Tapas-Wettbewerb gewonnen, auch Ceviche und Risotto finden Freunde. Die raciónes zum Teilen sind aber ganz und gar spanisch. Atmosphäre: Chill-out, trotz der wohl unvermeidlichen Fernseher.

C/ Santa María, 13, T 927 41 73 64, www.fa cebook.com/tentempieplasencia, tgl. 8–2 Uhr, Tapas um 5 €, raciónes 8–24 €

Bierbar
4 Globo: 15 Biersorten, darunter auch Paulaner, werden von herausgeputzten ›Barstehern‹ ausgeschenkt. Dazu gibt es

Toasts und eine große Auswahl an einfachen Tellergerichten *platos combinados,* aber die sind weniger Anlass für den Besuch. Der Gerstensaft macht's.

Plaza Mayor, 15, T 927 41 14 08, tgl. 8–24 Uhr, Hauptspeisen ab 7 €

Kaffee gewünscht?

5 Cafe Torero: Ein Café zwischen all den Tapasbars? Ja und nein. Tatsächlich gibt es das dunkle Getränk, auch die Baststühle auf der Terrasse passen. Aber dazu wird eine Riesenauswahl an Tapas, *raciónes, platos combinados* und Salaten gereicht.

Plaza Mayor, 26, T 927 42 40 07, tgl. 8.30–23 Uhr, Küche zwischen 16 und 20 Uhr geschl., Toasts ab 2,20 €, außerdem verschiedene raciones 6–16 €

Einkaufen

Fröhliches Treiben

1 Wochenmarkt: Dienstagvormittags wird auf der Plaza Mayor und rund um die Avenida de la Hispanidad ein Markt abgehalten. Dort steht so allerlei wie Kleidung, Stoffe, Tücher zum Verkauf – nicht unbedingt beste Qualität, aber preiswert. Frisches Obst und Gemüse, Käse und Würste von einheimischen Produzenten gibt's auf dem Hauptplatz.

Genug vom Weißbrot?

2 Ecotahona del Ambroz: Mit Liebe wird das ökologische Brot gebacken, die Zutaten stammen von regionalen Anbietern und sind fair gehandelt. Die Auswahl schließt Körner- und kräftige dunkle Brote ein.

Plaza de Ansano, 7, www.ecotahonadelambroz.org, Mo–Fr 9.30–14, 17.30–20, Sa 10–14 Uhr

Feinkost

3 El Rincón del Jamón: Heller Laden mit großer Auswahl an extremenischen

SÜSSE SPEZIALITÄT

Perunilla heißt das einheimische Gebäck. Dabei handelt es sich um Mürbeteigplätzchen, die Sie in jeder Konditorei finden. Das Geheimnis liegt in der üppigen Verwendung von Schweineschmalz. Die Zutaten zum Nachbacken: 500 g Mehl, 250 g Schmalz, 150 g Zucker, 6 Eigelb, ein wenig geriebene Zitronenschale sowie Anispulver und Zimt fürs Aroma. Nach 20 Min. Backzeit bei 180 °C ist der süße Traum vollendet. Am besten mundet er aus den Öfen der **Pasteleria Virgen del Puerto 4** (Mo–Fr 8–15, 17–21, Sa 8–21, So 9–21 Uhr) sowie bei den Dominikanerinnen in der C/ Encarnación (o. Nr., tgl. 9.30–13.30, 16.30–18.30 Uhr).

Genüssen, dazu Champagner. Laut Eigenwerbung gibt es »Precios de fábrica« – Fabrikpreise. Wobei: Der Laden Casa del Jamón gegenüber heißt nicht nur zum Verwechseln ähnlich und hat ein sehr ähnliches Angebot, sondern auch ähnliche Preise.

C/ Zapateria, 15, Mo–Sa 9.30–13.30, 17.30–20.30 Uhr

Bewegen

Baden

1 Naturschwimmbad La Isla: Im Sommer tummeln sich Jung und Alt auf der Flussinsel im Südosten. Mit Strandbars.

Radeln

Auf den Spuren der Spanienrundfahrt begeben Sie sich mit der schweißtreibenden Tour über den Pass **Puerto de Honduras,** s. S. 109.

❷ GR–100 Sports (Specialized): Pasaje de la Salvador (Einkaufspassage), T 917 09 90 10, www.gr–100.com, Mo–Fr 10–14, 17–20.30, Sa 10–14 Uhr.
❸ Bicicletas Kilometro.0 (Trek): Av. España, 38, T 927 42 41 26, www.bicicletaskilometrocero.com, Mo–Fr 10–14, 17–20.30, Sa 10–14 Uhr.

Ausgehen

Musik
🎭 Teatro Alkázar: Im modernen Theatergebäude werden häufig Konzerte gegeben.
C/ Cruz de Santa Ana, o. Nr., T 927 42 52 69, http://teatroalkazar.blogspot.com

Mainstream
🎭 Sala Impacto: Disco, die am Wochenende meist Konzerte organisiert, Stilrichtung Pop, Rock, Funk.
C/ Santa Clara, 8, T 927 42 56 63 https://de-de.facebook.com/salaimpacto.plasencia, Do–Sa 23–5.30 Uhr

Feiern

• **Martes Mayor:** Erster Di im Aug. Mittelalterfest mit Handwerkerständen auf den städtischen Plätzen. Folklore, Gastronomiewettbewerbe.
• **Festival Internacional de Música Folk:** Letztes Aug.-Wochenende. Moderner Folk und traditionelle Volksmusik treffen aufeinander.

Infos

• **Oficina de Turismo Municipal:** C/ Santa Clara, 4, T 927 42 38 43, www.plasencia.es, Mo–Fr 8–15, 17–20, Sa/So 10–14, 17–20, im Winter 8–15, 16–19 Uhr, Sa/So 10–14, 17–20 Uhr, wegen Personalmangels oft eingeschränkt. Durch

das Städtische Tourismusamt gelangen Sie in die **Kapelle des Santa-Clara-Ordens.** In dem majestätischen Raum aus dem 15. Jh. erläutern einige Schautafeln und Sonderausstellungen zu historischen Themen die Stadtgeschichte.
• **Centro de Recepción de Visitantes:** Staatliches Amt mit Auskünften zur Stadt und Region Puerto de Talavera, o. Nr., Di–Sa 8–15 Uhr.
• **Auto:** Außer Di (Markttag) gibt es genügend kostenlose Parkplätze rund um die Avenida de la Hispanidad ca. zehn Fußminuten von der Plaza Mayor. Eine kostenpflichtige Tiefgarage liegt unter der zentralen Plaza San Francisco.
• **Bahn:** C/ Alfonso Camargo, o. Nr., T 902 24 02 02. Mehrmals tgl. Züge nach Madrid und Mérida.
• **Bus:** Avda. de Tornavacas, o. Nr., T 927 41 45 50. Sehr gute Verbindungen in alle großen Orte der Extremadura, seltener nach Madrid, Salamanca und in die Täler und Berglandschaften der Umgebung.

La Vera   ♥ G2

Von Plasencia führen drei Täler in die nordöstlichen Grenzregionen der Extremadura. Die landschaftlich reizvolle EX-203 durchzieht das Haupttal der bergigen Region La Vera. Kastanienbäume wachsen die Hänge hinan, die sich in der Ferne bis über 2000 m erheben. In den Tälern wird Paprika angebaut. Ob frisch oder fein gemahlen, *pimentón de la Vera* ist unverzichtbare Zutat zu vielen extremenischen Gerichten. Kolumbus hatte die ersten Pflanzen aus Amerika eingeführt.

Im Tal des Paprikagewürzes
In **Jaraíz de la Vera** ist dem Gewürz das einfach gestaltete, aber doch spannend aufbereitete **Museo del Pimentón** ge-

TOUR
Auf den Spuren der Vuelta

Mit dem Rad über den Puerto de Honduras

Infos

Start der Rundtour:
Plasencia (♥ F 3)

Länge:
110 bzw. 130 km

Steigung:
durchschnittlich
5,17 %, maximal
12 %.

Höchste Erhebung:
Puerto de Honduras
1440 m

Radverleih:
in Plasencia
(s. S. 108).

Wenn es so etwas gibt wie einen mystischen Bergpass der Extremadura, so ist es der **Puerto de Honduras,** erste Kategorie bei der Spanienrundfahrt. Der Pass kann direkt von Jerte oder Hervás erklommen werden, Ausgangspunkt für diese Rundtour ist jedoch **Plasencia:** Nordöstlich geht es aus der Stadt heraus (Ausschilderung Salamanca), dann ein kurzes Stück auf der EX-203 zur N-110; sie ist meist nicht allzu sehr befahren. Eine anstrengendere, aber fast autofreie, wunderschöne Alternative ist die durch welliges Gelände führende CCV–18.1. Sie zweigt etwa 10 km hinter Plasencia von der EX-203 ab und führt durch einsame Landschaften. Das unspektakuläre Städtchen **Gargüera** wird passiert und über die EX-213, CC-141 und C-17.1 schließlich ebenfalls die N–110 erreicht. Bis dorthin sind es auf dem direkten Weg etwa 42 km, über Gargüera knapp 20 km mehr. Nach weiteren 13 km zweigt die Passstraße links ab.

Steil steigt das Bergsträßlein nun aus dem Jerte-Tal, gesäumt von Eichen und Kirschbäumen. Die steilsten Abschnitte beginnen nach 4,5 km und enden nach 10 km. Nach weiteren 3 km zeigt sich die Baumgrenze, nur mehr Niedergewächs schiebt sich zwischen die Granitfels. 1390 m an Höhe sind bereits erklommen, sodass die fehlenden 4 km bis zur **Passhöhe** auf 1440 m nach einer zwischenzeitlichen Abfahrt nur noch geringere Steigungsprozente aufweisen. Der Panoramablick ist im Winter und zu Beginn des Frühjahrs besonders schön, wenn die umliegenden Bergspitzen vom Schnee bedeckt sind. Die Strecke stürzt sich schon bald ins Tal, erreicht bei km 11 erneut die Baumgrenze und führt schließlich ins Zentrum von **Hervás.** Von hier geht's auf der EX-205 und dann auf der N-630, parallel zur Autobahn und deswegen auch nicht allzu sehr befahren, zurück nach **Plasencia.**

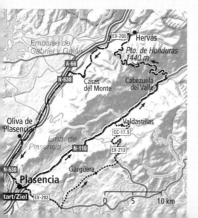

Im 16. Jh. genoss der deutsche Kaiser Karl V. an gleicher Stelle einen guten Tropfen, mittlerweile sammeln sich Urlauber aus der ganzen Welt im lauschigen Innenhof des Paradors von Jarandilla de la Vera.

widmet (Plaza Mayor, 7, Di–Sa 9.30–14, 16–18, So 9.30–14.30 Uhr, Eintritt frei). Ein sechsminütiger Eingangsfilm ist dank der Zeichentrickdarstellung auch ohne Spanischkenntnisse verständlich. In der Ausstellung über zwei Stockwerke wird vom besonderen Mikroklima im Tal berichtet. Durch den Schutz der nördlichen Berge ist es milder. Angebaut werden vier verschiedene Sorten, die Felder sind von Wasserkanälen umlaufen. Die Ernte im September und Oktober erfolgt per Hand, werden doch immer nur die gerade reifen Früchte ausgewählt. Diese werden über Feuer getrocknet. Früher schlief der Bauer neben der Feuerstelle, um bei Bedarf sofort Holz nachzulegen. Und übrigens: Verpackt in Blechdosen ist das Pulver 1 ½ Jahre ohne Qualitätsverlust haltbar. Erhältlich auch bei Pimentón La Ristra in der drei Fußminuten entfernten Calle Clavel 12.

Auf kaiserlichen Pfaden

Nach einer knappen Fahrstunde ab Plasencia ist **Cuacos de Yuste** erreicht. In dieser lieblichen Bergwelt suchte der deutsche Kaiser Karl V. zu seinem Lebensende das Paradies auf Erden und fand es im Monasterio de Yuste (s. Tour S. 112). Während seiner Anreise überquerte er in einer Sänfte drei Bergrücken. Seine 26 km lange Route durch die Sierra ist inzwischen zum ausgeschilderten, wenn auch anstrengenden Wanderweg geworden. Ausgangspunkt dieser **Ruta del Emperador** ist Tornavacas im benachbarten Valle del Jerte, Ziel ist das freundliche Jarandilla de la Vera. Sie kann auch organisiert, in kürzeren Abschnitten oder auf dem Rücken eines Pferdes bewältigt werden (Infos s. u.). Die Straße zum Kloster passiert einen deutschen **Soldatenfriedhof** für 26 Gefallene im Ersten und 154 im Zweiten Weltkrieg.

Jarandilla de la Vera ♀G2

Das touristische Zentrum von La Vera
zählt rund 3000 Einwohner. Naturfreunde finden sich in der warmen Jahreszeit
ein, um zu wandern oder in den nahen
Naturschwimmbädern zu plantschen.
Das gesamte Tal zählt 47 Schluchten
(*gargantas*), die von 1423 Bächen durchzogen werden.

Himmlisch, befand der Kaiser

Karl V. hatte es aus ganz anderen Gründen hierhergezogen, so weiß zumindest
die Legende. Denn er hatte Folgendes
vernommen: »Das Beste von Spanien
ist La Vera, das Beste von La Vera ist
Jarandilla, das Beste von Jarandilla ist
der Weinkeller von Pedro Acedo. Und
hier möchte ich begraben sein, um in
den Himmel zu gelangen.« Es schien
dem Kaiser gemundet zu haben, wohnte er doch monatelang im **Castillo de
los Condes de Oropesa** am Ortsrand,
bevor er nach Abschluss der dortigen
Umbauarbeiten ins Kloster von Yuste
einziehen konnte. Die Burgmauern mit
ihren Festungstürmen umlaufen einen
Kasernenhof mit gotisch dekorierter
Galerie. Auch heute lässt sich dort kaiserlich nächtigen, denn inzwischen ist
ein Paradorhotel eingezogen.

Ein völlig anderer Baustil prägt den
Ortskern: mittelalterlich-jüdisch, erkennbar an der Naturbauweise aus Steinen der
Umgebung, Fachwerk aus Kastanienholz
und Stroh. In den Abschlussstein ihrer
Haustüren mussten die Juden »Ave Maria« meißeln, um für die katholische Inquisition erkennbar zu sein.

Schlafen

Logieren wie einst Karl V.

Parador: Sehr nobel und etwas abseits
des Trubels. Mauern und Innenhof stammen noch aus kaiserlichen Zeiten. Die
Zimmereinrichtung ist allerdings etwas
ältlich. Gepflegte Gartenanlagen mit Pool
(nur im Sommer) als Alternative zum Naturschwimmbad.
Jarandilla de la Vera, Avda. Garcia Prieto,
1, T 927 56 01 17, www.parador.es, DZ
85–130 €, zu Festtagen bis 190 €

Unberührt

La Casona de Valfrío: Ein in ruhiger
Landschaft gelegenes Landhaus mit
sechs unterschiedlich großen, elegant
eingerichteten Zimmern mit Blick auf
die Berge. Schöner Pool, opulentes
Frühstück.
Ctra. Cuacos-Valfrío, km 4, etwa 4,5 km südl.
von Cuacos de Yuste, T 927 19 42 22, www.
lacasonadevalfrio.com, DZ 100–130 € je
nach Zimmer

Beim Holländer

La Casa del Holandés: Hans Polak vermietet drei feine Apartments mit
Kochzeile in einem ruhigen Haus in einer
Gasse von Madrigal, 30 km östl. von Jarandilla und fernab der Touristenströme.
Persönliche Betreuung ist eingeschlossen. Am Wochenende mit Restaurantbetrieb.
Madrigal de la Vera, C/ Fuente Viejo, o. Nr.,
T 696 06 92 90 (mobil), www.lacasadelho
landes.es, DZ 65–85 €

Essen

Vielerlei

La Botica: Angenehmer Speisesaal mit
nur acht Tischen (nicht von der weniger
ansprechenden Bar hinter dem Eingang
abschrecken lassen!) Schlicht zubereitete extremenische Kost von Tapas über
Salate zu den unter *raciónes* gelisteten
Hauptspeisen. Kleine Terrasse zum Platz.
Plaza de la Constitución, 3, T 927 56 06 39,
Mi–Mo 13–16, 20.30–23.30 Uhr, Hauptspeisen 7–12 €, Tagesmenü ab 12 €

TOUR
Das Ende
eines deutschen Kaisers

Rundgang durch El Monasterio de Yuste

Seine allerletzte Reise auf Erden sollte es werden, im Herbst 1556. Der Winter nahte und Karl V., deutscher Kaiser und spanischer König, fühlte seinen Tod nicht mehr fern. Mehrere Monate war der einst mächtigste Herrscher der Welt per Schiff, Kutsche und Sänfte unterwegs, von seiner Machtzentrale in Brüssel ins abgelegene **Kloster von Yuste.** Immer wieder wurde die Fahrt von Zwischenstopps, Audienzen und Zeremonien unterbrochen. Aber das war Karl V. als letzter mittelalterlicher »Reisekaiser« mit stets wechselnden Aufenthalts- und Residenzorten ja gewohnt. Immer nur auf Achse war er in seinem Riesenreich gewesen. Damit sollte nun Schluss sein. Der 56-Jährige, von Gichtanfällen und allerlei Zipperlein geplagt, wollte endlich ankommen.

Lange hatte er Ausschau gehalten nach einem passenden Alterssitz. Seine letzten Jahre wollte er in Frömmigkeit verbringen. Obwohl er selbst kein Ordensbruder werden wollte, sollte es ein Kloster sein. 1553 fiel die Entscheidung für das **nahe Plasencia** gelegene Kloster des Hieronymitenordens, mit dem das spanische Königshaus – auch als Grablege – eng verbunden war. Drei Jahre später war der Rückzug aus der Politik bewerkstelligt. Sein Weltreich, »in dem die Sonne nie unterging«, hatte er zwischen seinem Bruder Ferdinand und seinem Sohn Philipp aufgeteilt.

Falls Sie genug Zeit haben: Zusätzlich zur Autostraße verläuft von Cuacos do Yuste aus ein grün markierter, ca. halbstündiger Wanderweg zum Kloster von Yuste.

Heutige Besucher des Klosters gelangen, noch vor dem Ticketoffice, nach rechts über eine bequeme Rampe, einst für den gehbehinderten Karl geschaffen, direkt auf die **Terrasse,** die seine Bronzebüste, klassische toskanische Säulen und Wandfresken zieren. Sie vermitteln die weltoffene Atmosphäre der Renaissance,

0   0,5   1 km

Monasterio de Yuste

EX-203

EX-391

Cuacos de Yuste

Infos

**El Monasterio
de Yuste:**
nördlich von Cuacos
de Yuste (♥ G 2),
www.patrimoniona
cional.es/real-sitio,
April–Sept. Di–So
10–20, sonst bis
18 Uhr, Eintritt
7 €, Mi nachm. für
EU-Bürger frei,
Gartenanlagen immer
frei zugänglich.

die seine Jugend geprägt hatte, damals, als er beseelt vom Geist des Humanismus zwischen katholischer Kirche und protestantischem Aufbegehren vermittelte und dem verbannten Martin Luther freies Geleit zum Reichstag nach Worms gewährte. Diesen beschaulichen Platz suchte der Ruheständler, inzwischen ein unnachgiebiger und wenig toleranter Katholik, gerne auf. Geschrumpft war seine Welt. Auch die Zeiten, da Tizian ihn hoch zu Ross als großartigen Schlachtensieger über protestantische deutsche Kleinfürsten gemalt hatte, waren längst vorbei. Nun liebte er den Blick auf den **Garten** mit Springbrunnen, angelte im Wassertank und erfreute sich am Mischwald der Umgebung. Die Eichen, Kastanien- und Walnussbäume dürften ihn an seine Heimat Gent erinnert haben, wo er 1500 geboren worden war. Der erste und letzte feste Wohnsitz des gichtkranken Kaisers sollte vor allem eines sein: warm! Deshalb wurde auf sein Geheiß hin das **Klostergebäude** auf der sonnigen Südseite um bescheidene Zimmer mit Feuerstellen erweitert. Die Einrichtung mit Gemälden und Stilmöbeln ist nicht original, sondern erfolgte nach alten Inventarlisten. Trotzdem erlaubt sie eine aufschlussreiche Annäherung an Karl, den Privatmann.

Nachdem zwei Kreuzgänge, Klosterkirche, Sakristei und Krypta passiert sind, betreten Sie die **vier Wohnräume.** Im ersten Raum wohnte der Kaiser. Fast schon modernen ergonomischen Ansprüchen würde sein Ruhestuhl im sonnenbeschienenen Erker genügen. Die Lehne ist verstellbar, zwei Fußbänke sind ausfahrbar, die Polsterung angenehm weich. Am Schreibtisch mit Gartenblick erledigte er die Korrespondenz. Und wenn Sie die bescheidenen Ausmaße des Esstisches erblicken, werden Sie kaum glauben, dass er der Last der oft 20-gängigen Mittagmenüs standhielt. Der Esslust hatte Karl auch im hohen Alter nicht abgeschworen. Von seiner 50-köpfigen Dienerschaft waren etwa 20 Personen für Beschaffung der Zutaten und Zubereitung der Spezialitäten verantwortlich. Der einzige Deutsche unter den Bediensteten war übrigens einer der drei Bäcker!

Das dunkel gehaltene **Schlafgemach** sollte wohl an das baldige Ende erinnern. Die Wände sind mit schwarzem Samt ausgeschlagen. Von seinem Bett sah Karl durch ein Fenster auf den Altar der angrenzenden Klosterkirche

Spannende
Führungen auf
Deutsch mit viel
Hintergründigem
leitet Julia Paz
García (buchbar
vor Ort, Kosten:
4 €/Person).

und auf das Gemälde »Das Jüngste Gericht«, das Tizian 1554 schuf und hier heute in Kopie hängt. Das Original ist im Madrider Prado ausgestellt. Es zeigt Karl und seine Gattin Isabel ganz ohne Insignien weltlicher Macht und Reichtum. Auf Knien und im weißen Büßerhemd erbitten sie von der Hl. Dreifaltigkeit demütig den Eintritt ins Himmelreich. Karl hing sehr an diesem Bild und ließ es sich zur Betrachtung ins Schlafzimmer bringen. Als Nächstes folgt der **Audienzsaal;** eine recht angeberische Bezeichnung, handelt es sich doch eher um einen normal großen Wohnraum, und Besuch stellte sich eh selten ein. Der Witwer trauerte hier um seine große Liebe, Isabel von Portugal. Während seiner häufigen Abwesenheit nahm sie umsichtig die Rolle seiner Stellvertreterin in Spanien ein. Im Alter von 36 starb sie 1539 bei der Geburt ihres Sohnes. Die Kopie ihres Porträts beherrscht das Zimmer. Karl verlor damals bereits die Lust am Regieren und dachte an Rückzug.

Bis es so weit war, mussten allerdings noch 13 Jahre ins Land gehen und eine allerletzte Hürde genommen werden. Der 1600 m hohe, schneebedeckte Pass Las Encinillas vor Yuste. Unter dem Bildnis der Portugiesin steht die **kaiserliche Sänfte,** in der sich Karl über das Gebirge tragen ließ, angeblich um ein zeitraubendes Begrüßungszeremoniell in der Bischofsstadt Plasencia zu vermeiden, vielleicht aber auch als letzte Lebensprüfung. Nach dieser anstrengenden Bergetappe sollte Karl auf Spanisch sagen: »Ya no franquearé otro puerto – que el de la muerte«: Ich überschreite keine andere Schwelle mehr – außer der des Todes.

Der Herrscher hatte übrigens genaueste Vorstellungen von seiner eigenen Bestattung. In der **Krypta** unter dem Altar wollte er begraben werden, den Kopf zum Kirchenraum gerichtet. Der Pastor sollte ihn bei jeder Predigt mit Füßen treten, denn der Kaiser zählte jetzt nichts mehr – hienieden auf Erden. Diesem makabren Wunsch hat sein Sohn Philipp nie entsprochen. Nachdem Karl, von einem Sumpffieber geschwächt, am 21. September 1558 verstarb, wurde sein Leichnam zunächst hinter dem Altar aufgebahrt und 1574 in den Königspalast von El Escorial überführt: Endstation eines kaiserlichen Abgangs.

Garten mit Essen

Puerto del Emperador: Köchin Azucena und Wirt Antonio verwöhnen ihre Gäste mit schönem einheimischem Essen. Spezialität ist der Eintopf mit regionalem Zicklein *(frite de cabrito verato),* empfehlenswert auch das zarte Schweinefilet *(solomillo de ibérico),* gereicht mit *migas,* einer gegrillten Paprikaschote und Paprikamayonnaise, das auch Teil des Spezialmenüs ist. Pluspunkt ist der baumbestandene Garten um ein kleines Wasserspiel, wenn auch mit Kunstrasen.

Aldeanueva de la Vera (5 km westl. von Jarandilla), Av. de Extremadura, 86, T 927 57 25 04, http://puertodelemperador.es, Mo 13.30–16, Mi–So 13.30–16, 20.30–23 Uhr, Tagesmenü 12 €, Spezialmenü 22 €, Hauptspeisen 14–21 €

Bewegen

Reiten

El Pasil: Die Pferde wurden vor dem Schlachten gerettet und stehen nun bereit für Ausritte unterschiedlicher Schwierigkeit. Dazu Einführungs- und Fortgeschrittenenkurse, auch für Kinder.

Jaraíz de la Vera, EX-392, P.K. 15, T 686 48 58 01 (mobil), www.ecupasil.com

Planschen

Naturbäder: Es gibt viele Naturschwimmbäder an den Bergbächen, z. B. bei der mittelalterlichen Brücke am Ortsrand von Jarandilla de la Vera. Besonders anmutig liegt 6 km nördlich die allerdings sehr steinige **Garganta de Jaranda.**

Wandern

Zahlreiche markierte **Wanderwege** in der gesamten Region, auch um Jarandilla und das Kloster von Yuste. Einfacher Auftakt könnte der 4,5 km lange Rundweg **Ruta de los Puentes** bilden, der durch Eichenwälder entlang verfallener Mühlen führt und zahlreiche Ausblicke auf Tal und

Berge erlaubt. Das Tourismusamt hält Beschreibungen bereit.

Feiern

● **Peropalo:** Faschingsfest in Villanueva de la Vera.
● **Los Escobaz:** 7. Dezember. Am Tag der Unbefleckten Empfängnis kamen bereits im 7. Jh. die Hirten aus den Bergen, doch bei Dunkelheit stolperten sie auf den unbefestigten Wegen. Deswegen leuchteten sie mit Fackeln aus Reisig. In dieser Tradition zünden die Menschen ihre Besen (span. *escobón*) an. Ein bescheidenes Museum in Jarandilla gewährt einige Einblicke auch außerhalb der Festzeit.

Infos

● **Oficina de Turismo:** Holzhaus an der Durchgangsstraße EX-203, o. Nr., nahe Parador, Postanschrift: Plaza de la Constitución, 1, T 927 56 04 60, www.jaran dilladelavera.es/municipio, Di–Sa 10–14, 16.30–19.30, So 10–14 Uhr.
● **Bus:** 1 x tgl. ab Plasencia in die Orte entlang der Hauptstraße EX-203.

Valle del Jerte ♀G2

Wenn im März/April die Bäume ausschlagen, kleidet sich die Landschaft weiß. Nicht nur in Japan wird die Kirschblüte fröhlich gefeiert. Auch das fruchtbare Jerte-Tal ist für seine roten Früchte berühmt. *Cerezas del Jerte,* Kirschen aus Jerte, sind spanienweit ein Begriff. Auch Obstler wird destilliert. Da wirkt es eigentlich unverständlich, dass das Kirschmuseum **Museo de la Cereza** in dem Örtchen **Cabezuela del Valle** (s. u.) aus kaum mehr als einer Sammlung von spanisch beti-

telten Fotos besteht (Mi–Sa 10–13, Fr/
Sa 17–19, Do 10–14 Uhr, Eintritt 1 €).

Nicht nur Kirschen aus Jerte

Der forellenreiche Río Jerte gibt den Verlauf der Nationalstraße 110 von Plasencia
in Richtung Ávila vor. Ungebändigt stürzt
er in die Ebene, schlängelt sich durch das
Tal und wird schließlich bei Plasencia in
einem See gestaut. Die Berge nach Westen
sind stark verkarstet. Die Hügel an der
östlichen Seite wurden terrassiert und
mit Oliven- und Kirschbäumen bepflanzt.
Am Horizont erhebt sich die Sierra de
Gredos, Grenzgebirge zu Kastilien.

Die ersten Orte am Wegesrand sind
kaum von Interesse, bis nach 35 km die
Nachbarorte **Cabezuela del Valle** und
Jerte erreicht sind. Auch diese Gemeinden wirken auf den ersten Blick langwei-
lig. Doch jenseits der Durchfahrtstraße
versteckt sich der romantische Ortskern.
Schmale Gassen laufen auf den kleinen
Hauptplatz zu. Um die alten Pfarrkirchen
gruppieren sich mittelalterliche Fachwerkhäuser mit doppelten Holzgaleri-
en. Der frei stehende Glockenturm in
Jerte war ursprünglich ein Wachturm,
das Glockengestühl wurde erst nachträglich aufgesetzt.

Zwischen beiden Gemeinden ist
die **Garganta de los Infiernos** als Naturschutzgebiet ausgewiesen, in dem
auch Steinböcke heimisch sind. Mehrere Wanderungen führen in die Berge.

Schlafen

Spanisch lernen

Casa Bethona: Fünf rustikale Apartments in einem rund 500 Jahre alten
Haus in einer typischen Dorfstraße des
ehemaligen Judenviertels. Mit Küchenzeile ausgestattet, teils mit Balkon. Es
gibt eine Bibliothek, und in dieser anre-
genden Umgebung werden Sprachkurse
angeboten.

Jerte, C/ Coronel Golfin, 34, T 927 47 05 03,
www.bethonainternational.com, Apartment für
2 Pers. ca. 60 €

Einkaufen

Regionalprodukte

Productos Típicos Lucia: Natürlich
gibt es vieles aus Kirschen, etwa *Aguardiente de Cereza* und natürlich Marmelade. Wohltuend normaler Laden, der nichts
mit herausgeputzten Gourmetshops ge-
mein hat.

Jerte, N 110, Haus 26

Bewegen

Organisierte Ausflüge

Garganta de los Infiernos: Der private Zusammenschluss von Naturführern
organisiert Wanderungen, Mountainbike-
ausflüge, Jeepfahrten, Fototouren und Vogelbeobachtungen im Naturschutzgebiet.

Jerte, Calle Rebollares, 44, T 658 37 16 26
(mobil), www.gargantadelosinfiernos.com, tgl.
9–14, 17–19, im Winter 8–15, 16–18 Uhr

Feiern

• **Jarramplas:** 19./20. Jan. im Bergdorf Piornal in Richtung Plasencia. Fest zu Ehren
des hl. Sebastian mit bunten Kostümen
aus Stoffresten.

• **El Cerezo en Flor:** An zwei Wochenenden Ende März/Anfang April in wechselnden Orten. Kirschblütenfest mit Folklore,
Essen und Ausstellungen.

Infos

• **Oficina de Turismo:** Cabezuela del Valle, N 110, 800 m Richtung Jerte, T 927 47
25 58, http://turismovalledeljerte.com, Di–
Do 10–15, 16–17.30, Fr–So 10–14 Uhr.

● **Centro Interpretación Garganta de los Infiernos:** N 110, km 368 (zwischen Cabezuela und Jerte), T 927 01 49 36, www.facebook.com/ReservaNaturalGaranta DeLosInfiernos, tgl. 9–14, 17–19 Uhr.
● **Bus:** 4 x tgl. ab Jerte nach Plasencia, 2 x tgl. nach Madrid.

Durch das Valle del Ambroz

Hervás G1

Der Hauptort des Tals von Ambroz mit 4000 Einwohnern besitzt alles, was einen Aufenthalt angenehm macht. Eine malerische Altstadt samt jüdischem Viertel, Wanderwege in die Umgebung (siehe Tour S. 121), einen Bergbach mit Bademöglichkeiten, empfehlenswerte Restaurants und Unterkünfte, ja, sogar eine kleine Fußgängerzone. Alle Besuchspunkte sind schnell zu Fuß zu erreichen.

Filmreife Kulisse

Das überraschend große **Judenviertel** *(barrio judío)* rund um die Calle Abajo könnte die Kulisse für einen mittelalterlichen Film abgeben. In den gepflasterten Gässchen schmiegen sich die Häuser aus dem 15. Jh. eng aneinander. Es scheint, als hätten sich die Bewohner vor der christlichen Verfolgung in ein unzugängliches Labyrinth zurückziehen wollen. Wie wir heute wissen ohne Erfolg. Doch zumindest die Hitze des Sommers und die kalten Winterwinde konnten ausgesperrt werden. Insgesamt 50 Familien bewohnten die zwei- und dreistöckigen Quartiere aus Stein, Lehm und Holz.

Balkone werden von Eichenstämmen gestützt. Fachwerk aus Kastanienholz ziert die Wände. Kleine Gärten liegen dahinter. Jedes Haus wurde speziell auf die praktischen Bedürfnisse des Bauherrn zugeschnitten. Daraus erklärt sich die architektonische Regellosigkeit. Mittendrin, in der Calle Rabilero 25, flechten Señor Longinus und sein Sohn Körbe aus breiten Spänen des Kastanienholzes, die sie vom Baumstamm abziehen. Der Laden ist unscheinbar, aber bei guter Laune des Besitzers ist sogar ein Blick in die Werkstatt drin.

Drama an der römischen Brücke

Von hier ist es nicht weit zum Río Ambroz. Die römische Brücke **Puente de la Fuente Chicita** führt hinüber zu einem romantischen Plätzchen. Der Bach rauscht, eine Trauerweide wächst am Ufer. Der Blick schweift über das verschachtelte Judenviertel hinweg zur imposanten Gebirgskulisse am Horizont. Jetzt fehlt nur noch das Picknick. Doch unbefleckt ist der Platz nicht. Die Legende weiß, dass hier einst ein Rabbiner seine Tochter tötete, um ihre Hochzeit mit einem Christen zu vereiteln. Mittelalterlicher Krieg der Religionen.

EIN GANZ SCHÖN STACHELIGES KLEINOD

So entzückend können Kakteen sein. Tausende sind es dort, auf den wenigen Quadratmetern des **Patio de Cactus** in der Calle de la Cuesta 5 nahe der römischen Brücke von Hervás. Sie hangeln sich Baumstämme hinauf, besiedeln Tonkrüge, erklimmen Mauern. Überraschend klein sind die meisten. Der Garten ist zwar in Privatbesitz, aber öffentlich zugänglich. Wer Pflanzer, oder vielleicht besser Sammler Antonio kennenlernen will, darf klingeln.

Museen

Francos Fan
Museo Pérez Comendador-Leroux:
Das Museum ist dem bekanntesten einheimischen Künstler gewidmet. In den Prospekten wird allerdings geflissentlich verschwiegen, dass Pérez Comendador bereits in jungen Jahren aktiver Anhänger Francos war. Zu dessen Herrschaftszeit gelang ihm eine beachtliche kulturpolitische Karriere. Die politische Weltanschauung ist seinen heroisierenden Monumentalstatuen und den idealtypischen, nackten Menschenskulpturen in steriler Schönheit durchaus anzusehen. Deutlichster Ausdruck für seine Verehrung Francos ist eine, allerdings nicht ausgestellte Tonarbeit, die den Diktator gleich einem spanischen Eroberer hoch zu Rosse zeigt.

AUSSICHTSPUNKT DER ERINNERUNG

Eine Frau, drei Männer, unterschiedlichen Alters, gefertigt aus Zement und Stahl. Sie scheinen verunsichert, ängstlich, wie sie dort auf verschiedenen Granitbrocken über dem Ort **El Torno** nahe dem städtischen Schwimmbad stehen, erreichbar über die Straße CC-51, die nach rund 17 km hinter Plasencia von der N–110 abzweigt. Francisco Cedenila hat die Skulpturengruppe geschaffen. Sie würdigt die Opfer der Franco-Diktatur und des spanischen Bürgerkriegs, zu denen des Künstlers Großvater zählt. Am Tag der Einweihung 2009 wurde auf das Denkmal geschossen. Der Künstler entschied sich gegen die Reparatur der Schäden. Und so blieben die Kugeln in den Schultern stecken.

Calle Asensio Neila, 5, https://mpcl.net,
Di 17–20, Mi–Fr 11–14, 17–20, im Winter
schon ab 16, Sa/So 10.30–14 Uhr, Eintritt frei

Alte Autos
Museo de la Moto y el Coche Clásico: Diese Ausstellung am Stadtrand 200 m hinter der römischen Brücke erfreut Motorrad- und Autofans. In acht Pavillons sind mehr als 300 Oldtimer auf zwei und vier Rädern seit 1920 zu sehen. Darunter gibt es viele spanische Motorräder, aber auch Automodelle von Cadillac bis Jaguar.
Ctra. La Garganta, km 0,200, www.museomo
toclasica.com, Mo–Fr 10.30–13.30, 17–21,
Sa/So und Juli–Sept. durchgehend, im Winter
Di–So 10.30–13.30, 16–19 Uhr, Eintritt 10 €

Schlafen

Zum Wohlfühlen
El Jardin del Convento: Javier und Amos verwöhnen ihre Gäste, auch mit einem wunderbaren Frühstück aus regionalen, oft biologischen Produkten, frisch gepressten Säften, eigener Marmelade, traditionellem Gebäck. Toller Garten! Einziger Nachteil: Die sieben unterschiedlich großen Zimmer sind etwas hellhörig. Dafür ist Raum Nr. 7 mit einem großen Kamin ausgestattet.
Plaza del Convento, 22, T 927 48 11 61,
www.eljardindelconvento.com, DZ je nach
Größe 50–85 €

Modernisiertes Kloster
Hospedería Valle del Ambroz: 26 geräumige, allerdings etwas in die Jahre gekommene Zimmer in einem ruhigen Klostergebäude oberhalb des jüdischen Viertels. Eine Restaurierung hinterließ im Inneren allerdings kaum noch Spuren des alten Konvents. Freundlicher Service.
Plaza del Hospital, o. Nr., T 927 47 48 28,
www.hospederiasdeextremadura.es, DZ
75–105 €

Fachwerk mit Komfort
El Canchal de la Gallina: Ländliches Anwesen mit mehreren Häusern in freier Natur 2 km westl. von Hervás. Zwölf Apartments mit Kochnische und Balkon für max. vier Pers. Für die Gäste gibt es auch Essen, Sauna und Radverleih.

Paraje El Lomo, o. Nr., südlich von Hervás, Abzweig von der Ex−205, km 3,100, T 607 26 00 00 (mobil), www.canchalgallina.com, für 2 Pers. 63–93 €

Essen

Erste Adresse
Nardi: Patron José Miguel fügt der einheimischen Küche eine kreative Note zu, etwa durch das Orangenaroma beim Jungschweinbraten im eigenen Fett (cochinillo crujiente) oder wenn Zucchinibandnudeln die Beilage zum Stockfisch mit Tintenfisch (lomo de bacalao) bilden. Die Karte wechselt mit den Jahreszeiten.

Braulio Navas, 19, T 927 48 13 23, http://restaurantenardi.com, Do–Mo 13.30–15.45, 21–23.15, Mi nur abends, im Sommer ab 21.30 Uhr, Hauptspeisen 15–21 €, Degustationsmenü ca. 37 €

Schwein & etwas mehr
Más Que Parrilla: Spezialität ist der Eintopf vom Ochsenschwanz (rabo de toro), was insofern verwundern mag, als ansonsten Schweinefleisch die Karte bestimmt. Aber immerhin bedeutet der Name des Restaurants: mehr als Grill. Wer auch ein wenig Fett und Schwarte von den Knochen nagen mag, is(s)t bei Spanferkel (cochinillo cochifrito) richtig. Als Vorspeise empfehlen sich die warmen Kroketten, z. B. mit einer Creme aus Pilzen gefüllt.

C/ Matías Pérez Marcos, 7, T 927 47 33 10, https://restaurante-mas-que-parrilla. business.site, So–Di, Do 13.30–16, 20–22, Fr/Sa 13.30–16, 21–23 Uhr Hauptspeisen 12–17 €

Fleischeslust
Mesón El 60: Eine Besonderheit in Hervás sind die mesóns, sehr einfache Kneipen, in denen Grillplatten mit allen Bestandteilen vom Schwein, inkl. Rüssel, gereicht werden. Daneben werden auch Steaks und Schnitzel serviert.

C/ Collado, 28, T 927 48 10 48, auf Facebook, Mi–Mo 14–16, 20.30–23.30 Uhr, Grillteller um 10 €

Einkaufen

Leder
HervásPiel: Auch wenn es sich nicht um den allerneuesten Modeschrei handelt, lässt sich im Fabrikverkauf so manches Modell zum Schnäppchenpreis erwerben, dazu Taschen und Gürtel.

Ctra. N-630, km 432 https://hervaspiel.com/es/, Ladengeschäft: Plaza Faustino Castellano, 5 und C/ Braulio Navas, 35

Bewegen

Wandern
Das Tourismusamt hält Beschreibungen zu Wanderungen unterschiedlicher Schwierigkeitsgrade bereit, so auch eine auf die Hügel rundum Hervás (siehe Tour S. 121).

Fahrradverleih
Colmer: C/ La Poza, 4, T 927 48 10 40, www.bicicletascolmer.com, Mo–Sa 10–13.30, 17–20 Uhr.

Kajak
Die **Albergue Valle del Ambroz** organisiert Wildwasserfahrten, Camino de Marinejo, km 1,6, T 927 47 32 92, www.alberguevalledelambroz.com.

Schwimmen
Naturschwimmbäder in der Umgebung: Gargantilla, Casas del Monte, Segura de Toro.

Drachenfliegen

Die Passhöhe **Puerto de Honduras** (siehe Tour S. 109) und **Casas del Monte** sind zwei Abflugorte. Die Höhendifferenz beträgt 525 bzw. 850 m. Die Ausrüstung muss mitgebracht werden.

Ausgehen

Fast jedes zweite Haus in der Calle Pizarro beherbergt eine Tapas- oder Nachtbar. **La Grifería** in Nr. 14 ist stolz auf eine große Bierauswahl. Snacks bieten das **Paco** in Nr. 20 oder **Picaporte** in Nr. 21, in dem auch Konzerte gegeben werden. Das südamerikanisch inspirierte **La Habana Nueva** in Nr. 29 bietet zahlreiche Toasts und natürlich Mojito. Die Alternativszene trifft sich um die Ecke bei **Relator** in der Calle Relator González, 10. Weitere Tavernen verstecken sich in den Gassen des Judenviertels.

Feiern

● **Los Conversos:** Juli. Hervás besinnt sich seiner jüdischen Vergangenheit mit kulturellen Veranstaltungen, Ausstellungen, Konzerten im *barrio judío* (www.losconversos.com).
● **Fería:** 15.–17. Aug., u. a. mit Stierkämpfen.
● **Otoño Mágico:** Die Wochenenden im Nov. Musik- und Theaterfestival, Schachturniere.

Infos

● **Oficina de Turismo:** C/ Braulio Navas, 6, T 927 47 36 18, www.turismodehervas.com und http://visitambroz.com/valledel ambroz/inicio, Di–Fr 10–14, 16.30–19.30 Uhr, Sa/So nur vormittags, Juli–Mitte Sept. auch Mo vormittags.
● **Bus:** 4 x tgl. nach Plasencia, 2 x tgl. nach Madrid.

Baños de Montemayor   ♀ G1

Der Grenzort zur Nachbarregion Kastilien-León, 7 km nördlich von Hervás, bezeichnet sich als eines der modernsten Kurbäder Europas. Zu den Wellnessangeboten zählen römische Aromabäder, tropische Duschen oder Unterwassermassagen. Sogar eine eigene Kosmetikserie wurde entworfen.

Auf römischem Pflaster

Gleichzeitig ist der Ort stolz auf seine Geschichte. Die Kelten bereits nutzten den natürlichen Verbindungsweg durch das Tal zur Weidewirtschaft. Die Römer führten hier die Vía de la Plata entlang (s. S. 254). Am nördlichen Ortseingang lädt ein etwa 1 km langer Abschnitt des römischen Pflasters zum Flanieren ein, vorbei an Resten einer antiken unterirdischen Wasserleitung. Auch im Süden ist ein Stück des Weges erhalten. Ein **Centro de Interpretación** in der Calle Castañar 42 liefert passende Informationen (Di–Sa 10–14, 17–20, im Winter 16–19 Uhr, So nur vormittags, Eintritt frei).

Archäologische Funde stellt der **Espacio Arqueológico** in den Resten der römischen Thermen aus (Avda. de las Termas, 57, 8. März–Mitte Dez. tgl. 13.30–19.30 Uhr, Eintritt frei).

Schlafen, Essen

Entlang der Avenida de las Termas reihen sich die Kurhotels mit angeschlossenen Restaurants. Die meisten sind allerdings zwischen Dezember und März geschlossen.

Infos

● **Bus:** Regelmäßige Busverbindungen ab Hervás.

TOUR
Immer am Bergbach entlang

Wanderung auf die Hügel um Hervás

Dieser Ausflug geizt nicht mit schönen Ausblicken auf Hervás und die umliegenden Bergeshöhen. Und wer will, kann die Füße im begleitenden Gebirgsbach kühlen. Ausgangspunkt ist die **Plaza del Convento,** von dort führt die Calle Juan de la Plaza nördlich des Klosterplatzes zur einstigen Eisenbahnbrücke **Puente Hierro,** die bald zu sehen ist; sporadisch gibt es gelb-weiße Markierungen. Auf einer betonierten Piste, die Metallbrücke links liegen lassend, geht es bei einer Weggabelung geradeaus. Beiderseits reihen sich Obst- und Gemüsegärten, selten mal stört ein Auto die Ruhe. Die umliegenden Berge erreichen Höhen von fast 2000 m und sind schneebedeckt oft bis ins Frühjahr hinein.

Doch dort hinauf führt der Weg nicht, stattdessen wendet er sich einem Wasserlauf zu, an dem er sich erneut gabelt. Entgegen der Ausschilderung (diese kennzeichnet eine 13 km lange Streckenwanderung) zweigt ein kleiner Zugang zum Wasser ab und führt über den schmalen **Puente del Batán** auf die andere Uferseite – übrigens ein gern genutzter Platz zum Angeln wilder Bachforellen. Es folgt eine etwas unübersichtliche Stelle: zunächst wenige Schritte nach links, dann aber weg vom Bach und aufwärts. Nach ca. 200 m biegt links ein Erdweg nach Hervás ab, der sich bald zum Pfad verengt. Wegen des nun folgenden beschwerlicheren Abschnitts ist festes Schuhwerk angeraten. Es entschädigen die herrlichen Aussichten auf das Städtchen. Schließlich wartet wieder die Eisenbahnbrücke, die Richtung Ausgangspunkt überquert werden kann.

Eine noch schönere Alternative: Lassen Sie den **Puente Hierro** links liegen und folgen Sie dem Teerweg geradeaus. So gelangen Sie zur **römischen Brücke** (s. S. 117) und direkt ins jüdische Viertel von Hervás.

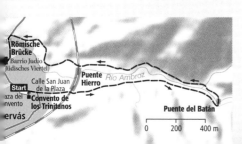

Gerne erinnern die Betreiber des Kurbads an die römische Vergangenheit. Bereits im 2. Jh. fanden sich Soldaten zum Entspannen ein, bald folgten ihnen Pilger auf dem Weg nach Santiago de Compostela.

Aldeanueva del Camino ♀F2

Ganz und gar nicht neu

Der Name führt in die Irre. Aldeanueva del Camino (dt.: Neues Dorf am Weg) ist uralt. Der Marktplatz wird von mittelalterlichen Häusern mit Holzbalkons geziert. Die Dorfstraße folgt der Vía de la Plata. Am Rande des Ortes 6 km westlich von Hervás führt ein römisches Brücklein anmutig über das Flusstal.

Abadía ♀F1/2

Kultur und Schrecken

Über die Nebenstraße CC–168 erreichen Sie das 3 km entfernte Abadía, zu Deutsch Abtei. Der Ort war neben einem Zisterzienserkloster gegründet worden, von dem allerdings nur Mauerreste geblieben sind. In voller Pracht zeigt sich stattdessen der **Palacio de Sotofermoso,** einst Residenz der Herzöge von Alba. Der dritte von ihnen brachte es zu schrecklicher Berühmtheit als der wohl blutrünstigste Feldherr von Karl V. und Philipp II. auf europäischen Schlachtfeldern. Gleichwohl bildete das Palastleben ein kulturelles Zentrum im Geiste des Humanismus, etwa mit Aufführungen der Dramen des spanischen Dichters Lope de Vega. Die Kulisse des zweistöckigen und von Arkaden umfassten Innenhofs hätte schöner nicht sein können. Über Granitsockeln schwingen sich mudéjare Hufeisenbögen in seltener Eleganz (Mo 10–11.15 Uhr, Eintritt frei).

Die Straße nach Westen führt durch mit Pinien aufgeforstete Hügel. Der für seine Hirtengedichte bekannte Dichter Gabriel y Galan (1870–1905) aus dem nahen Guijo de Granadilla war Namensgeber für den **Stausee**, dessen tiefblaues Wasser die Täler füllt.

Granadilla 9 F1

Die Fahrt endet abrupt unter einem Wehrturm, der über eine farbenfrohe Geisterstadt wacht, umschlossen von einer hohen arabischen Stadtmauer. Als der Ort im 12. Jh. vom König von León gegründet und später dem Santiago-Orden unterstellt wurde, trug er stolz den Namen Villa de Granada. Doch dann wurde 1492 das berühmte Granada in Andalusien erobert und die extremenische Gemeinde zu Granadilla degradiert, kleines Granada.

Promifaktor: hoch!
Das Entwicklungsvorhaben Plano Badajoz läutete 1957 das Totenglöckchen. Die Stadt sollte dem neuen Stausee geopfert werden. Die Bewohner wurden umgesiedelt. Doch die Ingenieure hatten sich verrechnet. Der Wasserspiegel erreichte nie die erwartete Höhe. Dem Verfall preisgegeben, wurde die Stadtruine 1980 unter Denkmalschutz gestellt. Seit 1984 arbeiten freiwillige Schüler- und Studentengruppen am Wiederaufbau und sammeln dabei praktische Erfahrungen für ihr künftiges Berufsleben. Kräftig wird in den Farbtopf gegriffen. Nirgends sonst geht es in der Extremadura so bunt, fast ein wenig provenzalisch zu. Und gleichzeitig so melancholisch. Die Straßen sind unbewohnt, die Gärten verwildert, am Ortsrand stehen noch Ruinen. Nur in den Ferien kehrt fröhliches Leben ein, wenn die jungen Leute hämmern, werkeln und feiern. Ihnen dient auch der neue Sportplatz. Den Rest des Jahres herrscht Funkstille. Außer es schaut

Pedro Almodóvar mitsamt Antonio Banderas auf der Suche nach einem Drehort für einen neuen Film vorbei. Immerhin drehte er hier »Átame!«, im Deutschen: Fessle mich! Überblicken lässt sich dieses ungewöhnliche Ensemble von der Aussichtsplattform des Wehrturms. Die historische Treppe ist allerdings nicht ganz ungefährlich.
April–Okt. Di–So, 10–13.30, 16–20, sonst nur bis 18 Uhr, Eintritt frei

Cáparra 9 F2

Eine antike ›Raststätte‹
Inmitten einer fruchtbaren, von Olivenbäumen und Eichen bewachsenen Landschaft wurden seit 1929 die Reste der römischen Stadt Cáparra ausgegraben. Sie liegt 15 km südlich von Zarza de Granadilla und 7 km westlich der Autobahn. Autobahn ist ein gutes Stichwort, denn die Gründung erfolgte im 1. Jh. n. Chr., weil die Römer eine Raststätte an ihrer Vía de la Plata benötigten.

Schnell wuchs sie zur bedeutenden römischen Gemeinde. Reste eines Amphitheaters, Wohnhauses und Jupitertempels wurden entdeckt. Im Mittelpunkt steht ein überkuppeltes **Eingangsportal** auf vier Säulen, durch das die Vía de la Plata führte. Einst war es mit Marmorplatten verkleidet. Auf Fotos in vielen touristischen Broschüren erscheint der Bogen monumental. Das Original, wie es da so etwas verloren in der Landschaft steht, wirkt deutlich kleiner.

In einem **Infozentrum,** das diese Bezeichnung wirklich verdient, wird die alte Stadt wiederbelebt. Ein amüsanter, achtminütiger Zeichentrickfilm und verschiedene Schautafeln erklären Bau- und Lebensweise im römischen Cáparra.
Di–Sa 10–14, 16–19, Juni–Sept. 10–14, 17–20, So nur 10–14 Uhr, Eintritt frei

Las Hurdes ⭐ 📍 E/F1

Die Berge von Las Hurdes liegen so abgeschieden, dass weder Römer noch Araber den Weg in die unzugänglichen Täler fanden. Die Einheimischen lebten in bitterer Armut gemeinsam mit dem Vieh unter einem Dach. Die Schieferhütten waren nahezu fensterlos. *Zufardas* hießen sie. Daraus soll sich der Name Las Hurdes herleiten.

Berühmt durch einen Film

Eine spektakuläre Dienstreise von König Alfonso XIII. im Jahr 1922 brachte die vergessenen Täler ans Licht der Öffentlichkeit. Und den spanischen Filmregisseur Luis Buñuel auf eine Idee. Zehn Jahre später drehte er den Dokumentarfilm »Tierra sin pan« (»Land ohne Brot«; s. S. 138). Die folgenden Jahrzehnte brachten den Anschluss an die westliche Zivilisation. Straßen schufen eine Verbindung zur Außenwelt. Aktuell wohnen 7000 Menschen in den kleinen Orten und Weilern. Mancher Neubau

OLIVENWELTREKORD

Es gibt schon eigentümliche Bestleistungen. Eine gehört Paco Martín, Spitzname El Águila Negra Imperial – Der schwarze Kaiserradler. Ein neuer Rekord? In 24 Stunden hat er exakt 2716,2 kg Oliven von den Bäumen rund um **Caminomorisco** geerntet. Dabei hat er selbst 6 kg an Gewicht verloren. Und seine Ausbeute hatte den Wert von rund 60 000 €. Das war im November 2008 und gilt als Rekord für die Ewigkeit. Sein 12-Stunden-Rekord steht übrigens bei 1797,4 kg.

von heimgekehrten Auswanderern kontrastiert mit den traditionellen Schieferhäusern.

Terrassierte Felder ziehen sich Hänge hinauf. Flüsse und Bäche plätschern durch enge Täler. Olivenhaine wechseln sich mit Mischwald ab. Auf Wanderwegen lässt sich die Schönheit dieser Landschaft genießen. Dabei sorgen zahlreiche Naturschwimmbäder für Abkühlung. In den Dörfern wird weiterhin kunstvolles Handwerk gepflegt. Bei Feinschmeckern hohes Ansehen genießen Honig und Olivenöl. Eine Rundfahrt durch Las Hurdes verspricht eine Reise durch die Zeit (siehe auch Tour S. 128).

Casar de Palomero 📍 E1

Religiöse Toleranz

1922 übernachtete der spanische König Alfonso XIII. in der Gemeinde. Gleich drei Inschriften auf dem Marktplatz von Casar de Palomero, Plaza Mayor (Nr. 16), verweisen stolz auf dieses größte Ereignis in der Lokalgeschichte. Irgendwie surreal wirkt dieser Platz, wie er in sympathisch-wildwüchsiger Weise von Gebäuden in allen nur erdenklichen Architekturstilen eingerahmt ist. Alte Männer versammeln sich nicht vor irgendeiner Bar, sondern vor dem sogenannten Café-Bar-Discoteca-Pub. Die verblassende Inschrift verweist allerdings darauf, dass auch diese Einrichtung aus früheren Zeiten stammt.

Der Ort war bekannt für das friedliche Zusammenleben von Juden, Moslems und Christen auch nach der Reconquista. Allerdings hübsch getrennt, jede Religionsgruppe besaß ihr eigenes Stadtviertel. Sie sind durch entsprechende Religionssymbole auf den Straßennamen gekennzeichnet, die adrett in Kacheln gebrannt wurden.

TOUR
Zu Fuß zur Flussschleife nach Kastilien

Wanderung zu den Meandros del Río Alagón

Infos

Start:
Riomalo de Abajo
(📍 F 1), auf der
Brücke über den
Río Ladrillar.

**Länge
der Wanderung:**
ca. 5,5 km, Dauer:
ca. 1,5 Std.

Ausschilderung:
unregelmäßig
weiß-gelb, im ersten
Teilstück Wegweiser
›Mirador‹ und ›Verea
de los Pescadores‹.

Zwar beginnt diese Rundwanderung ab **Riomalo de Abajo** offiziell bei einem Übersichtsschild auf der Brücke über den Fluss, verläuft die ersten 1,5 km jedoch auf einer Betonpiste, die besser per Auto zurückgelegt wird (dazu dem Schild zum Campingplatz folgen). Dort, wo die Straße schließlich in einen breiten Waldweg übergeht, besteht die Möglichkeit, sein Fahrzeug abzustellen.

Hier nun startet der eigentliche Fußmarsch nicht nach links hinab, sondern geradeaus. Nach rund 10 Minuten zwischen Kiefern zweigt ein ansteigender Weg ab, dieser wird rechts liegen gelassen. Atemberaubend öffnet sich der Blick nach weiteren 10 Minuten: Tief unten zeigt sich zwischen den Bäumen erstmals das Naturwunder **Meandros del Río Alagón** (s. Lieblingsort S. 126). Jetzt noch ein kurzes Stück und der offizielle **Aussichtspunkt** ist erreicht, zu dem ein paar Schieferstufen hinabführen. Das Panorama weitet sich auf die dicht bewaldeten Hügel über dem Flusstal. Am anderen Ufer beginnt Kastilien.

Ein von hier oben gut sichtbarer, von Zistrosen gesäumter Pfad führt nun links hinab zum Fluss. Unten angelangt gibt's nochmals schöne Gelegenheiten zum Verschnaufen, wenn auch die Blicke nicht mehr ganz so bombastisch sind. Wenn sich schließlich rechts die **Landzunge** verengt, endet der Pfad entlang des Flusses. Stattdessen steigt links ein breiter Waldweg hinauf und führt zurück zum Ausgangspunkt, der ohne weiteren Abzweig nach knapp 30 Minuten erreicht wird.

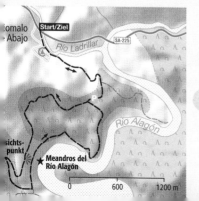

Lieblingsort

Archaisch: die Meandros del Río Alagón

Was für ein grandioser Aussichtspunkt über Ríomalo de Abajo mitten im Bergland von Las Hurdes: Tief unten liegen die **Meandros del Río Alagón** (♀ F 1). Der mal tiefgrün, mal blau schimmernde Fluss gräbt sich sein Bett in engsten Kurven durch das Tal, wirft beinahe eine Insel hinein in die gewaltige Hügelwelt. Am schönsten wirkt dies alles im Frühjahr bei hohem Wasserstand und blühender Pflanzenpracht (s. S. 125).

Schlafen

Zimmer mit Aussicht
Hospedería Hurdes Reales: Einst stand an der ruhigen Stelle oberhalb des Ortes Las Mestas die königliche Handelsstation, in der schon König Alfonso XIII. das Bergpanorama genoss. Heute bietet ein moderner Schieferbau 30 Komfortzimmer, teilweise mit Blick. Schöner Pool, winziges Spa, das diesen Namen vielleicht nicht ganz verdient. Mit Restaurantbetrieb.
Las Mestas, C/ Factoria, o. Nr., T 927 43 41 50, www.hospederiasdeextremadura.es, DZ um 75 €, Tagesmenü 15 €

Gemütliche Holzhütten
Las Cabañas de Mestas: Umgeben von einem hübschen Garten mit Blick ins Tal warten zehn Ferienhütten aus Holz in zwei unterschiedlichen Größen auf Gäste.
Las Mestas, Carretera Salamanca, 60, T 927 43 40 25, www.lasmestas.com, zwei Pers. ca. 45 €, vier Pers. ca. 55 €

Essen

Gastronomische Überraschung
La Posada del Casar: Ein abgeschiedenes Restaurant mit gastronomischem Anspruch. Die traditionellen Rezepte werden behutsam modernisiert. Empfehlenswert sind die saisonfrischen Pilze (setas frescas) und die Lamm- und Zickleingerichte mit Grill, die im Speisesaal zwischen Schiefermauern serviert werden. Mit Zimmervermietung (DZ 60–80 €).
C/ Mayor, 36, T 927 43 64 10, www.laposadadelcasar.es, tgl. 13.30–16, 20.30–23.30 Uhr, Hauptspeisen 12–19 €

Kulinarisch in den Bergen
La Meancera: Manchmal gibt es Überraschungen fernab. Jorge Azeituna und sein rumänischer Partner Alexandru Marcu liefern diese mit einem lichten Restaurant mit

LEBENDIGE TRADITION

Kleine thematische Infozentren (centros de interpretación) in abseits gelegenen Gemeinden zeigen unterschiedliche Aspekte des ländlichen Lebens und Schaffens: in **Ovejuela** westlich von Pinofranqueado alles zu Honig (Fr–So 10–15 Uhr), in **Casar de Palomero** zu Oliven (Fr/Sa 10–14, 16–18, So 10–14 Uhr), in **El Gasco** zur regionalen Hausbauweise (Fr/Sa 10–14, 16–18, So 10–14 Uhr), in **La Huetre** bei Casares de las Hurdes zu Kunsthandwerk und in **Ríomalo de Arriba** zur örtlichen Kultur und Gastronomie (alle Fr/Sa 10–14, 16–18, So 10–14 Uhr), sowie in **Cambrón** nordöstlich von Caminomorisco zu Wasser und Umwelt (Mi–So 9–14.30 Uhr).

ländlicher Qualitätsküche. Kräftig schmeckt die Keule vom Zicklein mit Honig aus der Region (pierna de cabrito), empfehlenswert sind zudem die Regionalmenüs. Übrigens: Alexandru oder auch nur: Alex hat bereits in München gearbeitet und spricht Deutsch.
El Gasco, C/ El Gasco 12, T 667 57 08 37 (mobil), https://de-de.facebook.com/pg/RestauranteCafeteriaMeancera, Reservierung angeraten, tgl. 13–17, 20–23.30 Uhr, Hauptspeisen 15–21 €, Menüs 20–30 €

Lauschig am Fluss
Hotel Rural Castúo: Empfehlenswert sind die Zickleingerichte, besonders der Eintopf cabrito tia conrada oder die gegrillten Koteletts chuletillas de cabrito a la brasa. Die Paprikavorspeise Zorongollo reicht für zwei. Beeindruckende Weinkarte von günstig bis über 200 € die Flasche. Mit angeschlossenem Hotelbetrieb.
Pinofranqueado, Paseo Charco Morisco, 4, T 927 67 80 49, www.hotelcastuo.com, tgl.

TOUR
Unberührte Natur, abgelegene Dörfer

Rundfahrt durch das Bergland von Las Hurdes

Infos

Start:
Vegas de Coria
(⚑ E/F 1)

Länge und Dauer:
85 km, 1 Tag; reine
Fahrzeit: ca. 2,5 Std.

Straßen:
Oft eng und sehr
kurvig, meist ordent-
licher bis sehr guter
Belag.

Der Durchgangsort **Vegas de Coria** ist Ausgangsort für eine bezaubernde Fahrt durch die einsamen Berglandschaften von Las Hurdes. Die EX-204 entlang geht es zunächst vorbei an terrassierten Feldern, Olivenhainen und Obstbäumen. Immer höher werden die Berge, die von Mischwäldern bewachsen sind. Doch die Idylle ist bedroht. Ausgedehnte Feuer zerstörten 2009 die Wälder rund um Vegas. Zu der großen Trockenheit und Hitze in jenem Jahr kamen Nachlässigkeit und Unachtsamkeit. Aufgeforstet wurden die Berge fast flächendeckend mit Monokulturen aus Olivenbäumen und Pinien, die ihrerseits leicht brennen.

Höher hinauf und das Brandgebiet zurücklassend, führt die EX-204 nach **Riomalo de Abajo.** Dort zweigt eine Erdpiste zu einem Aussichtspunkt, von dem sich eine spektakuläre Sicht auf die **Meandros del Río Alagón** bietet (siehe Lieblingsort S. 126 und Tour S. 125). In **Las Mestas** gibt es gute Übernachtungsmöglichkeiten, und das schön gelegene Naturschwimmbad sorgt an heißen Sommertagen für eine Abkühlung.

Weiter geht es nach **Ladrillar.** Traditionell aus Schiefer erbaute Häuser liegen unten am Fluss. Der Ort ist Ausgangspunkt für anspruchsvolle Wanderungen auf die umliegenden Berge, die eine Höhe von 1627 m erreichen.

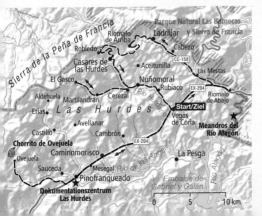

Landwirtschaft bildet seit ewig den Haupterwerbszweig in den Bergregionen.

In vielen Kurven windet sich die Straße hinauf zum pittoresken **Ríomalo de Arriba** mit seinen nur mehr rund 50 Bewohnern. Nächste Station ist **Casares de las Hurdes.** Der dortige Aussichtspunkt Mirador de las Carrascas ermöglicht eine weite Sicht über die Berge. Die nächste Gemeinde heißt **Nuñomoral,** ebenfalls Ausgangspunkt für viele Wanderungen in die unberührte Natur. Die größte Ansammlung von Häusern in der einfachen Schieferbauweise hat sich fernab in **El Gasco** erhalten. Eine Stichstraße führt durch das Tal des Río Malvellido. Die Bauleute kamen übrigens ganz ohne Mörtel aus.

Über Vegas de Coria geht es zurück auf die EX-204. Im größeren **Caminomorisco** wurde der architektonisch interessante Neubau für das Tourismusbüro traditionsbewusst aus Schiefer errichtet. Nach weiteren 10 km ist der Hauptort **Pinofranqueado** und damit ein stärker neuzeitlich geprägtes Städtchen mit Hotels, Restaurants und Supermärkten erreicht.

Erfrischung gibt es zudem in den Fluten eines Naturschwimmbades unterhalb der alten Brücke. Und Wissenswertes im **Dokumentationszentrum Las Hurdes** in der Ortsmitte (C/ La Era, 3). Es nimmt Buñuels Skandalfilm zum Ausgangspunkt für eine kritische Auseinandersetzung mit den sozialen Lebensbedingungen der Bevölkerung im 20. Jh. Der Film »Tierra sin Pan« wird in seiner vollen Länge von knapp 27 Minuten gezeigt (http://lashurdescentrodedocumentacion.eu, personalabhängig, Kernzeit Mi–Fr 9–15, 16–19 Uhr, Eintritt frei, siehe auch S. 138).

Eine Naturschönheit hat die abgelegene Gemeinde **Ovejuela** zu bieten. Knapp 14 km westlich von Pinafranqueado ist sie über eine Lokalstraße zu erreichen. Dann noch 3 km zu Fuß auf einem leichten, weiß-gelb ausgewiesenen Weg und der Wasserfall **Cascada del Chorrito de Ovejuela** ist erreicht. Das Besondere: Die Wasser sammeln sich zu einem romantischen Naturschwimmbad zwischen den Bäumen. Badende sollten aber wegen der Strömung nach heftigen Regenfällen auf den Gang ins Wasser verzichten, und müssen selbst im Sommer schon ein wenig abgehärtet sein – es handelt sich um eine recht frische Angelegenheit.

In einigen der hier besuchten Orte erläutern kleine Infozentren unterschiedliche Aspekte des ländlichen Lebens, so etwa in Ovejuela, in El Gasco, in La Huetre bei Casares de las Hurdes und in Ríomalo de Arriba. Näheres siehe Tipp S. 127.

13.30–16, 20.30–23 Uhr, Hauptspeisen
9–20 €, Tagesmenü um 16 €

Einheimische Menüs
Los Angeles: Drei Regionalmenüs stehen auf der Karte, zwei mit unterschiedlich zubereitetem Zicklein als Hauptgericht, eines mit Schweinefilet. Vieles kommt vom Grill, außerdem gibt es eine reichliche Fischauswahl und sogar Garnelen, diese aber immerhin in Olivenöl aus Las Hurdes.
Vegas de Coría, Carretera Salamanca, 120 (EX-204), T 927 43 40 05, https://hotellosangeleslashurdes.es, tgl. 13.30–16, 20.30–23 Uhr, Menüs um 25 €, Hauptspeisen 10–21 €

Bewegen

Wandern: Zahlreiche Wanderwege durchziehen die Täler und Höhen. Pläne hält das Tourismusbüro bereit.
Pilzsuche: Pilze sind das ganze Jahr über zu finden, darunter Stein- und Butterpilze, Riesenschirmlinge, Edelreizker, Kaiserlinge, Wiesenchampignons.
Angeln: Im kristallklaren Flusswasser tummeln sich Forellen, Barben und andere Süßwasserfische. Im höheren Bergland von Las Hurdes darf sogar ohne Genehmigung geangelt werden.

Feiern

• **Carnaval Hurdano:** Febr./März, in verschiedenen Orten. Nach einem Schnapsumtrunk beginnen unter Trommeln und Pfeifen farbenfrohe Umzüge in traditionellen Kostümen und Masken. Den krönenden Abschluss bildet ein gemeinschaftliches Essen aller Beteiligten.
• **La Fiesta Mayor:** 1. So im Aug., abwechselnd in verschiedenen Gemeinden. Religiöse Umzüge, Folklore, Kunsthandwerk und gastronomische Angebote.
• **La Enramá:** Wochenende um den 24. Aug. in Pinofranqueado. Seit 130

Jahren werden die unverheirateten Männer und Frauen als Zufallspaare zusammengebracht. Nach dem dreitägigen Fest dürfen sie entscheiden, ob sie zusammenbleiben wollen.
• **La Carvochá:** 1. Nov., in verschiedenen Orten. Gemeinschaftliches Kastanienrösten an einem großen Feuer lockt die guten Wintergeister an.

Infos

• **Oficina de Turismo de Caminomorisco:** Avda. de las Hurdes, o. Nr. (Casa de Cultura), T 927 43 52 12, www.mancomunidadhurdes.org, Di–Sa 10–14, 16.30–19.30, So 10–14, im Sommer auch So 16.30–19.30Uhr.
• **Oficina de Turismo in Casares de Hurdes:** Ayuntamiento (Rathaus), Plaza Lindón, o. Nr., Mi, Fr/Sa 10–14.30, 15.30–18.30, So 10–14 Uhr.
• **Bus:** Mo–Fr 2 x tgl. von Plasencia und 1 x von Salamanca nach Pinafranqueado.

Sierra de la Gata
♀ C/D 1/2

Weniger spektakulär und archaisch als Las Hurdes, aber doch voller Geschichte und landschaftlicher Reize, zeigt sich die westliche Bergregion La Gata, in die die gut ausgebaute EX-205 (in Richtung Portugal) führt. Milder ist das Klima, die Gegend ist bekannt für exzellentes Olivenöl und einen einfachen Weißwein. Wasservögel können Sie auf einem Abstecher zum Stausee von Borbollón beobachten.

Wo Wein und Öl fließen
Tief in den Bergen an der Grenze zu Las Hurdes verstecken sich die engen

Gassen von **Robledillo de Gata** (♥ D 1) mit kaum 200 Einwohnern. In einer arabischen Mühle aus dem 11. Jh. wurde ein Olivenölmuseum eingerichtet. Riesig war die Mechanik, durch geflochtene Grasmatten wurde das Öl gepresst (C/ Plazuela, 11, www.molinodelmedio. com, Sa/So 11–14, 16–19, im Sommer tgl. 11–14, 17.30–20.30 Uhr, Eintritt 2 €).

Das unauffällige, aber angenehme **Hoyos** (♥ D 2) wartet mit spätromanischer Pfarrkirche, traditionellen Fachwerkhäusern und einigen wappengeschmückten Stadtpalästen auf. Der Gebirgsort diente den Bischöfen von Coria als kühle Sommerresidenz.

Uralte Fachwerkhäuser

Wer die Kurven nicht scheut, kann von dort noch in das wunderschön verträumte **San Martín de Trevejo** (♥ C 2) auf 610 m Höhe aufbrechen. 1000 Einwohner zählt das Dorf. In der Blütezeit vor 500 Jahren waren es fast dreimal so viele, denn San Martín war befestigter Ordenssitz in der Verteidigungslinie gegen Portugal. Uralte Fachwerkhäuser mit vorkragenden Balkons verschachteln sich ineinander, die engen Gassen laufen unter Granitbögen durch, die mit Holz ausgekleidet sind. Mittendrin stehen die Pfarrkirche aus dem 17. Jh. und der Glockenturm an der Plaza Mayor. Eine mittelalterliche Sprache wird noch heute gesprochen: Das Fala besitzt leonesische, galizische und portugiesische Wurzeln.

Schlafen

Design im Kloster

Hospedería Conventual Sierra de Gata: Einst soll hier Franz von Assisi Station gemacht haben und den Bau des Konvents über einer westgotischen Kapelle in Auftrag gegeben haben, seit 2012 wohnen Gäste in manchmal allerdings vielleicht etwas übertrieben modernem Komfort. So

braucht es im Bad eine gesonderte Anleitung, wie die Wassertemperatur mithilfe der gestylten Armaturen geregelt wird. Dem Autor ist es nicht wirklich gelungen. Garten mit Pool, Fitnessraum. Mit Restaurant (Menü 15 €, Hauptspeisen ab 16 €).
San Martín de Trevejo, Camino del Convento, 39, T 927 14 40 21, www.hospederiasdeext remadura.es, DZ 75–120 €

Essen

Volkstümlich

El Redoble: Der äußere, sehr bescheidene Eindruck täuscht. Hier gibt es viele unverfälscht zubereitete regionale Spezialitäten von Spanferkel und Lamm, oder Pilzcrêpes mit Berghonig. Und dazu sogar Tintenfisch mit Pilzen; auch einige Gästezimmer.
Hoyos, C/ la Paz, 23, T 927 51 46 65, http:// el-redoble.com, Mo–Sa 13–16, 21–23 Uhr, So nur mittags, Tagesmenü 9 €, Hauptspeisen ab 7 €

Tagessuppe

Los Cazadores: Gegessen wird an dunklen Holztischen in der einfachen Gaststube, Spezialität ist die kräftige Tagessuppe *(potajes)*, besonders beliebt mit Kichererbsen *(garbanzos)*. Die Qualität hängt allerdings etwas von der Tagesform der Küche ab.
San Martín de Trevejo, Avda. Salamanca, 2, T 927 51 32 48, https://restaurantesier radegata.es, tgl. 13.30–16, 19.30–22 Uhr (im Winter seltener), Hauptspeisen ab 7 €, Tagesmenü ca. 12 €

Infos

• **Oficina Turística:** San Martín de Trevejo, Plaza Mayor, 1, T 927 51 45 85, www. sanmartindetrevejoturismo.com/es_ES und www.sierradegata.org, Mi–Fr 10–14, Sa/So 11–14 Uhr.

TOUR
Unter wilden Kastanien auf die Passhöhe

Wanderung zum Pass Puerto de Santa Clara

Diese Wanderung folgt der mittelalterlichen Trasse aus dem Süden Spaniens nach Salamanca. Diese führt über den Puerto de Santa Clara und wurde noch vor 100 Jahren als wichtige Handelsstraße genutzt. Unser Ausgangspunkt ist die Plaza Mayor von **San Martín de Trevejo** (s. S. 131). Von dort führt die schmale Calle San Xuan Richtung Osten zur Calle de la Ciudad, wo das Schild »Calzada Romana, Sendero Puerto Santa Clara« nach links weist.

Der Anstieg beginnt nach 300 m hinter der Quelle **Fuente O Pilón de las Huertas,** die durstige Wanderer mit frischem Nass versorgt. Der meist mit jahrhundertealtem Pflaster befestigte Weg, gesäumt von vielen Olivenbäumen, steigt bei wenigen Richtungswechseln gleichmäßig bergan. Etwa 20 Minuten später wird eine Gabelung erreicht. Dort gilt es zunächst den weiß-gelben Zeichen des PR CC 184 zu folgen; der grüne-weiße Abzweig wird später für den Rückweg genutzt.

Schüttere Pinien und einige Kastanien bieten nur wenig Schatten, geben dafür eine schöne Sicht auf das zurückbleibende Tal und die umliegenden Berge frei. Rotes Leimkraut und weiße Gänseblümchen verwöhnen das Auge im Frühjahr. Bald tauchen Sie in den dichten **Kastanienwald Los Ojestos** ein, das Pflaster ist meist mit verrottenden Blättern des vergangenen Jahres bedeckt. Nur zwei kurze flache Abschnitte lassen den Puls vorübergehend sinken.

Der größte Kastanienwald der Extremadura verbirgt römisches Pflaster.

Nach insgesamt 1,5 Stunden überquert eine Brücke einen Bergbach, gespeist aus einem nach Regengüssen rauschenden **Wasserfall.** Schon 10 Minuten später ist auf 1027 m die Passhöhe des **Puerto de Santa Clara** erreicht, die auch von einer modernen Teerstraße überquert wird. Auf den Weidewiesen und im Schatten großer Granitblöcke lässt sich trefflich rasten, weite Blicke ins Tal und nach Portugal eingeschlossen.

Ein ausgeschilderter Rundweg über Elija führt von hier meist durch eine karge Natur. Schöner ist der Abstieg, zunächst etwa 25 Minuten auf demselben Weg zurück, um dann der bereits beim Aufstieg erwähnten **»Ruta El río y los bosques«** zu folgen (grün-weiße Kennzeichnung, SL CC 208). Der weiche Waldboden bietet eine erholsame Abwechslung zu den Pflasterstücken.

Werden Sie hier nicht nervös: Der Eindruck, es ginge direkt wieder hinauf zum Gipfel, täuscht. Aber 15 Minuten dauert der erneute Aufstieg doch, und ein Umweg ist er allemal. Eilige oder arg Ermüdete sollten also direkt ins Dorf zurücklaufen. Die Ruta wendet sich aber schließlich auch hinab, anfangs recht steil dem Lauf eines Bachs folgend. Dieser speist die Trinkwasserversorgung von San Martín. Etwa 2,9 km oder 45 Minuten sind es nun noch. Unterwegs wird ein Klosterhotel passiert, von dem eine schmale Autostraße in den Ortskern von **San Martín de Trevejo** zurückführt.

Infos

Start:
Die Plaza Mayor von San Martín de Trevejo (♥ C 2)

Länge:
13,7 km, etwa 3,5–4 Std.

Schwierigkeit:
mittel, 670 Höhenmeter, festes Schuhwerk

● **Bus:** Die kleinen Orte sind kaum an den Busverkehr angeschlossen.

Coria ♀D3

Coria, im Tal des Río Alagón gelegen und 13 000 Einwohner zählend, ist dank eines Fests in ganz Spanien und noch darüber hinaus berühmt und berüchtigt – je nach Sichtweise. Zum Namenstag des hl. Johannes des Täufers am 24. Juni verwandelt sich die Plaza Mayor für mehrere Tage in eine große **Stierkampfarena**, auf der sich vornehmlich junge Männer mit den Tieren messen. Im Internet kursieren unzählige Protestnoten an die Stadtverwaltung, Aufrufe zum Boykott der Stadt inklusive.

Gleichwohl erwartet Besucher eine gepflegte Altstadt, umschlossen von einer Stadtmauer. Die Römer hatten sie im 3. und 4. Jh. als Schutz gegen germanische Stämme errichtet. Doch die Stadtgeschichte begann schon früher – vor

MALERISCHER BLICKFANG **M**

Die Bischofsstadt Coria ist entweder von der Sierra de Gata aus erreichbar oder – weitaus schöner – von Plasencia aus über die EX-108. Denn wenn Sie diesen Weg nehmen, genießen Sie nach etwa 15 km einen ganz besonderen Blick. Über die Straße erhebt sich der Ort **Galisteo,** der vollständig von einer braunen Festungsmauer aus der Zeit der Almohaden im 11. Jh. umschlossen ist. Nur der Turm der Kirche aus dem 13. Jh. mit einer Apsis im Mudéjarstil lugt hervor.

2500 Jahren mit dem iberischen Volksstamm der Vettonen und ihrer kleinen Siedlung Caura. Von hier aus leisteten sie im 2. Jh. v. Chr. den einfallenden römischen Heeren erbitterten Widerstand. Die Römer nannten die Wehranlage Caurium. Semantisch war es zum Namen Coria nicht mehr weit, auch wenn zwischendurch noch die Westgoten und die Mauren die Herrschaft innehatten.

Stadtrundgang

Zwischen römischen Mauern
Fast alle Sehenswürdigkeiten befinden sich innerhalb der **Stadtmauer.** Ein Teil von 500 m Länge blieb seit römischen Zeiten unverändert. Das ist einzigartig in Spanien. Vier Stadttore führen hinein. Die Puerta del Sol im Norden und die Puerta de la Guía im Westen sind noch römischen Ursprungs, ebenso die allerdings veränderte Puerta Nueva im Südosten. Ansehnliche Gebäude aus roten Ziegeln und braungrauem Granit gruppieren sich um kleine Plätze oder säumen schmale Gassen.

Gold blendet
Trutzig außen, wuchtig innen! Vom Ende des 15. bis ins 18. Jh. zog sich die Fertigstellung der **Catedral de la Asunción ❶** hin. Fassade und Portale im platéresken Stil atmen den Geist der spanischen Renaissance. 1723 wurde der Glockenturm fertig. Danach erst machte man sich an die Vollendung des einschiffigen Innenraums. Seine Stirnseite wird von einem riesigen Barockaltar ausgefüllt, in dessen Zentrum – kurios anmutend – einsam ein rotgewandetes Jesuskindlein steht. 2017 aufwendig restauriert, glänzt das Gold nun noch intensiver. Schön erklingt die Orgel aus dem 18. Jh. zu allerdings seltenen Konzerten. Das filigrane Schnitzwerk

Coria

Ansehen

1 Catedral de la Asunción/
Museo de la Catedral

2 Puente Viejo

3 Museo de la Cárcel Real

Schlafen

1 AHC Palacio Coria

Essen

1 El Bobo de Coria

2 Grana y Oro

Einkaufen

1 Mercadillo de Coria

2 La Esquina de las Delicias

3 Convento de la Madre
de Dios

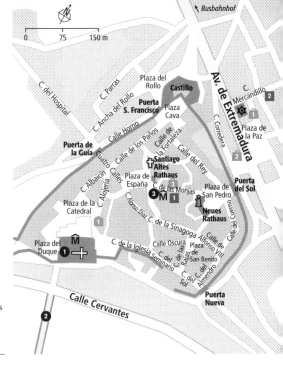

des Chorgestühls gotisch-mudejarer Handschrift zeigt fein geschnitzte Heilige, Märtyrer und Apostel. Um den **Kreuzgang,** dessen Zentrum ein reich verzierter Brunnen aus dem Jahre 1620 bildet und über die Kirche erreichbar ist, liegen auf zwei Stockwerken die Räume des **Sakralmuseums** (s. u.).

Plaza de la Catedral, So 10.30–14, Mo 17–19, Di–Sa 10.30–14, 17–19, im Sommer jeweils bis 20 Uhr, Eintritt frei

Brückenschlag ins Nirgendwo

Seitlich links der Kirche ermöglicht ein Aussichtspunkt den Blick über die weite Landschaft. Unten führt der **Puente Viejo 2** ins Nichts. So ganz genau wissen die Forscher nicht, ob die Brücke römischen Ursprungs ist. Jedenfalls hat sie ihren Fluss verloren, dessen Lauf sich durch die Auswirkungen des Erdbebens von Lissabon im Jahre 1755 veränderte.

Museen

Sakrale Kunst

1 **Museo de la Catedral:** In dem Museum der Kathedrale werden neben Reliquien, Gemälden und Skulpturen Kupferstiche aus der Schule von Peter Paul Rubens ausgestellt. Auch die Gründungsurkunde für die Kathedrale ist zu sehen.

Öffnungszeiten wie Kathedrale, Eintritt 2 €

Gehen Sie ins Gefängnis

3 **Museo de la Cárcel Real:** In der Calle Monjas wurden die dicken Gitterstäbe vor den Fenstern nicht etwa zum Schutz der Ausstellungsexponate des Heimatkundemuseums angebracht. Nein, das Gebäude diente einst als Gefängnis. Die Sammlung ist eher bescheiden. Aber wann bietet sich schon einmal die Gelegenheit, einen alten Karzer mit den reichlich inhu-

Der versteckte Seiteneingang der Kathedrale ist reich verziert, das Hauptportal gibt sich dagegen schlicht gotisch. So gibt es hier viel zu entdecken, schließlich wurde drei Jahrhunderte an dem Kirchenbau gearbeitet.

man wirkenden Zellen von innen zu sehen? Allerdings waren die Einrichtungen für die reichen Insassen im 1. Stock durchaus luftig! Zu den besonderen Ausstellungsstücken gehört der *verraco verrón*. Das Schwein aus Granit war wohl ein Fruchtbarkeitssymbol der keltiberischen Stämme. C/ Monjas (Pizarro), 2, Di–Sa 9.30–14, 17–19, So 17–19 Uhr, Eintritt frei

geschlossene **Restaurant MaGar** ist bei schönem Wetter empfehlenswert, wenn im Innenhof oder auf der Terrasse gegessen werden kann; der fensterlose Speisesaal hingegen ist sehr düster. Plaza de la Catedral, o. Nr., T 927 99 53 83, www.facebook.com/Palaciocoria, DZ 50–70 €, Restaurant Hauptspeisen 12–14, Menüs 10–20 €

Schlafen, Essen

Der Bischof hat's gut

1 AHC Palacio Coria: Auch wenn das Innere nicht ganz das halten kann, was die Fassade des Bischofspalasts aus dem 17. Jh. versprechen mag, so bettet es sich hier doch ruhig und bequem. Die 28, vornehmlich in grün gehaltenen Zimmer sind unterschiedlich groß, viele besitzen einen Blick auf den Kirchplatz. Das an-

Essen

Zünftig

1 El Bobo de Coria: Die klassischen Hausspezialitäten werden im urigen Speisesaal gereicht: Pilzgerichte, Ente, Rind und Zicklein, etwa als Vorspeise die Steinpilze *(boletus)* in verschiedenen Saucen, als Hauptspeise die Kottelets vom Zicklein *(cabrito lechal)* und schließlich der hauseigene Mandelkuchen *(tarta de almendras)*.

Danach braucht's vielleicht einen Eichel-schnaps?

C/ Monjas (Pizarro), 6, T 927 50 07 95, Di–So 14–16, 21–23 Uhr, Tagesmenü um 10 €, Hauptgerichte 11–19 €

Leider stierfeindlich

2 Grana y Oro: Im luftigen, aus Ziegel-steinen gebauten Speisesaal wird spa-nisch-traditionelle Tapa-Kultur betrieben. Allerdings geht die Tradition so weit, dass Stierkämpfe über zwei große Bildschirme flimmern und ein Stierkopf am Eingang zumindest Tierfreunde eher abschreckt als begrüßt. Wer trotzdem hingeht, kann drei große Spieße *(tercio de muleta)* genießen, darunter die Spezialität Stierfleisch *(toro)* mit Tintenfisch. Aber eigentlich geht's hier-her wegen der Tapas und der belegten Weißbrote *(bocadillos)* zum Bier.

C/ Almanzor Coria, 13, T 617 04 96 16 (mobil), auf Facebook, Mi–Mo 9–2.30 Uhr, Spieße um 19 €, Tapas 3,50–8,50 €, Boca-dillos um 5 €

Einkaufen

Wochenmarkt
1 Mercadillo de Coria: Donners-tagvormittags im Barrio Moscoso, mit frischen Lebensmitteln, Antiquitäten, Schmuck, Trödel.

Gourmet-Paradies
2 La Esquina de las Delicias: Ob Kastanien im Glas eingelegt oder Spargel, Steinpilze oder Waldfrüchte … alles aus der Extremadura. Und die Liste ließe sich lang fortsetzen. Die Feigen, die Marme-laden. Natürlich gehen auch Schinken, Käse, Kekse über die Ladentheke.

Av. Extremadura, 41, www.laesquinadelasdelicias.com, tgl. 9.30–14.30, 17–20 Uhr

Kreuzgang mit Gebäck
3 Convento de la Madre de Dios: Die Nonnen verkaufen 14 Kekssorten, darunter sogar die Herzen des hl. Fran-ziskus – *corazones de San Francisco.* Der Kreuzgang des Klosters kann unter Führung der Nonnen besichtigt werden.

C/ Monjas (Pizarro), 3, tgl. 9.30–13, 16.30–18.45 Uhr, Eintritt Kreuzgang 1,50 €

Ausgehen

Nachtschwärmer treffen sich an der **Plaza del Rollo,** im Volksmund auch Zentrum der Bars genannt, sowie rund um die **Plaza de la Paz** und die angrenzende **Calle Almanzor Coria.**

Feiern

● **Romería de la Virgen de Argem:** Mo nach dem 2. Mai-Sonntag. Bei einer 5 km langen Prozession wird die Figur der Schutzheiligen von der Kathedrale zu einer ihr geweihten Kapelle getragen.
● **Los Toros de San Juan:** 23–29. Juni. Stierkämpfe (s. o.).
● **Mercado Medieval:** Do, der dem 15. Aug. am nächsten kommt. Mittelaltermarkt in der Altstadt, Handwerker produzieren vor Ort, Musikwettbewerbe.
● **Festival Internacional de Guitarra Clásica:** 1. Aug.-Hälfte. Musik mit klas-sischen Gitarren.

Infos

● **Oficina de Turismo:** Plaza de San Pe-dro, 1, T 927 50 80 00, Durchwahl 290, www.coria.org, Mo–Fr 9.30–14, 16.30–18.30, Sa 10–14.30, 16.30–18.30, So 10–14.30 Uhr.
● **Auto:** Wer nicht im Bischofspalast übernachtet, stellt das Auto am besten außerhalb der Stadtmauer ab.
● **Bus:** Regelmäßige Verbindungen in die größeren Städte der Extremadura, seltener nach Madrid, Bilbao und Malaga.

Zugabe
»Tierra sin Pan« – Land ohne Brot

Ein Kurzfilm von Luis de Buñuel schildert das harte Leben in Las Hurdes

Der spanische Regisseur Luis Buñuel (1900–1983) erhielt einen Oscar, den goldenen Löwen von Venedig, die Goldene Palme in Cannes. Mit Catherine Deneuve drehte er, mit Michel Piccoli. Der »Diskrete Charme der Bourgeoisie« und »Dieses obskure Objekt der Begierde« sind wohl seine erfolgreichsten Spielfilme. Die 27-minütige Dokumentation »Tierra sin Pan« – Land ohne Brot, 1932 in Las Hurdes entstanden, ist ein frühes politisches Statement gegen grausame Armut und für eine menschengerechte Gesellschaft. Der Film geht an die Nieren, wie er schonungslos die unmenschliche Lebenswirklichkeit der Dorfbewohner in einer spanischen Region zeigt, die von Spanien aufgegeben zu sein scheint.

Dramatische Orchestermusik unterlegt einen zunächst schwarzen Bildschirm, dann beschreibt eine sonore Stimme aus dem Off das Elend der abgelegenen Region. Die folgenden 27 Minuten zeigen eine menschliche Misere vor wunderschöner Bergkulisse. Die Bewohner laufen barfuß über Geröll und Gestein, fehlt ihnen doch das Geld für Schuhwerk. Kinder tunken ihr hartes Brot in dreckiges Wasser. Eines zeigt stark entzündetes Zahnfleisch, eine Folge der Mangelernährung, besteht die tägliche Hauptmahlzeit doch aus nichts als Kartoffeln und Hülsenfrüchten.

Ein Esel verendet beim Angriff eines Bienenschwarms jämmerlich vor der Kamera und wird schließlich von Hunden und Geiern gefressen. Die gewinnbringenden Bienenstöcke sind allerdings im Besitz von auswärtigen, wohlhabenden Spaniern. Der Tod eines Babys gehört zum Alltag. Weit außerhalb wird der Säugling auf einer Wiese begraben, auf der unzählige Holzkreuze das Schicksal so vieler Leidensgenossen bezeugen. Deren Beerdigung bietet den Frauen die einzige Gelegenheit zu gemeinsamen Treffen.

Geringe Hoffnung macht die Terrassierung von Feldern, bis der Abspann das einzig erfolgversprechende Mittel gegen die Misere verspricht: eine Volksfront linker Parteien, die in anderen Regionen

> »Es lag in der Extremadura zwischen Cáceres und Salamanca eine öde Bergregion, in der es nur Steine, Heidekraut und Ziegen gab: Las Hurdes.« L. Buñuel

bereits Verbesserungen für die Landbevölkerung durchgesetzt hatte. Die Hoffnung, dass diese frei gewählte Regierung auch dank internationaler Hilfe den von Hitlerdeutschland unterstützten Angriffen der faschistischen Truppen widerstehen könnte, erfüllte sich freilich nicht. Putschist General Franco sollte bald die Macht übernehmen.

War die Situation vor Ort wirklich so schlimm wie im Film geschildert? Regisseur Buñuel hat mehrere Szenen manipuliert. Den von Bienen getöteten Esel konnte er nur so effektvoll zur Schau stellen, weil er ihn durch das Zusammenbinden der Beine wehrunfähig gemacht hatte. Nicht bewiesen ist allerdings, dass er ihm zusätzlich das Fell mit Honig bestrichen hatte. Das Motiv nahm Bezug auf einen Eselskopf über einem Klavier in seinem Vorgängerfilm »Der andalusische Hund« und auf Bilder seines Freundes Salvador Dalí. Zeitgenössische Dokumentarfilmer, allen voran der Nie-derländer Joris Ivens und der Amerikaner Robert Flaharty verteidigten eine solche stilistische Überhöhung des Mangels, auch durch das wiederholte Zeigen der unbeschuhten Füße. Und Carlos Saura sah sich 1958 mit seiner Dokumentation über die kastilische Kleinstadt Cuenca in der Tradition Buñuels.

Zehn Jahre vor den Dreharbeiten hatte der spanische Humanist und Wissenschaftler Gregorio Marañón den damaligen König Alfonso XIII. auf dessen Besuch in Las Hurdes begleitet. Nun war er Redner auf der Premiere im Palast der Presse von Madrid. Trotzdem wurde das Werk in Spanien verboten. Das gleiche Schicksal erlitt der Film nach der Erstvorstellung 1937 in Frankreich, wo die Regierung ein Ausstrahlungsverbot durchsetzte. Mittlerweile wird Buñuels Film als historisches Dokument gesehen, das zeigt, welch enormen Fortschritt die Extremadura in den Zeiten der Demokratie erleben durfte. ■

Sorgsam hütet die Mutter ihren Kleinen. Doch bekommt er auch ausreichend zu essen? Oft ist der Topf leer.

Badajoz und die Raya

Kulturmix — ein wenig Frühgeschichte, eine bis heute befahrbare römische Brücke, manch Portugiesisches und das lebendige Spanien in den Gassen von Badajoz mit hübschen Geschäften und Tapasbars. Und Ruhe im Naturpark am Tajo.

Zylindertürme bilden das Wahrzeichen von Badajoz.

Eintauchen

Seite 157

Plaza Alta von Badajoz

Von Arkaden umlaufen ist sie der unterhaltsame Festplatz und pulsierender städtischer Mittelpunkt. In den Terrassencafés gibt es die ersten Snacks und Drinks, in den Altstadtgassen folgt anschließend *tapear en Badajoz,* Tapas essen in Badajoz.

Seite 162

In den Gärten von Badajoz

Grüne Palmfarne sind älter als Dinosaurier, der Duft von Lavendel und Thymian erfüllt die Luft, Panoramablicke schieben sich hindurch zwischen Pinien und Palmen.

Seite 165

Arabischer Hammam

In der Baraka Al Hammam von Badajoz genießen Sie Badezeremonien, Schokoladentherapien und Massagen mit hohem Wohlfühlfaktor.

Seite 167

Olivenza

In Olivenza schlagen Sie zwei Fliegen mit einer Klappe. Sie sind in Spanien und besuchen zugleich ein Stück Portugal. Denn die Gemeinde wurde erbaut vom Nachbarn.

Barocke Gemälde in Blau und Weiß in portugiesische Kacheln gebrannt.

Der Reisende »hatte den Guadiana vergessen, und da ist er nun, herrlich frisch, wie die Bächlein, die der Quelle entspringen«. (José Saramago)

erleben

Das Land der Burgen

Unten der Ort, oben die Wehranlage. Fast jede Gemeinde blickt stolz zu einer mächtigen Festung auf einem Burghügel hoch. Zunächst waren es die Araber, die sich gegen die christlichen Truppen schützen wollten. Letztlich erfolglos. Doch auch die siegreichen Katholischen Könige fanden den erhofften Frieden nicht. Zu nahe war das mächtige Portugal, das immer wieder die Hände nach der Raya, zu Deutsch ›Grenzstreifen‹, ausstreckte. Durchaus mit Erfolg. Olivenza blieb bis 1801 portugiesisch. In Badajoz wechselte mehrmals die Herrschaft. Dabei wurde der historische Kern der größten Stadt der Extremadura zu oft zerstört, als dass sie heute noch wirklich schön zu nennen wäre. Die Anziehungskraft liegt in ihrer Lebendigkeit. Wer ins extremenische Nachtleben eintauchen will, muss nach Badajoz.

Historisch interessierte Urlauber, die Spuren der Vergangenheit suchen, finden z. B. in der Umgebung von Valencia de Alcántara eine bedeutende Ansammlung steinzeitlicher Grabstätten. Den Stolz der Stadt Alcántara bildet eine römische Brücke, die so gut erhalten ist, dass sie sogar per Auto passiert werden kann.

ORIENTIERUNG **O**

Internet: http://turismo.badajoz.es (Informationen über die Region in Spanisch). Alle größeren Orte betreiben eigene Websites.
Verkehr: Das Gebiet liegt abseits der großen Verkehrsströme. Nur Badajoz ist dank der Autobahn A-5 und per Zug an Mérida, Madrid und Lissabon angebunden. Nach Olivenza verkehren häufig Busse. Die übrige Gegend ist über ausgebaute, manchmal kurvige Straßen gut zu erreichen. Busse fahren hier allerdings sehr selten.

Hier am Río Tajo schützen dicht bewaldete Bergketten die Weidelandschaften vor allzu heftigen Winden. Steineichen liefern Nahrung für die iberischen Schweine, Korkeichen den Rohstoff für die Flaschenkorken. Stauseen dienen der Bewässerung und Stromerzeugung.

Weiter südlich hat der breite Río Guadiana um Badajoz ein fruchtbares Flachland geschaffen, auf dem Ackerbau, Obstwirtschaft und Weinanbau betrieben werden. Doch schon bald, rund um Olivenza, prägen erneut die grünen Hügel das Bild einer dünn besiedelten Landschaft.

Alcántara und Umgebung ♀C4

Von Norden, auf der EX-108 aus Coria kommend, genießen Autofahrer zunächst die freie Sicht auf das Städtchen mit 1500 Einwohnern, das sich den Berg hinauf zu einer verschachtelten Klosteranlage zieht.

Die Brücke bringt's noch immer
Dorthin gelangen Sie nach der Überquerung einer 194 m langen und 8 m breiten **römischen Bogenbrücke** – die Sehenswürdigkeit der Umgebung schlechthin! Wirklich römisch! Auch wenn auf den ersten Blick gar nichts darauf hindeutet, dass sie seit dem Jahr 106 n. Chr. dort steht. Kaiser Trajan war Bauherr, sein Andenken ehrt ein Triumphbogen auf der Brücke, die Teil der Straße aus der Extremadura ins portugiesische Conimbriga nahe Coimbra war. Der längste der sechs Bögen erreicht eine Spannbreite von gut 28 m. Die über 12 m breiten Pfeiler sind durch dreieckige Strombrecher geschützt und reichen 61 m in den Río Tajo hinab. 61 m, die bei Niedrigwasser geradezu gewaltig erscheinen. Nie wieder haben die Römer eine so hohe Brücke errichtet! Der Höhenunterschied war notwendig, da der Fluss in früheren Zeiten häufig Hochwasser führte.

Erst seit 1970 bändigt der größte extremenische Stausee, der **Embalse de Alcántara,** den Tajo. Der Blick fällt vom römischen Prachtbau auf die nahe Staumauer. Vielleicht wird diese in ferner Zukunft einmal als epochales Bauwerk aus unserer Zeit bestaunt? Nicht schön, aber immerhin beeindruckend in ihrem

Elegant und ästhetisch vollkommen überquert die römische Brücke den Fluss Tajo. Sogar Autoverkehr trägt sie, so stabil ist sie gebaut.

grauen Betonkleid wirkt sie schon heute, besonders wenn das Wasser rauschend hinabfließt. Ein Weltwunder erblickten arabische Gelehrte in dem Flussübergang. Sie nannten das nahe Siedlung al-Cantara-Ass-Sai – die ›Brücke des Schwertes‹. Laut Legende befindet sich im Triumphbogen eingemauert ein goldenes Schwert. Der Ortsname war geboren.

Wegen der überragenden strategischen Bedeutung wurden bei Angriffen dreimal Teile der Brücke zerstört, zuletzt 1809 als Folge der napoleonischen Invasion. Im Zuge der Restaurierung wurde Mitte des 19. Jh. die Fahrbahn begradigt. Damals stellten die Bauleute auch einen kleinen **römischen Tempel** auf der stadtzugewandten Seite wieder her, die Grabstätte des römischen Baumeisters Caius Julius Lacer. Der stadtabgewandte **Wachturm** entstand im 16. Jh. zum Schutz gegen portugiesische Truppen.

Stadtrundgang

Adrett und hübsch

Was das Städtchen vom äußeren Eindruck her verspricht, hält es auch. Das 1611 erichtete Stadttor **Arco de la Concepción** führt in den historischen Kern. Weiß getünchte Häuser und Sakralbauten säumen saubere Gassen. Sie führen auf des Berges Höhe, zum Kloster, vorbei an hübschen Stadtpalästen aus dem 15. bis 17. Jh. und zu den beiden Hauptkirchen.

Die **Iglesia de Santa María de Almocóvar** an der Plaza de España entstand über den Grundmauern einer Moschee. Das romanische Portal stammt aus der Gründungszeit im 13. Jh. Im Inneren befinden sich die Grabstätte des Ordensmeisters Bravo aus Jerez und fünf Bilder des aus Badajoz stammenden Malers Luis de Morales (Öffnungszeiten personalabhängig, am Portal ist auch ein Kontakt angeschlagen).

Ganz schön asketisch

Die benachbarte **Iglesia de San Pedro** (Plaza San Pedro de Alcántara) ist dem 1499 in Alcántara geborenen Franziskanermönch geweiht. Der Heilige steht vor dem goldenen Barockaltar. Ehrfurchtsvoll wird er der »Apostel der Extremadura« genannt. Sein Lebenswerk bestand in der Gründung der asketischen Gemeinschaft der Discalceaten. Die Mitglieder kasteiten sich auf alle erdenklichen Arten, gingen nur barfuß und schliefen auf Brettern. Als talentierter Prediger war San Pedro de Alcántara ein Vertrauter

DAS REBHUHN VON ALCÁNTARA **R**

Das Rebhuhngericht *perdiz al modo de Alcántara* ist das kulinarische Aushängeschild der Stadt. Doch eigentlich stammt es aus Lissabon: Napoleonische Truppen raubten die Bibliothek des dortigen Bruderklosters aus, ein Kochbuch gelangte in die Hände des Kochs Auguste Excoffier, der das Rezept als eine der größten Kriegstrophäen ansah. Über Frankreich gelangte es schließlich in die Extremadura.

Die Rebhühner werden mit Gänseleberpastete und Trüffeln gefüllt und in trockenem Portwein mariniert (laut Originalrezept, in Spanien wird auch Sherry genommen). Nach 48 Stunden werden die Vögel in einer Kasserole auf Trüffeln gedünstet, anschließend in Streifen geschnitten, die in Butter leicht angebraten werden und schließlich mit der Sauce angerichtet. Natürlich gibt es zahlreiche Varianten.

der hl. Teresa von Ávila und sogar am portugiesischen Hof gefragt (Öffnungszeit personalabhängig). Das gesamte Ensemble präsentiert sich in voller Pracht vom Aussichtspunkt **Mirador de la Presa,** knapp 3 km nördlich.

Gigantisch …

Ursprünglich sollte der Sitz des Alcántara-Ordens eine Kathedrale werden, weshalb zunächst mächtig in die Höhe gebaut wurde. Doch der finanzklamme König Filipe II. sparte sich die Kosten eines weiteren Bischofssitzes, jener im nahen Coria reichte ihm. Trotzdem belegen die Ausmaße der Klosteranlage **Convento de San Benito** die Bedeutung der Bruderschaft. Sie bildete nach dem Verbot der Templer einen von nur drei geistigen Militärorden in Spanien. Mit zahlreichen Privilegien ausgestattet, waren die Mönche direkt dem Papst unterstellt, besaßen noch im 19. Jh. 37 Ordenshäuser und verfügten über mehr als 50 Gemeinden. Ihr Stammsitz hier in Alcántara wurde 1575 im platteresken Stil fertiggestellt.

Der nur bei sehr großer Nachfrage ausnahmsweise auch in Englisch geführte Besuch durch die Klosteranlage beginnt im gotischen Kreuzgang. Lieblich erscheint der von Orangenbäumen bestandene Innenhof, fast furchterregend das Innere der Kirche. Sie ist leer, geplündert von napoleonischen Truppen. Von der Orgel blieb nur eine hölzerne Verschalung. Einziger Wandschmuck sind einige Adelswappen und ein Fries mit militärischen Szenen in der Seitenkapelle. Durch die Wand links vom Orgelbereich zieht sich ein langer Riss, eine Auswirkung des Erdbebens, das 1755 Lissabon zerstört hatte.

… und etwas kurios

Skurriles am Rande: Der Kapitelsaal wurde nach der Säkularisierung als Olivenölmühle genutzt. Heute vermitteln Schautafeln Informationen zur römi-

schen Brücke und dem nahen Stausee, gehört das Klostergebäude doch inzwischen dem spanischen Energieversorger Iberdrola, der im Embalse de Alcántara Strom aus der Wasserkraft gewinnt.

Seitlich wurden dem Klostergebäude in der Renaissance drei Galerien vorgestellt. Sie öffnen sich einem **Freilufttheater.** 1500 Besucher finden Platz zu den Aufführungen des Klassischen Theaterfestivals im August.

C/ Regimiento de Argel, o. Nr., Führungen Mo–Fr 10.15, 11.15, 12.15, 13.15, 16.30, 17.30, Sa erst ab 11.15 Uhr, April–Sept. Nachmittagszeiten 17, 18, 19 Uhr, So 11.15, 12.15, 13.15 Uhr, Eintritt frei

Schlafen

In klösterlicher Ruhe

Conventual de Alcántara: Ca. 2 km außerhalb, in Richtung Staudamm, bietet dieses modernisierte Franziskanerkloster von 1478 seinen Gästen 30 teilweise sehr geräumige Zimmer. Ein kleines Museum zeigt die gigantischen Getreidemühlen, die ab 1912 im Gebäude mahlten. Empfehlenswert ist auch das **Restaurant.**

Ctra. del Poblado Iberdrola, o. Nr., T 927 39 06 38, www.hospederiasdeextremadura. es, DZ 75–90 €; Restaurant: tgl. 13–16, 21–23.30 Uhr, Hauptspeisen 12–20 €, Menüs ab 15 €

Essen

Schlicht

Gundin: Die einfache Alternative zum Restaurant des Konvents. Vieles kommt vom Grill, zu den Spezialitäten gehören Wildgerichte wie etwa das Hirschragout *(carne de cerdo).*

Plaza de Portugal, 4, T 927 39 01 43, tgl. 14–16, 21–23 Uhr, Menü 9 €, Hauptspeisen 6–15 €

TOUR
Am schönsten ist die Pause

Wanderung entlang des Río Tajo

Infos

Start:
Alcántara (♥ C 4),
Parkplatz am
Wachturm Torre del
Oro auf der stadttab-
gewandten Seite der
römischen Brücke

Dauer:
Einfache Strecke ca.
45 Min., Ausweitung
zum 16 km langen
Rundweg ca. 4 Std.

Ausschilderung:
weiß-gelb; leichte
Trekkingschuhe
empfohlen

Von der römischen Brücke in **Alcántara** läuft ein breiter Erdweg Richtung Süden durch lichte Haine, hier aus Oliven- und Eukalyptusbäumen, dort aus Kiefern und Tannen. Im Tal fließt der Tajo. Mal sanft, mal rauschend, abhängig davon, wie viel Wasser die Staustufe von Alcántara gerade freigibt. Über der gegenüberliegenden Uferseite thront der **Convento de las Monjas Comendadoras.**

Schon nach zehn Minuten werden zwei kleine **Bergbäche** überquert, im Sommer eher Rinnsale oder sogar ganz ausgetrocknet. Ein Schild warnt in Spanisch vor plötzlichen Wasserstandsveränderungen, ein wenig Vorsicht ist also immer geboten. Der Messung der Wasserhöhe diente ein verfallenes Häuschen, das nach wenigen Hundert Metern rechts des Weges steht; es wurde 1936 von der Comisaría de Aguas del Tajo erbaut. Die Reste eines **Wasserturms** folgen unmittelbar dahinter.

Weiter geht es nun auf einem Pfad, der schließlich fast bis zum **Ufer des Tajo** abfällt, bevor er sich steil ansteigend nach rechts wendet. Konditionsstarke Wanderer können dieser Route (in der Karte gestrichelt) folgen, um nach insgesamt 16 km zum Ausgangspunkt zu gelangen, allerdings teilweise auf, wenn auch wenig befahrenen, Teerstraßen.

Wer es gemütlicher mag, nimmt denselben Weg zurück und sucht sich zwischendurch ein **lauschiges Plätzchen** für eine entspannte Rast – unter einem Olivenbaum mit Blick über den Tajo, die römische Brücke bis nach **Alcántara.** Vielleicht ist dies sogar der Höhepunkt des Ausflugs …

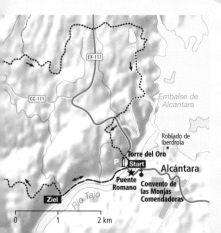

Bewegen

Vom Schiff aufs Land

Divertimento: Allerlei Wassersport steht auf dem Programm, von SUP bis Wasserski und ein Ausflug per Motorschiff auf den Flüssen Tajo und Alagón, inkl. Vogelbeobachtung.
T 927 39 07 53, www.divertimento.cc

Feiern

- **Festival de Teatro Clásico de Alcántara:** Anfang Aug. im Freilufttheater des Klosters San Benito.
- **Gastronomiefest:** März, Juni, Okt., jeweils einer anderen regionalen Besonderheit gewidmet, im Frühjahr dem Schlachtfest, im Frühsommer dem Gebäck, im Herbst den Tomaten.

Infos

- **Oficina de Turismo:** Avda. de Mérida, 21, T 927 39 08 63, www.alcantara.es, Mo–Fr 10–14, 17–19.30, im Winter 10–14, 17–18.30, Sa/So ganzjährig 10.30–14.30 Uhr.
- **Bus:** Mo–Fr 3 x tgl. von Cáceres.

Parque Natural Tajo Internacional ♀ A/B4

Alcántara bildet die nordöstliche Grenze des Naturparks, der die Landschaft auf 25 088 ha entlang des Río Tajo grenzüberschreitend schützt. Schwarzstorch, Spanischer Kaiseradler, Geier und Reiher finden hier ihren Lebens-

BIRDWATCHING AM SANDSTRAND **B**

Die **Piscina Natural La Cantera** 5 km nördlich von Alcántara zählt zu den allerschönsten der vielen Naturschwimmbäder der Extremadura. Es ist über die EX-117 zu erreichen und liegt eingebettet zwischen hohen Felsen. Ein schmaler Zugang führt zum feinsandigen Strand und ins teils tiefblaue, teils türkisfarbige Wasser. Am Himmel kreisen Schwarzmilane, Gänsegeier und Wanderfalken, in den Felsen brüten Uhus, sogar Schwarzstörche zeigen sich am Wasser, wenn auch selten. Ein Naturschauspiel und außer im August und an sommerlichen Wochenenden fast menschenleer.

raum. Auch Fischotter, Wildkatzen und Hirsche sind zu beobachten. Es gibt mehrere **Vogelbeobachtungstürme.** Attraktiv ist das Observatorio de Aves, erreichbar über einen Abzweig von der CC-37, ca. 1,7 km nordwestl. von Santiago de Alcácer (braunes Hinweisschild Observatorio).
Den Schlüssel gibt es im Centro de Interpretación El Pendere, C/ Lagar, 3 (Plazuela de Santo Domingo), T 927 59 23 11 www.turismotajointernacional.com/de/centros-de-interpretacion, Sommer Di–Sa 10–14, 17.30–19.30, im Winter Di–Sa 10–14, 16–18 Uhr, So jeweils nur vormittags

Bewegen

Wandern und Radfahren

Die Parkverwaltung hat zusätzlich zur Wanderung von der römischen Brücke (s. S. 146) weitere neun Wege von 5,6 km bis 14 km Länge ausgeschildert, alle mit dem Ziel Tajo. In **Cedillo** an der EX-375 beginnt ein etwa einstündiger

Ausflug an den westlichsten Zipfel der Extremadura. Den Höhepunkt bildet ein kleiner Picknickplatz mit Blick über den Fluss auf den Nachbarn Portugal. Dieser ist wie alle anderen Wege auch per Mountainbike zu bewältigen. Beschreibungen zu den Wanderungen, auch auf Deutsch, sind im Parkzentrum erhältlich oder von der Website herunterladbar.

Infos

- **Centro del Parque Natural del Tajo Internacional »Casa de Natalio«:** C/ Cuatro Calles, 2 (neben der Plaza de España), Alcántara, T 927 39 01 32, http://taejo.eu, http://ciparquenaturalta jointernacional.blogspot.com und www. turismotajointernacional.com, 15. Sept.– Ende März tgl. 9–14, 16–18, April–14. Juni 9–15 Uhr.

Brozas   ♀ C4

Erholung unter Storchennestern

Der Kurort Brozas, 15 km südwestlich von Alcántara, soll die meisten Weißstörche in ganz Spanien beheimaten. Auch einige illustre Persönlichkeiten brachte er hervor: Ordensritter Nicolás de Ovando war einer der ersten spanischen Statthalter in Amerika. Francisco Sánchez entwarf die erste *gramática castellana*. Seine humanistische Einstellung brachte ihn dreimal vor ein Inquisitionsgericht.

Den Ort überstrahlt die weithin sichtbare **Iglesia Santa María la Mayor.** Während der Gotik begonnen, wurde sie erst im 18. Jh. vollendet. Das **Heilbad** selbst liegt 4 km außerhalb. In den modernen Anlagen werden zahlreiche Wellnessprogramme angeboten (www. balneariosextremadura.es/balneario-de-brozas).

Valencia de Alcántara   ♀ A/B5

6000 Einwohner zählt das Städtchen auf halber Strecke zwischen Alcántara und Badajoz. Richtung Norden schieben sich die 600 m hohen Berge der Sierra Matalobos vor weitläufige Kork- und Steineichenhaine. Welch ein Name! Matalobos – Wölfe töten. Das ist jedenfalls gelungen, Wölfe gibt es keine mehr. Menschen aber leben auch kaum mehr hier.

Geschichtsträchtig

Die mächtige **Burganlage** aus dem 13. Jh. über Valencia de Alcántara bezeugt die kriegerische Vergangenheit des Grenzorts. Der namengebende Alcántara-Orden behielt seine lokale Macht bis ins 16. Jh. Doch immer wieder gab es portugiesische Begehrlichkeiten in Bezug auf den Ort. Die Festung mit 360-Grad-Panorama vom Bergfried war dementsprechend bitter nötig (C/ Castillo, fast immer geöffnet, Eintritt frei).

Zumindest für einige Jahre verbesserte ein erfreuliches Ereignis das nachbarschaftliche Verhältnis: In der **Iglesia de Nuestra Señora de Rocamador** auf dem Burgberg heiratete der portugiesische König Manuel I. im Jahre 1497 die spanische Prinzessin Isabella.

Viel Sehenswertes

Dieses Gotteshaus ist die bedeutendste kunsthistorische Sehenswürdigkeit der Stadt, obwohl oder weil es nahezu alle Stilepochen vereint. Gotisch ist der Innenraum mit Kreuzgewölbe, Renaissance der Kirchturm, barock der Hochaltar und klassizistisch die schlichte Fassade. Für den Hauptaltar schuf Barockkünstler Berruguete einen ergreifend leidenden Jesus am Kreuz. Im linken Kirchenschiff

TOUR
Auf Schmugglerpfaden
ins Nachbarland

Rundwanderung im spanisch-portugiesischen Grenzgebiet

Infos

Start: La Fontañera
(♀ A 5), 8 km süd-
westl. von Valencia
de Alcántara (über
N-521, CC-107 und
CC-98).

Länge: ca. 13 km;
Dauer: ca. 4 Std.;
Ausschilderung: un-
zuverlässig gelb-rot,
ab und zu Holzschil-
der »PR2«.

Schwierigkeit:
mittel, knöchelhohe
Wanderschuhe
empfehlenswert; die
Wanderung kann
nicht nach starkem
Regen unternommen
werden!

Alles spanisch hier! Noch! Doch vor der weiß-gelb eingefassten Unterkunft Salto del Cabello in **La Fontañera**
zeigt der granitene Grenzstein P/683 und E: Portugal ist
nur einen Steinwurf entfernt. Und dorthin führt der mit
Platten belegte Weg nach Norden aus dem Ort hinaus.
Es folgt ein pittoresker Pfad bergab zwischen Korkeichen
und Felsquadern, Teil eines historischen Schmuggler-
pfads. Aus Spanien kamen Zigaretten, Portugal lieferte
Kaffee. Beim Weiler **Monte de Baixo** geht es rechts auf
die Landstraße. Gut 30 Minuten später bietet das Kel-
tenfort **Castro da Crença**, erreichbar über einen 500 m
langen Abstecher, gute Gelegenheit zur Rast.

Zurück auf dem Hauptweg weist die Markierung nach
etwa 15 Minuten nach links auf romantische Wald-
pfade. Weitere 20 Minuten später helfen zehn schmale,
1 m hohe Steinblöcke über den **Río Sever**. Alternative:
durchwaten. Über Wald- und Wiesenwege geht's nach
wiederum 20 Minuten bei einer Siedlung ohne Markierung auf einem befestigten Weg im rechten Winkel rechts hoch. Für müde Geher: Geradeaus brächte
eine Abkürzung von ca. 3 km. Die Route passiert
nach 4 km ein Gästehaus, stößt bald auf Asphalt und
führt an einer Brücke links hoch zum
Weiler **Ponte Velha.** Nach einer Stunde
und ein paar Steigungen auf der kaum
befahrenen Landstraße grüßt **Galegos,**
wo ein Café entspannter Pausenort ist.
Am südöstlichen Ortsende biegt der zunächst asphaltierte Weg nach Nordosten.
Das Flüsschen Ribeira de Galegos zur
Linken ist gesäumt von monumentalen
Felsen und Vertiefungen, die **Marmitas
dos Gigantes,** ›Kochkessel der Riesen‹.
Dann ist der Ausgangspunkt erreicht.

zeigt ein manieristisches Meisterwerk von Luis de Morales die Jungfrau mit Kind. Johannes der Täufer und Johannes der Evangelist stehen ihr zur Seite (C/ Rocamador, Sa/So vormittags, sonst über das Tourismusamt, Eintritt frei).

Direkt vor der Festungsanlage erstreckt sich über 19 Straßenzüge das **gotisch-jüdische Viertel.** Mehr als 200 ursprüngliche Granitportale sind erhalten. Die **Synagoge** (14./15. Jh.) kann in der Calle Gasca 22 besucht werden. Die Gewölbebögen ruhen auf noch älteren, ›recycelten‹ Säulen (tgl. 10–14 Uhr, Di–Fr 17–19.30, im Winter 16–18.30 Uhr, Schlüssel steckt zum Selbstöffnen, Eintritt frei).

Das kleine **Centro de Interpretación** am Rande des alten Stadtteils in der Calle Marqués de la Conquista 3 arbeitet die Stadtgeschichte von den Anfängen auf und hat dafür einen kompletten Dolmen nachgebaut (Mo–Sa 10–14, 16–18, So 10–14 Uhr, Eintritt frei; siehe auch Tour S. 152).

Schlafen

Im Bürgerhaus
Casa Escobar & Jerez: Hinter den schweren Granitmauern eines Stadtpalastes aus dem 16. Jh. verbergen sich 12 erlesen eingerichtete, sehr geräumige Gästezimmer. Mitten in der Altstadt und doch mit Garten und Spa. Auch Vermietung von Landhäusern.
C/ Alfacar, 15, T 927 58 24 02, www.casaescobarjerez.com, DZ nach Größe 88–143 €

Essen

Es gibt mehrere einfache Restaurants rund um den Platz **Paseo San Francisco.** Einheimische pilgern übrigens gerne zum Essen ins nahe Portugal, etwa nach Marvão.

Feiern

● **Cruces de Mayo:** 3. Mai. Die Stadt zeigt sich in buntem Blumen- und Girlandenschmuck.
● **Romería de San Isidro:** 15. Mai. Anlässlich eines Umzugs von Reitern und Pferdewagen tragen die Einwohner kunstvoll bestickte Trachten.
● **Feria und Fiestas San Bartolomé:** um den 24. Aug. Mehrtägiges Stadtfest mit viel Musik, Umzügen, Kulturveranstaltungen und Stierkämpfen.

Infos

● **Oficina de Turismo:** Plaza Gregorio Bravo, o. Nr., T 927 58 21 84, www.valenciadealcantara.es, tgl. 10–14, Di–Fr 17–19.30, im Winter 16–18.30 Uhr. Angeschlossen sind vier Räume eines **Heimatkundemuseums** (Eintritt frei).
● **Bus:** Vormittags zwei Verbindungen nach Cáceres.

Alburquerque ♀ B6

Die Burg des Mondes

Einen tollen Titel trägt die **Burg** über dem einladenden Städtchen: *Castillo de Luna* – Burg des Mondes. Reichlich profan ist allerdings die Herkunft des Namens. Ein Álvaro de Luna ließ die Festung ab 1445 um den Bergfried und einen 10 m hohen fünfeckigen Wehrturm verstärken und machte sie zu einer der wichtigsten mittelalterlichen Burgen Spaniens. Als Schutz gegen Portugal gab es eine Vorgängerversion schon 130 Jahre früher, auf arabischen Grundmauern.

Die Fertigstellung seines Bauwerks erlebte Álvaro allerdings nicht mehr. Und Schuld daran trug gerade eine

Portugiesin. Denn der Kleinadelige war Günstling des Königs Juan II. Bis dieser zum zweiten Mal heiratete. Seine neue Frau, Isabel de Portugal, ließ ihn in Ungnade fallen. Ein grausames Bild, ausgestellt im Senat von Madrid, zeigt seine Hinrichtung. Mönche beten vor einem Holzpfahl, an dem sein Kopf befestigt ist.

So stark ausgebaut wurde die Befestigung, dass bis zum Waffenhof drei Tore durchschritten werden müssen. Dort gruppieren sich die romanische Iglesia de Santa María del Castillo, eine Zisterne sowie ehemalige Schlaf- und Speiseräume der Militärs

Besichtigung mit Führung April–Sept. 11, 12, 13, 14, 17, 18, Okt.–März 11, 12, 13, 16, 17 Uhr, 5 €

Reise in frühere Zeiten

Ein zusätzlicher Mauerwall umschloss ab 1716 die Stadt (2000 Einw.), die damals in portugiesischem Besitz war. Der **Barrio medieval Villa Adentro** mit der dreischiffigen Iglesia de Santa María del Mercado und meist nur einstöckigen Häusern ist weitgehend erhalten, viele jedoch sind unbewohnt dem Verfall preisgegeben. Manche Eingangstür bildet einen gotischen Bogen. Ein Spaziergang über die manchmal steilen, manchmal unebenen Gassen wird zur Reise in frühere Zeiten.

Schlafen

Ideal für Aktive

Cortijo Los Cantos: Der Landsitz im Eichenhain 10 km Richtung Stausee Peña del Aguila punktet mit einem großen Sportangebot von Angeln bis Reiten. Die neun DZ und fünf Rundhäuser, deren Reisigdächer lustig wie Zipfelhauben aussehen, sind eher bescheiden.

Finca Los Cantos, o. Nr., T 924 14 12 68, www.facebook.com/loscantosturismorural/ cantos, DZ ab 55 €

Essen

Viel Fleisch

El Fogón de Santa María: Die anspruchsvolle Hausmannskost wird im rustikalen Speiseraum zu Füßen der Burg genossen. Etwa Rebhuhn in Olivenöl eingelegt als Vorspeise *(perdiz)* oder Zicklein als Hauptspeise. Auf der Terrasse werden kleine Speisen gereicht.

C/ Santa Maria, 1, T 660 03 13 00 (mobil), Fr–So 13–23.45 Uhr, Hauptspeisen um 16 €

Bewegen

Wandern

Drei markierte **Rundwege** von 10,2, 15,3 sowie 15,5 km Länge beginnen im Ort.

Feiern

- **Contempopranea:** Mitte Juli. Musikfestival unter dem Motto Pop & Freundschaft (www.contempopranea.com).
- **Festival Medieval:** Mitte Aug. Das alljährlich im August stattfindende Mittelalterfest ist über die Stadtgrenzen hinaus beliebt. Die Einwohner des Ortes führen bunt kostümiert Ritterspiele auf oder stellen mittelalterliche Hochzeitsrituale und Verhandlungen vor dem Inquisitionsgericht nach. Ein fröhliches Zechgelage gehört selbstverständlich dazu.

Infos

- **Oficina de Turismo:** Plaza de España, Ecke C/ Colón, T 924 40 12 02, www.alburquerque.es, offiziell: Di–Fr 10–14, 16–18.30, Sa/So 10–14 Uhr, wegen Personalmangels allerdings oft geschl.
- **Bus:** wochentags 5 x tgl. Verbindungen von Badajoz, Sa/So 2 x tgl.

TOUR
Ausflug in die Steinzeit

Eine Wanderung zu den Dolmen bei Valencia de Alcántara

Infos

Start:
La Aceña de la Bor-
rega (♥ B 5), an der
CC–112 Richtung
Alcorneo, 12 km
südlich von Valencia
de Alcántara.

Route:
9 km lange, einfache
Wanderung auf
breiten Erdstraßen,
teilweise auch mit
dem Auto befahrbar;
Ausschilderung:
weiß-gelb.

Mehr als 5000 Jahre zählen die kolossalen steinernen Grabstätten, die unsere Vorfahren für die Ewigkeit hinterlassen haben. 43 dieser Dolmen schufen sie in der unmittelbaren **Umgebung von Valencia de Alcántara.** Die ebenfalls umfangreichen Funde jenseits der spanisch-portugiesischen Grenze hinzugerechnet, handelt es sich um Europas bedeutendstes Megalith-Ensemble.

Für ihre Grabstätten bildeten unsere Ahnen einen Kreis aus mächtigen Granit- oder Schiefersteinen, den Menhiren (bretonisch: Großer Stein). Darüber legten sie eine tonnenschwere Deckplatte, sodass diese sogenannten Dolmen einem überdimensionierten Tisch oder einer verschlossenen Schachtel ähneln. In die Kammer wurden die Toten gebettet, meist begleitet von Grabbeigaben wie Werkzeugen, Tonkrügen und Schmuck. Eben alles, was man so im Jenseits brauchen könnte. Es war jene Zeit, als die herumziehenden Sammler und Jäger allmählich sesshaft wurden. Sie bildeten kleine Ansiedlungen und begannen mit Viehzucht und Ackerbau. Gearbeitet wurde in Gruppen, was den Bau der Gräber erst ermöglichte, denn nur mit vereinten Kräften konnten die schweren Steine von der Stelle bewegt werden.

Die Erkundung frühgeschichtlicher Bestattungsrituale beginnt beim **Dolmen El Mellizo.** Bei der Dorfkirche in **Aceña de la Borrega** weisen Schilder die Richtung. Hinter einer kleinen Betonbrücke folgen Sie auf knapp 2 km der Erdpiste nach rechts, dann zweigen Sie nach links ab. Nach 400 m erhebt sich El Mellizo neben einer niedrigen Steinmauer in einem Korkeichenwäldchen. Das megalithische Prachtexemplar wird auch Anta de la Marquesa genannt, Grab der Markgräfin. Die acht Granitblöcke wurden dafür auf schwere Baumstämme gelegt, Ochsen an Stri-

Ehrfürchtig bestaunen Groß und Klein den Dolmen Data I, der immerhin seit 5000 Jahren dort steht.

cken zogen sie dann an den Begräbnisplatz. Diese Tragsteine wurden in der Erde verankert und aufrecht gestellt. Um sie wurde aus Lehm eine schräge Rampe gebildet, über die sich der überkragende Abschlussstein nach oben schieben ließ, der schließlich ebenfalls mit einer Lehmschicht bedeckt wurde. Das ganze Grab verschwand unter diesem künstlichen Erdhügel.

Die als **Data I** und **Data II** bezeichneten benachbarten Gräber erreichen Sie nach weiteren 1000 m auf der Erdstraße nach Westen und dann nach rechts auf einem schmalen Weg. Zwar sind sie nicht so gut erhalten wie El Mellizo, doch ist noch ein von Steinen begrenzter Korridor zu erkennen, der den Tunnel durch die Lehmschicht zum Toten bildete. Ein solcher Zugang ist auch beim vierten Dolmen zu erkennen, allerdings ist die Deckplatte abgerutscht und liegt seitlich am Boden. Diesen sogenannten **Cajirón I** erreichen Sie, wenn Sie zum ersten Grab El Mellizo zurückgehen und bei der folgenden Kreuzung nach rechts abbiegen. Es geht nun etwa 300 m an einer Steinmauer entlang, bis der Ursprungsweg nach links zweigt. Nach 600 m und hinter mehreren Strommasten folgen Sie nicht dem Abzweig nach links, sondern halten Sie rechts Ausschau nach einem schmalen Pfad, der durch das Gebüsch direkt auf den Dolmen zuläuft.

Zurück auf der Erdstraße gelangen Sie nach etwa 400 m durch eine Lücke in der linken Steinmauer zum Megalithgrab **Cajirón II**. Es wird von sieben senkrechten Steinen eingefasst, auf denen die Deckplatte noch ruht. Hier bietet sich eine schöne Gelegenheit für eine Pause mit Möglichkeit zum Picknick vor dem Rückmarsch, sind Sie doch inmitten der urtümlichen Weidelandschaft, die von einer niedrigen Hügelkette am Horizont begrenzt wird. Anschließend geht es auf den bereits bekannten Wegen zum 3 km entfernten Ausgangspunkt der Wanderung.

Badajoz   ♥B8

Zur Liebe auf den ersten Blick wird Badajoz wohl kaum. Zu viele Belagerungen, Schlachten und Zerstörungen musste die mit 150 000 Einwohnern größte Gemeinde der Extremadura bis in die jüngste Vergangenheit erleiden. Zu viele Narben weist die Häuserkulisse auf. Vordergründig zeigt sich das Bild einer geschundenen Stadt, in der architektonischer Wildwuchs regiert. Doch hinter den verkehrsumtosten Plätzen und mehrspurigen Straßen stoßen Besucher früher oder später auf das ursprüngliche Badajoz.

Die schmalen Gassen der Altstadt versprühen zwar nicht den Charme von Cáceres oder Trujillo. Badajoz offenbart vielmehr den Reiz des alltäglichen Lebens, das sich in Spanien gerne in Kneipen und Restaurants austobt. Und davon gibt es hier wahrlich genug. Erst auf den zweiten Blick zeigen sich die wenigen geschichtsträchtigen Bauwerke und kulturellen Schätze in zahlreichen Museen. Überregionalen Ruf erlangten das Archäologische Museum und das Museum für Zeitgenössische Kunst.

Badajoz ist das regionale Wirtschafts-, Verwaltungs- und Bildungszentrum mit dem einzigen Flughafen der Extremadura. Die Universität der Extremadura hat Neubauten am Stadtrand bezogen. Das einzige große Kaufhaus der Region betreibt mehrere Filialen im Zentrum. Portugiesen kommen an den Wochenenden zum Shoppen. Und sie kommen selbst zum Kinderkriegen. Denn die Geburtsabteilungen grenznaher portugiesischer Krankenhäuser wurden 2008 als Sparmaßnahme geschlossen. Viele Entbindungen finden seitdem in spanischen Kliniken statt.

Im Gegensatz zu weiten Teilen der Extremadura nimmt die Einwohnerzahl zu. Auch deswegen bildet die Stadt einen wohltuenden Kontrast zu den vielen von Burgen bekrönten Orten der Umgebung. Diese sind immer eine Reise wert, aber ihre großen Zeiten liegen weit zurück. Badajoz scheint die Zukunft noch vor sich zu haben.

Stadtgeschichte

Keine Römer, keine Westgoten! Erst 875 gründete Ibn Marwan die Stadt und schützte sie mit einem wehrhaften Kastell. Eine neue Hauptstadt sollte das alte Mérida mit seiner römischen Kultur in den Schatten stellen. Nach der Jahrtausendwende zerfiel das Kalifat von Córdoba, das die iberische Halbinsel regiert hatte. Kleinkönigreiche, sogenannte *taifas*, gingen daraus hervor. Das Herrschergeschlecht der Aftasi übernahm Badajoz. Eine kulturelle und wirtschaftliche Blütezeit dauerte bis ins 12. Jh. Als Antwort auf die anrückenden christlichen Heere wurde die Festung ausgebaut, bald gehörte Badajoz zu den am besten geschützten arabischen Städten in Spanien.

FAKTENCHECK   **F**

Einwohner: 150 530 (2018), größte Stadt der Extremadura
Bedeutung: Hauptstadt der gleichnamigen Provinz
Stimmung auf den ersten Blick: Großstädtischer Wildwuchs
Stimmung auf den zweiten Blick: Bars in autofreien Altstadtgassen
Besonderheiten: Sitz der spanischen Regierung in der Extremadura, erste Europastadt (*eurociudad*) Badajoz-Elvas gemeinsam mit der portugiesischen Nachbarstadt, Sitz der Universität der Extremadura.

Schlachtengetümmel

Doch starke Burgen wecken militärische Begehrlichkeiten, Friedenszeiten waren von nun an nur noch selten und von kurzer Dauer. Als Erstem gelang 1169 dem portugiesischen König Afonso Henriques die Eroberung. Ihn vertrieben die nordafrikanischen Almohaden. Schließlich zog 1230 König Alfonso IX. von León durch die Stadttore. Ein neuerliches portugiesisches Intermezzo beendete 1469 der kastilische König Enrique IV. Nur das 16. Jh. blieb ausnahmsweise ruhig, denn die Aufmerksamkeit der iberischen Herrscher war ganz auf Übersee gerichtet.

Doch schon Mitte des 17. Jh. setzte das gewohnte Schlachtengetümmel zwischen Spaniern und Portugiesen wieder ein. Dann wollten die Spanier endlich Nägel mit Köpfen machen. Sie beauftragten den französischen Militärarchitekten Marquis de Vauban mit dem Bau eines uneinnehmbaren Verteidigungsrings um die Neustadt. Die Bollwerke sind bis heute gut erhalten. Angreifer hielten sie allerdings nicht ab. Anfang des 19. Jh. richteten zunächst napoleonische und dann portugiesisch-englische Truppen schwere Verwüstungen an.

Blanker Terror

Das taten auch die Truppen Francos. »Die Schlacht von Badajoz« ging in die Geschichte ein. Sie brachte der faschistischen Bewegung am 14. August 1936 einen ihrer ersten großen Siege. Bis in die Nacht tobte ein erbitterter Häuserkampf, Mann gegen Mann. Am 15. August war die demokratische Sache verloren. Der Marsch auf Madrid begann. Auf den Straßen von Badajoz herrschte blanker Terror. Etwa viertausend Republikaner und Zivilisten wurden massakriert, Frauen reihenweise vergewaltigt. In der Stierkampfarena fanden Massenerschießungen statt.

Diese blutigen Spuren sind verwischt, die alte Arena ist einem Kongresszentrum gewichen. Doch in Vergessenheit geraten ist die Tragödie nicht. Gerade junge Studenten erforschen an der örtlichen Universität in ihren Seminararbeiten diese lange verdrängte Vergangenheit.

Stadtrundgang

Wahrzeichen zum Auftakt

Zweifellos die schönste Stadtansicht bietet sich von der 582 m langen Brücke **Puente de Palmas,** über die auch die Urlauber von den Hotels auf der gegenüberliegenden Flussseite ins Zentrum gelangen. Allerdings nur zu Fuß oder per Fahrrad, denn der historische Übergang ist autofrei! Im Jahr 1596 fertiggestellt überspannt er auf 32, davon heute noch 29 sichtbaren Rundbögen aus Backstein und Quadern den Río Guadiana. Das Schwemm- und Weideland darunter wurde flurbereinigt, ist mit Spazierwegen durchzogen, teils sogar von Palmen bewachsen.

Am stadtseitigen Brückenende steht das Wahrzeichen von Badajoz, die **Puerta de Palmas ❶** aus dem Jahr 1551. Dieses Stadttor flankieren zwei Zylindertürme, die ein wuchtiger Rundbogen verbindet. Es ist Ausgangspunkt für einen Spaziergang flussaufwärts durch die Flussauen. Die arabische Festung und ihre Parkanlagen liegen dabei immer im Blick. Die Calle San Antón am Ende der bald erreichten Autobrücke führt den Burghügel hinauf.

Wenig übrig

Etwas ungewöhnlich ist der Einstieg schon. Durch ein Renaissanceportal an der Plaza J. Álvarez y Sáenz de Buruaga geht es von der Plaza San José in eine arabische Festung, die **Alcazaba ❷** (frei zugänglich). Sie wurde unmittelbar nach der Stadtgründung errichtet. Drei Moscheen, luxuriöse Paläste und Wohnhäu-

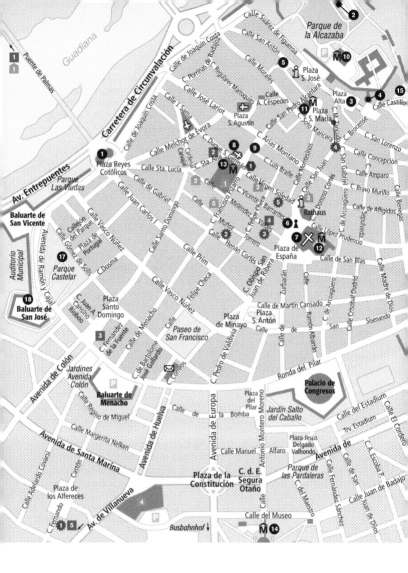

ser fanden darin Platz. Doch zahlreiche Plünderungen und Zerstörungen ließen kaum einen arabischen Stein auf dem anderen. Erhalten blieben immerhin zwei originale Hufeisenbögen am Eingang.

Im 19. Jh. wurde ein Militärkrankenhaus hineingestellt, das inzwischen Universität und Regionalbibliothek beherbergt. Vom höher gelegenen **Parque de la Alcazaba** öffnet sich der Blick über das moderne Badajoz (s. Tour S. 162). Auf das Gelände der arabischen Burg wurde im 16. Jh. der äußerlich schnörkellose **Palacio de los Condes de la Roca**

Badajoz

Ansehen

1 Puerta de Palmas
2 Alcazaba/
Parque de la Alcazaba
3 Plaza Alta
4 Torre de Espantaperros
5 Casas Mudéjares
6 Plaza de España
7 Catedral de San Juan
Bautista
8 Ermita de la Soledad
9 Plaza de la Soledad
10 Museo Arqueológico
Provincial
11 Museo de la Ciudad
Luis de Morales
12 Museo Catedralicio
13 Museo de Bellas Artes
14 Museo Extremeño
Iberoamericano de
Arte Contemporánea
(M.E.I.A.C.)
15 Jardines de la Galera
16 Parque de la Legión
17 Parque de Castelar
18 Parque Infantil

Schlafen

1 NH Gran Hotel
Casino Extremadura
2 San Marcos

Essen

1 Lugaris
2 El Paso del Agua
3 Dosca II
4 Taberna La Corchuela
5 Convivio

Einkaufen

1 Pasteleria La Cubana
2 Semilla y Grano
3 La Lonja de Espín
4 El Corte Inglés
5 Sala de Artesanía

Bewegen

1 Baraka Al Hammam

Ausgehen

1 Calle Rafael Licenqui
2 Café Espantaperros
3 Al-Bossa
4 Zapatería 13
5 Café Samarkanda –
Aftasi Club

gebaut. In seinem Inneren befindet sich ein eleganter Mudéjarhof mit Hufeisenbögen und Brunnen, die Kulisse für das **Archäologische Museum** (s. S. 159). Im Patio stehen römische Statuen im Togagewand. Eine konnte als Kaiser Tiberius (14–37 n. Chr.) identifiziert werden.

Ein irrer Platz

Nur wenige Schritte hinter der Alcazaba gelangen Sie durch den flachen Rundbogen des früheren Ratsgebäudes auf den Festplatz von Badajoz. Die **Plaza Alta** 3 ist ein Platz vom Feinsten, der sich da an die Stadtmauer schmiegt. An den

Erst wenn auch die allerletzten Nachtschwärmer in die Bars der Altstadt abgezogen sind, zeigt sich der städtische Hauptplatz Plaza Alta in seinem bunten Stilmix aus arabischer und barocker Kunst so einsam.

vier Seiten wird er von Schatten spendenden Arkaden eingefasst, darüber erheben sich die in kräftigen Farben und mit geometrischen Mustern bemalten Fassaden. Die Hufeisenbögen des mittelalterlichen Rathauses an der Burgseite weisen auf den Platz. Der Stilmix aus arabischer und barocker Kunst kann dem Betrachter glatt die Sprache verschlagen. Vom 16. bis 18. Jh. lag hier der pulsierende Mittelpunkt der Stadt. Märkte, Feste, Prozessionen und Versammlungen wurden abgehalten. Die Tradition wird in zahlreichen Stadtfesten lebendig gehalten. Und in den Straßencafés!

Ausblicke

Östlich der Plaza Alta in der Calle Brocense erhebt sich das einzige vollständig erhaltene Bauwerk aus der arabischen Blütezeit im 12. Jh. Der 30 m hohe, zinnenbekränzte Wachturm **Torre de Espantaperros** ❹ steht auf achteckigem Grundriss und soll das Vorbild für die Torre del Oro in Sevilla abgegeben haben. Später wurde er mit einem Türmchen im Mudéjarstil verlängert, wobei die Koutoubia-Moschee von Marrakesch das stilistische Vorbild lieferte. Lohnenswert ist die 2014 neu gestaltete Gartenanlage (mit weitem Blick über die Landschaft), über die die Stadtmauern bestiegen werden können.

Park und Stadtmauern: tgl. 8–15, 16–22, im Winter 9–14, 16–21 Uhr, Torre: meist 9–13 Uhr, Eintritt frei

Maurisches Wohnen

Auf der angrenzenden Plaza San José stehen die **Casas Mudéjares** ❺, das älteste noch erhaltene Privatgebäude der Stadt aus dem 15. Jh. Dahinter lag das

Wohnviertel der Mauren und Juden. Das darin untergebrachte Tourismusamt ermöglicht den Besuch der Innenräume, in denen sich moderne Ausstellungstechnik mit mudéjarer Bautradition verbindet.

tgl. 10–14, 17.30–20, im Winter 10–14, 17–19.30 Uhr, Eintritt frei

Kirche oder Burg?

Von der Oberstadt führt die Calle Montesinos in das Gassengewirr der Altstadt um die zentrale **Plaza de España ❻**. Bars laden zu einer Ruhepause ein. An der Nordseite leuchtet in kräftigem Gelb das **Rathausgebäude**. Davor ruht auf einem Stuhl der berühmteste Sohn der Stadt, **Luis de Morales**, in Bronze gegossen auf einem Sockel. Doch es ist die Kathedrale, die alle Augen auf sich zieht. Einer Festung gleich nimmt die **Catedral de San Juan Bautista ❼** aus dem 13. Jh. die Längsseite des Platzes ein. Auch sie demonstriert mit granitener Wucht den wehrhaften Charakter der Stadt.

Dem viereckigen Kirchturm fehlt Grazie, nur wenige Fenster durchbrechen das schwere Mauerwerk. Erst spätere Verzierungen sorgen für etwas Eleganz. Portugiesisch-manuelinische Bordüren lockern die Strenge des Turms. Ein klassisches Renaissanceportal wurde vorgebaut. Darin findet der Schutzpatron Johannes der Täufer seine Würdigung.

Der dreischiffige gotische Kirchenraum wurde nachträglich verschönert und wirkt jetzt durchaus festlich. Flämische Wandteppiche aus dem 16. Jh. schmücken die Seiten. Das Gitter, das den öffentlichen Raum vom Altar trennt, ist kunstvoll aus Metall geschmiedet (17. Jh.). Ein vergoldeter Barockaltar reicht bis unter die Decke. Majestätisch schwebt eine 3750 kg schwere Messinglampe über den Gläubigen. Drei Barockorgeln geben den Ton an. Der Kreuzgang lässt wiederum Portugiesisches erkennen. Die gedrehten Säulen

sind Ausdruck der spätgotischen Manuelinik aus dem Nachbarland.

Plaza de España, nur während der Messe und mit Führung durch das Museo Catedralicio (s. u.) zu besichtigen

Vielgestaltig

Links vom Rathaus beginnt die Calle Virgen Soledad, in der liebenswerte Traditionsgeschäfte den modernen Einkaufszentren trotzen. Sie führt auf den Platz der **Ermita de la Soledad ❽** zu, in der die Stadtheilige *virgen de la soledad* (Jungfrau der Einsamkeit) verehrt wird. Allerdings wird die Aufmerksamkeit auf einen ungewöhnlichen Turm gelenkt, der sich über die Dächer erhebt. In einer Art neo-mudejarem Zuckerbäckerstil wurde 1930 mit **La Giralda** eine allerdings bescheidene Nachahmung der großen Schwester in Sevilla geschaffen. Zusätzliche Attraktion hat der gleichnamige **Plaza de la Soledad ❾** gewonnen, seit er zur Fußgängerzone umgestaltet wurde. Einige Bars haben Tische ins Freie gestellt, gelegentlich finden Kulturveranstaltungen statt (s. a. Lieblingsort S. 161).

Museen

Weit zurück

❿ **Museo Arqueológico Provincial:** Der chronologische Rundgang durch das im **Palacio de los Condes de la Roca** untergebrachte Museum beginnt im zweiten Obergeschoss mit der Altsteinzeit. Faltblätter (auch in Englisch) erläutern Hintergründe, etwa zum Wandel der Bestattungsriten. Orientalische Grabfunde dokumentieren den Einfluss der Phönizier und Griechen auf die keltiberischen Ureinwohner. Dazu zählen kunstvoll ornamentierter Goldschmuck und zeitlos schlichte Metallgefäße. Im ersten Stock erzählen Gebrauchsgegenstände und Werkzeuge vom römischen Alltag, etwa die Äxte der Bergleute, die schon mit Metallspitzen gehärtet waren.

Im Erdgeschoss werden römische Mosaike und frühchristliche Grabsteine sowie ein reicher Schatz von westgotischen Fundstücken ausgestellt. Die behauenen Marmorquader stammen meist aus Kirchen. Die klassischen römischen Dekore sind durch geometrische und florale Motive ersetzt. Eine stilistische Brücke zur islamischen Kunst war geschlagen, die im Museum allerdings nur mit wenigen Exponaten vertreten ist. Mehr Gewicht wird abschließend christlichen Königswappen und mittelalterlichem Kunsthandwerk aus spanischer und portugiesischer Fertigung beigemessen.

Plaza J. Álvarez y Sáenz de Buruaga, o. Nr.,
http://museoarqueologicobadajoz.juntaex.es,
Di–Sa 9–15, So 10–15 Uhr, Eintritt frei

Beschreibend
🕚 **Museo de la Ciudad Luis de Morales:** Eine interessante Idee kam dem Architekten für dieses Museumsgebäude an der Plaza de Santa María Calle. Der klar gegliederte weiße Neubau lehnt sich an die Mauern eines von Arkaden gesäumten Kreuzgangs aus dem 16. Jh. Allerdings führt der Museumsname in die Irre. Der in Badajoz geborene Maler Luis de Morales hat niemals hier gewohnt. Aber irgendwie sollte seiner doch museal gedacht werden. Die Stadtgeschichte wird denn auch mehr anhand von Fotos und Schautafeln erklärt und weniger an originalen Ausstellungsstücken. »Mit moderner Technik und audiovisuellen Medien nacherzählt«, so lautet dazu der Werbetext.

Di–Sa 10–14, 17–20, So 10–14 Uhr,
Eintritt frei

Sakral und nicht sakral
🕛 **Museo Catedralicio:** Das der Kathedrale angeschlossene Museum präsentiert die Schätze des Bischofs in sieben schlichten Sälen und dem Kreuzgang. Fünf Gemälde von Luis de Morales sind zu sehen, ebenso eine imposante Monstranz, die auf Prozessionen mitge-

führt wurde. Von kunstgeschichtlicher Bedeutung ist zudem ein Flachrelief aus dem 15. Jh., das der italienische Renaissance-Bildhauer Settignano aus Alabaster schuf. Hinzu kommen arabische Kacheln aus dem 10. Jh. und westgotische Steinmetzarbeiten, die aus einem Gebäude aus dem 7. Jh. stammen.

C/ San Blas, o. Nr., Di–Sa 11–13, 18–20,
im Winter 11–13, 17–19 Uhr, nur mit Führung
2 €

Extremadura in der Kunst
🕐 **Museo de Bellas Artes:** Das Museo de Bellas Artes ist das bedeutendste Kunstmuseum der Extremadura mit über 50 Sälen und einem Fundus von 1200 Gemälden und Plastiken. Für Kunstkenner ist es eine Wonne, durch die beiden miteinander verbundenen Stadtpaläste aus dem 19. Jh., die 2015 modernisiert und teilweise neu gebaut wurden, zu wandeln und sich die künstlerischen Perlen herauszupicken. Auch zwei Gemälde Zurbaráns sind darunter, so eine zeitlos schöne Maria vor infernal-rotem Himmel in die Wolken enthoben (Saal 23 altes Gebäude). In farbiger Opulenz fasziniert ein barocker Schrankaltar aus einem Adelspalast (Saal 22 altes Gebäude). Dagegen fallen drei Radierungen von Goya mit zeit- und kirchenkritischem Inhalt aufgrund ihres kleinen Formates nicht sofort auf (Saal 28 altes Gebäude).

Den Schwerpunkt bildet die Malerei des 19. Jh., die regionale Sitten und Gebräuche zum Thema hatte. Die warmherzigen Gemälde des Felipe Checa (1844–1906) wagen zugleich leise Kritik am Klerus, etwa wenn die Ministranten vom Messwein stibitzen. Hinzu gesellen sich großflächige Historienbilder. »Die traurige Nacht von Hernán Cortéz« von Manuel Ibáñez präsentiert den Eroberer einmal nicht kämpfend, sondern nachdenklich gestimmt (Saal 21 neues Gebäude).

Viele Künstler zeigen die Härten des Landlebens. In schreienden Farben stellt

Lieblingsort

Mitten im Leben

Frühmorgens blickt der bronzene Flamencosänger Porrina de Badajoz, eine sympathische Hommage an eine volkstümliche Persönlichkeit aus dieser Stadt, über die noch romantisch stille **Plaza de la Soledad** ❾. Doch schon bald stellen Bars ihre Tische und Stühle auf den autofreien Platz. Bis spätnachts bestimmen nun lautstarke Diskussionen der Gäste über Gott, die Welt und Fußball die Szenerie.

TOUR
Natur mitten in der Stadt

Spaziergang durch die Gärten von Badajoz

Infos

Startpunkt:
die Plaza San José
im Norden des
Stadtzentrums.

Länge:
ca. 5 km; Dauer: ca.
2 Std. plus Pflanzen-
schauen.

Öffnungszeiten:
tgl. 8–15, 16–22,
im Winter 9–14,
16–21 Uhr.

Zahlreiche Parks umgeben die Innenstadt, jeder mit eigenem Charakter. Los geht's im **Parque de la Alcazaba** ❷ (s. S. 155). Genießen Sie zwischen Pinien, Palmen und Zypressen den Blick über Fluss und Stadt und einen Abstecher auf die Stadtmauern. Der Duft der 60 000 meist mediterranen Pflanzen wie Rosmarin, Lavendel, Thymian wird Sie verzaubern.

Der Weg in Richtung Südosten führt in die **Jardines de la Galera** ❶❺. Der Name ist dem Gebäude aus dem 16. Jh. geschuldet, das einem toskanischen Renaissancehaus nachempfunden ist. Es diente nacheinander als Weizenlager, Krankenhaus, Frauengefängnis, Schule, Museum. Lavendel, Myrte, Orangen-, Zitronen- und Granatapfelbäume säumen die Wege. In die Höhe strebt Kampferlorbeer aus Asien, dessen Öle antiseptisch und antirheumatisch wirken. Im angrenzenden **Parque de la Legión** ❶❻ muss die Avenida Zambrano überquert werden. Bänke sind entlang der breiten Wege aufgestellt, Brücken führen über künstliche Seen, Blicke eröffnen sich über die Befestigungsanlagen. Häufig sind Platanen, am Boden wachsen Parkinsonien.

Weiter südlich wird hinter dem modernen Kongresszentrum, die vielbefahrene Ronda de Pilar erreicht. Von hier könnten Sie zurück ins Stadtzentrum gehen oder aber Sie folgen der Straße in den **Parque de Castelar** ❶❼. Einst lagen hier Olivenhaine und Klostergärten, heute fallen die in Südjapan heimischen Palmfarne *Cycas revoluta* ins Auge, deren Zapfen knallrote Samen tragen. Sie waren schon vor 300 Mio. Jahren auf der Erde und sind somit älter als die Dinosaurier. Der gegenüberliegende **Parque Infantil** ❶❽ glänzt hingegen mit einer außergewöhnlichen Mischung aus Rosskastanien, Palmen, Spitzahorn, Blaseneschen und Tipubäumen – ein schöner Abschluss für den abwechslungsreichen Spaziergang.

Francisco Muñoz noch 1970 das Elend eines Bauern dar (Saal 04 neues Gebäude).

C/ Duque de San Germán, 3, http://muba. badajoz.es, Juni–Aug. Di–Fr 10–14, 18–20, Sept.–Mai 10–14, 17–19, Sa/So 10–14 Uhr, Eintritt frei

Grenzüberschreitend

⑭ Museo Extremeño Iberoamericano de Arte Contemporánea (M.E.I.A.C.): Welch ein Triumph der Demokratie! An dem Ort, an dem Francos Schergen Homosexuelle eingekerkert hatten, öffnete 1995 ein Museum für zeitgenössische Kunst seine Tore. Etwas Besonderes liegt im Konzept: Ausgangspunkte sind die Feldzüge der extremenischen Eroberer in Amerika und die Grenzlage der Stadt zu Portugal. In diesem Kontext sollen Brücken zwischen dem aktuellen Kunstgeschehen in Spanien, Portugal und Südamerika geschlagen werden. Die beachtliche Sammlung aus diesen drei Regionen umfasst bekannte Künstler wie die Spanier Miquel Navarro und Susana Solano, den Portugiesen José Guimarães oder Antonio Seguí aus Argentinien.

Wegen häufiger Wechselausstellungen sind zumeist nur wenige Werke aus dem Fundus zu sehen. Dafür entschädigt der moderne Rundbau, der an die Stelle des Gefängnisses trat. Seine Ziegelbauweise knüpft an mudéjare Bauformen an. Nach arabischem Vorbild durchziehen Wasserkanäle die umliegenden Gärten. Der dreieckige Grundriss ahmt die Form des früheren Bollwerks Fuerte de Paldaleras aus Vaubans Befestigungswall nach.

C/ Museo, 2, www.meiac.es, Di–Sa 10–13.30, 17–20, So 10–13.30 Uhr, Eintritt frei

Schlafen

Fast alle Hotels befinden sich an der gegenüberliegenden Flussseite, etwa 15 Fußminuten zum Zentrum. In der Nähe liegen kostenlose Parkmöglichkeiten.

Auch für Glücksritter

❶ NH Gran Hotel Casino Extremadura: Für Anhänger des modernen Designs. Sehr große Zimmer, ungewöhnlich sind die offenen Bäder. Die Zimmer mit niedrigen Ziffern in jedem Stockwerk sind weiter weg von der Straße. Der Frühstücksraum öffnet den Blick auf die erwachende Stadt. Zum Haus gehört das Casino, Zimmergäste erhalten als Spielanreiz zumindest ein Getränk kostenlos, Gewinne sind leider nicht garantiert.

Avda. Adolfo Díaz Ambrona, 11, T 924 28 44 02, www.nh-hotels.de, DZ 72–109 €

Hübsch zentral

❷ San Marcos: 20 farbenfrohe, aktuelle Zimmer in einem restaurierten, allerdings etwas hellhörigen Altstadthaus. Die nur unwesentlich teureren Superieur-Zimmer sind mit ca. 20 m² deutlich größer.

C/ Meléndez Valdés, 53, T 924 22 95 18, www.hotelsanmarcos.es, DZ 38–110 €

Essen

Klassisch-kreativ

❶ Lugaris: Lichter Speiseraum. Die klassische Musik im Hintergrund passt zur klassisch extremenischen Küche, die Chef Javier García Guerra fantasievoll verfeinert, z. B. Schweinefilet in Wildpilzsauce oder Stockfisch *(bacalao)* mit Pesto und frittiertem Gemüse. Bei der Qualität ist kaum zu glauben, dass Javier niemals eine Kochschule besucht hat.

Avda. Adolfo Díaz Ambrona, 44, T 924 27 45 40, http://restaurantelugaris.es, Mo–Sa 13.30–16, 21–24 Uhr, Hauptspeisen 15–21 €, 7-gängiges Degustationsmenü ca. 38 €

Ambiente spitze, Küche gut

❷ El Paso del Agua: Die Tapasbar hinter der Eingangstür versteckt, was im Obergeschoss los ist. Acht Tische für gerade 30 Esser gruppieren sich unter dem luftigen gotischen Gewölbe eines früheren Klosters und um einen echten Baum, dessen Blüten allerdings künstlich sind. Dazu plätschert das Wasser eines kleinen Brunnens. Die hübsch angerichteten einheimischen Gerichte zeichnet ein internationaler Touch aus, etwa Gazpacho von Äpfeln und exotischen Früchten oder frittierter Stockfisch *(bacalao)* mit Hummus und Spinat. Empfehlenswert sind das viergängige Mittags- und das achtgängige Degustationsmenü. Nur der Service fällt gelegentlich etwas ab.

C/ Santa Lucia, 2, T 924 10 87 93, www.face book.com/elpasodelagua, Restaurant Mo–Sa 13–15.30, 21–23.30 Uhr, So nur mittags, Mittagsmenü 15 €, Degustationsmenü 40 €, Hauptspeisen 12–20 €

Große Auswahl

3 Dosca II: Einfach und beliebt, auch dank der Wahl zwischen 70 bodenständigen Gerichten, vieles vom Grill. Vorspeisenspezialität ist die Knoblauch-Tomatensuppe *(sopa de ajo)*. Mit Tapasbar. Terrasse, wenn auch zur Straße.

Avda. de Colón, 3, T 924 22 02 40, Di–So 12–16, 21–24 Uhr, Hauptspeisen 15–20 €, raciónes ab 10 €

Tapasbar mit Tradition

4 Taberna La Corchuela: 1827 gegründete und im alten Stil erhaltene Bar. Spezialität ist das Spritzgebäck *churros* zum Frühstück. Zahlreiche mit Wurst oder Käse belegte Weißbrote *(bocadillos)*, auch einige Fischspeisen.

C/ Meléndez Valdés, 12, T 924 22 00 81, Mo–Sa 9–24 Uhr, So nur mittags, Tapas nur 12.30–16, 21–23.30 Uhr, Tapas 2,50–5 €, ½ raciónes 5–10 €

Tapas-Fusion

5 Convivio: Ein positiver Ausreißer in der schwer auf Fettiges ausgerichteten Tapakultur. Mit Gorgonzola, Mango und Cashewnüssen gefüllte Zucchini, oder Falafel mit Curry-Tsatsiki gibt's in entsprechend moderner Umgebung mit lustiger Wandbemalung. Für Fleischfreunde ist aber auch gesorgt, etwa mit dem glasierten Ochsenschwanz mit gehackten Mandeln.

C/ Rafael Licenqui 9 A, T 924 09 27 09, Di–Sa 13–16.15, 20.30–24, So 12.30–16.15 Uhr, ½ raciónes 5–7,50 €, raciónes bis 16 €

Einkaufen

Gebäck mit Tradition

1 Pasteleria La Cubana: Die 1890 gegründete Konditorei besitzt Charme. Und noch wichtiger: Gebäck, Kuchen und Brot frei von Konservierungsstoffen munden köstlich.

C/ Francisco Pizarro, 9 B, tgl. 9.30–14.30, 17–20.30 Uhr

Körner & mehr

2 Semilla y Grano: Samen und Körner aller Sorten, Trockenfrüchte, fair gehandelter Kaffee und Tee, regionale Produkte, auch ökologisch angebaut, glutenfreies Brot im alternativ angehauchten Laden.

C/ Virgen de la Soledad, 17, www.facebook. com/semillaygranopuntocom, Mo–Sa 10–14.30, 17.30–20.30 Uhr

Brot vom Nachbarn

3 La Lonja de Espín: Alles, was das Herz eines extremenischen Gourmets so wünscht. Zu Wein, Käse, Würsten, Schinken gesellt sich kräftiges Brot aus der portugiesischen Nachbarregion Alentejo (pão alentejano), auch mit Rosinen (com passos) oder mit Zistrosenextrakt (com esteva).

C/ San Juan, 6 (neben Tourismusamt), www. facebook.com/lonjadeespin, Mo–Fr 10–14.30, 18–21, im Winter 9.30–14.30, 17–20, Sa jeweils 10–14 Uhr

Kaufrausch

4 El Corte Inglés: Größtes Geschäft der Extremadura, betrieben von der spanischen Kaufhauskette. Von Mode bis Bücher gibt's hier alles.

Plaza de Conquistadores, 1, www.elcorteing-les.es, Mo–Sa 10–22 Uhr

Handwerker aktiv

⑤ Sala de Artesanía: Im städtischen Saal für Kunsthandwerk lassen sich die Kunsthandwerker hin und wieder bei ihrer Arbeit über die Schulter schauen, aber natürlich können Besucher immer ihre Produkte erwerben.

C/ Francisco Pizarro, 5, www.extremadurar tesana.com, Mo–Sa 10–14, 17–20 Uhr

Bewegen

Arabisches Bad

❶ Baraka Al Hammam: Das 90-Minuten-Schwimmen kostet ca. 23 € (inkl. einer Aromatherapie) und folgt dem arabischen Sprichwort, dass Wasser Hygiene für den Körper und Reinheit für die Seele bedeutet. Angeboten werden zusätzliche Anwendungen, etwa mit Schokolade, Kaffee oder Wein (leider nur äußerlich).

Plaza de la Soledad, 14, T 924 25 08 26, www.barakalasoledad.com, Mi/Do 12–13.30, 17–19, 19.30–21, Fr/Sa zusätzl. 21.30–23, So 12.30–13.30, 17.30–19 Uhr

Ausgehen

Badajoz ist das regionale Zentrum des Nachtlebens. Viele Bars verstecken sich in den Gassen der Altstadt. Und in der **Calle Rafael Licenqui ❶** knapp 20 Min. südwestlich reiht sich eine Bar an die nächste. Die **Bar Miguel** (Haus Nr. 4) bietet eine große Auswahl auch an Tapas, beim **Pub Gin Tonic** (Nr. 5) spricht der Name für sich, wie auch bei **Blues Brothers** (Nr. 7) mit gelegentlichen Konzerten. Motorradler treffen sich im **Motor-Pub El Refugio** (Nr. 9),

AUSFLÜGE ZUM MEGASTAUSEE

Zahlreich liegen die Prospekte in Tourismusämtern und an Hotelrezeptionen aus. Beworben wird **Alqueva**, der größte künstliche Stausee Europas (♥ westl. A 9). Er bezieht sein Wasser aus der Extremadura, bedeckt aber eine Fläche von 250 km² im grenznahen Portugal. Spanische Ausflugsboote schippern hin. Geplant schon 1957 wurde der 2 Mrd. € teure Bau 1995 mithilfe von EU-Förderung begonnen. Gegen den Protest der Umweltschützer. Schließlich wurden 1 Mio. Bäume abgeholzt, der Lebensraum von 240 Tierarten ist bedroht. Mittlerweile wandeln 5000 km Bewässerungskanäle 110 000 ha trockenes Land in Agrarfläche um, auf der beispielsweise spanische und niederländische Großinvestoren intensiv Tomaten anbauen. Dazu gibt es ein touristisches Angebot, an dem extremenische Ausflugsunternehmen partizipieren.

während im **Guiñol Café** (Ecke C/ San Isidro) Karaoke gesungen wird.

Jazz

❷ Café Espantaperros: Erste Adresse für Jazz. Silberne Musikinstrumente hängen als Deko vor schwarzen Wänden.

C/ Hernán Cortés, 14 A, Mo–Do ab 19, Fr–So ab 16 Uhr

Kontemplativ

❸ Al-Bossa: In dunklem Rot gehaltener Teesalon, die Luft ist von Räucherstäbchen geschwängert, die Hintergrundmusik entspannt.

C/ Melendéz Valdés, 9, Di–Do 19–1, Fr/Sa 17–3 Uhr

Düsseldorfer, Kölner oder Mainzer lachen möglicherweise, aber auch der Karneval von Badajoz macht fröhlich.

Politisch

⚙ **Zapatería 13:** Die Alternativszene bevorzugt Bier, zumindest in der modernen Bar mit attraktiver Terrasse auf dem versteckten Altstadtplatz hinter der Plaza Alta. Breit gefächertes Veranstaltungsprogramm von Akustikkonzerten bis politischen Debatten.
C/ Moreno Zancudo, 13 A, auf Facebook, tgl. 12–2 Uhr

Musikcafé

⚙ **Café Samarkanda - Aftasi Club:** Das kleine Kulturzentrum funktioniert als schummrig rot beleuchtete Cafébar und ist Ort von intimen Konzerten, mit kleiner Tanzfläche. Schwerpunkt: Indiepop und Chill-out.
C/ Virgen de la Soledad, 3, https://de-de. facebook.com/aftasiclub, tgl. 16.30–3 Uhr

Feiern

● **Los Carnavales:** Fasching, www.carnavalbadajoz.es. Die Nächte werden zum Tage und Hunderttausende finden sich zum bunten Umzug am Sonntag ein. Gefeiert wird seit 1815, unter der Franco-Diktatur war das allerdings verboten.
● **Semana Santa:** Von Palm- bis Ostersonntag. Prozessionen von der Kathedrale und den Kirchen der etwa 20 Bruderschaften.
● **Caravana de Palomos:** Mai, http://lospalomos.es. »Lahme Tauben« (*palomos cojos*) gilt in Spanien als Schimpfwort für Schwule, das ein früherer Bürgermeister und Brieftaubenzüchter in einem Interview verwendete. Als Antwort initiierte ein spanienweit bekannter TV-Entertainer den »Zug der Tauben« nach Badajoz, wo auf der Plaza Alta mehrere Zehntausend Menschen nunmehr jedes Jahr ein Kulturfest feiern.
● **Feria de San Juan:** um den 24. Juni, www.facebook.com/FSJuanBadajoz. Eine Woche Folklore, Rummel, Feuerwerk und Stierkampf zum Namenstag von Johannes dem Täufer.
● **Festival de Flamenco y Fado:** Anfang Juli, https://fffb.es. Andalusische Flamenco-Künstler und portugiesische Fado-Musiker teilen sich die Bühne.
● **Noche en Blanco:** 1. Sa im Sept, www.nocheenblancobadajoz.com. Die Stadt erbebt bei rund 100 Veranstaltungen die ganze Nacht hindurch.
● **Al-Mossassa:** Ende Sept. Arabische Festwoche zu Ehren des maurischen Stadtgründers Ibn Marwan. Theater, mediterrane Musik, Schlangenbeschwörer, Workshops.
● **Festival de Teatro:** Ende Okt./Anfang Nov. http://teatrolopezdeayala.es. Spanische und wenige internationale Kompanien zeigen etwa zehn Stücke.
● **Festival Cine Gay & Lésbico Extremadura:** Anfang/Mitte Nov., www.fancinegay.com

Infos

- **Oficina Municipal de Turismo:** Pasaje de San Juan, o. Nr., T 924 22 49 81, www.turismobadajoz.es, tgl. 10–14, 17.30–20, im Winter 17–19.30 Uhr.
- **Centro de Información Turística:** Plaza de San José, 18 (in den Casas Mudéjares), T 924 20 13 69, tgl. 10–14, 17.30–20, im Winter 17–19.30 Uhr.
- **Auto:** Die Parkplatzsuche in der Innenstadt außerhalb der Parkhäuser gestaltet sich schwierig. Am besten steht das Auto auf kostenlosen Parkplätzen am gegenüberliegenden Flussufer, etwa hinter dem Casino. Von dort sind es 15 Fußminuten ins Zentrum.
- **Flug:** Der Flughafen liegt etwa 25 km außerhalb. Die von hieraus angeflogenen Destinationen wechseln häufig, beschränken sich aber meist auf innerspanische Flughäfen.
- **Bahn:** Avda. Carolina Coronado, o. Nr., T 902 24 02 02 (gegenüberliegende Flussseite). Züge nach Madrid, Mérida und Cáceres.
- **Bus:** C/José Rebollo López, o. Nr., T 924 25 86 61 (südwestlicher Stadtrand). Verbindungen in alle Orte der Umgebung, außerdem nach Madrid, Mérida und Cáceres.

Olivenza ♥ B9

Olivenza ist einzigartig! Denn Olivenza ist eine portugiesische Kleinstadt in Spanien! Und das kam so: Die Tempelritter, von Portugal aus vorstoßend, hatten die Region für die Christen zurückerobert. Die Könige von Kastilien und Portugal, Fernando IV. und Dom Dinis I., wurden 1297 die Protagonisten für den Vertrag von Alcañices, wonach Olivenza fortan zu Portugal gehörte.

Portugiesischer Vorposten

Dom Dinis ließ die alte Templerburg wiederaufbauen und siedelte Portugiesen an. Diese Politik setzten seine Nachfolger fort. Die Stadt entwickelte sich mehr und mehr zum portugiesischen Vorposten. 1509 wurde eine 450 m lange Brücke mit 19 Bögen über den nahen Río Guadiana nach Portugal geführt. Sie ist nur noch in Bruchstücken erhalten, seitdem sie in einer der vielen gewaltsamen Auseinandersetzungen zwischen den Nachbarländern zerstört wurde.

In einem dieser Kriege fiel Olivenza 1657 für einige Jahre an Spanien. Alle Einwohner flohen aus der Stadt und fanden Zuflucht im nahen Elvas in der portugiesischen Provinz Alentejo. Sie kehrten nach einem Friedensschluss 1668 zurück, nachdem die kastilischen Truppen den Ort verlassen hatten.

Bittere Orangen, bitterer Verlust

Am 20. Januar 1801 schließlich begann der sogenannte Orangen- oder Pomeranzenkrieg. Unter Führung des extremenischen Generals Manuel de Godoy nahmen vereinte spanische und napoleonische Truppen innerhalb weniger Tage das portugiesische Grenzgebiet ein. Aus Elvas schickte Godoy der spanischen Königin Bitterorangen und versprach ihr die baldige Eroberung Lissabons. Doch vorher kam es zum Frieden von Badajoz, Olivenza allerdings fiel an Spanien. Portugal zweifelt bis heute die Gültigkeit des Friedensvertrages an und bestreitet de jure Olivenzas Zugehörigkeit zu Spanien, ohne allerdings unmittelbare Rückforderungsansprüche zu stellen.

Inzwischen ist es den knapp 12 000 Einwohnern möglich, beide Staatsangehörigkeiten anzunehmen, in den Schulen werden Spanisch und Portugiesisch gelehrt. Und die Mehrheit hebt mit nicht geringem Stolz die schönen Folgen eines friedlichen Zusammenlebens hervor: Las muchachas de Olivenza/ no son como

OLIVENZA – MIT »Z« ODER MIT »Ç«?

O

Urlauber, die vielleicht einmal nach Lissabon reisen und die dortige Casa do Alentejo besichtigen, werden feststellen, dass zumindest dort der Wunsch nach einem portugiesischen Olivenza hochgehalten wird: Ein großer Raum dieses Vereinsheims der Alentejaner, der portugiesischen Nachbarn, heißt ganz bewusst **Sala de Olivença** – also in der portugiesischen Schreibweise des Namens!

las demás/ Porque son hijas de España/ y nietas de Portugal.»Die Mädels von Olivenza/ sind nicht wie die übrigen/ Denn sie sind Töchter Spaniens/ und Enkelinnen Portugals.«

Und gemäß diesem Vers führt ein Besuch der Stadt denn auch zurück in die portugiesische Geschichte im heutigen Spanien.

Stadtrundgang

Friedlich und freundschaftlich

Startpunkt des Rundgangs ist der **Paseo de Hernán Cortés ❶**, auf dessen begrünter Fläche ein Denkmal steht. Ein alter Herr und ein Kind halten sich einträchtig an der Hand. Vielleicht ein Bild von symbolischer Kraft, pflegen Portugal und Spanien doch nach Jahrhunderten der Feindschaft nun freundschaftlichen Umgang miteinander.

Längsseits erstreckt sich die **Kaserne ❷** der portugiesischen Armee aus dem 18. Jh. Aktuell beherbergt sie ganz friedlich eine Volksuniversität, eine Lehrwerkstatt und ein Gesundheitszentrum. Die funktionale Bau-

weise und die Fensterumrandungen aus Kalkstein sind Merkmale des pombalinischen Stils, den die Architekten des portugiesischen Staatskanzlers Marquês de Pombal für den Wiederaufbau Lissabons nach dem Erdbeben von 1755 entwickelt hatten.

Zu goldenen Türklopfern

Von hier folgt der Weg zunächst der Avenida Ramón y Cajal oder alternativ entlang der südlichen Stadtmauer, um bald nach rechts in die Calle del Carmen einzubiegen. Das von zwei Wehrtürmen eingefasste Stadttor **Puerta de Alconchel ❸** ließ der portugiesische König Dom Dinis errichten. Es war das Jahr 1306 und Olivenza war gerade von Kastilien übergeben worden.

Dahinter passieren Sie das kleine, aber fein dekorierte Seitenportal der Hauptkirche (s. u.). Gegenüber fallen an mehreren **Häusern ❹** teils vergoldete Türklopfer ins Auge. Sie formen die Hand Fatimas, der jüngsten Tochter des Propheten Mohammed. Ein Symbol, das viele Häuser in Portugal vor dem bösen Blick schützen soll. Hübsch sind einzelne, von Spitzenmustern durchbrochene Kamine. Das Vorbild stammt aus der Algarve. Vom christlichen Fundamentalismus der dortigen Reconquista zur Zwangstaufe genötigt, bauten sich die Moslems ihre Moscheetürmchen auf die Hausdächer und verneigten sich dort fünfmal täglich heimlich gegen Mekka.

Auf portugiesischen Spuren

Wenige Schritte weiter ist die Plaza de Santa María erreicht. Zwei Gebäude bestimmen das Bild dieses Platzes. Der Baubeginn der von außen schlichten **Iglesia Santa María del Castillo ❺** datiert auf das Jahr 1584. Etwa 150 Jahre später ermöglichten bedeutende Goldfunde in der Kolonie Brasilien ökonomischen Aufschwung und Entfaltung des Barocks

Olivenza

Ansehen

1. Paseo de Hernán Cortés
2. Kaserne
3. Puerta de Alconchel
4. Häuser mit Türklopfern
5. Iglesia Santa María del Castillo
6. Festungsanlage/ Torre del Homenaje/ Museo Etnográfico González Santana
7. Puerta de San Sebastián
8. Iglesia de Santa María Magdalena
9. Palacio de los Duques de Cadaval
10. Kapelle des Hospitals Casa de Misericordia
11. Plaza de España

Essen

1 Casa Maila
2 Dosca

Einkaufen

1 Casa Fuentes

---

in Portugal. Vergoldete Holzschnitzarbeiten, die *talha dourada,* und prächtige weißblaue Kachelbilder sind die zwei hervorstechenden Stilelemente. Vereint sind sie in der Marienkirche Olivenzas am glänzenden Hauptaltar aus dem 18. Jh. Ein weiteres Meisterwerk ist der Baum Jesse in der linken Seitenkapelle (Mai–Sept. Di–Sa, 10–13.30, 17–19, Okt.–April Di–Sa 10–13.30, 16–18, So je 10–13.30 Uhr).

Mit dem Bau der **Festungsanlage** 6 auf den Grundmauern der Templerburg wollte König Dinis die portugiesische Herrschaft in Olivenza zementieren. Der schützende Wassergraben ist einzigartig in der Extremadura, aber durchaus üblich in Portugal. Die Burgmauern sind 3 m dick.

Der **Bergfried El Homenaje** ragt mit seiner Höhe von 37 m wuchtig aus dem Stadtbild. Auf 17 Rampen kann er

Das Kirchenschiff der Iglesia de Santa María Magdalena ist ein Juwel portugiesischer Baukunst. Die Säulen gleichen gedrehten Schnüren, wie sie auf den Schiffen der Seefahrer verwendet wurden.

bestiegen werden. Der Zugang erfolgt über das Volkskundemuseum (s. u.).

Über Sterne und Kugeln …

Durch das größte der Stadttore geht es zunächst aus der Altstadt wieder hinaus. Diese **Puerta de San Sebastián** ❼ ist allerdings nicht mehr im Original erhalten, sondern wurde 1854 in großen Teilen zerstört und 2006 grundlegend restauriert. Entlang der Wehrmauern führt die Calle Ruperto Chapí nach links zur Pfarrkirche. Hübsch, und typisch portugiesisch, ist die Straßenpflasterung, die Sterne und Sphärenkugeln schmücken. Dieses nautische Messinstrument bildete im 16. Jh. das königliche Hoheitszeichen und ziert inzwischen das aktuelle Staatswappen Portugals. Doch achten Sie auf eine weitere Besonderheit. Auf

Ihrem Weg erblicken Sie immer wieder schön bemalte Kacheln, auch wenn die künstlerische Ausdruckskraft meist weniger spektakulär ist als in den Kirchen. Aus ihnen fügen sich Hausnummern zusammen, Straßennamen sowie mehrere Adressschilder für Geschäfte oder Dienstleister.

… zu steinernen Schiffstauen

Aus dem Selbstbewusstsein der großen Seefahrernation und dank des Reichtums einer bedeutenden Handelsmacht entwickelte sich in Portugal eine kreative Eigenständigkeit in der Baukunst. Das ausgehende 15. Jh. brachte eine eigene Spielart der Spätgotik hervor, die der Freude der Portugiesen an ihren weltlichen Leistungen architektonisch Ausdruck verlieh und sich erstmals außereuropäischen Einflüssen öffnete. Der Stil wird manuelinisch genannt, war es doch König Manuel I., der das Land während der großen Zeiten der Entdeckungsfahrten von 1495 bis 1521 regierte. Die Gasse zum Haupteingang der **Iglesia de Santa María Magdalena ❽** (Plazuela de la Magdalena, 1, erbaut 1510) führt an einem kleinen Seitenportal vorbei, dessen fantasievolle Ausschmückung mit Fabelwesen und fremden Pflanzen großzügig, üppig und zugleich verspielt ist. Die strengen Regeln der Hochgotik werden überwunden.

Die Hauptfassade soll Nicolas de Chanterène gestaltet haben, der am Bau der wichtigsten Gotteshäuser Portugals mitgewirkt hat. Das Eingangsportal umläuft ein steinernes Schiffstau. Gedrehten Schnüren gleichen auch die Säulen, die das Kirchenschiff tragen, ein immer wiederkehrendes Element der Manuelinik. Der Seefahrt entnommen hält es symbolisch das portugiesische Reich zusammen. Aus der Barockzeit stammen der reich dekorierte goldene Altar und die großflächigen Kachelbilder.
Mai–Sept. Di–Sa, 10–13.30, 17–19,
Okt.–April Di–Sa 10–13.30, 16–18,
So je 10–13.30 Uhr

Achtung: Selfie-Stick-Alarm
In etwa 300 m Entfernung stehen zwei hohe Palmen. Genau dort befindet sich die vielleicht meistfotografierte Sehenswürdigkeit von Olivenza. Das fünfzackige manuelinische Portal des **Palacio de los Duques de Cadaval ❾** (Plaza de la Constitución, 1) aus dem 16. Jh. zeigt zwei Sphärenkugeln und das Familienwappen, das von einer Halbkrone umschlossen ist. Flankiert wird es vom portugiesischen Wappen, dem ein Stadttor mit Olivenbaum beigesellt ist. Im Gebäude befindet sich das Rathaus. Die Treppenaufgänge wurden nachträglich, mit allerdings etwas kitschigen Kacheln verziert.

An der hübschen **Plaza de la Constitución** laden Restaurants und einfache Bars zu einer Verschnaufpause ein. Etwas versetzt in der Calle de la Caridad, 10, versteckt sich die mit portugiesischen Kacheln vollständig ausgekleidete **Kapelle des Hospitals Casa de Misericordia ❿**. 1498 entdeckte Vasco da Gama den Seeweg nach Indien. Dies nahm die Schwester des portugiesischen Königs Dona Leonor zum Anlass, das soziale Hilfswerk Misericordia ins Leben zu rufen. Wenige Jahre später wurde in Olivenza ein Ableger eröffnet (tgl. 10–14, Mo–Fr 16–18 Uhr, Eintritt frei).

Und nun zurück nach Spanien
Die von der Calle de la Caridad abzweigenden Gassen Espíritu Santo und Alfonso führen Sie schließlich aus dem beschaulichen Portugal zurück ins trubelige spanische Leben – auf die **Plaza de España ⓫**. Der Platz unmittelbar westlich der Altstadtmauern ist trotz des umlaufenden Verkehrs vielbesuchter Treffpunkt der Einwohner. Palmen und adrette Kioske geben ihm ein mediterranes Aussehen. Doch selbst hier findet sich ein Stückchen Portugal: Pflastermosaike aus dunklem Basalt und hellem Marmor, wie sie alle portugiesischen Städte und Dörfer schmücken.

Museum

Regionales Schaffen
❻ Museo Etnográfico González Santana: Das umfassende Heimatkundemuseum ist in die Burg und die frühere königliche Bäckerei eingezogen. Hier wurden täglich immerhin 10 000 Brote für die Garnison gebacken. Stifter der meisten der etwa 7000 Ausstellungsstücke war der Namensgeber des Museums, das die Lebensgewohnheiten und Traditionen der Bevölkerung von Olivenza aufleben lässt. So sind Werkstätten, Schreibstuben und

ein alter Dorfladen nachgebaut. Auf der unteren Ebene werden archäologische Funde, Ackergeräte und die Arbeitsräume der Schuster, Schreiner, Friseure, Schneider gezeigt. Im Obergeschoss liegt der Schwerpunkt auf sakraler Kunst, Schule, Medizin und Freizeitbeschäftigung wie Musizieren und Spielen. Beindruckend sind Nachbau und Gegenüberstellung der Wohnungen unterschiedlicher sozialer Schichten. Daraus ergibt sich ein plastisches Bild des Lebens in der Extremadura. Über das Museum kann der **Wehrturm Torre del Homenaje** bestiegen werden, dank der Aussicht sehr lohnenswert.

Plaza de Santa María, o. Nr., https://museodeolivenza.com, Mai–Sept. Di–Fr 10.30–14, 17–20, Sa schon ab 10, So 10–14.15, Okt.–April Di–Fr 10.30–14, 16–19, Sa schon ab 10, So 10–14.15 Uhr; der Bergfried schließt ½ Std. früher, Eintritt 2,50 €

Essen

Einheimische Kochkunst

1 Casa Maila: Spezialität sind unterschiedliche Gerichte vom autochthonen Retinta-Rind *(ternera retinta),* etwa als Schnitzel mit Pilzpüree und Lebergeschnetzeltem. Oder der Eintopf vom Ochsenschwanz mit Bratapfel *(rabo de toro).* Entspannt hell eingerichteter Speisesaal.

C/ Colón, 3, T 924 49 15 05, auf Facebook, Mo 13.30–16.30, Di–So 13.30–16.30, 20.30–23.30 Uhr, Hauptspeisen 12–20 €

Hausmannskost

2 Dosca: Etwas hausbacken eingerichteter, aber gemütlicher Speisesaal. Riesige Auswahl, darunter rund 10 Salate, viele Schnitzel- aber auch Fischgerichte. Zusätzlich gibt es eine Karte mit Tapas. Auch Zimmervermietung.

Plaza Constitución, 15, T 924 49 10 65, tgl. 13–16, 21–23 Uhr, Tapas 5 €, Hauptspeisen um 10 €, Menüs 12–24 €

Einkaufen

Legendäre Süßigkeit

1 Casa Fuentes: Dña. Celestina, Gründerin der Konditorei, hatte 1942 in einem Koffer das Originalrezept von Técula Mécula gefunden, vielleicht aus Portugal stammend. Und bis heute blieb diese Eier-, Zucker- und Mandelspeise die Spezialität des Hauses. Unverfälscht.

C/ Morena Nieto 11–13, https://casafuentes. es, tgl. 9–20.30 Uhr

Bewegen

Radfahren und Wandern

Es gibt mehrere ausgeschilderte Wanderwege in der nahen Umgebung, Infos im Tourismusamt. Die meisten sind allerdings über 15 km lang und deshalb besser für Mountainbiker geeignet. Ein Radverleih existiert nicht.

Feiern

- **Gran Feria Taurina:** 1. März-Wochenende. Auftakt der Stierkampfsaison in der Extremadura.
- **Semana Santa:** Höhepunkt ist eine Prozession am Ostersonntag.
- **Fiestas de Ntra. Sra. de la Asunción:** 15. Aug. Mit Jahrmarkt.

Infos

- **Oficina de Turismo:** Plaza de San Juan Dios, o. Nr., T 924 49 01 51, www.ayuntamientodeolivenza.com, Mo–Sa 10–14, 17–19, im Winter 16–18, So 10–12 Uhr.
- **Bus:** Häufige Verbindungen nach Badajoz.
- **Auto:** Kostenlose Parkplätze außerhalb der Stadtmauern, z. B. vor dem Cuartel, Paseo de Hernán Cortés.

Zugabe
Ein Blick von drüben

Einladung zum Tagestrip nach Portugal

18 km, die Welten trennen. So weit ist es von der Grenze bei Valencia de Alcántara ins portugiesische Castelo de Vide. Das Beste vorweg: Sie werden gleich mal eine Stunde jünger. In Portugal gehen die Uhren anders, werden 60 Minuten zurückgestellt. Sogleich verkündigt das Smartphone den Anbieterwechsel. Apropos: Das Land ist führend bei der Digitalisierung und der kleine Ort bietet flächendeckend kostenloses WLAN.

Sein Herzstück bildet der Platz Dom Pedro V., umrahmt von respektablen Patrizierhäusern und überragt von der erst 1873 vollendeten Pfarrkirche. Daneben erwartet das Tourismusamt die Besucher. Dort wird ein weiterer Unterschied spürbar: Es wird bestens Englisch gesprochen, auch in den vielen Cafés. Außerdem sind die Essenszeiten zivilisiert.

Doch nun die Burg gestürmt! Sie widersteht seit 1327 spanischen Begehrlichkeiten. Heute schweift ein friedlicher Blick hinüber zur Extremadura (tgl. 9–13, 15–8, Winter 9–13, 14–17 Uhr, Eintritt frei). In blumengeschmückten Gassen fallen gotische, oft mit Pflanzenornamentik verzierte Eingangstüren ins Auge, die in weiß gekalkte Wohnhäuser aus dem 14. und 15. Jh. führen. Schließlich noch ein Tipp: Jüdische Heimatkunde bieten elf Räume der ehemaligen Synagoge in der Rua da Fonte (wie Burg geöffnet). ∎

Zafra und die südlichen Sierras

Andalusien lässt grüßen — Die südliche Extremadura riecht nach Mittelmeer und Zafra nennt sich »Kleines Sevilla«.

Seite 177

Weinerkundung in Almendralejo

Das Weinmuseum Museo de las Ciencias del Vino lässt die Besucher den Schnupper-, Geschmacks- und Gläsertest ablegen. Danach geht es in eine Bodega.

Ein Hauch von spanischem Süden liegt in der Luft.

Seite 181

Zafra

In Zafra geht es abends so richtig ab. Die Szenekneipen verstecken sich in den historischen Häusern rund um zwei romantische Plätze, die schon Jahrmärkte und Stierkämpfe erlebt haben.

Seite 177

Zu den Burgen Nogales und Feria

Festungen auf den Hügeln sicherten die südliche Extremadura gen Westen ab. Atemberaubende Ausblicke erwarten Sie auf den Wehrmauern von Nogales und Feria. Vor allem die Burg von Feria ist einen Umweg wert!

Eintauchen

Seite 187

Jerez de los Caballeros ✪

Himmelhoch ragen der eigenwillige Turm der Pfarrkirche und die Mauern der Burg über Stadtkulisse, fruchtbares Weideland und grüne Hügel in der Umgebung. Ein Schmuckstück zwischen verwinkelten Gassen.

»Wir sehen die Berge in der Dämmerung als bläulich-graue Insel inmitten der Ebene. Die Wolken segeln, filtern das Licht und beleuchten die Sierra«. (José Elias Rodrigues)

erleben

Mediterranes Lebensgefühl

Die Nähe zum Mittelmeer ist spürbar. Die Sonne scheint intensiver, das Thermometer steigt höher. Palmen zieren so manchen Dorfplatz. Die Ortsgassen sind eng, Häuser weiß gekalkt. Ein wenig Andalusien liegt in der Luft.

Fassaden und Innenhöfe zeigen einen besonderen Baustil: Mudéjar. Nach der christlichen Rückeroberung nutzten die neuen Machthaber das handwerkliche Geschick der verbliebenen Mauren. Romanische und gotische Kirchenfassaden, Kreuzgänge und Adelspaläste wurden mit arabischen Stuckdekoren, Hufeisenbögen und Blendarkaden aus braunem Ziegel angereichert. Besonders gelungen ist diese Vereinigung der Stile in Llerena, Fregenal de la Sierra, Zafra und im Kloster von Tentudía.

Nahe der portugiesischen Grenze stehen die im Mittelalter offenbar unvermeidlichen Festungsanlagen hoch über den Ortschaften. Heute eröffnet sich von den historischen Mauern ein wunderbares Panorama über die weite Landschaft. Von Ölbäumen und Eichen bestandene, ausgedehnte Weidegebiete wechseln ab mit sanft geschwungenen Bergzügen, an denen sich die Feuchtigkeit des nahen Meeres niederschlägt. Immerhin errei-

ORIENTIERUNG

O

Internet: http://turismo.badajoz. es (Informationen über die Region in Spanisch). Alle größeren Orte betreiben eigene Websites.

Verkehr: Das Gebiet erstreckt sich westlich und östlich der Autobahn A-66 von Mérida nach Sevilla. Die National- und Regionalstraßen sind gut ausgebaut. Zafra liegt an der Bahnstrecke von Sevilla nach Mérida. Llerena ist per Zug mit Zafra verbunden. Allerdings bestehen durchschnittlich nur drei Verbindungen täglich. Von den Zentren aus werden die kleineren Orte von Bussen angefahren, jedoch nur in großen Abständen.

chen sie an die 1100 m. Entsprechend üppig zeigt sich die Vegetation. Sommer und Herbst sind erfüllt vom Duft südlicher Pflanzen und Kräuter: Thymian, Rosmarin, Myrte, Mastixsträucher. Im Winter sind Kraniche in den Ebenen zu entdecken.

Ein wichtiger Einkommenszweig der Region ist die Zucht von Schafen, Kampfstieren und Schweinen, die einen köstlichen Schinken liefern. Für ihre Weine wird die Gegend um Almendralejo geschätzt.

Almendralejo ♀D9

Weinfreunden, die zwischen Mérida und Zafra unterwegs sind, empfiehlt sich ein Besuch des **Museo de las Ciencias del Vino** in Almendralejo.

Hier geht's um Wein

Schon bei der Anfahrt eröffnen die ausgedehnten Anbauflächen, dass das Landstädtchen (35 400 Einw.) vom Wein lebt. Eine bessere Stelle für ein **Weinmuseum** ist in der Extremadura also kaum vorstellbar. Der moderne, vielleicht etwas sterile Museumsbau steht direkt hinter der **Stierkampfarena** an der Hauptstraße nach Sevilla. Die Geschichte von Anbau und Produktion wird auf zwei Stockwerken in den Abteilungen *campo* und *bodegas* auch dank der ausgestellten historischen Weinpressen und Abfüllmaschinen verständlich.

Die Besonderheit des Museums aber liegt in der Interaktion mit den Besuchern. Da gibt es einen Schnuppertest anhand von Gewürzen und Aromen, einen Geschmackstest mit sauren Drops und süßen Karamellbonbon sowie einen Glastest: Welches Gefäß passt zu welchem Getränk?

Calle Ciudad de Rubí, o. Nr., www.museo vinoalmendralejo.com, Juni–Sept. Di–Sa 9.30–13.30, 17–20.30, Okt.–Mai Di–Sa 9.30–13.30, 16–19.30 Uhr, So jeweils nur vormittags, Eintritt 3 €

Infos

- **Oficina de Turismo:** Plaza de la Iglesia, 16, T 924 66 69 67, www.almendralejo. es, Mo–Fr 10–14, 17–19, Sa 11–14 Uhr. Infos auch zur **Ruta del Vino** (siehe Tour S. 178).
- **Bahn:** Seltene Verbindungen nach Mérida, Zafra, Llerena und Sevilla.
- **Bus:** Werktags häufig nach Mérida, Zafra und Sevilla, seltener nach Cáceres, Badajoz und Madrid.

Auf dem Weg nach Zafra

Eine Burg kommt selten allein: Einst wurde es Fremden schwer gemacht, von Badajoz, Olivenza oder Portugal nach Zafra vorzustoßen. Gleich mehrere Burgen sicherten das Zentrum der südlichen Extremadura gen Westen ab. Erbaut wurden sie Mitte des 15. Jh. von den Grafen von Feria. Die Herrscher über Zafra wollten ihre Macht auf das Umland ausdehnen. Die Wehrtürme in den Befestigungen dienten als Wohnraum – und als Zeichen der Stärke und Bedeutung dieser Adelsfamilie.

Nogales ♀C9

Ein eckiger Burgturm

Von Olivenza auf der EX-105 kommend, treffen Autofahrer nach 35 km auf Nogales. Von Badajoz aus muss ein kurzer Umweg in Kauf genommen werden, um den quadratischen Burgturm auf einem kleinen Hügel zu erreichen. Umgeben ist er von einer zinnenbewehrten Mauer, in deren Ecken sich Wachtürme erheben. Eine Inschrift über dem Haupttor weist die Fertigstellung für das Jahr 1483 aus.

Feria ♀D10

Zurück auf der N-432 zwischen Zafra und Badajoz, empfiehlt sich ein Abstecher von 3 km nach Feria. Ja, es lohnt

TOUR
Statt Stierkampf auf zu einer süffigen Weinprobe

Eine Weinerkundung in und um Almendralejo

Zur anfänglichen Stärkung reicht Sommelierin und Reiseleiterin Catalina Bustilla kräftigende Migas, das sind angebratene Brotstücke mit ordentlich Knoblauch, rotem Paprika, Olivenöl. Ganz wie es bei den Landarbeitern Brauch war. Zu Arbeitsbeginn bei Sonnenaufgang hatten sie nur einen Kaffee getrunken, gegen 10 Uhr langten sie umso kräftiger zu und konnten anschließend auf ein Mittagessen verzichten. Von der bäuerlichen Tradition weichen Catalina und ihr Team allerdings offensichtlich ab, wenn sie einheimischen Sekt zu ihrer selbstgemachten Speise nach Großmutters Rezept kredenzen.

So gestärkt geht es in die **Stierkampfarena** hinein, denn in Almendralejo gehörten Stiere und Wein zusammen. Belén Garrido Álvarez vom Tourismusamt erzählt: »1942 kaufte ein Weinproduzent den Kampfring, blieb es in den Katakomben aus Ziegelsteinen doch auch im Sommer kühl. Er setzte 29 Fässer mit einem Fassungsvermögen von jeweils 25 000 l hinein, die über Rohre in den oberen Fensteröffnungen befüllt wurden.«

Eine Führung durch das **Weinmuseum** (Museo de las Ciencias del Vino, s. S. 177) bildet den nächsten Programmpunkt, und dazu gehört auch ein wenig Geschichtsunterricht. Während die Kelten vor 2500 Jahren noch eher dem Bier, oder besser: einem Vorläufer unseres heutigen Gerstensaftes zugesprochen haben, bevorzugten die Römer den Wein. Ein Fass aus dem 1. Jh. v. Chr. legt Zeugnis davon ab.

Ein paar Kilometer nördlich, Catalina chauffiert ihre Gäste, öffnet eine Adega ihre Pforten, beispielsweise der **Familienbetrieb Paiva** (www.bodegasmartinezpaiva.com). Er bewirtschaftet seine Bodega bereits in der fünften Generation. 800 Fässer lagern im Keller, die aus amerikanischer oder französischer Eiche gefertigt sind. Kaufpreis: jeweils zwischen 500 und 1500 €.

Die einfachen Weine lagern sechs, die hochwertigen 18 Monate. Wobei die Weine aus der Umgebung keine Spitzenerzeugnisse sind, aber doch die kräftigen Fleischspeisen ergänzen. Hinzu kommt Schaumwein, der Catalina mit Stolz erfüllt: »Wir in Almendralejo produzieren tatsächlich Sekt! Als südlichste Stadt in Spanien! Sehr fruchtigen Sekt aus den regionalen Rebsorten Macabeo, Parellada und Xarel-Lo, der zu Käse passt, aber auch zu den Migas, die wir zum Frühstück hatten.«

Ebenso vom Wein angetan ist die deutsche, mittlerweile in Almendralejo beheimatete Foodredakteurin Heide Vogel. Sie schreibt für die Zeitschrift »Fine – Das Weinmagazin« und begleitet die Ausflüge häufig. »Die Besonderheit liegt in der großen Zahl der autochthonen Rebsorten, die anderenorts nicht mehr angebaut werden. Da die Region nicht so bekannt ist, bekommt man außerdem anständige, gute Tischweine mit Herkunftssiegel und für einen günstigen Preis eine Superqualität.«

Wer auf eigene Faust die Weine der Region erkunden will: In der Umgebung öffnen einige Weinkellereien entlang der Weinstraße **Ruta del Vino Ribera del Guadiana** für Besichtigungen. Nähere Infos finden Sie unter www.rutadelvino riberadelguadiana. es.

Lieblingsort

Ein 5-Sterne-Panorama: Burgruine von Feria

Welch ein erhabenes Gefühl hier oben auf dem Castillo – als läge einem die ganze Extremadura zu Füßen. In allen vier Himmelsrichtungen, so weit das Auge reicht ... Malerisch ziehen sich die weißen Häuser von **Feria** (♥ D 10) den Hügel hinauf, ihre ziegelroten Dächer werden eins mit der Landschaft. 40 m ragt der Wohnturm in den Himmel, in dessen Schatten sich vortrefflich ein Picknick veranstalten lässt. Ein friedlicher Flecken Erde, so ganz anders als noch im 15. Jh., als es gegen die Truppen Portugals ging – heute ein wohlgelittener Nachbar.

sogar ein eigener Ausflug von Zafra aus. Denn von dort aus kommend zeigt sich der Ort schon nach wenigen Kilometern auf der Nationalstraße von seiner schönsten Seite. Die weißen Wohnhäuser ziehen sich schwungvoll den Berg bis zum graubraunen Gotteshaus hinan, das von der **Burg** auf der Bergkuppe noch übertrumpft wird.

So lebte es sich in einer Burg

Schmale Gassen führen zur **Pfarrkirche San Bartolomé** (Plaza Extremadura, nur zur Messe geöffnet) mit einem beachtenswerten gotisch-plateresken Portal, über das sich die Figur des hl. Bartholomäus erhebt. Ihr Alter kann nicht genau bestimmt werden, doch stammt sie offenbar aus einem früheren Gotteshaus. Auf dem Kirchplatz wird samstags ein kleiner Gemüse- und Kleidermarkt abgehalten.

Die Straße zur **Burg,** deren Turm immerhin 40 m hoch ist, verengt sich weiter. Alternativ gibt es einen Fußweg hinauf. Ein 5-Sterne-Ausblick erwartet die Himmelsstürmer ebenso wie ein kleines **Museum,** dessen Besuch zusätzlich den Aufstieg auf den Burgturm ermöglicht. Gezeigt werden auf vier Stockwerken die Geschichte der Festung, Modelle der benachbarten Burgen, dazu gibt's Beschreibungen des früheren Lebens in Kastell und Ort sowie über die Natur und den Landbau (Di–So 11–14, 17.30–19.30, im Winter 11–14, 16–18 Uhr, Eintritt zur Burg frei, Museum und Bergfried 2 € s. auch Lieblingsort links).

Feiern

• **Santa Cruz de Feria:** Feria, Ende April/Anfang Mai, Höhepunkte 1.–3. Mai. Bei Prozessionen werden mit Blumen geschmückte Kreuze durch die Gassen getragen. Kulturelles Beiprogramm (www. santacruzdeferia.es).

Salvatierra de los Barros   ♀ C 10

Alles Mögliche aus Keramik

Das weniger romantische Salvatierra de los Barros bildet ein Zentrum für Keramikarbeiten. Zahlreiche Geschäfte führen ein durchaus hochwertiges Angebot, von traditionell bis modern. Dazu passt das anschauliche **Museo de la Alfarería** (Ctra. de Zafra, o. Nr.), das Produktionsprozesse, Handelswege und die vielen Verwendungsmöglichkeiten der Tonwaren zeigt, auch als Spielzeug (Di–Fr 10–13.30, 17–19, Sa/So 11.15–14 Uhr, Eintritt frei).

Die älteste **Burg** der ganzen Umgebung aus dem 12. Jh. befindet sich in Privatbesitz und kann leider nicht besichtigt werden.

Infos

• **Bus:** Sehr wenige Verbindungen, von Feria nach Almendralejo und Zafra, von Nogales nach Badajoz und von Salvatierra nach Almendralejo.

Zafra   ♀ D 10

Bei der Einfahrt in Zafra lässt sich noch wenig vom andalusischen Flair des hübschen Provinzstädtchens spüren. Denn zunächst stoßen Sie auf den wuchtigen Alcázar de los Duques de Feria hinter der Plaza de España. Diese Burg steht für die beste Zeit Zafras, die 1395 mit der Einrichtung eines Marktes von überregionaler Bedeutung begann und bis ins späte 15. Jh. andauerte. Die Händler kamen von weit her, sogar aus La Rioja und Kastilien. Feinster Silber- und

Goldschmuck, Lederwaren und Tücher boten sie feil.

Seit jeher ein Handelszentrum
Archäologische Funde lassen vermuten, dass die Umgebung bereits in der vorchristlichen Epoche von Lusitanern und Vettonen besiedelt war. Während der römischen Herrschaft profitierte der Ort von seiner privilegierten Lage an der Vía de la Plata, der Verbindungsstraße von Sevilla nach Mérida.

Der Name kommt von den Mauren: Safra oder Cafra. Sie errichteten um die wunderhübschen Plaza Grande und Plaza Chica ein urbanes Zentrum, das sie allerdings nach längeren kriegerischen Auseinandersetzungen 1241 an den kastilischen König Fernando III. abtreten mussten. Doch lebten sie fortan friedlich mit den christlichen Rückeroberern zusammen. Die Macht aber teilten sich verschiedene Adelsfamilien, bis sie 1394 in die alleinigen Hände des Herzogs von Feria überging. Dessen aus Galicien stammende Familie sicherte ihre Herrschaft nicht nur mit der Errichtung des Alkazars, sondern 1498 zusätzlich durch eine Stadtmauer. Erhalten blieben die Stadttore Puerta del Cubo am südöstlichen Stadtausgang, Puerta de Jerez südlich der Plaza Chica und Puerta de Palacio am Alcázar.

Im 16. Jh. nahm der Ort Abschied vom Mittelalter und entwickelte sich zum modernen Handelszentrum, das bis heute eine der wichtigsten Viehmessen Spaniens veranstaltet. Der ursprüngliche Charme blieb erhalten. Schmal sind die verkehrsberuhigten Gassen, die auf die drei Plätze Pilar Redondo, Grande und Chica führen. Weiß getüncht sind viele Häuser, manche über Arkaden erbaut. Die Schaufenster kleiner Läden und Filialen großer Ketten locken Flanierende, besonders in der Calle Sevilla. Die wenigen Kirchen und Klosterbauten passen sich ins hübsche Stadtbild ein.

Stadtrundgang

Der Adel zeigt Stärke
Kriegerische Macht strahlt der Palast, besser: die Burg, der Grafen von Feria aus. Auf den ersten Blick zeigt der **Alcázar de los Duques de Feria** ❶ wenig von der erhabenen Schönheit der Adelspaläste von Cáceres und Trujillo. 24 m Höhe misst die imposante Fassade aus Schiefer und Ziegeln mit ihren zinnenbekrönten Wehrtürmen, die der Bergfried an der östlichen Seite noch einmal um 5 m überragt. 1437 war Baubeginn, Ausführende waren maurische Handwerker.

Ihr Vermächtnis bildet ein arabisches Zwillingsfenster über dem Eingang. Der adelige Auftraggeber ließ sich mit seinem Wappen über dem Eingangstor mit der Namensinschrift »Figueroa y Manuel« verewigen. Der Innenhof aus weißem Marmor wurde im 16. Jh. nach Ideen von Juan de Herrera, dem Baumeister der imposanten Klosteranlage El Escorial nahe Madrid, entworfen. Der Renaissancearchitekt ließ auf diese Weise Licht in die mittelalterliche Anlage strömen.

Heute kann jeder, zumindest mit dem entsprechenden Kleingeld, in diesem herzoglichen Ambiente übernachten, denn der Palast befindet sich im Besitz der **Hotelkette Paradores.** Die öffentlichen Räumlichkeiten, etwa der Innenhof und die Bar mit eleganter Kassettendecke im Mudéjarstil, sind auch für Nicht-Gäste zugänglich (tgl. ab 11 Uhr). Nur im Rahmen einer hauseigenen Führung, die an Wochenenden angeboten wird, ist der Festsaal des Palasts zu besichtigen. Dort schwebt eine achteckige gotische, blaue Mudéjarkuppel über einem goldenen Barockaltar!
Plaza Corazón de María, 7, www.parador.es/de/paradores/parador-de-zafra, Führung Sa 12, So 11 Uhr, Eintritt frei

Zafra

Ansehen

1. Alcázar de los Duques de Feria/ Parador de Zafra
2. Kloster/ Museo Santa Clara
3. Plaza Grande
4. Plaza Chica
5. Casa de Ajimez
6. Iglesia Parroquial de la Candelaria
7. Farmacia Buzu

Schlafen

1. Conde de la Corte Pilar
2. Plaza Grande
3. El Campito

Essen

1. La Rebotica
2. El Acebuche
3. Arco

Einkaufen

1. Iberllota
2. Joaquín Luno

Ausgehen

1. La Tertulia
2. Bar Monreal
3. Muscaria
4. El Zoco
5. Bar Baraka
6. La Chamba

Der Klerus gibt sich bescheiden
Wenige Schritte westlich des Alcázar führt die wichtigste Einkaufsstraße Calle Sevilla in den historischen Ortskern. Fast schüchtern versteckt sich auf der linken Straßenseite das **Museo Santa Clara** (s. S. 185) im 1428 gegründeten **Franziskanerkloster** ❷, das heute von Klarissen betrieben wird. Im Erdgeschoss wird auch ein Blick in die **Klosterkirche** aus dem Jahre 1454 ermöglicht. Trotz ihres goldenen Altars wirkt sie neben all dem herzoglichen Prunk bescheiden. Noch anspruchsloser ist nur die nachgebaute Zelle von Schwester Celia, die das Klosterleben im 20. Jh. prägte (siehe auch Tipp S. 185).

Das Haus schräg gegenüber (Calle Sevilla Nr. 27 a) wirkt von außen wie eine der üblichen Filialen einer Modekette. Ein Blick ins Innere des Geschäfts lohnt trotzdem, denn es hat den stattlichen In-

Alle Wege der Altstadt führen auf den Festplatz Plaza Grande, unter dessen Arkaden sich angesagte Bars und Restaurants verstecken, ähnlich wie auf dem benachbarten, intimeren Plaza Chica.

nenhof der **Casa Grande** bezogen, ein Bürgerhaus aus dem 17. Jh.

Eine Zierde der Stadt

Schließlich mündet die Calle Sevilla in die **Plaza Grande** ❸. Den städtischen Festplatz umlaufen Arkadengänge, über die sich meist zweistöckige Häuser heben. Viele Stierkämpfe hat die großzügige Plaza während der Jahrhunderte schon erlebt, Volksfeste, Jahrmärkte, Tanzveranstaltungen. Etwas gruselig wirkt da der Gedanke, dass sie im 16. Jh. nach dem Abriss eines Pfarrkirchleins auf einem Friedhof errichtet wurde.

Kleiner und auch anmutiger präsentiert sich die benachbarte **Plaza Chica** ❹, das einstige Handwerkerzentrum. Mittlerweile beherbergt so ziemlich jedes Gebäude am Platz eine Bar mit Terrassenbetrieb.

Recht bizarr

Kurios ist die **Casa de Ajimez** ❺ in der Calle Boticas Nr. 6 gleich hinter diesem Platz. Die Mudéjarfassade ziert ein arabisches Zwillingsfenster, das von farbigen Fliesen umrandet wird. Ebenso bemerkenswert wie die Architektur ist die Geschichte des Gebäudes. Bereits 1566 zog hier die erste Apotheke der Stadt ein, daher auch der Straßenname, bedeutet *botica* doch Apotheke. Ab 1827 wurde in dem Gebäude eine andere Art von Heilmittel hergestellt: Es entstand eine Produktionsstätte für Weine und Liköre. Aktuell zeigt das Innere eine etwas altbackene Ausstellung zur Stadtgeschichte bis in die 1990er-Jahre einschließlich der Würdigung von vermeintlich großen Söhnen und Töchtern von Zafra.

Mo–Sa 10–14 Uhr, Eintritt frei

Barockes von Zurbarán

Die querende Calle San José führt nach rechts zur einschiffigen **Iglesia Parroquial de la Candelaria ⑥**. Die Pfarrkirche entstand 1546 als Ersatz für jene Gemeindekapelle, die der Plaza Grande zum Opfer gefallen war. Der wuchtige Glockenturm betont die Bedeutung. Der Hauptaltar wurde im 17. Jh. vom Sevillaner Blas de Escobar zu Ehren der hl. Candelaria gestaltet. Einen gesonderten Blick lohnen die Gemälde von Zurbarán aus dem Jahre 1644, vor allem die Darstellung der Heiligen Familie gemeinsam mit der Dreifaltigkeit in einer Seitenkapelle schräg rechts vom Hauptaltar. Die benachbarte Kapelle San José diente einst als Synagoge.

C/ Tetuan, 4, Di–Sa 10.30–13, 18–20, im Winter 17–19, So 10.30–11.30 Uhr, Eintritt frei

Ein Prunkstück

Abschließend sollten Sie sich in der Calle Huelva 25 die Fassade der **Farmacia Buzu ⑦** anschauen – auch wenn Sie keine Arznei benötigen. Farbige *azulejos* verzieren Kachelbilder mit historischen Landschafts- und Stadtszenen. Innen beleuchten Kronleuchter die Regale dieser wohl schönsten Apotheke der Extremadura.

Museum

Das religiöse Leben in der Stadt

❷ **Museo Santa Clara:** Schwerpunkte der Ausstellung auf den zwei Stockwerken im einstigen Franziskanerkloster bilden das religiöse Leben der Stadt und Erinnerungsstücke an die Gründer, die Familie der Feria. Sie sammelte religiöse Devotionalien, Reliquien und sakrale Kunst seit dem späten 15. Jh. Nobel war das Mobiliar, wenig bescheiden großformatige Porträts.

C/ Sevilla, 30, www.museozafra.es, Di–Sa 11–14, 17–19, So 11–14 Uhr, 15. Juni– 14. Okt. nur 10–14 Uhr, Eintritt frei

Schlafen

Auf der Burg

❶ **Parador de Zafra:** Der Alcázar de los Duques de Feria bietet den historisch-gediegenen Rahmen für majestätisches Wohnen. Die Zimmer sind allerdings unterschiedlich groß und teils dunkel, da entsprechen die Angaben im Internet nicht immer ganz der Realität.

Plaza Corazón de María, 7, T 924 55 45 40, www.parador.es, DZ 75–155 €

Romantisches Stadthaus

🔟 **Conde de la Corte Pilar:** Ein Traum von Haus mit vielen Erinnerungen an den Gründer, einen berühmten Stierzüchter. Die Einrichtung ist romantisierend mit Anklängen an den englisch-viktorianischen Stil.

Redondo, 2, T 924 56 33 11, www.conde delacorte.com, DZ 80–120 €

Am Platze

🔢 **Plaza Grande:** Einfache, aber geschmackvolle Zimmer in einem historischen Gebäude direkt an der Plaza Grande. Im oberen Stockwerk sind die Ziegelwände freigelegt. Mit empfehlenswertem **Restaurant und Tapasbar.** In dem Haus wurde die einzige ins Deutsche übersetzte Schriftstellerin aus der Extremadura geboren, Dulce Chacón (s. S. 243).

C/ Pasteleros, 2, T 924 56 31 63, www. hotelplazagrande.com, DZ um 55 €

Auf dem Lande

🔢 **El Campito:** Ein ruhiges Landhaus mit sieben Apartments für bis zu sechs Gäste, alle mit Küchenzeile ausgestattet. Dazu ein verwunschener Garten, Pool, Fahrradverleih und ein Restaurant mit extremenischer Küche.

Ctra. Zafra-Barcarrota, km 1,2, T 924 55 58 67, www.elcampitozafra.es, Apartments je nach Größe und Saison 55–150 €

SÜSSER KEKSKONTAKT

Hinter einem frühgotischen Portal und einem Patio des **Konvents Santa Clara** ❷ versteckt sich der Verkaufsraum für klösterliches Gebäck, die »Dulces Santa Clara«. Obwohl – die Bezeichnung ›Verkaufsraum‹ trifft es nicht wirklich, denn erwartungsfrohe Schleckermäuler schaffen es nur bis zu einem Glasfenster, über das wechselseitig Geld und Süßes gereicht werden. Das ist das Höchste an Kontakt, den sich die Nonnen erlauben (Mo–Sa 10–14, 17–19, So erst ab 10.30 Uhr).

Essen

Günstige Tellergerichte und Tapas bieten viele der **Bars** an der Plaza Chica und Plaza Grande (s. u. Ausgehen).

Tradition und Moderne

1 La Rebotica: Unter steinernen Bögen wird an edel gedeckten Tischen vornehmlich unverfälschte extremenische Küche wie der Ochsenschwanz (rabo de toro) gereicht, aber auch Gerichte wie Entenbrust mit gebratener Entenleber mit Aroma von Rosenblättern (maigret de pato) oder auf japanische Art zubereitetes Thunfischsteak mit Sojacreme und Yuca-Chips (atún rójo).
C/ Boticas, 12, T 924 55 42 89, Di–Sa 13.30–16, 20.30–24 Uhr, So 13.30–16, Hauptspeisen 16,50–21 €

Klein & fein

2 El Acebuche: Kleine Karte in kleinem, hell und modern gestaltetem Speisesaal, dazu kleine Terrasse. Spezialitäten: Medaillons vom iberischen Schwein mit Feigen in Portweinsauce (medallones de cerdo ibérico) und der baskisch inspirierte, mit Seespinne gefüllte Seehecht (merluza rellena).
C/ Santa Marina, 3, T 924 55 33 20, Di–Sa 13–16, 20–23, So 13–16 Uhr, Hauptspeisen 15–18 €

Untraditionell extremenisch

3 Arco: Die Atmosphäre des lichten, vorsichtig gestylten Raums passt zu den vorsichtig modernisierten extremenischen Speisen. Die bei Niedrigtemperatur gegarte Haxe vom Milchzicklein (pierna de cabrito) entwickelt ein wunderbares Aroma, verfeinert mit Rosmarin, Thymian und Honig. Etwas Platz sollte aber vielleicht für die hausgemachten Torten zum Nachtisch bleiben, etwa die weiße Schokoladentorte, deren Boden fein nach Spekulatiusgewürz schmeckt. An der Theke werden Tapas gereicht. Fast alle Zutaten stammen aus der Region. Bei schönem Wetter stehen Tische auf der autofreien Gasse und im, allerdings weniger lauschigen, Innenhof.
Arco de San Antonio, 9, T 924 55 34 24, www.facebook.com/arcozafra, Di–Sa 13–16, 20.30–23, So 13–16 Uhr, Hauptspeisen 14–21 €, Tapas ab 4,50 €

Einkaufen

Delikatessen

1 Iberllota: Gute Feinkostauswahl, von extremenischen Würsten bis zu regionalem Sekt.
Avda. López Asme, 36, www.iberllota.com, Mo–Sa 10–14, 17–20, So 10–14 Uhr

Nichts als Schinken

2 Joaquín Luno: Großes Angebot an Schinken aus eigener Produktion, darunter auch das Hinterbein des edlen Eichelschinkens – dieses ist allerdings nicht eben günstig: es kostet rund 400 €.
Plaza de España, 10, www.joaquinluna.com, Mo–Fr 10–14, 17–20, Sa 10–14 Uhr

Bewegen

Wandern

Das Tourismusamt hält Informationen zu drei Rundwanderungen in die reizvolle Umgebung bereit. Der **Camino de los Pinos** führt über 7,3 km, der **Camino de Los Naranjos** über 8,2 km und der **Camino de la Plata** über 13,5 km. Ausgangspunkt: Stadtzentrum.

Ausgehen

Das Nachtleben konzentriert sich auf die Umgebung der Plaza Chica. Am Platz sind angesagt **La Tertulia** 🔥, die **Bar Monreal** 🔥, am Wochenende **Muscaria** 🔥 und **El Zoco** 🔥. Alle Bars haben Tische auf den Platz gestellt und reichen günstige Tapas und Tellergerichte. Bekannt für ihre Cocktails ist die durchgestylte **Bar Baraka** 🔥 auf der benachbarten Plaza Grande. Süßes gibt's in **La Chamba** 🔥. Tapas locken ins **Restaurante Plaza Grande**, das auch komplette Menüs bietet (im gleichnamigen **Hotel** 🔥, C/ Pasteleros).

Feiern

- **Semana Santa:** Osterwoche. Die wichtigsten Prozessionen laufen am Mittwoch, Donnerstag vor Sonnenaufgang und am Karfreitag.
- **De la Luna al Fuego:** um den 24. Juni. Mehrtägiges Kulturspektakel auf den Plätzen Zafras.
- **Feria de San Miguel:** Ende Sept./Okt. Seit dem 15. Jh. abgehaltener Viehmarkt mit Begleitprogramm (www.figzafra.es).

Infos

- **Oficina de Turismo:** Plaza de España, o. Nr. (im Park), T 924 55 10 36, www.visit azafra.com, Mo–Fr 10–14, 17.30–19.30, Sa/So 10–14 Uhr.
- **Auto:** Das historische Zentrum ist verkehrsberuhigt, es sind kaum Parkplätze vorhanden. Diese gibt es zumindest außerhalb der Stoßzeiten entlang der Avda. López Asma, sonst in den abzweigenden Nebenstraßen.
- **Bahn:** Avda. de la Estación. Wenige Züge nach Sevilla und Mérida.
- **Bus:** Ctra. Badajoz-Granada, o. Nr., T 924 75 11 19. Häufige Verbindungen nach Almendralejo, Mérida und Sevilla, regelmäßig nach Badajoz und Madrid, selten in die Orte der Umgebung wie etwa nach Llerena.

Jerez de los Caballeros ⭐ 📍 C 10

Dieses Schmuckstück der südlichen Extremadura knapp 40 km südwestlich von Zafra präsentiert zwei Highlights im wahrsten Sinne des Wortes. Denn hoch erheben sich sowohl der eigenwillige Turm der Hauptkirche wie auch die Mauern der Burg über die Stadtkulisse. Bei der Anreise durch die fruchtbaren Weidelandschaften zeigen sie sich schon von Weitem. Eines sei vorausgeschickt: Es ist nicht ganz leicht, sich in den verwinkelten hügeligen Gassen zurechtzufinden. Aber vielleicht ist gerade dies reizvoll. Zwar schlägt die Stadtverwaltung vier thematische Routen durch das historische Zentrum mit seinen meist weiß gestrichenen Häusern vor, aber lassen Sie sich eher ein wenig treiben. Die Größe ist bei kaum mehr als 9000 Einwohnern überschaubar.

Stadtgeschichte

Ceret hieß eine frühe Ansiedlung der Phönizier, der Ursprung für den heutigen

Namen Jerez. In der Römerzeit von nur geringer Bedeutung, konnte sich der Ort als Handelszentrum dann bei Westgoten und Arabern durchaus mit Mérida messen. Der eigentliche Aufstieg begann aber erst im 13. Jh., als die Villa de Xerez ein wichtiger Stützpunkt des Templerordens und regionale Hauptstadt wurde. Nach der blutigen Auflösung des Ordens fiel Jerez an die Santiago-Ritter. Reger Baubetrieb setzte ein, schon damals wurde die Zahl von fast 9000 Einwohnern erreicht. Auch einen großen Sohn brachte Jerez hervor. Vasco Núñes de Balboa entdeckte nach einem Gewaltmarsch durch Panama 1513 einen bis dahin unbekannten Ozean: El Pacífico, der Pazifik.

Doch das war es auch schon mit der Herrlichkeit, ab jetzt ging es steil bergab. Mehrfach von portugiesischen Truppen erobert, bevölkerten im 18. Jh. gerade einmal 1691 Menschen den Ort. Trotzdem war noch genügend Geld vorhanden, um die zahlreichen Kirchenbauten aus den fast schon vergessenen wirtschaftlichen und politischen Hochphasen nach und nach zu barockisieren. So entwickelte sich Jerez zur extremenischen Perle des Barocks.

Stadtrundgang

Geschäftig

Der Stadtrundgang könnte an der zentralen **Plaza de España** beginnen. Alle Sehenswürdigkeiten sind von hier leicht zu erlaufen. Um den Platz reihen sich einfache Bars, Apotheke, Banken, Restaurants, die aus anderen Städten bekannte Romantik fehlt dem Hauptplatz von Jerez allerdings. An der Nordseite erhebt sich die dreischiffige **Iglesia San Miguel ❶**, erbaut ab Mitte des 15. Jh., abgeschlossen mit der Fertigstellung des barocken Kirchturms aus rotbraunen Ziegelsteinen erst im Jahre 1756 (nicht

zuverlässig, meist tgl. 10.15–14.15, 16–18 Uhr, Eintritt frei).

Viele Hausherren

Die Tempelritter waren es, die am südlichen Stadtrand auf den Mauern einer arabischen Festungsanlage ihre **Burg ❷** (Plaza de la Alcazaba) errichteten. Die heutige Gestalt mit zinnenbekrönten Mauern und fünf Wehrtürmen um den großzügigen Innenhof erhielt sie nach Umbauten durch den Santiago-Orden. Der Weg hinauf wird mit einem herrlichen Blick über die hügelige Landschaft Richtung Andalusien und die Altstadt mit ihren zahlreichen Kirchtürmen belohnt (frei zugänglich).

Der Weg dorthin zurück führt an der **Iglesia de Santa María ❸** mit einer westgotischen Säule vorbei (Plaza Santa María, 1, Öffnungszeit wie Iglesia San Miguel, aber noch unzuverlässiger).

Barocker Prunk

Ein wahrhaftes Feuerwerk barocker Verzierungen entlädt sich am Westportal und im oberen Teil des Glockenturms der **Iglesia Parroquial de San Bartolomé ❹**. Zu erreichen ist die Pfarrkirche von der Plaza de España über die Calle de la Oliva nach Norden. Errichtet im höher gelegenen Stadtteil, wurde sie zum Wahrzeichen der Stadt. Beim Lissabonner Erdbeben 1755 teilweise zerstört, erhielt das Gotteshaus die verschwenderisch dekorierte Fassade beim Wiederaufbau vier Jahre später. Mit fein gearbeiteten Säulen und Bögen, reichlich Stuck und blau glasierter Terrakotta erinnert sie an die üppigen Barockkirchen Südamerikas. Die Vorgängerkirche war im 15. Jh. erbaut worden.

Ein elegantes gotisches Grabmal des Ordensritters Vasco de Xerez und seiner Gattin Beatriz stammen aus der frühen Bauphase. Unbestrittenes Prunkstück des dreischiffigen Innenraums ist die mit Blattgold belegte Orgel, die bis an

Jerez de los Caballeros

Ansehen
1 Iglesia San Miguel
2 Burganlage
3 Iglesia de
   Santa María
4 Iglesia Parroquial de
   San Bartolomé
5 Museo de
   Arte Sacro

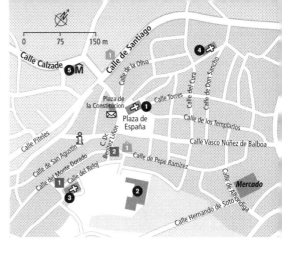

Schlafen

Essen

Einkaufen

---

das Tonnengewölbe des Hauptschiffs reicht. Der barocke Altar aus dem Jahr 1691 bietet einen unerwarteten Anblick. Hoch oben, wo sonst meist eine edle Maria mit Jesuskind milde auf die Gemeinde hinablächelt, spielt sich die Szene brutaler Gewalt ab. Eine farbige Holzskulptur zeigt zwei Häscher, die im Auftrag von Pilatus den halbnackten Christus geißeln. Plaza de San Bartolomé, unregelmäßig geöffnet, offizielle Zeiten tgl. 10–12, 16.30–18.30 Uhr, Eintritt frei

Museum

Erstaunlich lässig
5 **Museo de Arte Sacro:** Westlich der Plaza de España nahe der Quelle Fuente de los Santos verstecken sich die Räume des Museums für Sakrale Kunst. Ausgestellt sind Monstranzen, Gemälde, historische Bücher und Skulpturen. Eine Seltenheit ist eine Jesusfigur, die das Kreuz trotz seiner Wunden lässig umfasst.

Ein solches Motiv findet sich in Spanien nur dreimal. C/ Fuente de los Santos, 16, Mo–Fr 10–14 Uhr, Eintritt frei

Schlafen

Kleinod
1 **La Posada de las Cigüeñas:** Das ›Storchennest‹ in einem ruhigen Altstadthaus bietet Platz für sieben unterschiedlich große und verschieden gestaltete Zimmer, teilweise mit Balkon und Blick über die Dächer der Stadt. Kleiner Pool. Eigenes Restaurant. C/ Santiago, 5–7, T 924 73 14 46, www.laposadadelasciguenas.com, DZ um 75 €

Essen

Vorsichtig modernisiert
1 **Santa María:** Ein einfaches Restaurant, ein junger Koch, eine große Auswahl

an extremenischen Speisen, aber auch Fisch von der Küste. Spezialität: Lammeintopf *(caldereta de cordeiro)*.

C/ del Reloj, 34, T 924 75 04 29, Do–Di 13–16, 21–23.30 Uhr, Mittagsmenü 10 €, Hauptspeisen 10–15 €

Tafeln unter dem Altar

2 La Ermita: Kann denn Essen Sünde sein? Die Gäste des Restaurants La Ermita in einer Kapelle aus dem 17. Jh. lassen sich jedenfalls auch nicht vom gekreuzigten Jesus im vergoldeten Hochaltar stören. Und genießen die extremenische Küche vom Schwein, darunter auch Zunge oder Schwanz, dazu einige Tintenfischgerichte und Stockfisch. Der Schinkenteller als Vorspeise ist hervorragend. Ausgewählt wird, wie könnte es anders sein, aus der gastronomischen Hausbibel.

C/ del Doctor Benítez, 9, T 924 75 10 09, http://laermitajerezdeloscaballeros.com, So–Do 12–17, Fr/Sa 12–17, 20–2 Uhr, Hauptspeisen 9–12 €

Einkaufen

Schmackhaft

1 La Tienda de Jerez: Der kleine Laden unterhalb der Burg führt eine reiche Auswahl an feinen extremenischen Lebensmitteln, vielfach direkt aus dem Umland. So stammt der iberische Schinken vom Traditionsunternehmen El Bellotero am nördlichen Stadtrand.

C/ Pepe Ramírez, 5, www.sabordex.com, Mo–Sa 11–14, 17–20 Uhr

Feiern

● **Semana Santa:** Osterwoche. Beeindruckend sind die Prozessionen durch die steilen Altstadtgassen. Wichtigstes Fest der Region.
● **Salón del Jamón Ibérico:** 1. oder 2. Mai-Wochenende. Auf der großen

Messe wird die Qualität der Schinken begutachtet.
● **Festival Templario:** 2. Juli-Wochenende. Im Zentrum steht die Aufführung eines Theaterstücks am Alcázar. Thema: Der letzte Tempelritter von Jerez. Begleitend finden Mittelaltermarkt und Gastronomiewettbewerbe statt.

Infos

● **Oficina de Turismo:** C/ San Agustín, o. Nr. (im Augustinerkloster aus dem 16. Jh.), T 924 73 03 72, https://jerezcaballeros. es, Mo–Fr 9.30–14.30, 16.30–18.30, Sa/So 10.30–14, 16.30–18.30 Uhr.
● **Auto:** In den Hauptstraßen am Rande des historischen Zentrums gibt es ausreichend Parkmöglichkeiten. Von dort sind es maximal 10 Fußminuten zur Plaza de España.
● **Bus:** Urbanización El Rodeo, o. Nr. Sehr selten Verbindungen nach Madrid, Zafra, Badajoz, Mérida, Cáceres und Sevilla.

Fregenal de la Sierra ♀ C 11

Schon die Anfahrt durch die Sierra Sudeste und die Ausläufer der Sierra Morena wird dank der weiten Korkeichenhaine und grünen Berge zu einem Naturerlebnis. Angekommen auf dem Hauptplatz des reizenden Landstädtchens Fregenal de la Sierra mit gerade einmal 5000 Einwohnern dürfte sich mancher Urlauber verwundert die Augen reiben. Er ist eingerahmt von blendend weiß gekalkten Gebäuden und überragt von einer himmelhohen Palme. Dahinter erhebt sich eine Stierkampfarena. Es scheint, als wäre hier Andalusien. Dieser Eindruck täuscht nicht einmal. Bis 1833 gehörte Fregenal

Wie im Bilderbuch erhebt sich die Burg von Jerez de los Caballeros über die Landschaft. Bauherren waren die Templer, die die Fahne des Christentums hochhalten wollten.

de la Sierra zur Nachbarregion, die für südliche Leichtigkeit und Vitalität sorgte. Diese freundlichen Eigenschaften kommen Stadtbesuchern unmittelbar zugute, denn bei den Besuchern bedankt sich das Tourismusamt mit einer kostenlosen Stadtführung.

Weiß, Weiß, Weiß, ein wenig Braun
An der Längsseite der Plaza Mayor, offiziell **Paseo de la Constitución,** fällt die neogotische Fassade eines palastartigen Wohnhauses mit weißen Wänden ins Auge, die sich an die braunen Mauern der frühgotischen **Iglesia de Santa María de la Plaza** (Nr. 18) lehnen. Die Wehrhaftigkeit der Kirche wird im einschiffigen Innenraum durch einen vergoldeten Rokokoaltar aufgelockert. Er zeigt Jungfrau Maria unter einem eleganten Baldachin. Braun und weiß, Gotteshaus und Privat-

haus, die Gebäude rund um den Platz entstammen unterschiedlichen Epochen und dienten unterschiedlichen Funktionen. Und doch fügen sie sich zu einem harmonischen Ensemble zusammen.

unregelmäßig geöffnet, Eintritt frei

Wechselspiele
Hinter der Pfarrkirche erhebt sich über den Resten der arabischen Festung eine Templerburg, das **Castillo Templario.** Der Zutritt erfolgt über das Tourismusamt (Öffnungszeiten s. dort, Eintritt frei). Wenn Sie dort die Stufen hinaufgestiegen sind, erwartet Sie eine Überraschung. Plötzlich stehen Sie auf der Tribüne der Stierkampfarena! Kurios und einmalig, doch so wandelt sich mit den Zeiten eben auch der Inhalt der Kämpfe. Die eingebaute, bereits vorher durchquerte Markthalle vervollständigt die neuzeitli-

TOUR
Der diskrete Charme der Aristokratie

Durch die Gassen von Fregenal de la Sierra

Als Fregenal de la Sierra einst zu Andalusien gehörte, stellten die Wohlhabenden aus Sevilla noble Wohnhäuser in die engen Gassen, um im kühleren Bergland die Sommermonate zu verbringen. Von rauschenden Festen und der fröhlichen Geselligkeit einer mondänen Oberschicht berichten die Erzählungen. Die Reichen und die Schönen treffen sich heutzutage anderenorts, doch ihre eleganten Stadtpaläste sind noch zu bestaunen und der eine oder andere Blick ins Vestibül oder den Innenhof ist zu erhaschen.

In die noblen Wohnviertel von einst führt die **Calle Soto Mancera.** Hinter einer Straßengabelung (folgen Sie halbrechts der Calle Marqués de Riocabado) haben die stolzen Besitzer des **Palasts** unmittelbar vor der einstigen **Jesuitenkirche ❶** ihr fein ziseliertes Familienwappen auf der Rückseite des Gebäudes montiert. Aber warum nicht am Haupteingang? Ganz einfach! Der adlige Hausherr hatte sich mit seinem Pastor überworfen. Er verlegte darauf seine Postadresse an die rückwärtige Straße, machte aus der Hintertür den Haupteingang und konnte so die Gemeinde inklusive Pfarrer wechseln. Im **Jesuitenkolleg** (C/ Herrería, o. Nr.) lehrten die Mönche seit dem 17. Jh. Philosophie und Theologie.

Die von Nonnen gebackenen Kekse werden im Laden Despacho de Dulces hinter der Klosterpforte im romantischen Innenhof durch das alte Drehfenster verkauft (tgl. 10–19 Uhr, bitte klingeln).

Die schwere braune Holztür des **Palasts der Marquesa de Ferrara ❷** in der Calle Los Remedios, 13 ist oft nur angelehnt. Im Innenhof hinter einer Vorhalle parken immer noch drei herrschaftliche Kutschen. Zurück geht's auf die Calle Marqués de Riocabado und zum **Nonnenkloster Sra. de la Paz ❸** (Nr. 24). Der Patio wird von einer üppigen Bougainvillea erfüllt – und von einem kleinen Laden mit wunderbaren klösterlichen Keksen. Durch diese Leckereien gestärkt und die Straße weitergehend stoßen Sie auf den eleganten

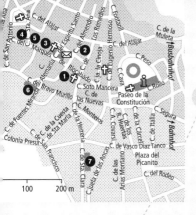

Barockpalast der Grafen von Torrepilares ❹ (C/ Iglesia Santa Ana, 2). Kunstvoll geschmiedete Eisengitter schützen das Erkerfenster. Darüber prangen ein behelmter Ritter und eine Krone im Familienwappen. Medaillons zieren die Fensterumrahmungen, Blumentöpfe und florale Motive das Dachgesims. Ein **neoarabischer Palast** ❺ (C/ Iglesia Santa Ana, 1) aus dem frühen 20. Jh. überrascht schräg gegenüber. Der Innenhof erinnert an den Löwenhof der Alhambra in Granada. Eine perfekte Kulisse für die »Geschichten aus 1001 Nacht«, und tatsächlich wurde hier schon einmal ein Film gedreht!

Nach dieser architektonischen Spielerei erreichen Sie in der südwestlichen Altstadt das älteste Herrenhaus von Fregenal (Calle Bravo Murillo, 11). Der **Palacio del Marqués de Riocabado** ❻ besitzt zudem die längste Häuserfront in der Altstadt, die ein durchgängiger Balkon mit Metallgitter ziert. Dem Markgrafen war es vergönnt gewesen, Doña Josefa Colón vor den Traualtar zu führen, eine direkte Nachfahrin von Kolumbus (Span.: Colón). Um seiner italienischen Gattin zu gefallen, ließ der Hausherr das Hauptportal mit Marmor- und Granitplatten im Renaissancestil einrahmen. Ihr erlauchter Vorfahr wird in einem bekrönten Doppelwappen hoch über dem Eingangsportal gewürdigt. Der Garten versteckt sich nach arabischem Brauch hinter hohen Mauern. Doch der 300 Jahre alte Lorbeerbaum hat sich in solche Höhen geschraubt, dass er die linke Seitenwand des Palasts deutlich überragt. Hübsch ist auch der Patio des Nachbarhauses.

An der nächsten großen Kreuzung bringt Sie die Calle Herrería zum **Wohnhaus von Don Rodrigo Sánchez-Arjona** ❼ in der Calle Santa Clara 9–15. Kaum zu glauben, aber wahr: Hinter diesen Mauern wurde der erste Telefonanschluss Spaniens freigeschaltet! Mit einem spektakulären Ferngespräch ins mehr als 100 km entfernte Sevilla und später sogar nach Cadiz schrieb Rodrigo im Dezember 1880 Geschichte. Sein amerikanischer Kollege Graham Bell hatte zuvor lediglich 45 Meilen zwischen Boston und Providence überbrücken können.

Übrigens: Die rechte Seite des Portals des Riocabado-Palasts umläuft ein mit bloßem Auge nur schwer zu entziffernder Spruch, den jedes spanische Schulkind auswendig lernen muss: A Castilla y León nuevo mundo dio Colón – »Kastilien und León gab Kolumbus die Neue Welt«.

che Nutzung der historischen Wehranlage (Markttreiben Di und Fr vormittags). Trotz all dieses Durcheinanders findet das Auge hier oben Ruhe bei der Betrachtung der grandiosen Landschaft.

Musikalischer Schäfer

Am nordwestlichen Altstadtrand verbergen die groben Mauern des gotischen Gotteshauses **Iglesia de Santa Ana** ein prächtig vergoldetes Altarbild, das auf acht Holzreliefs Szenen aus dem Leben von Jesus, Maria und der hl. Anna erzählt. Geschaffen wurde es Mitte des 16. Jh. vom flämischen Künstler Roque Balduque, der sich in Sevilla niedergelassen hatte. Ein besonderer Hingucker ist im linken Seitenschiff die Figur eines Hirten mit galicischem Dudelsack an der Krippe Jesu.
Plaza Llano Santa Ana, nur zu Messen und mit Führung (Näheres im Tourismusamt)

Schlafen

Landhotel in der Stadt

La Fontanilla: Zwölf in dunklem Braun gehaltene schlichte, aber gemütliche Zimmer zählt die Unterkunft hinter dicken Altstadtmauern, immerhin handelt es sich um eines der ältesten Häuser im Ort. Ein ruhiger Innenhof ist für Grillabende wie geschaffen.
C/ Bazán, 2, T 924 70 06 00, www.la-fontanilla.es, DZ 45–70 €

Essen

Der kurze Weg lohnt

Mesón Pedro Carloto: Auch wenn es sich um ein schlichtes Restaurant handelt, entschädigt die mehr als ansprechende Küche den 15-minütigen Spaziergang oder die Autofahrt an den südwestlichen Ortsrand. Spezialität ist *guarrito frito*, Schweinefleisch mit Knoblauch und Paprika. Wie die Tradition es will, fehlen

Beilagen, außer Brot, doch es gibt einige Salate apart zu bestellen
C/ Madres Agustinas, 1, T 653 97 98 03 (mobil), Mi–Mo 13–17, 20–23 Uhr, ausreichende mittlere (media) Ración um 8 €, ganze Hauptspeise um 12 €

Urige Taverne

Bar Nito: Malerisch hängen die saftigen Schinken über dem Tresen, empfehlenswert für den kleinen Hunger oder ein Bierchen zwischendurch. Chef Nito's Lebenswerk besteht laut eigener Aussage darin, bereits an die 30 000 Schinkenkeulen in dünnste Scheiben geschnitten zu haben, und jährlich kommen einige Hundert hinzu. Das geht aber auch ratzfatz. Beeindruckend.
C/ El Rollo, 3 (neben Tourismusamt), T 924 72 00 51, Mi–Mo 13–16.30, 20–24 Uhr, Tapas 2–5 €

Mit königlichem Diplom

Pasteleria Risco: Schon König Alfonso XII. goutierte anno 1879 die traditionellen Kuchen, die heute in einem doch moderneren Interieur über die Theke gehen oder serviert werden.
C/ Nuevas, 4, tgl. 9–14, 17–21 Uhr

Einkaufen

Cerámicas Gallardo: Tonwaren und Kacheln mit lokalen Dekoren stellt der Familienbetrieb seit fünf Generationen her, nach einer Kombination aus überlieferten und neuen Techniken.
C/ Mazaderos, 74, www.ceramicasgallardo.com, Mo–Fr 8.30–14, 16–19.30 Uhr

Bewegen

Wandern

Eine gut gestaltete Infobroschüre zu sechs Wanderungen in der Umgebung hält das Touristenbüro (s. u.) bereit.

Stadtspaziergänge

Das **Tourismusamt** organisiert kostenlose, ca. 90-minütige, unterhaltsame Führungen (tgl. 10.15 Uhr, in Spanisch, ab Tourismusamt), sowie eine einstündige Führung zu den wichtigsten Kirchen (Sa/So 13 Uhr ab Convento de San Francisco).

Infos

● **Oficina de Turismo:** C/ Rollo, 1 (nahe Paseo de la Constitución), T 924 70 00 00, https://turismo.fregenaldelasierra.es, tgl. 10–14.45, 18–20, im Winter 10–14.45, 17–19 Uhr. Kostenloser Audioguide zur individuellen Stadterkundung (auf Spanisch) und viele Infos auch zu den zahlreichen lokalen Festen und Prozessionen.
● **Bus:** Wenige Verbindungen nach Badajoz, Zafra und Sevilla.

Higuera la Real ⚲ C 11

Werke von Morales

Luis de Morales, der Maler des 16. Jh., hat zahlreiche Pfarrkirchen der Extremadura mit seinen Gemälden beglückt, so auch die **Iglesia de Santa Catalina** im schmucken Higuera la Real, 5 km südlich von Fregenal. Auf sechs Bildtafeln malte er die Passion Jesu in düster-bedrohlicher Stimmung. Die überlangen, schmalen Gliedmaßen der zentralen Gestalten erinnern an El Greco und weisen Morales als Vertreter des Manierismus aus.

Die Kirche ist meist von 10 bis 13 Uhr geöffnet, sonst hat das Tourismusamt einen Schlüssel

Zur Abwechslung Keltisches

Wer sich für die lokale Frühgeschichte interessiert, dem sei ein Abstecher zu dem gut dokumentierten keltischen **Castrejón de Capote** empfohlen, das

ab dem fünften vorchristlichen Jahrhundert besiedelt war. Mit Erläuterungstafeln versehen ist ein gut einstündiger Wanderweg zu früheren Mühlen, von denen teils nur mehr Mauerreste stehen. Allerdings macht der Übergang über eine schmale, leicht schwingende Hängebrücke den Weg für Schwindelanfällige beschwerlich.

Die Anlage liegt etwa 6 km südlich an der N-435, km 102, von dort weitere 2 km auf einer ausgeschilderten Nebenstraße, Do–Sa 10–14, So 11–14 Uhr, Eintritt frei

Infos

● **Oficina de Turismo:** Higuera la Real, C/ La Fuente, o. Nr., T 924 72 33 28, www.higueralareal.es, Juli–Sept. Mo–Mi 10–14.30, Do–Sa zusätzl. 17.30–20, Okt.–Juni bis 19.30 Uhr.

Segura de León ⚲ D 11

Die Gassen ziehen sich wie ein gerader Strich zwischen Burg auf dem westlichen und Pfarrkirche auf dem östlichen Hügel. Das Zentrum dazwischen bildet die Plaza de España. Der Ort mit seinen niedrigen, weißen Häusern steht ganz im Zeichen der christlichen Rückeroberung im Jahre 1248.

Wie aus einem Märchen

Mit ihren Zinnen, Mauergängen und Wachttürmen scheint die wuchtige **Burg** einem Märchenbuch entsprungen. Der Santiago-Orden ließ die Festung im 13. Jh. errichten. Nach Umbauten diente sie den Befehlshabern bis zur Auflösung des Ordens 1833 als Residenz, die Encomienda Mayor de León (C/ Castillo, nur Sa/So 12–14 Uhr oder nach Anmeldung beim Tourismusamt, T 615 62 51 17 (mobil), www.seguradeleon.es)

Die frühgotische Pfarrkirche **Nuestra Señora de la Asunción** im Stadtzentrum wurde im 16. Jh. durch ein platereskes Portal verschönert. Auch andere Bauten im Mudéjarstil schufen arabische Handwerker, so den Säulengang der Plaza Mayor. Eigentlich hätte Segura de León, auch dank seiner Normalität mehr Besucher verdient, doch das einzige Hotel musste schließen, die Öffnungszeiten sind sehr eingeschränkt, und so schläft das Städtchen einen Dornröschenschlaf (C/ Iglesia, 2, unregelmäßig geöffnet).

Monasterio de Tentudía ⭐ ♥ E 12

Pico de Tentudía, ein Berg von 1104 m Höhe! Und darauf ein Kloster aus dem 13. Jh.! Wahrhaft ein Höhepunkt, den es zu besuchen lohnt, auch wenn die Kurven der schmalen Straße manchmal arg eng ausfallen. Blau scheinen die unberührten Berge der Sierra de Tentudía, die bis zum südlichen Horizont reichen. Dort liegt Andalusien. 225 Tierarten sind in der Sierra heimisch, vom Feuersalamander bis zu Königs- und Kaiseradler.

Manche Legende haben die fast unzugänglichen Landschaften hervorgebracht. Ein von einem Bach durchflossenes Tal heißt Barranco del Moro, die Schlucht des Mauren. Die Fluten sollen sich rot vom Blut der getöteten Araber gefärbt haben. Sanftmütig zeigt sich dagegen das Bild in Richtung Norden, wo sich die offene Ebene bis Mérida erstreckt.

Wundersame Unterstützung

Die Geschichte des wehrhaften Klosters von Tentudía nahm im 13. Jh. ihren Anfang. Mit einem kleinen Kirchlein revanchierte sich der christliche Feldherr Pelay Pérez Correa für die wundersame militärische Unterstützung durch die Jungfrau Maria. Der Krieger habe sie, so erzählt die Sage, während einer entscheidenden Schlacht gegen die Mauren angefleht, den Lauf der Sonne anzuhalten und so den Kampftag zu verlängern. Oder im O-Ton: »Santa María detén tu día!« Sie tat es, die bereits geschwächten arabischen Soldaten wurden besiegt und die Kirche hatte ihren ungewöhnlichen Namen weg.

Nach zahlreichen Erweiterungen wurde sie 1514 in ein Kloster umgewandelt, dessen Räume sich um einen bezaubernden kleinen Kreuzgang im Mudéjarstil gruppieren. Aus schmalen Ziegelsteinen erbaut, verfügt er über zwei von Rundbögen eingefasste Stockwerke. Ein Brunnen in der Mitte lieferte Trinkwasser.

Historisches Großereignis

Frühe Majolikafliesen aus dem Jahr 1518 sind die Zierde des Hauptalters in der angrenzenden Kirche. Direkt davor steht die anbetungswürdige Hauptperson. Eine jungfräulich weiß gekleidete Maria trägt Silberkrone und Jesuskind. Der Künstler orientierte sich bei der Fertigung an volkstümlichen, eher kitschigen Vorbildern. Die Statue verlässt ihren heiligen Ort alljährlich am 15. August. Ein von Ochsen gezogener Wagen bringt sie in feierlicher Prozession hinunter in die Pfarrkirche von Calera de León. Etwa 5000 Gläubige folgen ihr während der Wallfahrt Romería de Tentudía am 8. September, ihrem Namenstag, den Berg wieder hinauf. Dieses Spektakel wiederholt sich ohne Unterbrechung seit über 700 Jahren. Fast bescheiden wirkt dagegen das Grabmal des Ritters und Kirchenstifters Correa in einer Seitenkapelle mit rundem Grundriss.

www.caleradeleon.es, Mai–Okt. Di–So 11–18, Nov.–April bis 17 Uhr, Eintritt 1 €

Bewegen

Wandern

Ein gut markierter **Rundwanderweg** führt über 11,7 km Länge vom Kloster abwärts durch Kiefernwälder und Olivenhaine, vorbei an Korkeichen und schließlich über 374 Höhenmeter zum Ausgangspunkt zurück. Die tollen Ausblicke entschädigen für mögliche Kurzatmigkeit.

Calera de León   ♀ E 12

Ersatzkloster

Bereits die Römer siedelten im fruchtbaren Tal, und die Araber nannten den Ort Al Caxera – zu Deutsch »Die Weiße«. Doch größere Bedeutung erlangte Calera de León nach der Reconquista als militärisch-religiöses Zentrum des Santiago-Ordens, der seine südliche Verteidigungslinie absicherte.

Im 16. Jh. wurde das Kloster **Conventual Santiaguista** quasi als Bodenstation errichtet, um jene Mönchsritter aufzunehmen, die im Tentudía-Kloster oben bei den Wolken keinen Platz mehr fanden. Kurz darauf gründete Kaiser Karl V. in den Klostermauern ein Kolleg für Grammatik, Theologie und Künste. Dessen humanistischer Geist sollte wohl das Rathaus und das neue **Centro Cultural Carlos V.** beflügeln. Einen Besuch lohnt der doppelstöckige Klosterhof mit seinen zeitlos-schlichten Rundbögen, die bereits die heraufziehende Renaissance anzeigen. Im Erdgeschoss sind die Wappen des Ordens zu sehen (Plaza de España, 12, Juni–Sept. Mo–Fr 9–14, 18.30–20.30, Sa/So 10–15, Okt.–Mai Mo–Fr 9–14, 16–19, Sa 10–14.30, 16–18, So 10–15 Uhr, Eintritt 1,50 €, Zugang über das Tourismusamt im 1. Stock).

Prunk auch in der Nebenkapelle: Hl. Augustinus und Katharina von Alexandrien auf Hunderten von Kacheln, geschaffen Ende des 16. Jh., rund 50 Jahre nach dem Hauptaltar der Klosterkirche von Tentudía.

Und an der **Plaza de España** vor dem Kloster laden bescheidene Bars zu einer kleinen Rast ein.

Feiern

• **Jamón de Monesterio:** 2. Aug.-Hälfte. Ein Fest für den Schinken im 7 km östlich gelegenen Monesterio.

Infos

• **Oficina de Turismo:** Plaza de España, 12, im Kloster, www.caleradeleon.es, Öffnungszeit wie Kloster.

Fuente de Cantos   ♀E11

Des Malers Heimat

Die Gemeinde an der Autobahn Richtung Zafra hätte keine sonderliche Erwähnung verdient, hätte dort nicht 1598 der Maler Francisco de Zurbarán das Licht der Welt erblickt. Sein Wohnhaus beherbergt das **Museo-Casa de Francisco de Zurbarán.** Ausgestellt sind Einrichtungsgegenstände nicht vom, aber wenigstens aus den Lebzeiten des Meisters. Falls das Museum aus Personalmangel geschlossen ist, sperren die Mitarbeiter des 300 m entfernten **Centro de Interpretación de Zurbarán** an der Plaza de la Constitución auf. Dieses zeigt die Rekonstruktion einer damaligen Malerwerkstatt (Öffnungszeiten wie Museum).
Calle Águilas 13, tgl. 10–14, 16–21, im Winter 10–14, 17–21 Uhr, Eintritt frei

Feiern

• **Fiesta de la Chanfaina:** April. Alles dreht sich um den Eintopf chanfaina mit Lamm und Zicklein.

Llerena   ♀F11

Ähnlich orientierungslos wie in einem nordafrikanischen Souk wird sich so mancher Besucher anfangs im Straßengewirr von Llerena fühlen. Auf Straßenschilder ist bei der Orientierungssuche wenig Verlass. Nur manchmal lässt sich der einem Minarett ähnelnde Glockenturm der Pfarrkirche erspähen und weist den Weg zur zentralen Plaza Mayor. Bis heute unübersehbar: Die ummauerte Stadt gründeten die Araber. Und zwar im 11. Jh. unter dem Namen Ellerina. Nach der christlichen Rückeroberung avancierte Llerena, wie so viele Orte an der Grenze zu Andalusien, schnell zu einem Sitz des Santiago-Ordens. Dessen Großmeister errichteten im 14. Jh. repräsentative Residenzen.

Unrühmliche Geschichte(n)

Ein dunkles Kapitel der katholischen Geschichte läutete Königin Isabella 1508 ein. Zum Bollwerk des Glaubens ließ sie Llerena durch die Gründung eines Inquisitionsgerichts ausbauen. Die schönfärberisch Heiliges Amt (*santo oficio*) genannte Spitzelbehörde sollte spanische Juden und Mauren nach ihrer Zwangstaufe als falsche Christen überführen.

Diese Verfolgung vermeintlich oder wirklich Andersgläubiger erlangte eine immer größere Bedeutung in der spanischen Gesellschaft. Die Inquisition wurde die erste landesweit agierende Einrichtung im zersplitterten Spanien. Llerena rückte ins Zentrum und entwickelte sich mit damals 8300 Einwohnern zur zweitgrößten Stadt der Extremadura, in der Handel und Kunst blühten. Die geschickten Hände der maurischen Handwerker, viele von ihnen aus dem nahen Granada geflohen, verliehen den neuen Klöstern, Kirchen oder Palästen

Llerena

Ansehen

1 Palacio de Los Zapata
2 Plaza Mayor
3 Nuestra Señora de la Granada
4 Iglesia de Santiago
5 Hospital de San Juan de Dios
6 Convento de Santa Clara
7 Iglesia de la Merced
8 Museo Histórico Ciudad de Llerena

Schlafen

1 Mirador de Llerena/ Restaurant Doña Mariana

Essen

1 Ateneo Llerenense La Cuadra

Einkaufen

1 Casa Maestral

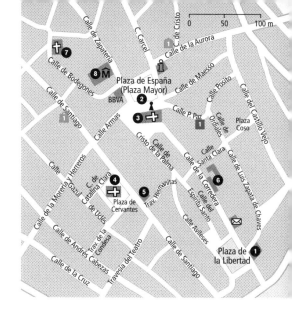

---

arabisch anmutende Formen. Der arabischen Baukunst wurde allerdings 1609 ein Ende bereitet, als die 273 000 in Spanien verbliebenen *moriscos* vertrieben wurden. Dieser ungeheure Aderlass an qualifizierten Fachkräften trug zum Niedergang von Llerena bei, das eine derartige Bedeutung nie wieder erlangte und heute nicht einmal 6000 Einwohner zählt.

Stadtrundgang

Baukunst vom Feinsten

Kurioserweise waren es zwangsgetaufte Moslems, die den Palast des Inquisitionsgerichts schufen. Sie waren einfach die geschickteren Handwerker! Abweisend wirkt die doppelte Säulenreihe vor dem Eingang des **Palacio de Los Zapata** 1. Doch hinter den Mauern verbirgt sich einer der schönsten Innenhöfe im Mudéjarstil. Fast leicht und sehr hoch zeigt sich der doppelstöckige Säulengang. Auch heute beherbergt das Gebäude einen Gerichtshof, der zum Glück keine Andersgläubigen mehr bedroht und Besuchern offen steht.

C/ Luis Zapata de Chaves, 1, Mo–Fr 8.30– ca. 14.30 Uhr, freier Einfang über den Gerichtshof

Bester Platz

Das strahlende Weiß der Fassaden, kontrastiert vom Schwarz der schmiedeeisernen Laternen, dazu ein kunstvolles Pflastermosaik und ein Paar hohe Palmen vor dem Rathaus – und schon sind alle notwendigen Zutaten für den zentralen Treffpunkt in einer extremenischen Kleinstadt beisammen: die **Plaza Mayor ❷**. Einzig die Autofahrer stören auf ihrer meist aussichtslosen Parkplatzsuche. Bars und bescheidene Restaurants säumen den Hauptplatz. An der Nordseite dürfen Sie unter Arkaden aus dem 16. Jh. Ihren Kaffee oder ein Glas Wein trinken.

Die Logenplätze liegen indes gegenüber: Der Pfarrkirche (s. u.) sind zwei Säulengänge im Mudéjarstil vorgesetzt. Hier nahmen die städtischen und geistlichen Honoratioren Platz und verfolgten aus erhöhter Position die schrecklichen Autodafés der Inquisition, belehrende Theateraufführungen, blutige Stierkämpfe oder fröhliche Volksfeste.

Links vor dem barocken Seitenportal der Kirche betrachtet die Bronzestatue des Malers Francisco Zurbarán das städtische Treiben. 15 Jahre lebte er in Llerena und hatte seine Staffelei nur wenige Meter entfernt im Obergeschoss jenes Gebäudes aufgestellt, in dem ein Hotel-Restaurant seinen Namen trägt. Daran grenzt das repräsentative Gebäude der Stadtverwaltung im klassizistischen Stil.

Ungewöhnlicher Stilmix

Nuestra Señora de la Granada ❸, die festliche Pfarrkirche Llerenas, ist das Werk verschiedener Jahrhunderte. Entsprechend viele Baustile sind eingeflossen. Das Westportal mit der Puerta del Perdón ist robuste Gotik, darüber erfreut ein graziles Mudéjarfenster mit Hufeisenbogen. Die oberen drei Stockwerke sind üppig im Barockstil dekoriert. Ungeachtet des ungewöhnlichen Stilmix verleiht die durchgängige Verwendung von Ziegelsteinen dem Glockenturm ein stark arabisches Gepräge. Hingegen irritiert die stilistische Vielfalt im recht überladenen Kirchenschiff. Sehenswert ist allerdings in der vorderen

rechten Seitenkapelle ein Gemälde Zurbaráns mit dem gekreuzigten Jesus (»El Cristo en la cruz«).

Plaza de España, o. Nr., tgl. 9.30–13.30, Mo/Di, Fr zur Messe 19–20 Uhr, Eintritt frei

Seltene Einblicke

Leider ist das wehrhaft-trutzige Kirchengebäude der **Iglesia de Santiago ❹** an der Plaza Cervantes (Ecke C/ de Santiago zur C/ de Catalina Clara) aus dem 15. und 16. Jh. meist nur sonntagnachmittags zu besichtigen. Erbauen ließ es der Santiago-Orden als letzte Ruhestätte ihres Großmeisters Don Alonso de Cárdenas und seiner Gattin. Ihre Grabmäler werden von kunstvollen Statuen im flämisch-gotischen Stil geschmückt. Daneben imponiert der barocke Hauptaltar in goldener Pracht aus dem 17. Jh.

Bücher im Krankenhaus

Schräg gegenüber führt ein klassizistisches Portal zu den Räumen eines ehemaligen Hospizes, in dem früher die Armen Hilfe fanden. Das **Hospital de San Juan de Dios ❺** war die bedeutendste von fünf Einrichtungen dieser Art in Llerena. Das Gebäude aus dem 17. und 18. Jh. erfährt nach umfassender Renovierung eine außergewöhnliche Nutzung: In die einschiffige Krankenhauskapelle ist die städtische Bibliothek eingezogen! Weiß getüncht sind die Wände, in den Altarraum und die Seitenkapellen sind braune Regale eingefügt. Die höheren Bereiche werden über geschwungene Holztreppen erreicht, die stilistisch dem Art déco angelehnt sind.

C/ de Santiago, 44, Mo–Fr 10–14, 16–20, im Sommer nur 8.30–14.30 Uhr, Eintritt frei

Leckeres Backwerk

Frauen der oberen Schichten fanden Zuflucht hinter den roten Mauern des nahen, 1508 gegründeten Klarissenklosters **Convento de Santa Clara** ❻. Es trägt ebenso wie der bezaubernde Patio die Handschrift der maurischen Handwerker. Dem gesellschaftlichen Rang der Nonnen entspricht die Pracht der Klosterkirche. Sie markiert den Übergang von der Renaissance zum Barock. Rundkuppel und Wände sind reich mit Fresken verziert.

Hinzu kommt ein **Sakralmuseum**, das die Geschichte der Franziskaner in Llerena in den Mittelpunkt stellt. Die Nonnen dieses letzten aktiven Konvents in der Stadt sind bekannt für ihr leckeres **Backwerk**, das einem Drehfenster hinter der braunen Eingangstür dem Besitzer wechselt, etwas kurios und ganz profan wird dazu auch Coca-Cola angeboten.

C/ Corredera, 19, Kirche meist 10.30–12.30 Uhr, sicher zu Messe um 8.30 Uhr, Gebäck tgl. 9.15–13, 16–19.30, im Winter bis 18.30 Uhr, Eintritt frei, Museum nur ab 4 Personen, T 924 87 25 62, Eintritt 2 €

Arabisches Ensemble

Auch einige Wohnhäuser besitzen mudéjare Stilelemente. An der nordwestlichen Seite der Plaza de España führt die **Calle Bodegones** an der Bank BBVA vorbei auf das Haus Nr. 7 zu, das sich im ersten Stock mit einem eleganten Zwillingsfenster schmückt. Gleich dahinter wurde an Häuserfassaden auf beiden Straßenseiten die arabische Bausubstanz aus schmalen Ziegelsteinen freigelegt. Kontrastiert wird das mittelalterliche Ensemble durch eine großflächige, silbern spiegelnde Wand, die Rückseite des Stadtmuseums (s. u.).

Am Ende der Calle Bodegones liegt die frühere Jesuitenkirche **Iglesia de la Merced** ❼, die heute als Kulturzentrum dient (Plazuela de los Ajos, 1). Gegenüber verbirgt sich in einem heute von der Universidad popular genutzten Palast ein weiterer Mudéjar-Innenhof. Die Ziegel des doppelstöckigen Patios mit altem Brunnen sind teilweise mit weißem Kalk beschichtet.

Museum

Zu groß geplant

❽ **Museo Histórico Ciudad de Llerena:** In der Calle Zapatería auf dem Weg zurück zur Plaza de España stoßen Sie auf das vor wenigen Jahren eingeweihte Stadtmuseum, das ein neues Aushängeschild der Gemeinde bilden sollte. Ein bischöflicher Palast aus dem späten 15. Jh. wurde gewagt modernisiert. Erhalten blieb das wuchtige Eingangsportal mit seinem Prioratswappen, vor das ein überdimensionales, rostbraunes Museumsschild und mehrere marmorne Stelen gesetzt wurden. Manches am Gebäude wirkt mittlerweile schmutzig, auch verrostet. Und zu der angedachten umfassenden Darstellung der städtischen Geschichte kam es auch nicht. Stattdessen stellen Handwerker zu eingeschränkten Öffnungszeiten auf Regionalmessen prämierte Werke aus, von Seidenstickereien bis Metallarbeiten. Zudem sind Reste des Kreuzgangs und einige Fresken erhalten.

C/ Zapatería, 5, Do/Fr 17–21, Sa 10–14, 16–20, So 10–14, Juli/Aug. Di–Fr 18–22, Sa 10–14, 18–22, So 10–14 Uhr Eintritt 1 €

Schlafen

Im Stadtpalais

① **Mirador de Llerena:** In einer Gasse, die auf die Plaza Mayor führt, wurden Fassade und Eingangshalle eines Stadtpalasts aus dem 19. Jh. aufwendig restauriert. Dahinter ist ein Neubau angefügt mit weiteren 25 moderne Zimmern. Höhepunkt ist der namensgebende Aussichtspunkt *(mirador)* auf der Spitze des Gebäudes (Schlüssel an der Rezeption).

C/ Aurora, 7, T 924 87 05 97, www.hospederiasdeextremadura.es, DZ 75–100 €

TOUR
Sturm auf
die arabische Festung

Wanderung auf Reinas Burghügel

Infos

Start:
EX 200, km 7,2; Parken: Einbuchtung auf der gegenüberliegenden, östl. Straßenseite (♥ F 11).
Länge:
7,8 km, Dauer: ca. 2,5 Std.
Markierung:
unregelmäßig gelb-weiß.

Auf der, von Llerena kommend, rechten Straßenseite weisen 4 km hinter dem Abzweig nach **Casa de Reina** (s. S. 207) grüne Pfeile und gelb-weiße Zeichen nach rechts in einen Feldweg. Hoch oben zieht eine arabische Befestigung die Blicke an, sie ist der Gipfelpunkt dieser 2,5-stündigen, mittelschweren Wanderung: Immer leicht ansteigend, wird zunächst ein Wasserhäuschen passiert, hinter dem auf bald geteertem Belag die ersten Gebäude des Örtchens **Reina** erreicht werden. Gerade eine Viertelstunde ist vergangen, als die Dorfkirche rechts liegen gelassen wird. Die Dorfstraße Calle Real säumen meist einstöckige, weiß gestrichene Wohnhäuser. Viele stehen zum Verkauf. Dazu passt, dass nur wenige, fast ausschließlich alte bis sehr alte Menschen zu sehen sind.

Am Ende dieser Dorfstraße, bei Haus Nr. 1, weist das Schild »Alcazaba« scharf rechts aufwärts. Doch bevor Sie diesem Weg folgen, lohnen sich zunächst ein paar Schritte geradeaus weiter. Dort, vor Haus Nr. 6, macht ein Bronzeschild auf die **Wasserscheide** der Flüsse Guadalquivir und Guadiana aufmerksam, tatsächlich die natürliche Grenze der Extremadura zu Andalusien, auch wenn die verwaltungstechnische erst ein paar Kilometer südlich verläuft.

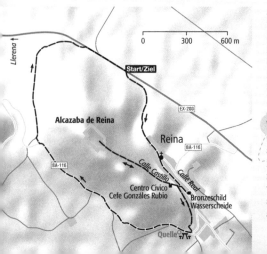

Llerena

0   300   600 m

Start/Ziel

EX-200

Alcazaba de Reina

Reina

BA-116

BA-116

Calle Castillo

Calle Real

Centro Civico
Cefe Gonzáles Rubio

Bronzeschild
Wasserscheide

Quelle

Nun aber wieder die paar Schritte zurück zum Schild »Alcazaba«, dort die **Calle Castillo** hinauf und bald vorbei am Kulturhaus **Centro Cívico Cefe Gonzáles Rubio,** benannt nach einem ehemaligen Bürgermeisters des Orts. Der bequem gepflasterte, aber steile Weg führt direkt hoch zur **arabischen Befestigung** (s. S. 208).

Schade, Nebel wabert über der arabischen Festung. Bei klarem Wetter reicht der Blick bis Andalusien.

Dort oben zeigt das Panorama im Norden die Stadt Llerena (s. S. 198), nach Süden die Grenzhügel zu Andalusien, nach Osten erstreckt sich die Ebene über Azuaga (s. S. 208) hinaus. Im Westen weitet sich der Blick bis nach Tentudía (s. S. 196) und unten führt die Straße entlang, die Teil des Rückweges sein wird.

Um dorthin zu gelangen, geht es erst einmal zurück zum Kulturzentrum und direkt dahinter einen Betonweg rechts aufwärts (nicht zurück ins Ortszentrum). Schnell ist die Calle San Antonio erreicht, die rechts auf die kaum befahrene Lokalstraße BA-116 stößt.

Auf dieser geht es nach Norden aus Reina hinaus, vorbei an einer **Quelle mit Picknickplatz** und dann immer unterhalb der Alcazabar, die hoch oben auf dem Berggrat thront. Nach rund 15 Minuten wird km 1 passiert, nach weiteren 5 Minuten zeigen sich in einer scharfen Rechtskurve am Horizont der Kirchturm und Häuser von Casa de Reina und Llerena.

Rechts nimmt ein Pfad eine Abkürzung zu einem Zaun und einem größeren Feldweg. Dieser führt am Fuße des Burghügels nach Osten, teils gesäumt von Olivenbäumen, teils entlang eines ausgewiesenen Jagdgeländes. Das letzte Wegstück verläuft etwas oberhalb der Verbindungsstraße EX-200, die nahe dem Abzweig zum römischen Theater erreicht ist (km 7). Die letzten Schritte müssen auf der Hauptstraße zurückgelegt werden.

TOUR
Abenteuer
Alltagsleben

Durch das Museo Etnográfico de Azuaga

Das **Volkskundemuseum von Azuaga** liefert den Beweis, dass es in einem Museum amüsant und kurzweilig zugehen kann. In den Kellerräumen einer **früheren Bodega** werden Geschichten vom ländlichen Leben erzählt und schon fast vergessene Berufe, Produktionsstätten, Werkzeuge und Spiele vorgeführt. Gleich zu Beginn des Besuchs sind ein paar Rätsel zu lösen: Drei kleine Glasvitrinen zeigen vier Gegenstände, ohne Erklärung und losgelöst von ihrem Verwendungszweck. Noch bis vor 50 Jahren waren sie aus dem Alltagsleben nicht wegzudenken, heute sind sie für die allermeisten vergessen … hier im Museum bieten diese seltsamen Gegenstände eine schöne Einstimmung auf die Ausstellung:

Was für ein vielfältiger Naturstoff: Kork verschließt nicht nur Flaschen, sondern konserviert auch Speisen und wärmte früher sogar das verlängerte Rückgrat der Schäfer.

Im ersten Glaskasten liegt ein eigentümliches Metallobjekt mit Handgriff und gezacktem Boden. Ein **Brotstempel!** Zur Kennzeichnung des eigenen Backwerks, bevor es zusammen mit all den Laiben der Nachbarn in den Dorfofen geschoben wurde. Weiter zur zweiten Vitrine und zu einem runden Etwas aus Kork, kunstvoll mit Schnitzmustern verziert. Mit solchen Arbeiten haben sich die Schäfer die freie Zeit während der Wanderschaft durch die Eichenhaine vertrieben. Es ist ein **Melkschemel.** Leicht musste er sein, denn viel Gepäck konnte so ein Hirte nicht mitschleppen. Und warm hielt der Kork den Allerwertesten außerdem. Auch der Löffel aus Horn in derselben Vitrine wurde fein ornamentiert. Ein wahres Kulturgut – der kleinen Leute. Die dritte Vitrine beweist, dass die Einwohner von Azuaga nicht von Brot und Schafsmilch allein lebten, sondern ausgiebig feiern konnten. Zu sehen sind drei miteinander verbundene Holzbretter,

Info:
Museo Etnográfico
de Azuaga, Calle
Muñoz Crespo, 19,
Fr/Sa 10–14, 17–20,
So 11–14, Juli–Sept.
Di–Sa 10–14,
18–21, So 11–14
Uhr, Eintritt frei.

die als **Rhythmusinstrument** bei Volksfesten zum Einsatz kamen. Hätten Sie's gewusst?

Der folgende Saal stellt Gerätschaften aus, die unabdingbar waren für die Arbeit auf dem Lande. Zwar sind die Infotafeln nur in Spanisch gehalten, doch erklären die anschaulichen Zeichnungen die Arbeitsabläufe. Etwa beim **Einbringen des Weizens:** Das sonderbare, mit Kieselsteinen gespickte Brett ist eine Egge zum Begradigen des gepflügten Feldes, die großen Holzgabeln waren unentbehrlich zum Heumachen, das Sieb diente zum Trennen der Spreu. Beim nächsten Thema, dem **Brotbacken** lässt eine überdimensionierte Backschaufel die Größe eines dörflichen Gemeinschaftsofens zumindest erahnen. Und die Notwendigkeit eines Stempels zur Kennzeichnung – bei so vielen Broten, die darin Platz fanden.

Gleich links davon werden Fallen in allen Formaten gezeigt, mit den größten wurden veritable Hirsche gefangen. Das geschah im Verborgenen, schließlich war das Fallenstellen in der Extremadura strengstens verboten. Die Strafen waren empfindlich, denn die Jagd war Privileg des Adels. Wie überall auf der Welt. Und auch wie überall trug die **Wilderei** wesentlich zum Überleben der siechenden Landbevölkerung bei. In dem ausgestellten Rinderhorn war das Schießpulver versteckt, in dem kleinen Rucksack wurden die erlegten Tiere verborgen.

Im Zentrum des Saals wird vom **Schäferdasein** erzählt. Bereits auf der Weide wurde die frisch gemolkene Schafsmilch in einfachen Gefäßen zu Käse verarbeitet. Das ausgestellte Metallhalsband, gefährlich gespickt mit eisernen Dornen, schützte die Schäferhunde vor den tödlichen Bissen der Wölfe. Der bescheidene Tisch ist mit leichtem Geschirr für unterwegs aufgedeckt. Bereit liegen ein Korkbehälter zum Warmhalten der Speisen und ein aus Rinderhorn gefertigter Trinkbecher.

Weiter geht's zum **Schweineschlachten.** Die Tiere wurden auf Federwaagen gewogen, deren Funktionsweise bereits die alten Römer kannten. Danach kamen sie zum Schlachten in den Holztrog, der einem Kanu verblüffend ähnlich sieht. Für die beliebten *chorizos*, die kräftigen Paprikawürste, wurde das Schlachtgut durch

Schule in Zeiten vor dem Tablet.

den Fleischwolf gedreht. Danach kam die traditionelle Wurstabfüllmaschine vorn links zum Einsatz. Und selbst zu Süßem war das Schwein gut. Die beliebtesten Küchlein wurden in reinem Schmalz ausgebacken. Freilich nur an den Festtagen! Die ausgestellten Metallformen wurden dafür mit Teig gefüllt und an ihrem langen Stab in das heiße Schmalz gedrückt. Auf diese Art wird das Sternengebäck in den örtlichen Konditoreien noch heute fabriziert.

Zur Auflockerung des Besuchs dürfen Sie nun selbst aktiv werden und in einem kleinen Patio unter freiem Himmel das **Tangaspiel** erproben (Spielanleitung siehe links). Das städtische Leben, dem sich der folgende Saal widmet, liegt dem mitteleuropäischen Erfahrungshorizont sehr viel näher und bedarf kaum grundlegender Erläuterungen. Vielmehr weckt der Rundgang sicherlich bei so manchem eigene Kindheitserinnerungen und verleitet zum Schmunzeln. Da sind die Kinderspiele, die Puppenstube und so allerlei Praktisches. Der zylinderförmig zulaufende Laufstall wurde aus Weide geflochten und ein Halter fürs Fläschchen am oberen Rand eingearbeitet. Unter der Schulbank liegt ein Fußwärmer aus Metall, der im Winter mit glühenden Kohlen gefüllt, die Heizung im Klassenzimmer ersetzte.

Apropos **Kohle:** Dazu passen im nächsten Saal eine Lore, der eiserne Helm und die Grubenlampe der Arbeiter aus den umliegenden Minen, inzwischen stillgelegt, einst aber wichtigster Arbeitgeber. Daneben steht eine uralte Olivenmühle, die das Öl durch Matten aus heimischem Espartogras presste.

Zum Abschluss werden Sie in die **alte Bodega** mit voluminösen Weinfässern geführt. Hier sehen Sie auf Plakaten aus den 1930er-Jahren, dass der lokale Anislikör »Del Laurel« bei Minenarbeitern und feiner Gesellschaft gleichermaßen beliebt war. Schade nur, dass das Museum keine Schankgenehmigung besitzt und die leckeren Tropfen nicht gleich vor Ort zu probieren sind!

Wie funkioniert das Tangaspiel? In die Mitte eines am Boden markierten Kreises wird ein zylinderförmiges Holzklötzchen gestellt, auf dem eine Münze liegt. Aus etwa 2 m Entfernung müssen Sie mit Eisenscheiben das Holzklötzchen zu Fall bringen und dabei die Münze weiter nach hinten schießen. Gewonnen hat der Spieler, dessen Eisenscheibe dem Geldstück am nächsten kommt. Achtung: Geldstück und Wurfscheibe müssen noch im markierten Kreis liegen!

Essen

Kreative Regionalküche

🚩 **Doña Mariana:** Gediegen sitzen und speisen die Gäste unter historischen, wenn auch modernisierten Gewölben oder im glasüberdachten Innenhof mit gusseisernen Säulen und Galerie. Traditionellen Gerichten aus regionalen Zutaten, häufig mit Pilzen, verleiht der Koch eine moderne Note, auch vegetarisch.

Im Hotel Mirador de Llerena 1, tgl. 13.30–16, 21–23 Uhr, Hauptspeisen 13–21 €, Menüs 15 und 30 €

Tapasieger

🏆 **Ateneo Llerenense La Cuadra:** Die neben dem Eingang angebrachten Schilder sind schon beeindruckend, wie sie all die Auszeichnungen bei örtlichen Tapa-Wettbewerben zeigen. Nun gut, so groß ist die Konkurrenz im überschaubaren städtischen Gastronomieleben auch nicht. Aber die Kreationen wissen durchaus zu überzeugen, etwa der Ochsenschwanz mit Maiskruste über Babaganusch (Auberginenpaste), Pitabrot mit Honig und Sesam. Aber es gibt auch stinknormale Hamburger.

C/ Santiago, 1, T 924 87 01 81, www.facebook.com/ateneo.llerenense, Di 13–16, Mi–So 13–16, 20.30–0.30 Uhr, Tapas 3–9 €, Hauptspeisen um 10 €

Einkaufen

Regionale Souvenirs

🏅 **Casa Maestral:** Hochwertiges Kunsthandwerk örtlicher Hersteller. Schön ist der Blick in den mudéjaren Innenhof.

C/ Cárcel, 11, Di–Sa 10–14, 17–20 Uhr

Feiern

• **Matanza:** März. Zum Schlachtfest wird in der Mitte der Plaza de España ein riesiger Eintopf *cocido extremeño* gekocht. Guinnessbuch-verdächtig!

• **Fiestas Mayores:** Aug., Höhepunkt am 15. Aug. Kulturfest mit Theater, Konzerten, Literatur zu Ehren der Jungfrau von Granada.

Infos

• **Oficina de Turismo:** C/ Aurora, 3, T 924 87 05 51, https://llerena.org/turismo, Mo–Fr 10–14, 19–21, im Winter 10–14, 17.30–19.30, Sa/So 11.30–13.30 Uhr.

• **Auto:** Fast aussichtslos ist die Parkplatzsuche im historischen Stadtkern, leicht hingegen an den Hauptstraßen rund um die Stadtmauer.

• **Bus:** Paseo de Cieza de León, T 924 55 39 07. Selten nach Zafra und Fuente de Cantos, dort Umsteigemöglichkeiten nach Mérida und Sevilla.

• **Bahn:** C/ Estación, T 902 24 02 02, Züge nach Sevilla, Zafra und Mérida.

Regina und Reina   📍F11

Römisches …

Ein Abstecher von Llerena in Richtung Süden führt gleich hinter **Casa de Reina** zu den Resten der römischen Stadt **Regina**. Von Cäsar oder Augustus an der Straße von Mérida nach Sevilla gegründet, lebte die Gemeinde vom fruchtbaren Boden und von nahen Eisenerzminen. Ausgrabungen brachten die Grundmauern von Geschäfts- und Wohnhäusern, Teile des Forums und eines Theaters zutage.

Auf den leicht ansteigenden Bankreihen können Sie leicht Platz nehmen und Ihren Blick über die mit Säulen geschmückte Bühne zur flachen Landschaft der Campiña Sur schweifen lassen. Und vielleicht darüber grübeln, wie gleichermaßen mühsam und zufällig doch archäologische Arbeit sein muss, wenn gerade unter diesem Acker ein solch großartiges Ensemble geborgen werden konnte.

EX-200, km 7, Di–So 10–17 Uhr, Eintritt frei

… und Arabisches

In etwa 4 km Entfernung errichteten die Araber im 11. Jh. auf einer Anhöhe eine Festung, zu der ein schmaler Weg vom Örtchen **Reina** führt (s. auch Tour S. 202). Für die Tore und Bögen ihrer **Alcazaba** verwendeten sie Lehm und behauene Granitblöcke, die vermutlich aus der römischen Theateranlage stammen. Überreste aus der westgotischen Epoche finden sich in einer kleinen christlichen Kapelle. Welch sympathische Vermischung der Religionen und Kulturen auf engstem Raum!

Azuaga 📍 G 11

Ein feines Landstädtchen! Und ein erschreckendes, aber durchaus charakteristisches Beispiel für die Bevölkerungsentwicklung in weiten Teilen der Extremadura. Im Jahre 1900 lebten hier 14 000 Einwohner, dann stieg die Zahl bis 1950 fast kontinuierlich auf 17 669 an. Grund waren reiche Erz- und einige Silberminen. Verrostete Fördertürme in der Umgebung erinnern an die Zeit der Prosperität. Als die Ausbeutung unrentabel wurde, begann die Abwanderung. 2018 blieben gerade einmal 7891 Bewohner zurück! Tendenz: weiter abnehmend. Einzige größere Arbeitgeber sind die Schinken- und Wurstfabriken, die die Einfahrtsstraße säumen.

Ganz schön viele Kirchen …

Dabei spielte Azuaga seit dem 15. Jh. eine durchaus beachtliche Rolle in der Campiña Sur genannten Region, nachdem der Santiago-Orden in der **Iglesia Nuestra Señora de la Merced** sein Generalkapitel abgehalten hatte. Zusätzlicher architektonischer Ausdruck der frühen Bedeutung sind die **Iglesia del Cristo del Humilladero,** die **Iglesia Nuestra Señora de la Consolación** und unzählige Kapellen im Ortskern. Und der größte Sohn der Stadt, Fray Pedro de Azuaga, brachte es in der Zeit der Conquista sogar zum Bischof von Santiago de Chile.

Ungeachtet des strengen Katholizismus wurde die Gemeinde nach der christlichen Rückeroberung von Granada (1492) zum Zufluchtsort vieler Araber, die ihre großartige Handwerkskunst mitbrachten. Viel ist davon leider nicht übrig geblieben. Die schönsten Beispiele sind Teile der Iglesia de la Merced und die Fenster einiger Häuser des früheren **Maurenviertels** in der Calle Pío XIII am östlichen Stadtausgang (Nr. 10, 12 und 16). Sie läuft auf die Reste eines Kastells aus dem 13. Jh. zu. Es trug den stolzen Namen **El Castillo Miramontes,** da es sich auf einem Felsen über den Ort erhob. Seit Mitte des 18. Jh. dem Verfall preisgegeben, erinnern inzwischen nur mehr einige Reste der Mauern und des Bergfrieds an kriegerische Zeiten.

… plus ein tolles Museum

Zeugnis vom Leben in der jüngeren Vergangenheit legt das wohl schönste **Volkskundemuseum** der Extremadura ab (s. Tour S. 204).

Infos

• **Oficina de Turismo:** Plaza de la Merced, 12, T 924 13 78 38, Di–Fr 9–15, 18.30–20.30, im Winter 16.30–18.30, Sa/So ganzjährig 9–14, 16.30–18.30 Uhr.
• **Bus:** Selten nach Llerena und Fuente de Cantos, dort Umsteigemöglichkeiten nach Zafra, Mérida und Sevilla.

Zugabe
Straße frei für den Luchs

Ein Verkehrsschild zum Schutz eines ungewöhnlichen Tieres

Am 13. Juni 2014 war es so weit: In der portugiesischen Algarve für die freie Wildbahn gezüchtet, wurden zwei Iberische Luchse in der Extremadura ausgewildert, in einem Gebiet bei Hornachos, in dem sie einst schon heimisch waren. Die auch Pardelluchs genannte Raubkatze gehört zu den am stärksten bedrohten Arten, nur etwa 600 Exemplare leben in Freiheit: in Andalusien, bei Toledo und im Süden Portugals. Und mittlerweile auch in der Extremadura, wo 2018 erstmals wieder Junge geboren wurden. Die eleganten, hochbeinigen Tiere sind etwa 80 cm lang und 45 cm hoch, das Gewicht liegt bei 12,5 kg, die Weibchen sind etwas kleiner und leichter. Das rötlich gelbe, manchmal ins Weiß wechselnde Fell ist gepunktet. Ihr Habitat besteht aus Buschland, offenen Grasflächen und lichtem Wald. Zur Sensibilisierung der Bevölkerung gibt es in der Extremadura ein passendes Straßenschild, das vor diesem ganz besonderen Wildwechsel warnt. ∎

Guadalupe und der mittlere Osten

In goldenes Licht — taucht die untergehende Sonne Spaniens ein Nationalheiligtum, das eine schwarze Madonna feiert.

Hornachos

Das Vogelschutzgebiet in der Sierra und der weiten Ebene mit seiner Vogelstation ist etwas abgelegen und deswegen weniger besucht. Darin genau liegt der Reiz.

Röhrende Hirsche sind in den Bergen von Siberia heimisch.

Cancho Roano

Vor 3000 Jahren errichtete der heute fast vergessene, damals aber hochentwickelte Volksstamm der Tartessos seine wohlhabende Hauptstadt Cancho Roano in der Extremadura. Und entwickelte, durchaus überraschend, schon damals Rezepte gegen Wirtschaftskrisen.

Medellín

Eine Burg mit trauriger Geschichte: In Medellín ließ eine verwitwete Burgfrau ihren Sohn für lange Jahre einkerkern, damit der ihr nicht die Macht streitig machen konnte.

Herrera del Duque

In den Bars auf der Plaza de España genießen Sie den Blick auf weiße Häuser, einen schwarzen Brunnen und grüne Palmen. Um den kleinen Ort weitet sich eine fruchtbare Ebene und am Horizont erheben sich waldreiche Berge.

Eintauchen

Seite 220
Embalse de Orellana

Der vom Río Guadiana gespeiste Stausee ist das Wassersportzentrum der Extremadura: Baden, Surfen, Segeln, Angeln.

Seite 221
Guadalupe ✪

Das königliche Kloster ist Symbol für die Welteroberung Spaniens. Mudéjar, Gotik und Barock hinterließen prägnante Spuren an einem architektonischen Ensemble, das sich als wuchtige Burg des Glaubens präsentiert.

Seite 228
Wandern auf Pilgerspuren

Vom Trubel um das Kloster geht's in die Stille der umliegenden Bergwelt. Eine Wanderung folgt früheren Pilgerwegen, passiert eine ›lausige‹ Wasserquelle, gibt atemberaubende Ausblicke auf den Sakralbau im Tal frei. Und schützt sogar vor Halskrankheiten.

Seite 232
Augustobriga

Damit der Stausee Embalse de Valdecañas geflutet werden konnte, wurden die römischen Ruinen kurzerhand an einen höheren Platz verschoben.

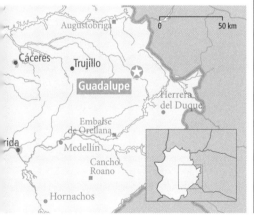

Die Madonna von Guadalupe hat es bis nach Mexiko geschafft.

»Brünettes Mädchen, Dich liebe ich, seit ich weiß, dass die Jungfrau von Guadalupe schwarz ist.« (Liedtext zu einem Tanz aus dem 19. Jh.)

erleben

Ein Kloster und einsame Berglandschaften

Alle Wege führen zu El Real Monasterio de Santa María de Guadalupe. Dieses Kloster hat die Extremadura in der katholischen Welt berühmt gemacht. Genauer war es die schwarze Jungfrau, die einem Schafhirten vor 700 Jahren erschienen war. Nach Santiago de Compostela bildet der Konvent die wichtigste Pilgerstätte Spaniens.

Die Gemeinde liegt eingebettet in unwegsame Gebirgszüge, die gut 1600 Höhenmeter erreichen. Einsam ist die Landschaft. Wandern, Jagen und Angeln bilden die wichtigsten touristischen Aktivitäten in der Region. Und Wassersport auf den großen Seen der Sierras de Serena und Siberia im östlichsten Zipfel der Extremadura. Nur am Río Guadiana Richtung Westen wird es flacher. Vom hier gelegenen Medellín brach einst Hernán Cortés zur Eroberung Mexikos auf.

Auch die südlichen Landstriche der Region sind dünn besiedelt. Immer wieder überraschen ungewöhnliche Sehenswürdigkeiten am Wegesrand, ein Vogelkrankenhaus bei Hornachos etwa oder die Burg von Puebla de Alcocer. So gut erhalten wie keine zweite und mit einem superben Panoramablick. Da sind die Tempelruinen von Augustobriga, die

ORIENTIERUNG

Internet: www.turismocaceres.org (Information über die Region) Tourismusämter gibt es in allen größeren Orten, u. a. in Guadalupe, Hornachos und Don Benito. Die Informationsstelle für die westlichen Bergregionen La Serena und La Siberia liegt in Castueira.
Verkehr: Die Straßen der Region sind in gutem Zustand, aber kurvig und damit zeitfordernd. Medellín und Don Benito sind von Mérida über Hauptverkehrsstraßen gut zu erreichen. Die Anbindung mit öffentlichen Verkehrsmitteln lässt zu wünschen übrig. Selbst nach Guadalupe verkehren nur wenige Busse von Madrid, Cáceres und Trujillo.

vor einigen Jahrzehnten umziehen mussten. Oder zwei römische Säulen vor der Pfarrkirche von Zalamea de la Serena, die als Teil des Kirchturms zweckentfremdet wurden. Ganz in der Nähe finden sich die Fundamente eines reichen Hauses der Tartessos, sehr frühe Bewohner der iberischen Halbinsel. Doch soll auch ein dunkles Geschichtskapitel nicht unerwähnt bleiben. Castuera war berüchtigt wegen eines Konzentrationslagers in der Zeit der Franco-Diktatur.

Hornachos ♀ F9

Umgeben von weiten Feldern zieht sich der Ort mit knapp 4000 Einwohnern die raue Bergflanke der Sierra Grande hinan, zu erreichen über die Nebenstraße EX-343. Dank seiner geschützten Lage siedelten hier nacheinander Römer, Westgoten und Mauren. Letztere wurden erst 1610 nach Rabat, der Hauptstadt Marokkos, vertrieben und gründeten dort die Republik von Salé.

Maurisch? Eher nicht

Hoch über Hornachos hinterließen sie eine mächtige Festung in Form eines Bootes, die vermutlich bereits im 10. Jh. vollendet wurde. Ein gut 20-minütiger steiler Fußweg führt hinauf. Wenige Schritte weiter befindet sich die **Fuente de los Mouros,** ein 6 m tiefer, öffentlicher Brunnen, der auf drei Seiten durch Mauern geschützt wird. Anders als der Name vermuten lässt, ist er allerdings nicht maurischen Ursprungs, sondern diente den Christen für die Wasserversorgung der umliegenden Haushalte und Obstgärten. Eine Steininschrift weist das Datum der Fertigstellung aus: 1583. Untergebracht in einem maurischen Gebäude unterhalb der Befestigung, erzählt das **Centro de Interpretación de la Cultura Morisca** in acht Räumen vom Leben und Wirken der Mauren (C/ Parras, o. Nr., Juli–Okt. 10–14 Uhr, sonst nur nach Anmeldung im Tourismusamt, Eintritt frei).

Ein anderes auffälliges Bauwerk liegt im Ortszentrum, die im Mudéjarstil errichtete dreischiffige **Pfarrkirche Purísima Concepción** aus dem späten 15. Jh. Der außergewöhnliche, mehrfach von Bögen durchbrochene Glockenturm entstand über dem mudéjar-gotischen Portal erst im 17. Jh. Auch der streng gegliederte Hauptaltar stammt aus dieser Zeit. Stattliche 17 m Höhe erreicht

Was ist wohl atemberaubender? Der steile Weg hinauf zur Burgruine oder der schier unendliche Blick über die halbe Extremadura?

das Kirchenschiff (nach Anmeldung im Tourismusamt, Eintritt frei).

Ein Paradies für Vögel
Mehrere Bäche und Flüsse durchziehen die umliegenden landwirtschaftlich genutzten Ebenen und Felstäler. Hier finden zahlreiche Vogelarten ihren Lebensraum. In den Felsen nisten Gänsegeier, Kaiseradler und viele kleinere Raubvögel. Auch fünf Paare des seltenen Habichtadlers beheimatet das ausgewiesene Vogelschutzgebiet. In den Wäldern leben Pirole, Buntspechte, Grasmücken, Buchfinken, aber auch Raubtiere wie Ginsterkatzen oder Mungos. Vielfältige Informationen über die Vogelwelt bereitet ein **Centro de Interpretación de la Zir Sierra Grande** auf (s. u.).

Schlafen

Traditionell
Casa Rural Los Castillejos: Fünf einfache, etwas plüschig eingerichtete Zimmer im Ortszentrum. Dazu kommen ein gemeinsamer Aufenthaltsraum mit Kamin und eine Gästeküche.
C/ Los Castillos, 5, T 637 14 31 23 (mobil), www.facebook.com/alojamientoloscastillejos, DZ 50–65 €

Essen

Es gibt mehrere sehr einfache Restaurants an der Durchfahrtstraße **Avenida Extremadura.** Regionale Spezialität ist *caldereta de conejo,* Kanincheneintopf.

Bewegen

Wandern & Birdwatching
Centro de Interpretación de la Zir Sierra Grande: Informationen zu Vogelbeobachtung und vier Wanderwegen von

2, 3, 8 und 15 km Länge. Hinzu kommt eine Ausstellung zu Geschichte, Lebensweisen, Tieren und Pflanzen.
Avda. de Extremadura, o. Nr., T 924 53 35 18, Di–So 10–14, 17–19, im Winter 10–14, 16–18 Uhr

Infos

● **Oficina de Turismo:** Felipe Trigo, 1 (Casa de la Cultura), T 924 53 35 33, www.hornachos.es, Di–Fr 9–14, 16–18, Sa/So 9–14 Uhr.

Zalamea de la Serena ♥ G9

Landwirtschaftlich genutzte Ebenen und baumbestandene Hügellandschaften bieten dem Auge während der Anfahrt ein angenehmes Wechselspiel.

Eine literarische Berühmtheit
Eigentlich wäre das wenig aufregende Landstädtchen (3700 Einw.) ungesehen zu passieren, stünden da nicht **zwei Säulen** aus einer römischen Grabstätte mitten auf dem Kirchplatz (Plaza de la Constitución). Eigenartig, wie sie sich ähnlich wie zwei Findlinge auf einem breiten Sockel über 23 m in die Höhe recken. Sie wurden einst sogar als Kirchturm verwendet. Das dazugehörige wuchtige **Gotteshaus** stammt aus dem 15. Jh. Die **Burg** (C/ Santa Prisca) etwas oberhalb wurde von den Mauren errichtet und von den Rittern des Alcántara-Ordens um 1500 verstärkt.

Gleich zwei Dichter verhalfen Zalamea zu literarischer Berühmtheit. In seinem Stück »El Alcalde de Zalamea« verarbeitete Lope de Vega eine wahre Begebenheit zu einem Charakterschauspiel, das in einer Neufassung von Pedro Calderón de la Barca im 17. Jh. weite Verbreitung fand. Alljährlich wird das Spektakel in den Straßen von Zalamea farbenfroh in Szene gesetzt.

Feiern

● **El Alcalde de Zalamea:** 2. Aug.-Hälfte, Theateraufführung (s. o.)

Infos

● **Oficina de Turismo:** C/ Hermanas de la Cruz, o. Nr., T 664 49 40 94 (mobil), www.zalamea.com, unregelmäßige Öffnungszeiten.

Cancho Roano ♀ G 9

Ein Vorbild für heutige Zeiten?

Internetsuchmaschinen verweisen bei der Eingabe des Namens Cancho Roano auch auf Artikel über ein mögliches ökonomisches Verhalten in Wirtschaftskrisen: weniger Handel und stattdessen mehr Landwirtschaft betreiben. Vorbild soll der Volksstamm der Tartessos sein, der vor 3000 Jahren im heutigen Andalusien dank des Mittelmeerhandels ein goldenes Reich geschaffen hatte. Doch irgendwann kam der Warenaustausch zum Erliegen und die Tartessos verschoben ihren Lebensraum kurzerhand in die Extremadura, gründeten ihre Hauptstadt Cancho Roano und widmeten sich nunmehr erfolgreich der Landwirtschaft. Es mag dahingestellt sein, ob ein solches Vorgehen eine adäquate Maßnahme gegen aktuelle ökonomische Probleme ist. Doch die weitläufigen Ausgrabungen der Wohnstätten aus dem 5. Jh. v. Chr. lassen auf eine kultivierte Lebensweise dieser Vorfahren schließen.

Das quadratische Hauptgebäude aus Lehmziegeln misst 24 m in der Ausdehnung. Die zahlreichen Räume sind in Wohn- und Lagerstätten aufgeteilt. Das kleine Eingangszimmer und der angrenzende Saal dienten heidnischen Ritualen. Im Innenhof befindet sich ein Brunnen von 5 m Tiefe. Die kunsthandwerklichen Funde wurden leider ins Archäologische Museum in Badajoz verfrachtet. Als profane Entschädigung können sich Besucher an einer kleinen Gartenanlage und einem Picknickplatz erfreuen.

Die Ausgrabungen sind frei zugänglich

Infos

● **Centro de Interpretación:** Mo–Sa 10–14, 17–20, im Winter 10–14, 16–18, So jeweils 10–14 Uhr, Eintritt frei.
● **Auto:** Cancho Roano liegt nördlich von Zalemea, erreichbar über einen Abzweig an der EX-114, km 3, dann 1,7 km auf guter Erdstraße.

Castuera ♀ H 9

Nur 15 Autominuten nordöstlich von Zalamea verhalfen historische Ereignisse dem Eingangstor zu den weiten Seenlandschaften der Sierra Siberia gleich zweimal zu überregionaler Bedeutung. Zunächst brachte Castuera einen großen Sohn hervor: Pedro de Valdívia wurde der Eroberer von Chile. Jahrhunderte später, im Spanischen Bürgerkrieg, bildete der Ort die wichtigste Verteidigungslinie der republikanischen Truppen nach der franquistischen Eroberung von Badajoz, Mérida und Don Benito. Am 23. Juli 1938 fiel die Stadt. 7000 politische Gefangene wurden in die 92 Barracken eines Konzentrationslagers gesperrt (s. S. 284).

An dieses dunkle Kapitel erinnert heute nichts mehr in dem aufgeräumten Städtchen. Vielmehr preist es voller Stolz einige Kirchenbauten und den einheimischen Käse der Serena. Die Schafe leben in den umliegenden feuchten Wiesen.

Infos

- **Oficina de Turismo de La Serena:** Plaza de España, o. Nr., T 924 77 38 17, www.castuera.es und www.laserena. org, personalabhängig wechselnde Öffnungszeiten.
- **Bahn/Bus:** Castuera liegt an der Zugstrecke von Madrid nach Badajoz, die Verbindungen sind aber langsam und selten. Häufiger fahren Busse, u. a. nach Don Benito.

Don Benito   ♀F8

Von Castuera aus können Sie nun entweder auf zwei Alternativrouten nach Guadalupe weiterfahren (s. S. 218) oder zunächst auf der EX-104 nach Norden Richtung Mérida, wo nach knapp 50 km Don Benito erreicht wird. Das schönste an der Provinzstadt (rund 37 000 Einw.) ist vielleicht der wohlklingende Name, der durch den Eroberer von Mexiko, Peru und Chile in die Welt getragen wurde. Die rege Bautätigkeit zeigt freilich, dass es nicht nur auf Schönheit, sondern auch auf wirtschaftliche Stärke ankommt. Das Schwemmland des Río Guadiana lässt Reis gedeihen. Daneben besitzen auch Olivenproduktion und Schafzucht wirtschaftliche Bedeutung.

Kunst und Volkskunde

Und so konnte sich Don Benito einen wuchtig-weißen Kulturpalast, **Casa de Cultura,** mit Theater, Bibliothek und Ausstellungsräumen leisten. Die Planung stammte von José Rafael Moneo, dem Erbauer des Römischen Museums von Mérida (Calle de Groizard/Ecke Plaza de España, Ausstellungen Mo–Fr 10–14, 17–20.30, Sa 10–13.50 Uhr, Eintritt frei).

Besuchenswert ist zudem ein **Ethnografisches Museum,** das 4000 Ausstellungsstücke in seinem Fundus zählt, der in 31 Sälen ausgestellt wird. Schwerpunkt bildet das Arbeitsleben seit dem ausgehenden 19. Jh. in einer Region, die seit jeher von Handwerk, Handel und Landwirtschaft geprägt ist (Plaza del Museo, o. Nr., Di–Sa 11–14, 18–20, im Winter Di–Sa 11–14, 17–19 Uhr, So jeweils nur vormittags, Eintritt 2 €).

Infos

- **Oficina de Turismo:** Plaza del Museo, o. Nr. (im Ethnografischen Museum), T 924 80 80 84, www.donbenito.es, Di–Sa 10–14, 17–19 Uhr, So nur vormittags.
- **Bahn/Bus:** Don Benito liegt an der Zugstrecke von Madrid nach Badajoz, die Verbindungen sind allerdings langsam und selten. Häufiger fahren Busse, u. a. nach Mérida.

Medellín   ♀F8

Bald hinter Don Benito, 40 km von Mérida entfernt, taucht die **Festung** von Medellín auf. Im 10. Jh. zum ersten Mal erwähnt, überragt sie in privilegierter Lage die Ebene des Río Guadiana.

Eine streitsüchtige Familie

Einzig eine Zisterne entstammt noch der maurischen Epoche. 1354 wurde die Wehranlage vom kastilischen König Pedro I. im Streit mit dem Burgherrn geschleift und 1373 neu errichtet. Von

Ob die junge Lady einen römischen Feldherrn auf den Burgmauern entdeckt hat? Jedenfalls war die Festung über die Jahrhunderte hart umkämpft, auch Francos Truppen wollten sie noch im 20. Jh. erobern.

einem weiteren, noch härteren persönlichen Schicksal weiß die Burggeschichte zu erzählen. Es war Mitte des 15. Jh., als nach dem Tod des Eigentümers die Witwe Dona Beatriz de Pacheco ihren eigenen Sohn lange Jahre einsperren ließ. Er schien ihr gefährlich für die eigene Macht. Dieses Familiendrama soll Calderón zu seinem Bühnenstück »Das Leben ein Traum« inspiriert haben. Im Spanischen Bürgerkrieg entbrannte zwischen den republikanischen Truppen und den Anhängern Francos ein harter Kampf um die Festung. Der Ausgang ist bekannt.

Laderas del Castillo, Mi–So 10.30–14, 15.30–18 Uhr, Di nur nachmittags, Eintritt 2 €

Jede Menge Geschichte(n)

Unterhalb der Burg haben Ausgrabungen die Reste eines **römischen Theaters** zutage gefördert. Die Ausmaße zeigen die Bedeutung der einstigen Hafenstadt der Römer, die ihr den Namen Metellinum gegeben hatten. Von hier aus organisierten sie ihre Feldzüge gegen widerspenstige Lusitaner (wie Castillo, Führungen um 11, 12, 16 und 17 Uhr, oft wechselnd, Eintritt 3 € inkl. Ausstellung im Besucherzentrum). Auch die lange **Brücke** über den Guadiana aus dem 16. Jh. steht zum Teil auf römischem Fundament. Jede Menge Geschichte in diesem Ort, in dem die Zeit scheinbar stehen geblieben ist, einmal abgesehen vom gesichtslosen Kulturzentrum am **Rathausplatz.**

Auf diesem ehrt eine Statue den größten Sohn der Stadt. Es handelt sich um keinen geringeren als Hernán Cortés, den Eroberer Mexikos. Er trug den Namen seiner Heimatgemeinde in die Welt, wenn auch der Klang nicht immer positiv ist. Denn wer hätte nicht schon vom gleichnamigen berüchtigten Drogenkartell gehört?

Schlafen, Essen

Auf Augenhöhe mit der Burg

Quinto Cecilio: Das beliebte Ausflugslokal liegt etwa 2 km nördlich auf einem Hügel mit schönem Burgblick. Spezialität sind Reisgerichte, etwa mit Wildhasen *(arroz con liebre de monte)*. Und wer anschließend zu satt zum Weiterfahren ist, kann eines der in Braun gehaltenen Gästezimmer beziehen, alle mit Fernblick, in den oberen Preiskategorien mit Balkon. Urbanización Quinto Cecilio, o. Nr., T 924 82 28 01, www.hrquintocecilio.com, Di–So 14–16, 20–22.30 Uhr, Hauptspeisen 13–24 €, Standard-DZ 57–92 €

Infos

● **Oficina de Turismo:** Plaza Hernán Cortés, o. Nr. (neben dem Rathaus), T 924 822 438, http://medellin-turismo.weebly.com, Mi–So 10–14, 16–19 Uhr, Di nur nachmittags.

Sierras de Serena und Siberia

Für die Fahrt von Castuera nach Guadalupe empfiehlt sich die EX-104 in östlicher Richtung, die durch die Berg- und Seenlandschaften Serena und Siberia führt. Die gut ausgebaute Regionalstraße zieht sich zunächst die Hügel hinauf und gibt weite Ausblicke über die Weideflächen und Steppen in der Ebene frei. In **Benquerencia de la Serena** (♥ H 9)

lagert auf einem schmalen Berggrat die Ruine einer **Maurenfestung.** Die Häuser sind traditionell aus Granit. Die Hänge zeigen dichte mediterrane Vegetation aus niedrigem Buschwerk. Nur die der Sonne abgewandten Hangseiten sind mit Steineichen bewachsen. Hier gibt es einen 13 km langen **Rundwanderweg** durchs Vogelschutzgebiet. Immer wieder weisen Hinweisschilder auf Felszeichnungen hin.

Scheinbar menschenleer

Hinter dem regionalen Zentrum **Cabeza del Buey** (♥ J 9; 5500 Einw.) geht das flache Land in Bergketten über. Sie umgeben großflächige Stauseen. Menschenleer scheint die Gegend. Die EX-322 führt auf einer kilometerlangen Brücke über den **Embalse de Serena** in den interessantesten Ort der vorderen Siberia, Puebla de Alcocer. Ruhig liegt der See, eingebettet in die bis zu 700 m hohen Berge der Sierra. Auch hier Menschenleere, außer an Ostern und im Hochsommer.

Puebla de Alcocer   ♥ J 8

Ein Ort wie so viele andere in der Gegend – unten das Dorf, oben die Burg? Der Schein trügt, denn zusätzlich zu den bezaubernden Gassen, die sich an den Nordhang des Berges schmiegen, genießen die Besucher von der weitläufigen Festung einen traumhaften Blick! Die mittelalterlichen Mauern sind gut erhalten und begehbar (für Restaurierungsarbeiten zeitweise geschl.). Der Panoramablick reicht weit über die Seenlandschaft im Tal.

Der Weg hinauf – die Fahrt durch die engen, teilweise steilen Straßen ist nicht ganz einfach – führt an der **Pfarrkirche Santiago Apostol** vorbei (Plaza de España). Schon im 11. und 12. Jh. dem Grundriss einer Moschee errichtet, ist sie eines der seltenen romanisch beeinflussten Mudéjarbauwerke. Die frühere Weinkellerei des nahen Franziskanerklosters bietet den bescheidenen Platz für ein sympathisches **Heimatkundemuseum.** Drei kleine Räume sind der Alltagskultur gewidmet, ein weiterer archäologischen Fundstücken (C/ Convento de San Francisco, 8, Di–Do 11–14, 17–20.30, Fr bis 21.30, Sa/So 10–12 Uhr, Eintritt 1 €).

Bewegen

Wandern
Sendero de Castillo: leichter, 3,9 km langer, ansteigender Wanderweg vom oberen Ortsausgang zur Festung.

Zu Fuß oder per Rad
Senda de los Embalses: Streckenwanderung über hügelige 39,3 km bis an den Stausee von Orellana, zu Fuß oder per Mountainbike.

Abstecher in die äußere Siberia ♀ J/K6/7

Nach dem Blick von des Berges Höhe über die Landschaften bestehen zwei Möglichkeiten, den Weg fortzusetzen. Die EX-103 nach Westen führt über den **Embalse de Orellana** in den gleichlautenden Ort, Orellana la Vieja (s. S. 220) und weiter nach Guadalupe. Wer hingegen noch tiefer in die Siberia eindringen möchte, folge der Straße nach Osten.

Harmonisches Ensemble
Menschenleere erwartet die Reisenden, abgesehen von wenigen kleinen Siedlungen und **Herrera del Duque** mit immerhin fast 3500 Einwohnern. Das Leben spielt sich auf der hübschen Plaza de España ab. Um einen Brunnen, 1787 aus

DER GIGANT

Eine kuriose Gedenkstätte ist das! Für Agustín Luengo Capilla, den Riesen der Extremadura. Unfassbare 2,35 m maß Agustín und so verdiente schon der 12-Jährige sein Geld im Zirkus. Im **Museo del Gigante Extremeno** (Puebla de Alcocer, C/ Fray Juan de la Puebla, 4, Di–Do 11–14, 17–20.30, Fr bis 21.30, Sa/So 12–14, 16–21.30 Uhr, Eintritt 1 €) ist er als Wachsfigur in grob kariertem Mantel oder ganz nackt in Gips ausgestellt, dazu sein mächtiger Schuh in Bronze – Größe 52! Seine Hände maßen immerhin auch 40 cm. Ein langes Leben blieb Agustín allerdings verwehrt, er verstarb 26-jährig am Silvestertag 1875. Sein Skelett wird im Anthropologischen Nationalmuseum in Madrid aufbewahrt.

schwarzem Jaspisstein geschaffen, bilden weiß getünchte Häuser, Arkadengänge und Palmen ein harmonisches Ensemble. Klar, dass hier gleich mehrere Bars zu Hause sind.

Touristische Bedeutung kommt dem Ort als Ausgangspunkt für Touren in die **Reserva Nacional de Caza de Cijara** zu, die den Stausee gleichen Namens umrahmt. An die 800 m Höhe erreichen die waldreichen Berge, sanft sind die Anstiege. Richtig einsam ist es hier, nur Angler und Jäger frönen ihrer Passion. 11 176 ha Jagdfläche sind für Niederwild ausgewiesen, 18 430 ha für Großwild. Barben und Karpfen gibt es reichlich, mit Glück kommt auch der Schwarzbarsch an den Haken.

Die südlich angrenzende Bergkette der **Sierra de los Golondrinos** zieht sich bis zum Río Guadiana und ist bekannt für seine Populationen an Gänsegeiern,

Steinadlern, Wanderfalken und Schwarzstörchen.

Schlafen

Es gibt wenige einfache Hostales im Ortszentrum sowie das 2012 erbaute Landhaus **Casa Rural La Huerta de los Nogales,** ca. 1,5 km südlich (T 924 65 01 89, www.lahuertadelosnogales.com, DZ 58–68 €).

Bewegen

Wandern
Das Tourismusamt hält Informationen zu vier Wanderwegen von 2,5 bis 15 km Länge bereit.

Baden
Playa Natural de Peloche: Embalse de García de Sola. Naturschwimmbad am Stausee 10 km nordwestl.

Jagen und Angeln
Auskünfte über Lizenzen bei der Stadtverwaltung, http://herreradelduque.com.

Infos

- **Oficina de Turismo:** Avda. del Ejército, 26, T 924 65 02 31, http://herreradelduque.com, Di–Fr 9–14, 17–20, im Winter 9–14, 16–19, Sa 10–13.30 Uhr.

Orellana la Vieja   ♀H7

Das Städtchen mit 3000 Einwohnern liegt am nordwestlichen Ufer des gleichnamigen Sees – von Puebla de Alcocer aus über die EX-103 etwa 45 Minuten entfernt. Sehenswertes bietet Orellana La Vieja kaum, abgesehen von dem festungsartigen **Palacio de los Altamirano** (C/ del Palacio, 1) aus dem 13. Jh. und einem **Renaissancekloster** der Dominikaner, heute zum Kulturhaus umgewandelt (C/ Convento, o. Nr.).

Baden und mehr
Die eigentliche Beliebtheit verdankt der Ort dem **Embalse de Orellana,** der aus dem Río Guadiana gespeist wird. Mit einer Kapazität von 808 m³ lockt er Angler und Wassersportfreunde. Am Ufer sind Badestrand, Windsurfzone und Bootsanlegestelle eingerichtet. Auch Angler werfen bei Wind und Wetter ihre Ruten aus.

Schlafen

Am See
Apartamentos Embalse de Orellana: Weiße, sachlich erbaute und sachlich eingerichtete Apartmentsiedlung direkt auf einer Halbinsel am südlichen Rand von Orellana, viele mit schönem Blick auf den See, alle mit Küchenzeile.
Cerro de la Herrera, o. Nr., www.apartamento sorellana.es, T 924 14 78 85, 2-Pers.-Apartment 56–90 €

Essen

Zahlreiche Bars und Restaurants befinden sich **am Seeufer,** sind in der kalten Jahreszeit aber meist geschlossen.

Bewegen

Angeln
Centro de Pesca: Französisches Angelzentrum mit eigener Unterkunft und elf Angelbooten.

Ronda Palacio, o. Nr., T 644 33 24 80
(mobil), www.pescaextremadura.com

Extrema Fishing Spain: Englisches
Unternehmen ebenfalls mit eigener Unterkunft.
Ctra. de Castuera, T 924 63 03 28, www.
extremafishingspain.com

Segeln
Centro Ibérico de Vela: Kurse und
Bootsverleih.
Embalse de Orellana, o. Nr., www.centroiberi
codevela.com

Guadalupe

Der Name der Gemeinde steht für ein
Kloster, das **El Real Monasterio de
Santa María de Guadalupe.** Und das
ist eine Wucht! Es dominiert so sehr das
Ortsbild, dass sich in die umliegenden
Altstadtgassen kaum eine Seele verirrt.
Dem mittelalterlichen Siedlungsmuster entsprechend gruppieren sich die
weltlichen Wohnhäuser direkt um die
Klostermauern. Hinter dem Stadttor
Arco de Sevilla am südlichen Rande
der Plaza Mayor herrscht weitgehend
Stille. Die Calle Sevilla und die angrenzenden Gassen sind blumengeschmückt
und werden von einstöckigen Häusern
gesäumt. Unter vorkragenden Kastaninenholzbalkons und in Arkaden versteckt sich so manche Werkstatt eines
Handwerkers oder ein Tante-Emma-Laden, in dem auch regionale Wurst- und
Käsespezialitäten angeboten werden
(etwa in Nr. 7). Ein wenig weiter steht
der mittelalterliche Brunnen **Fuente
de los Tres Chorros,** an dem angeblich
die ersten Indianer getauft wurden, die
Christoph Kolumbus von seiner zweiten
Amerikareise mitgebracht hatte.

Von der Plaza Mayor in die entgegengesetzte Richtung führt eine Gasse
an den groben Klostermauern entlang
bergauf zum mittelalterlichen **Pilgerhospital.** Das historische Gemäuer aus dem
16. Jh. beherbergt heute einen Parador.
Der mudéjare Patio ist mit duftenden
Orangenbäumen bepflanzt und bildet
eine weitere Oase der Ruhe in dem geschäftigen Pilgerort (s. S. 226).

Ganz anders geht es auf der **Plaza
Mayor** zu, eigentlich Plaza Santa María
de Guadalupe. Zehntausende Urlauber
und Pilger drängeln sich jährlich in den
Andenkenläden, Schinkenverkaufsstellen und Restaurants, denn hier befinden
sich die Eingänge zu Kirche und Kloster.

Hier ging Kolumbus ein und aus
Das Kloster ist mehr als nur ein christliches Bauwerk. Es ist Symbol für die
Welteroberung Spaniens. Hier wurde der
Vertrag aufgesetzt, der zur Entdeckung
Amerikas führte. Hier flehte Kolumbus
die hl. Jungfrau um Beistand für seine
große Fahrt an. Und hier betete er nach
erfolgreicher Mission. Die spanischen
Monarchen taten es ihm gleich, um der
Schutzheiligen der spanischen Welt zu

FAKTENCHECK

Einwohner: 1887 (2018)
Bedeutung: Mittelpunkt des katholischen Spaniens.
Stimmung auf den ersten Blick:
Urlauber- und Pilgermassen vor
einem bombastischen Klosterbau,
eingebettet in eine herrliche Waldlandschaft.
Stimmung auf den zweiten Blick:
hübsche, fast einsame Altstadtgassen.
Besonderheit: eine schwarze Madonna, deren Schutz die Gläubigen
aus aller Welt erbeten.

huldigen. Der Dichter Cervantes übergab der Jungfrau die Ketten, die ihm in algerischer Gefangenschaft umgelegt worden waren.

Auf himmlische Anweisung

Alles begann mit Maria, die dem Hirten Gil Cordero Ende des 13. Jh. an den Ufern des Río Guadalupe zu Füßen der Altamira-Berge erschien. Sogleich machte er sich gemäß himmlischer Anweisung an den Bau einer Einsiedlerkapelle, in die eine dunkle Marienfigur gestellt und angebetet wurde (s. auch S. 276). Von nah und fern strömten die Gläubigen herbei. Sogar König Alfonso XI. suchte den Weg in die lieblichen Berge. Das gekrönte Haupt empfand die schäbige *ermita* einer Wohnstätte für die großartige Maria gänzlich unangemessen und ordnete 1335 die Erweiterung an. Als dann – dank wohltätiger Unterstützung durch die Jungfrau – im Jahre 1340 ein arabisches Heer bei Salado vernichtend geschlagen war, erfuhr das Kirchlein weitere Ausbauten. Der Startschuss zum kometenhaften Aufstieg des Bergdorfes Guadalupe zu einer der wichtigsten Stätten der Marienverehrung ward gegeben.

Immer größer und prächtiger

Im Jahre 1389 zogen Hieronymitenmönche ein – und blieben bis zu ihrer Entlassung 1835. Ein Anbau folgte dem nächsten, immer prächtiger, immer größer sollte das inzwischen reichste Kloster Spaniens werden. Eine ganze Heerschar bedeutender spanischer und ausländischer Künstler war am Ausbau und Verschönerung beteiligt. Die Stile wechselten. Mudéjar, Gotik und Barock hinterließen prägnante Spuren an dem architektonischen Ensemble, das sich als wehrhafte Burg des Glaubens präsentiert. Auch innerhalb der weitläufigen Klostermauern entstanden wahre Kunstwerke. Stickereien, Silberschmiedearbeiten und Buchilluminationen von Welt-

ruhm werden im Rahmen der offiziellen Führung gezeigt. Zusätzlich zu seinen künstlerischen und religiösen Aktivitäten förderte der Hieronymitenorden humanistische Bildung und Forschung, Musik und Arzneimittelherstellung. Einen exzellenten Ruf genoss die Krankenpflege im angrenzenden Hospiz, in dem Leichen seziert wurden, wohl zum ersten Mal in Spanien.

Das Kloster, inzwischen wichtigster Arbeitgeber vor Ort, wuchs auf eine Nutzfläche von 25 000 m². Die Säkularisierung im Jahre 1835 beendete die Pracht vorübergehend, die Einrichtung wurde zum Sitz der örtlichen Pfarrgemeinde degradiert und dem Bischof von Toledo unterstellt. Obwohl das Gebäude seit 1879 unter Denkmalschutz stand, verfiel der weitgehend verlassene Komplex. Das änderte sich mit dem Einzug von Franziskanermönchen im Jahre 1908, die mit der Restaurierung des Klosters eine Herkulesaufgabe schulterten. Belohnung war die Anerkennung als Welterbe der UNESCO im Jahre 1993.

Klosterkirche

Ein gotisches Meisterwerk

Umrahmt von zwei massigen Türmen aus grobem Stein wendet sich die märchengleiche Hauptfassade der **Klosterkirche** der Plaza Mayor zu. Eine breite Treppe führt hinauf zu zwei gotischen Eingangsportalen. Oberhalb durchbrechen spätgotische Spitzbögen das Mauerwerk und werden von einem kunstvoll gearbeiteten Fries gekrönt. Darüber lugt eine große, etwas rückwärts gelegene Rosette hervor. Wie in feinster Laubsägearbeit aus dem Stein gearbeitet wirkt die spätgotische und mudéjare Ornamentierung. Die schwungvollen Linien und Bögen, ihre Dekore aus Blättern, Flammen und Sternen bilden

Ein Kloster der Superlative: Labyrinthisch verschachtelt, von Spitzentürmchen bekrönt und in den Bogennischen feine Pfeiler, als wäre der Stein mit einer Laubsäge bearbeitet worden.

ein unüberschaubares Labyrinth, das je nach Lichteinfall und Sonnenstand seine Wirkung verändert. Magisch zieht ein wahrlich fantastisches Baukunstwerk alle Blicke auf sich, auch unter nächtlichen Scheinwerfern.

Schwere Bronzetüren, gefertigt vom deutschen Handwerker Paul von Köln, öffnen sich zum Innenraum der Kirche, die im 15. Jh. über den Mauern des kleineren Vorgängerbaus errichtet wurde. Die hohen Spitzbögen und Kreuzgewölbe decken wirken wuchtig und lassen die Leichtigkeit gotischer Kathedralen nördlich der Alpen vermissen. Über die Breite der drei Kirchenschiffe zieht sich ein kunstvoll von zwei Dominikaner-mönchen geschmiedetes Eisengitter aus dem Jahr 1514. Es trennt den öffentlich zugänglichen Kirchenraum vom Altarraum, der dem Klerus vorbehalten blieb.

Dieses Presbyterium liegt unter dem Vierungsturm, dessen Oberfenster für Tageslicht sorgen. Der Hauptaltar aus dem 17. Jh. ist mit Holzreliefs verziert und mit Blattgold belegt. Als Tabernakel wurde in seiner Mitte eine Schreibschatulle von König Philipp II. eingefügt.

Die »dunkle Jungfrau«

Darüber thront die unangefochtene Hauptperson der Kirche, des Klosters, des Ortes – ja der gesamten spanischen Welt. Eine aus dunklem Zedernholz geschnitzte, romanische Marienfigur hält ihr winziges Jesuskind auf dem Arm. Bedeckt sind beide von einem prächtigen, mit Goldfäden und Perlen bestickten Umhang. Als königliche Insignien trägt die Jungfrau in der rechten Hand ein goldenes Zepter und balanciert eine riesige Krone auf ihrem Köpfchen. Kein

Zweifel, hier hält die geistige Königin aller spanisch sprechenden Katholiken Wacht, oder wie sie auch im Volksmund genannt wird: die *virgen morena,* die dunkle Jungfrau.

Klosterkirche: tgl. 10–20, im Winter bis 19.30 Uhr, Eintritt frei

Monasterio de Santa María

Das Unangenehme vorweg: Die verpflichtenden Führungen durch das Kloster laufen oft recht lieblos ab und sind streng auf 45 Minuten getaktet. Da wird dann zuweilen sogar ein Saal ausgelassen. Doch die spektakulären Kunstschätze entschädigen für diese Unbill. Statt allzu sehr auf den Führer zu achten, macht es oftmals Sinn, sich aufgrund der Eile lieber in jedem Saal auf ein oder zwei Sehenswürdigkeiten zu konzentrieren.

Welch ein Überschwang
Die Führung beginnt im ältesten Kreuzgang, dem **Mudéjarkreuzgang.** Zwischen 1389 und 1412 erbaut, gilt er als einer der prächtigsten Beispiele des Mudéjarstils in Spanien. Der quadratische Grundriss wird von einem zweistöckigen Säulengang eingefasst. Über Hufeisenbögen im Erdgeschoss wölben sich jeweils zwei zierliche Bögen. An den Wänden des Säulengangs hängen großformatige Ölgemälde, auf denen ein 1670 verstorbener Mönch die unterschiedlichsten Marienwunder verewigt hat. Wegen der hohen Luftfeuchtigkeit müssen die Gemälde alle zehn Jahre restauriert werden.

Den eigentlichen Blickfang dieses arabisch-christlichen Klosterhofes bildet jedoch ein viereckiges **Tempelchen** in der begrünten Mitte aus dem Jahr 1405. Mit kunstvollen mudéjaren Kachel- und Gipsarbeiten verziert, wird es von einer ausgefallenen Dachkonstruktion bekrönt. Diese wird von drei

Reihen sich verjüngender Spitzbogenfenster eingefasst, die in ihrer Gesamtheit an eine stilisierte Artischocke erinnern. Offensichtlich setzte die katholische Bauleitung der Fantasie der arabischen Handwerker keine Grenzen.

Hohe Stickkunst
Vom Westflügel des Kreuzgangs geht es in den großen Speisesaal, der im **Museo de Bordados** die hohe Stickkunst der Mönche präsentiert. Die meisten der 200 Ausstellungsstücke stammen aus dem 15. bis 18. Jh., darunter auch ein Prunkgewand der Katholischen Könige. In unvorstellbarer Feinarbeit wurden in vielen Jahren die oft meterlangen Altardecken, bischöflichen Umhänge und Messgewänder mit Seiden-, Gold- und Silberfäden oder Perlen bestickt. Für diesen Luxus mussten die Bischöfe denn auch 4 bis 5 kg schultern. Die roten Umhänge trugen sie außerhalb des Klosters, als Reisegarderobe, während die schwarzen Modelle den Beerdigungen vorbehalten waren. Auf einem Exemplar finden sich sogar Totenköpfe und Skelette aus Goldfäden als passende Dekoration. Doch überwiegen Muster- und Pflanzenbordüren. Und biblische Szenen. Auch Landschaften und Städte werden detailgetreu abgebildet.

Museum der ›Bilderbücher‹
Es folgt nun das **Museo de Libros Miniados,** das im früheren Kapitelsaal untergebracht ist. Der Begriff »libros miniados« bedeutet im Spanischen »handgeschriebene bebilderte Bücher«. Ausgestellt sind großformatige Choralbücher, die einst in der Mitte des Hochchors platziert waren und von allen Mönchen gelesen werden konnten. Entsprechend groß waren die auf Kalbshaut geschriebenen Noten und Buchstaben.

Links vom Eingang steht ein aus Bronze gefertigter, drehbarer Buchhalter für diese Schwergewichter, die mit einem

dicken Rindslederrücken und Bronze-
beschlägen eingefasst wurden und es
auf bis zu 50 kg Gewicht bringen. Als
feinsinniges Kontrastprogramm ist ein
kleines Stundenbuch aus dem 16. Jh. zu
bestaunen. Die farbenfrohe Bemalung
des dünnen Pergaments kostete einen
Mönch mitunter viele Schaffensjahre.

Kunst in der Kleiderkammer
Die Räume der früheren Kleiderkammer
beherbergen heute eine **Skulpturen- und
Gemäldegalerie** mit Werken aus dem
15. bis 19. Jh. El Greco ist mit drei Gemälden vertreten, die den hl. Andreas, den hl.
Petrus und die Krönung Mariens zeigen.
Von Francisco de Zurbarán hängen acht
kleinformatige Bilder, die neben den üblichen Mönchen auch mal eine Nonne
zeigen. Panzerglas schützt eine kostbare
Schenkung an die Franziskanermönche.
Das Ölgemälde »Beichte im Kerker« schuf
der kirchenkritische Francisco Goya im
Jahre 1812. Düstere Farben zeigen vier
blicklose Gestalten in einer kalten, aus-
weglosen Welt, die keine Hoffnung auf
göttliche Erlösung erlaubt. Unter den
Skulpturen beeindrucken gleich rechts
vom Eingang ein großes Kruzifix aus
Elfenbein (16. Jh.) sowie im Glaskasten
links vom Eingang eine zierliche philippi-
nische Madonna aus demselben Material
(18. Jh.), deren fernöstliche Gesichtszüge
unverkennbar sind.

Dämonen im Chorgestühl
Bei Zeitknappheit wird der **Hochchor**
manchmal leider ausgelassen. Wenn Sie
doch in den Genuss kommen, schauen
Sie einmal genauer hin. Es sind Dämo-
nen, die sich auf den Stützbänken des
Chorgestühls verstecken, das im 18. Jh.
von Alejandro Carnicero aus Nussbaum
geschnitzt wurde. Das Gewölbe zieren
Wandmalereien, die Juan de Flandes
zugeschrieben werden, dem Hofmaler
der Katholischen Königin Isabella. Nicht
ein, nicht zwei, nein, gleich fünf barocke

KONTEMPLATION IN DEN KREUZGÄNGEN

Zugang zu gleich beiden Kreuzgängen des Klosters erhalten Sie über
die Unterkunft Hospedería del Real
Monasterio – ganz legal und auch
noch kostenlos. Die Rezeptionisten
helfen gerne: In der Eingangshalle
(s. S. 230) finden Sie ein Hinweisschild zum Restaurant, das Räume
hinter dem **gotischen Kreuzgang**
(s. S. 227) bezogen hat und diesen
bei schönem Wetter zur Bewirtung
seiner Gäste nutzt. Nur Eingeweihte
kennen den Schleichweg zum älteren **Mudéjar-Innenhof:** Hinter der
Eingangspforte des Hotels gehen
Sie den rechten schmalen Korridor
entlang und durch eine Tür in diesen
Kreuzgang, der sonst nur im Rahmen
der Führung zu besichtigen ist. So
lassen sich beide Sehenswürdigkeiten in klösterlicher Kontemplation
genießen!

Orgeln beschallen den Kirchenraum, fast
alle vom Barockkünstler Manuel de Lara
Churriguera Mitte des 18. Jh. entworfen.
In den 1990er-Jahren erneuerte sie eine
deutsche Spezialfirma von Grund auf.
Seither lassen sich die 4500 Orgelpfeifen
in ihren originalen Gehäusen an einem
einzigen Spieltisch zum Klingen bringen.

Prunkvolle Sakristei
Fürstliche Wandmalereien und ver-
schwenderisches Blattgold überziehen
die Wände, Pilaster, Bögen und Gewölbe
des priesterlichen Umkleideraums. Eine
wahre »Königin unter den Sakristeien
Spaniens«! Acht Gemälde von Zurbarán setzen einen Kontrapunkt zu all
dem Prunk. Sie bannen die schlichte
Kontemplation, das inbrünstige Gebet
oder die stillen Studien der Hieronymi-

Lieblingsort

Eine Oase der Ruhe: im Innenhof des Paradors von Guadalupe

Rund um das **Kloster von Guadalupe** (♥ H5) ist's meist hektisch und laut. Da tut ein Ort der Stille besonders gut. Dieser versteckt sich hinter den hohen Mauern des **Paradors** (s. S. 227) und steht doch allen offen. Schwellenangst ist unbegründet. Der Hof des Klosterkrankenhauses wurde im 15. Jh. von arabischen Handwerkern gestaltet. Einst schlenderten die Studenten der Medizin, Chirurgie und Grammatik durch den Wandelgang, heute werden Getränke und kleine Speisen rund um den plätschernden Brunnen gereicht. Unter süß duftenden Orangenbäumen, unberührt vom Lärm der Straße.

tenmönche auf die großformatige Leinwand. Die Bilder lassen die Individualität der Brüder hinter der starren Kulisse des Klosterlebens sichtbar werden.

Für die angrenzende Kapelle des hl. Hieronymus hat Zurbarán drei Gemälde mit Szenen aus dem Leben des Heiligen gemalt. Rechts wird er der Versuchung ausgesetzt, links vollzieht er die Geißelung. Schließlich wird ihm der himmlische Lohn für die irdische Mühsal zuteil. Die von Engelscharen begleitete Apotheose, also die Erhebung zu Gott, zeigt das Gemälde im oberen Teil des vergoldeten Altars. Direkt darunter ist der Heilige als Terrakottafigur zu sehen. Großen Symbolgehalt für die Verteidigung des christlichen Glaubens besitzt die Laterne, die vor dem Altar von der Decke hängt. Sie wurde von Don Juan de Austria bei der siegreichen Seeschlacht von Lepanto (1571) dem türkischen Flaggschiff entrissen. Sein legitimer Halbbruder Philipp II. vermachte sie sechs Jahre später in Dankbarkeit dem Kloster.

Reliquien über Reliquien

Der von einer hohen Kuppel überwölbte *relicario* aus dem 17. Jh. ist von Licht durchflutet und mit Fresken verziert. In den Wandschränken werden etwa 50 Reliquienschreine ausgestellt. Eine emaillierte gotische Schatulle beweist die hohe Qualität der klösterlichen Goldschmiede. Erstaunliche Strahlkraft besitzen drei Umhänge der Madonna von Guadalupe. Sie sind mit Diamanten und Perlen bestickt.

Ladies only

(Fast) ausschließlich weibliche Figuren schmücken die Wände der reich mit Gold überzogenen Marienkapelle auf achteckigem Grundriss. Neben dem auf Wandgemälden dargestellten Leben der Maria personifizieren acht Statuen die starken Frauen des Alten Testaments, die sonst nur selten Erwähnung finden:

Maria (die Prophetin), Debora, Rachel, Sara, Ruth, Abigail, Esther und Judith.

Zum krönenden Abschluss der Klosterführung zeigt sich nun, allerdings nur außerhalb der Messzeiten, die Madonna von Guadalupe persönlich dem Besucher. Es wird spannend. Zunächst öffnet ein Mönch eine große Holztür, dahinter betätigt er ein Drehkreuz. Und endlich können Sie der Jungfrau aus Zedernholz direkt in die Augen blicken. Nach der Audienz wird sie zurückgeschwenkt und schaut wieder huldvoll vom Hauptaltar auf die Gläubigen im Kirchenraum hinab – aber erst, nachdem die Möglichkeit zum gemeinsamen Foto bestand.

Gotischer Kreuzgang

Der jüngere der beiden großen Innenhöfe von 1533 wird auf dem Rundgang nicht gezeigt, kann aber über die Hospedaría del Real Monasterio besichtigt werden (siehe Tipp S. 225). Der Kreuzgang wird gotisch genannt, obwohl seine schlichten Formen und Rundbögen im unteren Teil bereits die Renaissance vorwegnehmen. Das Obergeschoss weist allerdings spätgotische Spitzbögen auf. Im Hof wuchsen einst Heilkräuter, schließlich lag im Nachbargebäude die Krankenstation.

Kloster: Plaza Mayor, o. Nr., www.monasterio guadalupe.com, nur mit Führung tgl. 10–13, 15.30–18 Uhr, Eintritt 5 €; Eingang und Ticketverkauf befinden sich etwas versteckt links vom Kirchenportal

Schlafen

Klerikaler Luxus

Parador: Luxuriöse Übernachtung im Klosterhospiz aus dem 15. Jh. Die Gäste wohnen in geräumigen Zimmern, die im kastilischen Stil in unterschiedlichen Brauntönen gehalten sind. Die teureren Superiorzimmer Nr. 200 bis 204 besitzen einen Balkon mit traumhaftem Blick auf Kloster

TOUR
Auf Pilgers Spuren
durch stille Berglandschaften

Wanderung von Guadalupe zu zwei Kapellen

Infos

Start:
Plaza Mayor in
Guadalupe (♥ H 5).

Länge:
10 km Rundwande-
rung; Dauer: etwa
2,5–3 Std.

Ausschilderung:
rudimentär in
Rot-Weiß.

Schwierigkeit:
Befestigte Erdwege
mit anfänglichem
Aufstieg und insge-
samt 290 Höhenme-
tern. Feste Turn- oder
Trekkingschuhe sind
sehr zu empfehlen.

Stille herrscht in der Bergwelt südlich von Guadalupe. Welch ein Kontrast zum Trubel unten am Kloster, dessen riesige Ausmaße erst aus der Entfernung
wirklich zu erkennen sind. Ebenso erhaben gestaltet
sich das Panorama über der Sierra de Villuercas. Die
Pflanzenwelt entwickelt ihre volle Pracht. Und wenn
gewünscht, finden Sie innere Einkehr an zwei gotischen
Pilgerkapellen. Los geht es an der südlichen Seite der
Plaza Mayor, wo es die Calle Cruz hinabgeht. Die Casa
Rural Santa Clara dient als Orientierungspunkt. Nach
150 m wird durch das Stadttor **Arco Chorro Gordo** das
historische Viertel von Guadalupe verlassen. Am Ende
der Gasse macht der weiterhin abwärts führende Weg
eine Wendung nach links auf die Calle de la Ventilla
in Richtung Ortsausgang. Olivenbäume säumen dort
die schmale Teerstraße.

Nach einer Viertelstunde passieren Sie die **Fuente del
Piojo,** die Quelle der Laus! Der kuriose Name stammt
aus Zeiten, als die Wasserstelle den frommen Pilgern
als Waschplatz vor dem Besuch des geheiligten Klosters
diente, die sich dort auch von den blutsaugenden Para-
siten reinigten. Der bald kreuzenden Autostraße folgen
Sie nach rechts, um nach 200 m links hinab auf einen
Bach zuzusteuern. Hinter der kleinen Brücke endet
der Teerbelag. Der Weg geradeaus (nicht
nach links!) entlang einem Eichenhain
führt nun für die kommenden 45 Minuten aufwärts.

Bald plätschert links ein Bach. Lackzistrosen verwandeln die Frühlingsland-
schaft in ein weißes Blütenmeer. Den
frühen Pilgern muss der Atem gestockt
haben, als sie nach oft wochenlangen

Natur oder Kultur?
Am besten beides
gemeinsam!

Entbehrungen endlich den fantastischen Blick auf das Kloster erleben durften. Korkeichen, Pinien, schließlich weißes und rosa Heidekraut, weißblühender Ginster, Erdbeerbäume schießen in die Höhe. Sogar Wein wird angebaut. In einem dichten **Kiefernwald**, es ist nun etwa eine Stunde vergangen, wendet sich der Weg nach Süden. Dann, bei der **Ermita de Santa Catalina** aus dem 15. Jh., ist der steile Anstieg geschafft. Von hier aus konnten die Pilger zum ersten Mal ihr Ziel in Guadalupe sehen. Heute ist es ein wunderbarer Platz zum Picknicken mit Blick auf den Pico Villuercas im Nordwesten, mit 1595 m der höchste Punkt der Sierra. Kastanienbäume an den Berghängen sorgen im Herbst für Farbe.

Danach heißt es aufpassen. 100 Schritte hinter dem Kirchlein geht es an einer Gabelung zunächst leicht, nach weiteren 100 m scharf links auf den **Camino de Vallehermoso** – Weg des schönen Tals. Der Name lügt nicht! Bleiben Sie immer auf diesem Hauptweg, abwechselnd etwas bergauf, bergab und auch mal flach. Knapp 30 Minuten nach der Ermita ist erneut Vorsicht geboten. Ein erster spürbarer Abstieg beginnt. Und dahinter, an einem flacheren Abschnitt, folgen drei Abzweige. Es geht geradeaus weiter, rechts von einem Steinmäuerchen. Schnell ist die **Ermita de San Blas** erreicht. Der hl. Blasius war Arzt im 3. Jh. und schützt bis heute vor Halskrankheiten. Dafür hat er sich an jedem 3. Februar eine Prozession aus Guadalupe verdient. Trotz einiger Bänke ist es allerdings nicht der schönste Pausenort.

200 m unterhalb der Ermita wird der Hauptweg nach rechts verlassen. Olivenbäume stehen im Wechsel mit Kastanien. Hinter dem Steinbogen **Puente de Palono** wird bald eine Hochbrücke erreicht. Geplant war sie für die Eisenbahn, die jedoch nie hier ankam. Nach starken Regenfällen kann es matschig sein. Doch nach einem Linksschwenk sind Sie schon auf der Zufahrtsstraße nach **Guadalupe**. Sie führt in knapp zehn Minuten nach links zurück zum Ausgangspunkt.

und Bergwelt. Ein Patio sorgt für optimale Entspannung (s. Lieblingsort S. 226), ein weiterer nimmt das Schwimmbad auf. Kostenlose Führungen auch für Nicht-Gäste werden im Sommer tgl. nachmittags (flexible Uhrzeit), im Winter Fr/Sa um 17.30, So 13.30 Uhr angeboten.

C/ Marqués de la Romana, 12, T 927 36 70 75, www.parador.es, DZ 90–150 €

Klerikal bescheidener
Hospedería del Real Monasterio: Historische Unterkunft mit direktem Zugang zu den Kreuzgängen. Die Schlafzimmer in der früheren klösterlichen Krankenstation sind mit antiken Möbeln eingerichtet, kleinere (und günstigere) mit Blick auf den Innenhof, geräumigere auf die Berge.

Plaza Juan Carlos, o. Nr., T 927 36 70 00, www.hotelhospederiamonasterioguadalupe. com, DZ 75–95 €

Essen

Klösterliche Festlichkeit
Hospedería del Real Monasterio: Der Speisesaal ist festlich eingerichtet, bei schönem Wetter wird im Kreuzgang gespeist. Die Küche gibt sich bodenständig, etwa bei der kräftig gewürzten Tomatensuppe mit eingelegten Feigen, der Lammkeule in Honig oder der mit Schinken gefüllten Forelle. Einziges Manko: Die Speiseabfolge ist oft arg schnell.

Plaza Juan Carlos, o. Nr., tgl. 13.30–15.30, 21–22.30 Uhr, Menü um 20 €, Hauptspeisen 11–28 €

Fleischwahl
Posada del Rincón: Das Restaurant ist für seine regionalen Gerichte ausgezeichnet worden, die unter gemütlichen Backsteinbögen serviert werden. Auf den Tisch kommen etwa geschmortes Lamm oder Zicklein *(cochifrito),* Ochsenschwanz *(rabo de toro)* oder Braten vom jungen Zicklein *(cabrito lechal).* Dazu mehrere Stockfischgerichte. Auch Gästezimmer.

Plaza Santa María de Guadalupe, 11, T 927 36 71 14, www.posadadelrincon.com, tgl. 13.30–16/21–22.30 Uhr, Hauptspeisen 10–21, meist um 15 €

Einkaufen

Klein aber süß
Panadería Ntra. Sra. de Guadalupe: Zum Glück ist Gebäck kleinteilig, so passt eine riesige Auswahl an heimischem Zuckerwerk in den winzigen Verkaufsraum, der zusätzlich sogar noch Brot aufnimmt.

Av. Alfonso Oncena, 9, tgl. 9–14, 17–20 Uhr

Blutwurst
La Pequeña Gran Tienda: Spezialität des Gourmet- und Andenkenladens ist die Morcilla de Guadalupe, eine Blutwurst mit Kohl! Hinzu kommen extremenische Feinkost und Keramikwaren.

Av. Alfonso Oncena, 13, tgl. 10–14, 17–20 Uhr

Bewegen

Wandern
In der Umgebung gibt es acht markierte Wanderwege unterschiedlicher Länge (s. a. Tour S. 228). Beschreibungen hält das Tourismusamt bereit.

Pilgern
Infos zu 13 Pilgerwegen, u. a. aus Madrid, hält das Tourismusamt bereit. Karten und GPS-Tracks zu 12 davon gibt es auf http://caminosaguadalupe.com.

Feiern

● **Festividad de la Virgen de Guadalupe:** 6. Sept. Religiöse Feierlichkeiten zum Jahrestag der Marienerscheinung.

- **Fiesta de la Hispanidad:** 12. Okt. Jahrestag der Entdeckung Amerikas mit formalen Zeremonien. Manchmal ist die Königsfamilie anwesend.

Infos

- **Oficina de Turismo:** Plaza Mayor, o. Nr., T 927 15 41 28, https://guadalupe turismoblog.wordpress.com, tgl. 10–14, 16–18 Uhr.
- **Bus:** selten Verbindungen nach Madrid, Cáceres und Trujillo.
- **Auto:** Ein großer Parkplatz liegt am Ortseingang.

Sierra de las Villuercas ♥ H/J5/6

An die 1600 m hoch reichen die Berggipfel der Sierra, die Guadalupe in einem Bogen von West nach Ost umgibt.

Wilde Tiere und kräftiger Wein

Das Bergdorf **Alía** (♥ J5) wird nach 20 km auf der EX-102 Richtung Osten erreicht. Die Straße bietet ebenso viele Kurven wie Blicke in die Landschaft. Die Gemeinde ist bekannt für traditionell gewebte Teppiche, Stickereien, Holz- und Schmiedekunst. Beliebt sind die abgelegenen Berge auch unter Großwildjägern. Schon König Alfonso XI. jagte Bären in den dunklen Wäldern. Die sind längst ausgestorben, Hirsch und Wildschwein stehen dafür weiterhin auf dem Speisezettel.

Nach Westen führt die Landstraße aus Guadalupe heraus in das Weinstädtchen **Cañamero** (♥ H6). In der Extremadura genießt es einen guten Ruf, denn die kleinen Bodegas keltern *vino de pitarra*. Der einfache Wein ließ dank seines hohen Alkoholgehalts kalte Winter und harte Feldarbeit leichter ertragen. Getrunken wurde er lange nur im Freundeskreis, öffentlich verkauft wird er erst in jüngster Zeit.

Abstecher in die Bronzezeit

Von Cañamero zweigt das schmale, sehr reizvolle Sträßchen CV-21 nach **Berzocana** (♥ H 5) ab. Das ruhige Bergstädtchen 13 km nordwestlich (437 Einw.) wird im Osten vom eindrucksvollen Bergmassiv überragt. Nach Westen erstrecken sich sanfte Hügelketten, von Oliven- und Eichenbäumen bewachsen. Die gotische Hallenkirche **Iglesia San Juan Bautista** (15./16. Jh., C/ Paredillas) wirkt zunächst wie eine Trutzburg und überrascht dann im Inneren mit Eleganz. Zu einem Begriff in der Fachwelt wurde der Name Berzocana dank eines Schäfers: Er fand 1961 drei Goldreifen aus der späten Bronzezeit. Zu wertvoll für den kleinen Ort – sie sind heute im Archäologischen Museum in Madrid.

Der archäologische Erlebnispark **Parque de Ocio, Naturaleza y Arte Rupestre** führt in die Welt der vorgeschichtlichen Kulturen. Er umfasst drei Höhlen mit Malereien aus dem Übergang der Jungstein- zur Bronzezeit (Infostelle: C/ Paseo de Extremadura 6, Cañamero, Di–So 10–14, Fr zusätzl. 17–19, im Winter 16–18 Uhr, www.geoparquevilluercas.es).

Eine skurrile Felsformation heißt **Cabeza del Moro** und sieht entsprechend der Bezeichnung auch wirklich aus wie ein Kopf, wenn auch nicht unbedingt wie der eines Mauren.

Schlafen

Dem Himmel nah

Cielo Abierto: Drei Apartments im Haupthaus, ausgestattet mit kleiner Küchenzeile, und zwei kleine Landhäuser für bis zu 5 Personen bilden das Anwesen oberhalb des Dorfes in freier Natur; dazu noch ein Pool. »Freier Himmel«, so der Name, kommt der Wirklichkeit schon nahe. Carretera Berzocana-Solana, km 2, T 669 26 44 49 (mobil), www.ruralcieloabierto.com, DZ 68–75 €, Haus 85–100 €

Bewegen

Wandern

Auf acht markierten Wanderwegen von unterschiedlicher Länge lässt sich die abwechslungsreiche Umgebung Berzocanas erkunden. Näheres beim Infozentrum.

Infos

• **Centro de Interpretación Historia de las Villuercas:** C/ Paredilla, 2, T 927 15 00 30, www.berzocana.net und www.geo parquevilluercas.es, Personal kommt nach Anruf tgl. 10–14, 16–18 Uhr.

Los Ibores   ♀ H 4/5

Von Guadalupe führt die EX-118 in nördlicher Richtung durch die Landschaften des Bezirks Los Ibores. Ein milder Ziegenkäse und ein kräftiger Honig sind das gastronomische Aushängeschild. Einen Stopp lohnt die Einsiedelei **Ermita del Humilladero** aus dem 15. Jh. 5 km hinter Guadalupe (♀ H 5). Filigrane Mudéjardekore aus Gips und Stein wirken wie eine Kopie des Tempelchens im alten Kreuzgang von Guadalupe. Ein naher Aussichtspunkt öffnet den Blick auf den Real Monasterio.

Unfassbare 500 000 000 Jahre alt

Nun folgt die Straße dem Lauf des Río Ibor, der eines von fünf langgestreckten Täler bildet, die die Sierra de las Villuer-cas von Nord nach Süd durchziehen. Imposante Granitfelsen begleiten die Fahrt. Ausgedehnte Eichenwälder wechseln mit Olivenhainen ab. Dazwischen wachsen Kastanienbäume. Im Herbst tupfen ihre Blätter kräftige gelb-rote Farbe in die immergrünen mediterranen Wäldern.

Am nördlichen Ortsausgang von **Castañar de Ibor** (♀ H 5), das mit Schönheiten geizt, verweist ein Schild auf die Kalksteinhöhle **Cueva de Castañar,** 500 Mio. Jahre alt, aber erst 1969 zufällig von einem Bauern inmitten seines Olivenhains entdeckt. Im Inneren haben sich auf einer Länge von 2 km Mineralablagerungen (Speläothemen) aus Calcit und Aragonit herausgebildet. Sie sind so instabil, dass sie derzeit nicht besucht werden können. Dafür entschädigt der Nachbau der Höhle und ein 3-D-Film im Infozentrum. T 927 55 46 35, Mi–So 9–14, 17–19, im Winter 9–14, 16–18 Uhr

Ein Tempel zieht um

Weiter geht es auf der EX-118 oberhalb des sich verengenden Tals, fast auf Höhe der Berge. Bis hierherauf ziehen sich die Ölbäume. Nach gut 50 km, und nun wieder in der Ebene, liegt der **Embalse de Valdecañas,** der den Río Tajo staut. Eine Brücke führt hinüber. Davor bietet sich ein etwas seltsames Bild: Römische Tempelruinen, früher Teil eines Gerichtsgebäudes, schieben sich vor den blau glänzenden Fluss. Allerdings erst seit 1963, als der See geflutet wurde und die antiken Säulen aus **Augustobriga** (♀ H 4) an einen höheren Platz umgebettet wurden. Sie werden von einem Querbalken und Mittelbogen gekrönt und dienten als Vorbild für den Diana-Tempel in Mérida. Bei schönem Wetter können Sie sich zu Füßen der alten Steine und unter schattigen Eichen zu einer Rast mit Blick über den See niederlassen. Bei großer Trockenheit taucht der ursprüngliche Ort im Wasser auf.

Zugabe
Und du heißt Christoph!

Indios sind Menschen und der Taufe würdig

Da hatte sich Christoph Kolumbus für seine Rückkehr nach der zweiten Amerikafahrt etwas ganz Besonderes ausgedacht. Im Kloster von Guadalupe war er schon mehrmals zur religiösen Fürbitte gewesen, und nun wollte er dort erstmals Indianer taufen lassen, die er zur Überfahrt gezwungen hatte. So also geschah es 1496. Das damalige Taufbecken thront inzwischen über dem Brunnen auf dem Kirchplatz. Der erste unter den Indianern erhielt des Eroberers Vornamen. Es nützte ihnen nicht, ihrer Heimat entrissen starben sie früh. Unter Kirchenlehrern setzte alsbald der Disput ein, ob die Urbevölkerung überhaupt menschliche Wesen seien, also getauft werden dürften. Erst 1537 entschied Papst Paul III. für die Indianer und verfügte zusätzlich ein Verbot der Versklavung. Rechtlos blieben sie allerdings, wenn sie sich nicht zum Katholizismus bekehren ließen, was den Missionaren in Amerika sehr half, ebenso wie die vermeintliche Erscheinung einer schwarzen Madonna in Mexiko. ■

SANTA MARIA DE GUADALUPE PATRONA DE EXTREMADURA Y RI

Das Kleingedruckte

Die besten Oliven werden hier immer noch per Hand geerntet.

Anreise

... mit dem Flugzeug

Die Extremadura besitzt keinen international eingebundenen Flughafen. Der einzige Regional-Airport liegt 25 km östlich von Badajoz, eine öffentliche Busanbindung fehlt. Im Winterhalbjahr gibt es oft gar keine Verbindungen, im Sommerhalbjahr unregelmäßig Flüge nach Madrid, Barcelona und Mallorca. Die nächstgelegenen Großflughäfen befinden sich in Lissabon und Madrid, außerdem gibt es einen Regionalflughafen in Sevilla. Von dort geht es jeweils mit Mietfahrzeug, Bus oder Bahn in die Extremadura (s. u.).

Flughäfen Badajoz, Madrid, Sevilla: www.aena.es, T 913 20 10 00
Flughafen Lissabon: www.ana.pt, T 00351 218 41 35 00

... mit der Bahn

Bis zur Eröffnung der Hochgeschwindigkeitsstrecke über Cáceres, Mérida nach Badajoz gibt es vom Bahnhof Madrid-Atocha lediglich wenige langsame Verbindungen in die Extremadura. Zwei- bis dreimal täglich fährt ein Regionalzug von Sevilla in die Extremadura. Fahrplanauskunft und Ticketverkauf unter www.renfe.es.

... mit dem Bus

Die Extremadura ist von Lissabon, Madrid und Sevilla aus auch per Bus zu erreichen. Wichtigster Anbieter ist die Firma Alsa (www.alsa.es), unregelmäßig bedient zudem Flixbus (www.flixbus.de) Badajoz und Cáceres ab Lissabon und Madrid.

... mit dem Mietwagen

Lissabon ist per mautpflichtiger Autobahn A 6/E 90 mit der Extremadura verbunden und liegt 230 km von Badajoz, 290 km von Mérida und 320 km von Cáceres entfernt. Ein Grenzübertritt mit dem Leihwagen ist problemlos. Von **Madrid**

STECKBRIEF

Lage: Die Extremadura liegt im Südwesten Spaniens. Nachbar im Norden ist Kastilien-León, im Osten Kastilien-La Mancha, Andalusien im Süden. Im Westen stößt sie an Portugal.
Größe: 41 635 km^2; das entspricht ca. 8,25 % der Landfläche Spaniens.
Einwohner: 1,07 Mio., rund 2,5 % aller Spanier.
Städte: Badajoz (150 530 Einw.), Cáceres (95 970 Einw.), Mérida (59 325 Einw.), Plasencia (40 141 Einw.), Zafra (16 776 Einw.), Trujillo (9 193 Einw.)
Name: Extremadura leitet sich von *extremos del duero* (»Jenseits des Flusses Duero«) ab, aus der Perspektive der christlichen Rückeroberer zur Zeit der Reconquista.
Staat und Politik: Die Extremadura genießt wie alle 17 spanischen Autonomen Gemeinschaften *(comunidades autónomos)* weitgehenden Autonomiestatus in regionalen Angelegenheiten. Sie gliedert sich in die Provinzen Badajoz und Cáceres. Verwaltungssitz ist Mérida.
Währung: Euro. Die Untereinheit heißt céntimo.
Landesvorwahl: 0034
Zeitzone: MEZ

führt die gebührenfreie Autovia A-5/E-90 in die Extremadura. Die Entfernung von der spanischen Hauptstadt beträgt nach Badajoz 400 km, nach Mérida 350 km und nach Cáceres 300 km. Von **Sevilla** führt die A-66 in die Extremadura; nach Zafra sind es etwa 140 km, nach Cáceres 270 km. Die internationalen Autovermieter unterhalten Büros an allen Flughäfen.

… mit dem Auto

Für die Anreise mit dem eigenen Auto sollten mindestens drei Tage eingerechnet werden. Die kürzeste Route verläuft quer durch Frankreich über Paris oder Lyon und Biarritz und dann weiter nach Salamanca und in die nördliche Extremadura. Die Alternativstrecke führt durch das Rhônetal und über Barcelona und Madrid in die östliche Extremadura. Von München nach Cáceres sind es etwa 2200 km.

Bewegen und Entschleunigen

Die Extremadura ist kaum mit großen Tourismusdestinationen vergleichbar. Hinweisschilder an jeder Ecke zur angeblich wirklich schönsten Wanderung, der tatsächlich billigsten Bootsfahrt oder der bestimmt besten Fahrradtour fehlen. Stattdessen tauchen Sie ein in geschützte Landschaften mit faszinierendem Tier- und Pflanzenreichtum. Sie sind auf Schusters Rappen zu entdecken – meist sogar auf einsamen Wegen. Die großen Seen und Flüsse laden zu Wassersport und Angeln ein, die Berge zum Gleitschirmfliegen. Und zum Relaxen dienen die Wellnessbereiche in behutsam modernisierten Kurbädern, an deren heilenden Wassern sich schon die Römer entspannten.

Angeln

Die Stauseen und Flüsse sind reich an Karpfen und Barben, an Schleien und Forellen, an Aalen und Hechten. Spani-sche Petrijünger entwickeln besonderen Ehrgeiz darin, einen Schwarzbarsch an Land zu ziehen, ein listiger Gegner. Empfehlenswerte Fischgründe sind die Stauseen in den östlichen Berglandschaften der Siberia und die Embalse de Orellana in der Serena. Hier bieten ein englischer und ein französischer Spezialveranstalter Angelreisen an, buchbar über www.pescaextremadura.com und www.extremafishingspain.com.

Einen Angelschein erteilen die Gemeindeverwaltungen, weitere Infos gibt es bei der Federación Extremeña de Pesca (C/Matías Montero, 18–1 G, 10600 Plasencia, www.fedexpesca.com).

Ballonfahren

Das Unternehmen Siempre en las Nubes bietet Ballonfahrten über die weiten Landschaften. Die Kosten betragen etwa 165 € pro Person für eine Ausfahrt.

T 912 52 45 55, www.siempreenlasnubes. com

Drachen- und Gleitschirmfliegen

In den Bergen und über den Seen gibt es hervorragende Flugmöglichkeiten, insbesondere in folgenden Gebieten: El Torno und Cabezabellosa über den Tälern Valle del Jerte und Valle del Ambroz bei Plasencia, außerdem der schmalen Sierra de Montánchez südlich von Cáceres und Trujillo sowie der Sierra de Guadalupe. Nicht nur, aber auch für Anfänger ideal ist La Parra nordwestlich von Zafra. Hier finden Lernwillige zudem die Flugschule Aerofly (www.aerofly.es). Sehr hilfsbereit zeigt sich der Club Parapente Extremadura in Cáceres (http://parapenteextremadura.webnode.com).

Fahrrad und Mountainbike

Radeln ist in der Extremadura angesagt. Eine schöne Übersicht über das Routenangebot für Mountainbiker liefert auf Deutsch www.extremadurabtt.com. Konditionsstarke fühlen sich auf den ausgeschilderten längeren Strecken *caminos naturales* wohl, die im Süden eher flach verlaufen, im bergigen Norden hingegen oft spürbare Steigungen aufweisen. Ausführliche Auskünfte, teilweise in Englisch, erteilt das spanische Umweltministerium auf www.mapa.gob.es/en/desarrollo-ru ral/temas/caminos-naturales.

Attraktiv sind der 74,9 km lange **Camino Natural de Las Villuercas** und der **Camino Natural del Tajo**. Er folgt dem Fluss über 1000 km und quert dabei die Extremadura auf 13 unterschiedlich langen und schweren Abschnitten. Für Streckenradler eignet sich zudem der Pilgerweg **Vía de la Plata** (s. S. 256). Ebenfalls lohnenswert ist die stillgelegte Bahntrasse **Vegas del Guadiana**, die über 56 km von Villanueva de la Serena nach Logrosán leicht ansteigend verläuft (www.viasverdes.com, www.bahntrassenradwege.de). Kürzere Routen gibt es in den meisten Naturparks. Auch fast alle Stauseen werden von schönen Wegen umrundet, die sich Radler mit Wanderern und Spaziergängern teilen. Radsportler dürfen sich auf gut ausgebaute, verkehrsarme Landstraßen freuen. Anspruchsvoll sind die Berge des Nordens, insbesondere der Puerto de Honduras nördlich von Plasencia (s. S. 109).

Golfen

Das Angebot steckt mit nur fünf 18-Loch-Plätzen noch in den Kinderschuhen. Sie befinden sich in der Nähe von Badajoz und Cáceres sowie im äußersten Nordosten bei El Gordo und Talayuela, Letzterer immerhin von Severiano Ballesteros gestaltet. Das Handicap liegt jeweils bei 72 Par, die Greenfees betragen rund 50 €. Hinzu kommen vier 9-Loch-Plätze.

Infos: Federación Extremeña de Golf, T 927 21 43 79, www.fexgolf.com

Jagen

Viele Extremeños sind leidenschaftliche Jäger. Um selbst zur Jagd zu blasen, sind Genehmigungen der spanischen und der regionalen Regierung nötig. Voraussetzungen sind die Vorlage eines Jagdscheins, eine vom spanischen Botschaft beglaubigte Übersetzung und eine Haftpflichtversicherung. Jedes Jahr im Juli veröffentlicht die Regionalregierung die aktuellen Bedingungen für die anstehende Jagdsaison. Auskünfte erteilt der Spanische Jagdverband.

Real Federación Española de Caza: Calle Francos Rodriguez, 70–2°, 28039 Madrid, www.fecaza.com

Tauchen

Überrascht? Sogar Tauchen ist möglich in der ländlichen Extremadura, und zwar in den tiefen Naturbecken der Bergbäche und den Stauseen. Es zeigt sich eine ungewöhnliche Unterwasserwelt, bewohnt von Aalen, Barben, Schleien und Bergforellen. Spannung versprechen auch die nächtlichen Ausflüge, die die Tauchvereinigung der Extremadura anbietet (https://asociacion-extremena-de-buceo.webno-de.es). Weitere Anbieter sind unter www.yumping.com/buceo/extremadura gelistet.

Vogelbeobachtung

Ein Wort reicht: Vogelparadies. Nirgendwo anders in Europa existiert eine solche Artenvielfalt. Hier taucht ein farbenfroher Eisvogel ins Wasser, dort klappern die Weißstörche auf dem Kirchturm, in den Steineichenhainen überwintern bis zu 130 000 Kraniche. Mit etwas Glück

IMMER WIEDER SONNTAGS

S

Wer einmal mit einheimischen Radlern unterwegs sein möchte, dem steht die Teilnahme an einem sonntäglichen Ausflug des regionalen Radsportverbands offen. Den aktuellen Kalender liefert www.ciclis moextremadura.org.

lassen sich auch die weiten Kreise eines herrschaftlichen Kaiseradlers hoch in den Lüften beobachten. Mittelpunkt der Vogelbeobachtung ist der Nationalpark Monfragüe. Doch auch überall sonst werden geübte Birdwatcher oder beiläufige Beobachter durch die Pracht der Vogelwelt zum Staunen verleitet. Unterstützung erteilen Infozentren vor Ort und der vom Tourismusverband ins Leben gerufene Club Birding in Extremadura, der zahlreiche Angebote zusammenfasst (www. birdinginextremadura.com).

Wandern

Wanderwege gibt es allerorten, in allen Schwierigkeitsgraden und allen Längen. Oftmals sehr ausführliche Beschreibungen halten die Tourismusämter bereit. Die Wege sind gelb-weiß oder grün-weiß gekennzeichnet. Bergwanderer bevorzugen die nördliche Extremadura, zahlreich sind die markierten Wege in der Region Las Hurdes und der Umgebung von Hervás. Wer Extremes wagen will: Historischen Boden betreten Wanderer auf der **Travesía Carlos V,** der Kaiser Karl V. im Oktober 1556 auf seiner letzten Reise von Tornavacas nach Jarandilla de la Vera folgte (s. S. 112).
Weniger anstrengend sind die Wanderungen im Vogelparadies Monfragüe. Einige

---

PILGERN IN DER STILLE

Der südliche Santiagoweg, die von Sevilla ausgehende **Vía de la Plata,** führt etwa 300 km durch die Extremadura, durch Zafra, Mérida, Cáceres und Plasencia. Die üblichen Tagesetappen reichen von 11 bis 34 km. Bevorzugt wird diese Route von Pilgern, die Ruhe suchen und dem Andrang auf dem französischen Weg entgehen wollen.

---

leichtere bis mittelschwere Bergtouren finden sich in den östlich gelegenen Villuercas bei Guadalupe. Ein abwechslungsreicher Weg führt in der südlichen Extremadura durch unterschiedliche Vegetationszonen hinauf zum Kloster von Tentudía. Von West nach Ost geht es auf dem rot-weiß markierten GR 10 von Portugal Richtung Madrid. Die Durchquerung von Süd nach Nord auf der Vía de la Plata hingegen ist eher eine Sache für kontemplativ schreitende Pilger als für reine Wanderer (siehe unten).

Wassersport

Die Extremadura ist ein Badeparadies – dank zahlreicher Naturschwimmbäder an den vielen kalten, aber sauberen Bächen und Seen im Norden der Extremadura. Und entlang des Río Guadiana, der allerdings an manchen Stellen in puncto Sauberkeit zu wünschen übrig lässt. Trotzdem sind im Sommer die beliebtesten Badestellen, etwa am Stausee Orellana, dicht bevölkert. Hier wird auch gesegelt und gepaddelt. Boote können vor Ort ausgeliehen werden.

Wellness

Das Wellness-Angebot ist noch ausbaufähig. Selbst die meisten Luxushotels beschränken ihren Spa-Bereich auf den Betrieb einer Sauna und einiger Gymnastikgeräte. In der Vergangenheit war da mehr los, als die Römer die heilenden Wasser der Extremadura genossen. Eines ihrer Badezentren war **Alange** südlich von Mérida. Das heutige Heilbad behauptet gänzlich unbescheiden von sich, die Tradition des alten Rom mit modernsten Techniken zu verbinden.
Auch in den **Baños de Montemayor** nördlich von Plasencia treffen die Badenden auf römische Tradition, dort werden die entspannenden Bäder mit römischen Aromen angereichert – direkt neben den Ausgrabungen der Badeanstalten aus dem 2. Jh. v. Chr. (www.balneariomon temayor.com).

Noch nicht ganz so lange wird in **El Rapo-so** bei Zafra gekurt. 1860 war es, dass ein Schwein vom Bauernhof El Raposo verschwand. Gefunden wurde es schließlich im Schlamm eines kleinen Baches. Der Hirte hielt es für verendet, doch plötzlich sprang es auf und rannte wie ein junges Ferkel. Die Geschichte lockte mehr und mehr Menschen an, die den heilenden Schlamm gegen ihre Gelenkschmerzen nutzten. Das örtliche Kurhotel (www.balneario.net) bietet Massagen mit Essenzen aus Olivenöl oder mit Schokolade.

Einreisebestimmungen

EU-Bürger und Schweizer benötigen Personalausweis oder Reisepass. Die maximale Aufenthaltsdauer beträgt für Schweizer drei Monate und kann bei der Ausländerbehörde verlängert werden. Kinder brauchen einen eigenen Personalausweis mit Foto oder einen Kinderreisepass.

Zollvorschriften
Die Mitnahme von Waren im privaten Reiseverkehr unterliegt innerhalb der EU keinen Zollbeschränkungen. Für Tabakwaren und alkoholische Getränke gelten sogenannte Indikativmengen. Als persönlicher Bedarf gelten höchstens 800 Zigaretten, außerdem 10 l alkoholische Getränke von über 22 % Vol., 10 l von weniger als 22 %, 90 l Wein oder 110 l Bier. Für Nicht-EU-Bürger ist die zollfreie Ausfuhr begrenzt: 200 Zigaretten, 1 l Spirituosen, 2 l Wein, 500 g Kaffee und 100 g Tee. Der Gesamtwert der zollfreien Waren darf 175 € nicht überschreiten.

Elektrizität

Die Stromspannung beträgt 220 Volt, Frequenz 50 Hertz. Üblich sind Eurosteckdosen, die sich für alle mitteleuropäischen Geräte eignen.

Essen und Trinken

Wo gibt's was …?
In der landwirtschaftlich geprägten Extremadura wird kein Urlauber Hunger leiden müssen. Davor schützen zunächst die Bars mit ihren vielfältigen *tapas*, wörtlich mit Appetithappen zu übersetzen (ca. 2–8 € pro Stück). In vielen der oft urigen Tapasbars haben sich diese ›Häppchen‹ zu kleinen Hauptspeisen gemausert, sodass sich mit zwei oder drei durchaus der Magen füllen lässt. Zusätzlich werden Tellergerichte, *raciónes* (ca. 8–14 €) oder halbe *raciónes* (ca. 4–8 €) angeboten.

Morgens reichen die Bars ein preiswertes Frühstück *(desayuno)*, meist bestehend aus einem Espresso ohne oder mit Milch *(café solo oder cortado)* oder einem Milchkaffee *(café con leche)*, begleitet von einem salzig belegten Toast *(tostada)* oder einem süßen Gebäck.

Vielen dieser Tavernen ist ein Speisesaal *(comedor)* für einen geregelten Restaurantbetrieb angegliedert. Die Extremeños bevorzugen allerdings das Gedränge um die Theke. Doch keine Sorge: Auch reine Speiserestaurants sind in jeder Qualität zu finden. Meist wird nach einheimischen Rezepten gekocht (Hauptspeisen ab 9 €).

Eine Besonderheit bilden die Restaurants der Luxushotels Paradores, die in stilvollem, doch nicht steifem Ambiente traditionelle Speisen in gehobener Qualität auf den Tisch bringen. Experimentelle Gourmettempel lassen sich an den Fingern einer Hand abzählen. Sie verteilen sich auf die Städte Badajoz, Mérida und Cáceres. Das dortige Atrio ist der unbestrittene Spitzenreiter, für dessen fantasievolle Menüs Gourmets aus aller Welt anreisen (s. S. 60).

… und wann?
Gegessen wird spät. Das beginnt mit dem Frühstück, das in Hotels nicht selten

Eine kleine Tapa aus Oliven mundet hervorragend zum Gläschen Bier zwischendurch.

Karfreitag *(Viernes Santo)*
1. Mai: Tag der Arbeit *(Festividad del Trabajo)*
15. Aug.: Maria Himmelfahrt *(Asunción de la Virgen)*
8. Sept.: Tag der Extremadura *(Día de Extremadura)*
12. Okt.: Nationalfeiertag *(Fiesta Nacional de España, Fiestas del Pilar)*
1. Nov.: Allerheiligen *(Todos los Santos)*
6. Dez.: Verfassungstag *(Día de la Constitución)*
8. Dez.: Maria Empfängnis *(Inmaculada Concepción)*
25. Dez.: Weihnachten *(Día de Navidad)*

Wenn ein gesetzlicher Feiertag auf einen Sonntag fällt, ist häufig der folgende Montag arbeitsfrei. Außerdem darf jede Gemeinde zwei örtliche Feiertage begehen. Viele davon fallen auf den 15. Mai zu Ehren des hl. Isidro und zusätzlich auf einen Tag in den Sommermonaten. Sie werden jährlich neu von der Regierung festgelegt.

erst ab 8 Uhr serviert wird. Mittags wird frühestens um 13 Uhr, dafür bis 16.30 Uhr gegessen. Das größte Problem für mitteleuropäische Genießer dürfte das sehnsüchtige bis magenknurrende Warten auf den Beginn des Abendessens darstellen. Vor 21 Uhr brauchen Sie es gar nicht zu versuchen, so früh (!) sitzen Sie meist aber ziemlich allein da.
Ein Tipp für Hungrige: Kleinigkeiten wie die belegten Brote *montaditos* gibt es in den Tapasbars oft auch schon früher – und manchmal sogar durchgängig.

Feiertage

1. Jan.: Neujahr *(Año Nuevo)*
6. Jan.: Hl. Drei Könige *(Epifanía del Señor)*
Gründonnerstag *(Jueves Santo)*

Informationsquellen

Spanisches Fremdenverkehrsamt
… in Deutschland
10707 Berlin, Lichtensteinallee 1
T 030 882 65 43
www.tourspain.es

außerdem in:
60323 Frankfurt, Reuterweg 51–53
80336 München, Schubertstr. 10

… in Österreich
1010 Wien
Walfischgasse 8
T 01 512 95 80–11

…in der Schweiz
8008 Zürich
Seefeldstr. 19
T 044 253 60 50

Regionales Tourismusamt in Spanien

Avda. de las Comunidades, s/n
06800-Mérida (Badajoz)
T (0034) 924 33 20 00
www.turismoextremadura.com

Oficinas de Turismo

Neben dieser Zentralstelle ohne Publikumsverkehr gibt es in jeder größeren Stadt und meist auch in kleinen Gemeinden ein offizielles Fremdenverkehrsamt *(Oficina de Turismo)*. Je ländlicher die Gegend, desto gebrochener sind die englischen Sprachkenntnisse der Mitarbeiter. Angaben zu den einzelnen Informationsstellen finden Sie im Reiseteil dieses Buches.

Im Internet

www.spain.info Die fast 400 Eintragungen auf der aufwendig gestalteten Website des Spanischen Fremdenverkehrsamtes zum Stichwort »Extremadura« wecken Urlaubsgefühle. Hier finden sich grundlegende Auskünfte zur Region, den wichtigsten Städten und Naturlandschaften. Dazu kommen Reisevorschläge und zahlreiche praktische Tipps. Und das alles auf Deutsch.

www.turismoextremadura.com Die aufwendig gestaltete offizielle Seite des Regionalen Tourismusamtes mit Veranstaltungskalender, Reisevorschlägen und Hotelliste gibt es auf Spanisch und Englisch.

www.stadtlandextremadura.de Diese von einem in Deutschland ansässigen Marketingunternehmen betriebene Seite wurde gemeinsam mit dem Tourismusamt der Extremadura entwickelt. Sie enthält zahlreiche allgemeine Informationen und kleine Geschichten über die Extremadura. Buchungen v. a. ländlicher Unterkünfte sind online möglich. Außerdem werden Infos zu Sprachkursen vor Ort erteilt.
http://whc.unesco.org/en/list/384,
http://whc.unesco.org/en/list/664
sowie **http://whc.unesco.org/en/list/665** Umfangreiche Informationen zu den von der UNESCO ausgezeichneten Welterbestätten in Cáceres, Mérida und Guadalupe (auf Englisch).

Apps

Birding in Extremadura Beschreibung der Vögel, Beobachtungsstellen, Routenbeschreibungen, Unterkunftsangaben in Naturparks, herausgegeben vom regionalen Tourismusamt (kostenlos, auch auf Engl.).

Spain is Nature Extremadura Ebenfalls kostenlose, von der Europäischen Union mitfinanzierte App über Angebote im ländlichen Raum (auch auf Engl.).

Kinder

Da Spanier häufig im Familienverbund verreisen, sind Hotels auf Kinder eingerichtet und stellen – teilweise gegen Aufpreis – Zustellbetten zur Verfügung. Kleinkinder schlafen kostenlos im Bett der Eltern. Außerhalb der Städte bilden zahlreiche Landhäuser, Ferienanlagen oder Campingplätze mit Bungalows die bessere Alternative. Kindermenüs auf der Speisekarte der Restaurants sind die Ausnahme, doch meist zaubert die Küche ein kleines Gericht, zudem ist es möglich, die Gerichte der Erwachsenen auf einem zusätzlichen Teller aufzuteilen.

Wandern, in Naturbädern planschen, Vögel am Himmel oder im Wald suchen, die Störche auf Kirchtürmen oder Granitfelsen – zumindest für naturverbundenen Nachwuchs hält die Extremadura ein vielversprechendes Angebot bereit. Auch so manches Museum ist so spannend aufbereitet, dass es die Kleinen interessieren könnte. Dazu gehören das Paprikamuseum in Jaraíz de la Vera oder das Museo Vostell bei Cáceres oder sogar der frei stehende römische Bogen Cáparra mitten in der Landschaft.

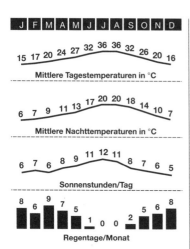

| J | F | M | A | M | J | J | A | S | O | N | D |

Mittlere Tagestemperaturen in °C

15 17 20 24 27 32 36 36 32 26 20 16

Mittlere Nachttemperaturen in °C

6 7 9 11 13 17 20 20 18 14 10 7

Sonnenstunden/Tag

6 7 6 8 9 11 12 11 8 7 6 5

Regentage/Monat

8 6 9 7 5 1 0 0 2 5 6 8

So ist das Wetter in der Extremadura.

Eine schöne Einstimmung bildet die Sammlung traditioneller Kindermärchen aus der Extremadura: Marciano Curiel Merchán, u. a.: Storchenmärchen, Pulheim 2016.

Klima und Reisezeit

Das Klima der südlichen und südwestlichen Extremadura ist mediterran mit atlantischen Einflüssen. In den Osten und die nördlichen Bergregionen reichen kontinentale Strömungen. Die Hochsommer im Süden und Zentrum sind sehr heiß mit Tageshöchsttemperaturen nicht selten über 40 °C. Tagsüber kommt das Leben dann zum Erliegen.

Frühling, Herbst und Winter zeichnen sich durch milde Temperaturen aus. In den kühleren Gebirgszügen des Nordens ist in der kalten Jahreszeit mit Schnee zu rechnen. In den übrigen Gebieten treten nur selten Nachtfröste auf. Im Sommer fällt kaum Niederschlag. Dieser verteilt sich auf die Zeit von Mitte September bis Anfang Juni, allerdings in der Menge von Jahr zu Jahr sehr schwankend. Selbst in den klassischen Regenmonaten von November bis März kommt es immer wieder zu längeren Trockenperioden, auf die nicht selten Starkregen folgt.

Die Unterkünfte an den Seen und in den nördlichen Wandergebieten sind im spanischen Ferienmonat August oft voll, Vorausbuchungen sind daher dringend angeraten. In den Städten hingegen gibt es dann häufige Sonderangebote, insbesondere in Großhotels, die auf Reisegruppen ausgerichtet sind.

Die besten Reiezeiten für Kulturreisende …

Der Winter ist die Zeit traditioneller Festumzüge, mit denen einst die Geister vertrieben wurden. Jährlichen Höhepunkt des Festkalenders bildet die Semana Santa, also die Woche vor Ostern. Klassische Theaterfestivals werden im Hochsommer in Mérida, Cáceres und Alcántara veranstaltet.

… und Naturliebhaber

Naturreisende sollten den trocken-heißen Sommer meiden, wenn die ausgedorrte Erde nach Wasser dürstet und die Tiere ihre Aktivitäten auf das Notwendigste beschränken. Nur die höheren Berge eignen sich zum Wandern. Ideale Reisezeiten sind Spätherbst, Winter und Frühling.

Mit dem ersten kräftigen Oktoberregen beginnt es überall erneut zu grünen und zu sprießen. Dann treffen auch die ersten von Hunderttausenden Zugvögeln aus dem Norden ein, um in den Eichenhainen und Feuchtgebieten zu überwintern. Sobald diese im Februar und März wieder in ihre nördlichen Brutgebiete aufbrechen, kehren viele in der Extremadura heimische Vogelarten aus ihren afrikanischen Winterquartieren zurück.

Die Mandelblüte im Februar, die Kirschblüte im März und die im April und Mai farbenfroh blühenden Frühjahrswiesen, die saftig grünen Berge und wilden Flüsse bilden dann eine traumhafte Kulisse für Vogelbeobachtungen oder Wanderungen.

Lese- und Filmtipps

Inés meines Herzens, Isabel Allende: Inés de Suárez, eine einfache Näherin aus Plasencia, sucht wie viele ihrer Landsleute im 16. Jh. ihr Glück in Südamerika und beteiligt sich als einzige Frau an der Eroberung Chiles. Der Roman voll prallem Leben basiert auf historischen Tatsachen.
Fandango im Schnee, Dulce Chacón: Die bekannteste Autorin der Extremadura schildert in einem Kriminalroman die Geheimnisse einer extremenischen Familie während der Franco-Diktatur (derzeit nur antiquarisch).
Extremadura, Joachim Griesinger und Manuela Seifert: Ein schöner Bildband, spektakulär sind die Landschafts- und Vogelaufnahmen.
Hernando Cortés, Claudine Hartau: Eine rororo-Monografie über einen, der aus der Extremadura auszog, um Mexiko zu erobern.
The Nature Guide to the Extremadura, Dirk Hilbers: Von der gemeinnützigen Crossbill Guides Foundation herausgegebener Naturführer. Ausführlich werden die unterschiedlichen Landschaften, Pflanzen- und Tierarten beschrieben und einige Wander- und Autorouten empfohlen.
Las Hurdes – Tierra sin pan, Luis Buñuel: 1932 gedrehter Klassiker des Dokumentarfilms vom großen spanischen Regisseur (s. S. 138).

Reisen mit Handicap

Erst seit den letzten Jahren werden die Bedürfnisse von Menschen mit Handicap anerkannt. Auch wenn es derzeit keinen internationalen Behindertenausweis gibt, hilft die Übersetzung des Behindertenausweises ins Spanische, die die jeweilige Ausgabestelle des deutschen Ausweises ausfertigt. In staatlichen eintrittpflichtigen Sehenswürdigkeiten erhalten Behinderte grundsätzlich Nachlässe oder kostenlosen Eintritt. Dieser positiven Regelung haben sich viele private und kirchliche Einrichtungen leider nicht angeschlossen. Barrierefreie Zimmer bieten meist nur neu gebaute Hotels.

VOGELPARADIESE

Spektakulär ist der Nationalpark Monfragüe, über 300 teilweise vom Aussterben bedrohte Vogelarten leben oder überwintern auf 18 396 ha Fläche. Vögel in Feuchtgebieten lassen sich im Parque Natural Tajo Internacional beobachten. Die Steppen und Berge von Los Barruecos, Hornachos, La Serena oder La Siberia bilden weitere attraktive Lebensräume für viele Vogelarten.

Reiseplanung

Stippvisite
Ein Urlaub in Madrid, Andalusien oder dem östlichen Portugal lässt sich vorzüglich mit einem Abstecher in die Extremadura verbinden. Drei oder vier Übernachtungen genügen, um zumindest die wichtigsten kulturellen Höhepunkte in den drei historischen Städten Cáceres, Trujillo und Mérida im Herzen der Extremadura zu erkunden. Und falls Sie per Auto von Madrid kommen, liegt das ebenfalls sehenswerte Kloster von Guadalupe fast am Weg …

Vorschlag für eine Rundreise
Im äußersten Süden erhebt sich auf einem Bergrücken der Monasterio de Tentudía, das auf das 13. Jh. zurückgeht. Über das

Jan	Feb	Mär	Apr	Mai	Jun	Jul	Aug	Sep	Okt	Nov	Dez

Nebensaison

Hauptsaison

Nebensaison

Birdwatcher Augen auf

Die Mandel- und Kirschbäume blühen

Die perfekte Zeit für Kulturreisen …

… und Wandertouren

Jetzt wird es mitunter ziemlich heiß

Die Vogelwelt beobachten

Pullover und Regenjacke einpacken

Pullover und Regenjacke einpacken

Semana Santa

WOMAD-Musikfestival

Schinkenfest in Monesterio

Musik und Theaterfestivals, u. a. in Cáceres und Mérida

O **6. 1.** Hl. Drei Könige

O **März/April** Osterfest

O O **März/April** Kirschblütenfest in Valle del Jerte

O **Feb./März** Karneval in Badajoz

Tag der Extremadura **8.9.** O

O **15. 8.** Maria Himmelfahrt

8.12. O Mariä Empfängnis

O **12.10.** Nationalfeiertag: Die Extremadura feiert ihre Eroberer

25.12. O Weihnachten

römische Mérida führt der Weg ins Mittelalter von Cáceres, das als Kontrast das bedeutendste Museum für zeitgenössische Kunst präsentiert, und nach Trujillo. Von dort geht's entweder direkt ins Vogelparadies des Nationalparks Monfragüe oder per Umweg über Guadalupe. Die dortige Klosteranlage bildet das architektonische Symbol für die spanische Welteroberung. Und ist Ausstellungsort für 19 großflächige Gemälde des Hofmalers Francisco de Zurbarán.

Gold, Gold, Gold und ein fein geschnitztes Kirchengestühl füllen die Kathedrale von Plasencia in der nördlichen Extremadura. Im nahen Kloster von Yuste können Besucher entdecken, wie ein deutscher Kaiser seinen Lebensabend verbracht hat. Er hörte auf den Namen Karl V.

Der Rückweg führt über die elegante, 194 m lange römische Brücke über den Tajo bei Alcántara und nach Badajoz, das mit einer Vielzahl von Tapasbars in den engen, meist autofreien Innenstadtgassen aufwartet.

Durch einsame Landschaften

Die urwüchsige Natur bildet ein weiteres Plus der Extremadura. Fast jede Gemeinde hat lokale Wanderwege markiert. Besonders attraktiv sind die rauen Berglandschaften von Las Hurdes und die sanfteren Hügel der benachbarten Sierra de la Gata, beide im Norden gelegen. Das nahe Städtchen Hervás hat zahlreiche Routen auf die umliegenden Hügel ausgeschildert. Hinzu kommt der Parque Natural Tajo Internacional an der portugiesischen Grenze.

Sicherheit und Notfälle

Im Vergleich zu anderen europäischen Regionen darf die Extremadura als sicher angesehen werden, doch auch sie ist keine kriminalitätsfreie Zone. Grundsätzlich gilt deshalb, die Wertsachen besser im Hotelsafe zu hinterlegen und Geld möglichst am Körper zu tragen. Auch sollte nichts im abgestellten Mietauto liegen gelassen werden.

Übernachten

Die Extremadura setzt nicht auf Massentourismus, riesige Ferienanlagen wie an Spaniens Küsten fehlen. Dennoch finden Urlauber überall eine Unterkunft, oft so-

FÜR DEN NOTFALL

Notruf: T 112 (im Gegensatz zu massentouristischen Gebieten Spaniens nicht in Deutsch)
Medizinischer Notfall: T 112
Polizei: T 902 10 21 12 (für Urlauber) und T 091 (Policía Nacional), T 092 (Policía Local), T 062 (Guardia Civil)
Feuerwehr: T 080 (Bomberos)
Sperrung von Handys, Bank- und Kreditkarten: T +49 116 116

Botschaften:
Die Extremadura fällt in den Konsularbezirk der jeweiligen Botschaften in Madrid.
Deutsche Botschaft: Calle Fortuny, 8, 28010 Madrid, T 915 57 90 00, https://spanien.diplo.de, in Notfällen ohne Terminvereinbarung.
Österreichische Botschaft: Paseo de la Castellana, 91/9°, 28028 Madrid, T 915 56 53 15, Notfall 670 51 95 72 (mobil), https://www.bmeia.gv.at/oeb-madrid, Mo–Fr 10–13 Uhr.
Schweizer Botschaft: Calle de Núñez de Balboa, 35 A – 7. Stock, 28001 Madrid, T 914 36 39 60, www.eda.admin.ch/madrid, Mo–Fr 9–13 Uhr.

gar romantisch in historischen Gemäuern oder mit Familienanschluss. In entlegenen Orten abseits von Kulturdenkmälern und Naturparks stehen allerdings meist nur einfache Herbergen zur Verfügung. Der Trend zu Ferienwohnungen ist in den Städten angekommen. An Festtagen und in den Sommermonaten, insbesondere in der Osterzeit und im August, ist Vorausbuchen angeraten.

Paradores

Die früher staatliche, inzwischen in eine Aktiengesellschaft mit öffentlicher Beteiligung überführte Kette von Luxushotels betreibt sieben Unterkünfte in der Extremadura. Sie sind in historische Gebäude in Cáceres, Guadalupe, Jarandilla, Mérida, Plasencia, Trujillo und Zafra eingezogen. Der übliche Zimmerpreis liegt zwischen 75 € und 210 €, doch auf der Internetseite www.paradores.es finden sich oft überraschende Angebote.

Hospederías de Extremadura

Eine Besonderheit sind acht von der Regionalregierung verwaltete komfortable Unterkünfte, ebenfalls meist in historischen Gebäuden. Sie liegen bis auf eine Ausnahme in der nördlichen Hälfte der Extremadura und sind etwas preiswerter als die Paradores. Reservierungen unter T 924 87 05 97 und www.hospederiasde extremadura.es.

Hotels

Die Hotels sind am »H« zu erkennen und mit bis zu fünf Sternen ausgezeichnet, besonders luxuriöse mit dem Zusatz »Gran Lujo«. Die Zimmerpreise reichen von 40 € bis über 200 €. Allerdings liegen der Eingruppierung vor allem formale Kriterien zugrunde, die nicht unbedingt zu einem wohligen Schlaf beitragen, etwa die Größe der Empfangshalle. Höherklassige Hotels gibt es fast ausschließlich in den größeren Städten und in der Nähe touristischer Sehenswürdigkeiten.

Hostales und Pensiónes

Sie bilden die preisgünstige, qualitativ meist einfache Alternative zum Hotel. Die oft privat geführten Unterkünfte sind mit »HS« und »P« gekennzeichnet. Das Angebot reicht von der heruntergekommenen Absteige bis zur einladenden Bleibe, die locker mit einem Hotel der mittleren Kategorie mithält. In der Regel wird kein Frühstück gereicht. Ein Doppelzimmer kostet ab 30 €, in touristischen Zentren ab 40 €.

Alojamiento Rural und Apartamento Turístico

Zahlreich sind diese ›ländlichen Unterkünfte‹. Sie untergliedern sich je nach Größe in das Landhaus Casa Rural (CR), das Landapartment Apartamento Rural (ATR) und das Landhotel Hotel Rural (HR). Der Standard wird mit bis zu fünf Sternen oder drei Schlüsselsymbolen wiedergegeben. Oft wohnen die Besitzer selbst im Haus. Privat vermietete Ferienwohnungen konzentrieren sich auf bei Urlauber beliebte Städte, insbesondere auf Cáceres.

Ein persönlicher Empfang ist in vielen Privathäusern garantiert, manchmal sogar im verwunschenen Garten.

Pilgern auf der Vía de la Plata stehen mehrere Herbergen *(albergue)* entlang der Strecke offen. Sie sind unter www. rutadelaplata.com gelistet.

Camping
Die Campingplätze, teils mit Mietbungalows, konzentrieren sich auf die nördlichen Bergregionen. Im Winter sind sie oft geschlossen. In der übrigen Extremadura gibt es nur ein geringes Angebot. Das Tourismusamt (s. S. 241) hat einen Campingführer veröffentlicht, weitere Infos unter www.campingsextremadura.com.

Jugendherbergen
Derzeit sind elf Jugendherbergen im Verband Red Española de Albuerges Juveniles (www.reaj.com) vertreten. Das Angebot beschränkt sich, mit Ausnahme von Cáceres, auf kleinere Orte.

Verkehrsmittel vor Ort

Autofahren
Die Extremadura wird von den gebührenfreien Autobahnen A-66 von Nord nach Süd und A-5 von Nordosten in den Westen durchquert. Sie verbinden die wichtigsten Städte. Gut ausgebaut sind die Nationalstraßen (Kennzeichnung N), während die kleineren Regionalstraßen (EX) häufig sehr kurvenreich sind.
Das Tankstellennetz ist dicht, selbst in abgelegenen Gegenden gibt es eine *estación de servicio,* an der *gasolina* super 95 und Super 98 oder Diesel *(gasóleo)* und diesel plus getankt werden können. Größere Hotels mit eigener Garage haben Ladestellen für E-Autos.
Die Straßen sind wenig befahren, Staus weitgehend unbekannt. Allerdings fahren Spanier häufig etwas risikofreudig. Die Höchstgeschwindigkeit beträgt 50 km/h innerhalb geschlossener Ortschaften, 90 km/h auf einfachen Land- und Schnellstraßen. Auf den Autobahnen

HOTELBUCHUNG IM INTERNET

Hotelbroker wie www.hrs.de oder www.booking.com führen ein umfassendes Angebot. Für abgelegene Gebiete und kleine Orte buchen Sie online ebenfalls gut über die von der Regionalregierung unterstützte deutschsprachige Seite www. stadtlandextremadura.de. Nicht selten sind Direktbuchungen günstiger.

gilt 120 km/h Höchstgeschwindigkeit. Die Promillegrenze liegt bei 0,5. Mobil telefonieren ohne Freisprechanlage ist im Auto verboten. Bußgelder sind hoch.

Mietwagen
Bei Anreise per Flugzeug empfiehlt es sich, den Mietwagen gleich am Flughafen von Madrid, Sevilla oder Lissabon in Empfang zu nehmen. Büros in der Extremadura unterhält von den internationalen Firmen nur Europcar (www.europcar.de), in Badajoz, am Flughafen Badajoz und in Cáceres. Das spanische Unternehmen Enterprise (www.enterprise.es) vermietet zusätzlich in Mérida und Plasencia.

Bahn
Nur wenige Städte, darunter Badajoz, Cáceres, Llerena und Zafra, sind mit dem Zug erreichbar. Oft müssen Reisende in Mérida umsteigen. Infos unter www.renfe. es und www.adif.es.

Bus
Besser ausgebaut sind die Busverbindungen. Auf ihren Routen steuern die Gesellschaften auch kleine Ortschaften an. Im Reiseteil sind die Adressen der wichtigsten Busbahnhöfe aufgeführt. Infos zu Verbindungen liefert www.goeuro.es und www.horario-autobuses.com/horarios-autobuses/extremadura.

Sprachführer Spanisch

AUSSPRACHE **A**

c vor a, o, u wie k: casa,
c vor e und i wie engl. th: cena
ch wie tsch: chico
g vor a, o, u wie deutsches g: gusto
g vor e und i wie deutsches ch: genial
j wie deutsches ch: jefe
ll wie deutsches j: llamo
ñ wie gn bei Champagner: niña
qu wie k: quiosco
y am Wortende wie i: hay;
sonst wie deutsches j: yo
z wie s

Allgemeines

guten Morgen/Tag	buenos días
guten Tag (nachmittags)	buenas tardes
guten Abend/ gute Nacht	buenas noches
auf Wiedersehen	adiós
bis bald	hasta luego
Entschuldigung	disculpe, perdón
hallo, wie geht's?	hola, ¿qué tal?
bitte	por favor
danke	gracias
ja/nein	sí/no
Wie bitte?	¿Perdón?

Unterwegs

Bahnhof	estación
Flughafen	aeropuerto
Bus	guagua
Auto	coche
Haltestelle	parada
Parkplatz	aparcamiento
Fahrkarte	billete
Tankstelle	gasolinera
Eingang	entrada
Ausgang/-fahrt	salida

rechts	a la derecha
links	a la izquierda
geradeaus	todo recto
hier/dort	aquí/allí
Auskunft	información
Stadtplan	mapa de la ciudad
Postamt	correos
geöffnet	abierto/-a
geschlossen	cerrado/-a
Kirche	iglesia
Museum	museo
Brücke	puente
Straße/Platz	calle/plaza

Übernachten

Doppelzimmer	habitación doble
Einzelzimmer	habitación individual
... mit Dusche/Bad/	... con ducha/baño/
Balkon	balcón
Toilette	servicio
mit Frühstück	con desayuno
Halbpension/ Vollpension	media pensión/ pensión completa
Gepäck	equipaje

Einkaufen

kaufen	comprar
Geschäft	tienda
Markt	mercado
Geld	dinero
Geldautomat	cajero automático
bar	en efectivo
Kreditkarte	tarjeta de crédito
Lebensmittel	comida
teuer/billig	caro/barato
wie viel	¿cuánto?
bezahlen	pagar

Notfall

Apotheke	farmacia
Arzt	médico

Zahnarzt	dentista
Hilfe!	¡Socorro!
Unfall	accidente
Krankenhaus	hospital, clínica
Polizei	policía
Schmerzen	dolores
Notfall	emergencia

Zeit

Stunde	hora
Tag	día
Woche	semana
Monat	mes
Jahr	año
heute	hoy
gestern	ayer
morgen	mañana
morgens	por la mañana
mittags	al mediodía
nachmittags	por la tarde
Montag	lunes
Dienstag	martes
Mittwoch	miércoles

Donnerstag	jueves
Freitag	viernes
Samstag	sábado
Sonntag	domingo

Zahlen

1	uno	18	dieciocho
2	dos	19	diecinueve
3	tres	20	veinte
4	cuatro	21	veintiuno
5	cinco	30	treinta
6	seis	40	cuarenta
7	siete	50	cincuenta
8	ocho	60	sesenta
9	nueve	70	setenta
10	diez	80	ochenta
11	once	90	noventa
12	doce	100	cien
13	trece	101	ciento uno
14	catorce	150	ciento-
15	quince		cincuenta
16	dieciséis	200	doscientos
17	diecisiete	1000	mil

WICHTIGE SÄTZE

W

Allgemeines

Ich spreche kein Spanisch.	No hablo español.
Sprechen Sie Deutsch, Englisch?	¿Habla alemán, inglés?
Ich verstehe nicht.	No entiendo.
Ich heiße …	Me llamo …
Wie heißt du/ heißen Sie?	¿Cómo te llamas/se llama?
Wie geht's?	¿Qué tal? ¿Cómo estás?
Danke, gut.	Muy bien, gracias.

Unterwegs

Wo ist …?	¿Dónde está …?
Wie komme ich nach …?	¿Por dónde se va a …?
Wann kommt …?	¿Cuándo llega …?

Notfall

Können Sie mir bitte helfen?	¿Me podría ayudar, por favor?

Ich brauche einen Arzt.	Necesito un médico.
Mir tut es hier weh.	Me duele aquí.

Übernachten

Haben Sie ein Zimmer frei?	¿Tiene una habitación libre?
Ich habe ein Zimmer bestellt.	He reservado una habitación.

Einkaufen

Was kostet …?	¿Cuánto cuesta…?
Wann öffnet/ schließt …?	¿Cuándo abre/ cierra …?

Im Restaurant

Die Speisekarte, bitte.	La carta, por favor.
Was empfehlen Sie?	¿Qué recomienda?
Die Rechnung, bitte.	La cuenta, por favor.

Kulinarisches Lexikon

Allgemeines

azúcar	Zucker
carta de vinos	Weinkarte
comida vegetariana	vegetarische Kost
desayuno	Frühstück
entremeses	Vorspeisen
menú del día	Tagesgericht
pimienta	Pfeffer
plato principal, plato segundo	Hauptgericht
postre	Nachspeise
ración	Portion
sacarina	Süßstoff
sal	Salz
tapa	Häppchen

Zubereitungen

al ajillo	in Knoblauchsoße
a la parilla	auf einer heißen Metallplatte gegrillt
a la plancha	gegrillt
al horno	aus dem Ofen
asado/-a	gebraten/geschmort
en escabeche	mariniert
en salsa	in Soße
frito/-a	frittiert
guisado/estofado	geschmort

Tapas und Vorspeisen

aceite de oliva	Olivenöl
aceitunas	Oliven
ahumados	geräucherter Fisch
albóndigas	Fleischbällchen
almejas	Venusmuscheln
anchoas	Anchovis
bocadillo/bocata	belegtes Brötchen
boquerones en vinagre	eingelegte Sardellen
brocheta de cordero	Lammspieß
calamares	Tintenfische
callos	Kutteln
caracoles	Schnecken
champiñones	Chamignons
chipirones	Mini-Tintenfische
chorizo	Paprikawurst
cocido	Eintopf
croquetas	Kroketten
embutidos	Wurstwaren
gambas	Garnelen
gazpacho	kalte Gemüsesuppe
jamón ibérico	Iberischer Schinken
mejillones	Miesmuscheln
migas extremeñas	geröstete Brotkrumen
paté	Pastete
pulpo	Oktopus, Krake
queso (de cabra/de oveja)	(Ziegen-/Schafs-)Käse
sepia	Tintenfisch
tortilla de patatas	Kartoffelomelett
zorongollo	marinierte Paprika

Fisch und Meeresfrüchte

almeja	Venusmuschel
atún	Thunfisch
bacalao	Stockfisch
besugo	Seebrasse
bogavante	Hummer
bonito	kleine Thunfischart
carpa	Karpfen
dorada	Goldbrasse
gambas	Garnelen
langostinos	große Garnelen
lenguado	Seezunge
mariscos	Meeresfrüchte
mejillones	Miesmuscheln
merluza	Seehecht
mero	Zackenbarsch
pez espada	Schwertfisch
pulpo	Oktopus, Krake
rape	Seeteufel
salmón	Lachs
tenca	Schleie
trucha	Forelle

Fleisch und Geflügel

aves	Geflügel
bistec	Beefsteak, Steak
buey	Ochse, Rind
caldereta de cordero	Lammragout
cerdo	Schwein
chanfaina	Lammschmortopf
chuleta	Kotelett
ciervo/venado	Hirsch
cochifrito	Lamm oder Zicklein geschmort
cochinillo	Spanferkel
conejo	Kaninchen
cordero	Lamm
escalope	Schnitzel
estofado	Schmorfleisch
frite extremeño	gebratene Zickleinteile
jabalí	Wildschwein
liebre	Hase
lomo	Filet
pato	Ente
pechuga	Brust
perdiz	Rebhuhn
pollo	Hühnchen
rabo de toro	Stierschwanz
solomillo	Filet
ternera	Kalb
vaca	Rind, Kuh

Gemüse

aguacate	Avocado
ajo	Knoblauch
alcachofa	Artischocke
berenjena	Aubergine
calabacín	Zucchini
calabaza	Kürbis
cebolla	Zwiebel
ensalada	Salat
espárragos	Spargel
espinacas	Spinat
fungos/hongos/setas	Pilze
garbanzos	Kichererbsen
guisantes	Erbsen
hierbas	Kräuter
judías verdes	grüne Bohnen
lechuga	grüner Blattsalat
lentejas	Linsen
patatas	Kartoffeln
pepino	Gurke
perejil	Petersilie
pimiento	Paprikaschote
puerro	Lauch
tomates	Tomaten
zanahorias	Möhren

Obst

cerezas	Kirschen
frambuesa	Himbeere
fresas	Erdbeeren
higos	Feigen
limón	Zitrone
manzana	Apfel
melocotón	Pfirsich
naranja	Orange
piña	Ananas
plátano	Banane
pomelo	Pampelmuse
uvas	Trauben

Nachspeisen

almendra	Mandel
arroz con leche	Milchreis
flan	Karamelpudding
helado	Eis
pastel	Kuchen, Gebäck
repápalos	süße Brotbällchen in Zimt-Milch-Soße
tarta (de queso)	Käsekuchen
técula-mécula	Eier-Mandel-Zuckerspeise
tocino de cielo	Paradiesspeise

Getränke

café con leche	Milchkaffee
café cortado	Espresso mit Milch
café solo	Espresso
caña	gezapftes Bier
cerveza	Bier
chocolate	Kakao
fino	Sherry
té	Tee
vino blanco/tinto	Weiß-/Rotwein
zumo de naranja	frisch gepresster
al natural	Orangensaft

Das

Jarramplas heißt eine mit farbigen Stoffstreifen bekleidete Sagenfigur, die zum Winterausklang aus dem Dorf Piornal getrieben wird.

Magazin

Die iberische Wirbelsäule

Vía de la Plata — die Autobahn A-66 durch die Extremadura trägt einen antiken Namen. Sie folgt der römischen Fernstraße, die einst Sevilla mit Gijon am Kantabrischen Meer verband. Diese Straße prägte die Region wie kein anderes Bauwerk.

Der Name Via Plata führt leicht in die Irre: Zwar bedeutet das spanische Wort *plata* ›Silber‹, doch tatsächlich stand die arabische Sprache Pate, heißt *balata* doch ›gepflasterter Weg‹. Denn die Araber liefen voller Hochachtung auf dieser römischen Anlage. Ihre robuste Pflasterung trotzte, im Gegensatz zu den üblichen Wegen aus gestampfter Erde, über Jahrhunderte den Wetterunbilden und Belastungen von Truppenbewegungen. Nur auf dieser – durchaus im wörtlichen Sinne – Grundlage hatte den maurischen Heeren im frühen 8. Jh. die rasante Eroberung fast der gesamten iberischen Halbinsel gelingen können.

Hier wurde Service großgeschrieben

Noch vor Christi Geburt ließ Kaiser Augustus den *Iter ab Emerita ad Asturicam*, den Weg zwischen Mérida und Astorga anlegen. Dort im Norden lagerten römische Legionen, die die rebellischen Bergstämme der Kantabrer und Asturier kontrollieren sollten. Erst im 3. Jh. war das inzwischen noch verlängerte Juwel antiken Straßenbaus vollendet.

Die Benutzer genossen allen Komfort. Das römische Längenmaß hieß *passus* und entsprach mit ca. 1,5 m dem Doppelschritt eines Erwachsenen. Alle 1000 *passi* markierte ein Meilenstein die zurückgelegte Wegstrecke. Im Abstand von 25 römischen Meilen (ca. 37 km) entstanden Servicestationen am Straßenrand, gewissermaßen antike Autobahnraststätten. Hier fanden die Reisenden stärkende Mahlzeiten und Schlafplätze, Mietkutschen oder Leihpferde. Diese *mansios* wurden mit der Zeit zu Keimzellen für Ortschaften, nicht zufällig säumen heute viele wichtigen Städte diese alte Verkehrsader.

Antriebsmotor der Geschichte

Das römische Straßennetz darf in puncto Kulturtransfer durchaus mit den Glasfaserverbindungen der Moderne verglichen werden. Über die Vía de la Plata wurden Ideen und Güter ausgetauscht. Auf diese Weise verbreiteten sich die hoch entwickelte Zivilisation der Römer und die lateinische Sprache,

In der römischen Stadt Cáparra ist die Vía de la Plata noch immer sehr gut erhalten.

Verdiente Frühjahrsruhe für die Schafe während ihrer Wanderung in die Bergregionen.

die den inneren Zusammenhalt der Gesellschaft stärkte. Ein halbes Jahrtausend danach erfolgte die Arabisierung der iberischen Halbinsel ebenfalls über diese Trasse, die später die christlichen Rückeroberer ihrerseits für die Vertreibung der Mauren nutzten.

Millionen Schafe unterwegs

Nach der Reconquista wurde die Vía de la Plata für die Fernweidewirtschaft genutzt. Auf der Suche nach den besten Weidegebieten traten jährlich 3 Mio. Schafe eine bis zu 800 km lange Wanderung aus den kühlen Bergen im Norden auf die Winterweiden der wärmeren Extremadura und Andalusiens an. Im Frühsommer ging es wieder zurück.

Im Jahr 1273 wurden *mestas*, die Zünfte der Schafzüchter, vom Königshaus mit weitreichenden Privilegien ausgestattet. Dazu zählte das Nutzungsrecht der einst römischen, teils auf 50 m verbreiterten Trasse. Die spanischen Wanderschafe lieferten besonders feine Merinowolle für den Export. Mit einem Male kam der Vía de la Plata wieder große ökonomische Bedeutung zu.

Besinnliches Pilgern nach Santiago de Compostela

Pilgern ist en vogue, was den berühmten französischen Jakobsweg im Norden fast zu einer Pilgerautobahn werden ließ. Wer Einsamkeit sucht, findet auf dem südlichen *camino mozárabe* über die Vía de la Plata die kontemplative Alternative. Jährlich nur rund 3 % aller Pilger, kaum mehr als 9000, gelangen auf dieser Route in den galicischen Wallfahrtsort.

An einigen Stellen verläuft die Strecke durch die wunderschönen Landschaften der Extremadura noch auf dem Originalpflaster. Über Berg und Tal. Wie Perlen aufgefädelt liegen römische Torbögen, Heilbäder, Amphitheater und Tempel am Wegesrand. Die Wallfahrt wird so auch zu einem historischen Erlebnis. ∎

Prozession der Kapuzenträger

Semana Santa — eine einsame Schelle bimmelt. Plötzlich öffnet sich die Pforte der Kathedrale. Zum traurigen Gesang einer tiefen Männerstimme treten schwarz gekleidete Gestalten heraus, die Kapuzen tief ins Gesicht geschoben.

Es beginnt die Prozession des Schwarzen Christus, die nahezu gespenstische Finsternis wird nur von Feuerschein erhellt. Es wird überliefert, dass die Karwoche in Cáceres bereits im 13. Jh. mit Fackeln begangen wurde. 1464 gründete sich die erste der heute 14 Bruderschaften, 1470 und 1490 folgten die nächsten. Noch in den Jahren 2011 und 2012 bildeten sich weitere, sodass derzeit über 15 000 Brüder allein in dieser Stadt gezählt werden.

Ein religiöses Theater ...

Seit der christlichen Rückeroberung nahmen Ketzerei und Irrglauben aus Sicht der katholischen Kirche stetig zu. Sie suchte dem zunächst mit Abschreckung zu begegnen. Wer am christlichen Dogma zweifelte, landete in den Kerkern der Inquisition. Eine weitere große Gefahr bildete im frühen 16. Jh. der aufkommende Protestantismus. Die papsttreuen Kleriker reagierten mit einer effektvollen Inszenierung des Glaubens, etwa durch die Verzierung der Gotteshäuser mit religiösen Gemälden und Krippenfiguren. Und sie förderten die Frömmigkeit im leseunkundigen Volk durch das gesprochene Wort. Der Glaube sollte im Tiefsten gefühlt und verinnerlicht werden.

Eine wichtige Rolle kam den Bilderpredigten zu, die meist von Laien gegründete karitativ tätige Bruderschaften aufwendig in Szene setzten. Straßen und öffentliche Plätze rund um die Kirchen dienten als Bühne. Die Bevölkerung verließ die Rolle des passiven Betrachters und wurde ins Geschehen einbezogen. Die Vermittlung der religiösen Botschaft gelang auf spielerische, wenn auch streng reglementierte Weise. In den extremenischen Umzügen zur Semana Santa lebt dieses alte christliche Ritual bis heute fort.

... mit festgefügtem Bilderreigen

Fast jede Pfarrgemeinde veranstaltet ihre eigene Prozession, die den Leidensweg Christi zur Darstellung bringt. Hauptdarsteller sind die als Büßer *(nazarenos)* in Hemd und Kapuze

Die Prozessionen in der Karwoche sind Ausdruck tiefster Religiosität.

gewandeten Mitglieder der *Confrarías.* Sie vereinen sich mit Tausenden von Zuschauern am Wegesrand in andächtigem Schweigen oder frommen Klagegesängen, die häufig von getragener Blasmusik und harten Trommelschlägen unterstützt werden. Viele Umzüge finden in der dunklen Nacht statt, was die Dramatik weiter erhöht. Die Straßenlaternen bleiben ausgeschaltet, einzig Kerzen leuchten den Weg.

Schönheits-OPs auch für Holzfiguren

Wichtigster Bestandteil sind die *pasos,* aus Holz geschnitzte Passionsszenen, die auf einem prunkvoll geschmückten Tragegestell – wie auf einer Bühne – vorgestellt und durch die engen Altstadtgassen getragen werden. Der Schmerz und die Einsamkeit auf seinem Kreuzweg stehen dem Heiland plastisch ins Gesicht geschrieben. Doch auch die Erlösung, wenn er von einem Engel in die Lüfte geführt oder von der festlich gekleideten Himmelsmutter mit goldenem Strahlenkranz voll gütigem Erbarmen angeschaut wird. In dieser sanftmütigen Erscheinung findet die katholische Marienverehrung ihren bildlichen Ausdruck.

Die Prozessionswege und Abläufe blieben seit dem 17. Jh. unverändert, selbst die Holzskulpturen stammen nicht selten aus den Gründungszeiten der Bruderschaften. Allerdings wurden sie immer wieder der gerade vorherrschenden Modeströmungen angepasst und Schönheitsoperationen unterzogen. So mussten bei der Restaurierung des *cristo negro* von Cáceres acht Farbschichten abgetragen und das Gesicht korrigiert werden, um den Originalzustand des 14. Jh. wiederherzustellen. Schmuckvolle Tragegestelle sind im Museum San Vicente Ferrer in Plasencia zu bewundern.

Kuttenträger vorneweg

Die Brüder sind in lange Kutten gehüllt. Die einzelnen *confrarías* unterscheiden sich in den Emblemen, den Tragefiguren und den Farben der Gewänder: Strahlendes Weiß, tiefes Blau, Violett, Rot oder Schwarz. Häufig leuchten sie mit Fackeln und Kerzen den Weg oder schultern zur Buße das Kreuz. Vorneweg schreiten die Kapuzenträger, die ihr Gesicht unter einer spitz zulaufenden Mütze *(capirote)* verbergen. Dieser Brauch geht auf das Verbot jeglicher öffentlichen Züchtigung zurück, das der Papst bereits im 14. Jh. erlassen hatte. Wer sich weiterhin kasteien wollte, durfte nicht erkannt werden.

Im 17. Jh. wurden erstmals Frauen zu den Prozessionen zugelassen. Getragen wird der Bilderreigen allerdings weiterhin von kräftigen Männern. Langsam und bedächtig, denn das Gewicht der *pasos* lastet schwer auf ihren Schultern. Im Museum zur Semana Santa in Cáceres (s. S. 54) darf sich jeder Besucher und jede Besucherin selbst daran versuchen. ∎

ORTE UND TERMINE **T**

Die Semana Santa dauert meist von Palmsonntag bis Ostern. In Badajoz, Cáceres, Jerez de los Caballeros und Mérida finden dann nahezu täglich mehrere Prozessionen statt.

Termine:
2021: 28. März–4. April
2022: 17.–24. April
2023: 2.–9. April
Nur alle fünf Jahre kommt es zum größten aller Umzüge, der *procesión magna* auf der Plaza Mayor von Cáceres, das nächste Mal erst wieder 2025.

Zu Stein gewordene Geschichte

Von Wehranlagen zu Wohnpalästen — über Jahrhunderte hinweg spiegelten sich in Sakralbauten und Festungen, Wohnhäusern und Stadtansichten die kriegerischen Auseinandersetzungen der Region.

Burgen erzählen von den Kämpfen zwischen den Religionen, von Moslems errichtete christliche Klöster bezeugen die Phase der kulturellen Vermischung. Adelspaläste berichten von den Eroberungen in der Neuen Welt.

Arabische Kampftricks

Früh schon hatten die Mauren ihre Verteidigungslinien massiv befestigt, sichtbar noch heute in Badajoz, Cáceres, Trujillo und vielen kleinen Gemeinden, etwa Reina und Medellín. Mächtigen Respekt und leidvolle Opfer verlangten die imposanten Ringmauern den christlichen Rückeroberern ab. Gefürchtet waren die arabischen Vorkehrungen für den Nahkampf.

Vom Wehrgang der Burgen führte eine Verbindungsmauer auf vorgelagerte Türme (*torres albaranas*), die den Angreifern die Möglichkeit zum Anschleichen im toten Winkel nahmen. Bestes Beispiel ist die Torre Bujaco in Cáceres. Aus schmalen Schießscharten wurden Pfeile abgefeuert, durch Öffnungen heiße Flüssigkeiten auf die Angreifer gegossen.

Nicht allein die imposante Größe, sondern auch die kunstvolle Gestaltung der Zisternen (*aljibes*) belegen die Bedeutung ausreichender Trinkwasservorräte im Belagerungszustand. Eine wahre ›Moschee des Wassers‹ ist gleichfalls in Cáceres zu bewundern.

Christlich-arabischer Stilmix

Nach dem Sieg der Reconquistadoren wurden die eroberten Burgen von den christlichen Militärorden ausgebaut und weiter genutzt. An die Stelle der Moscheen traten romanisch-gotische Gotteshäuser. Wie in Plasencia und Trujillo waren die gewaltigen Kirchenmauern aus groben Granitquadern errichtet, fast fensterlos. Immer wehrhaft gegen die Andersgläubigen, deren jahrhundertelange Herrschaft gerade erst beendet worden war. Freilich konnten sich die neuen christlichen Machthaber dem Charme der arabischen Architektur doch nicht so ganz entziehen und ließen die maurischen Handwerker weiter für sich schuften.

Es entstand der Mudéjarstil, gestaltet von den *mudejares,* »Leuten, die bleiben dürfen«. Arabische Hufeisenbögen, stilisierte Pflanzenornamente und Blendarkaden verbanden sich mit der Formenspra-

Gebäude in der Extremadura verändern sich: Wer etwa die ursprünglich arabische Festung von Trujillo erklimmt, wird dort oben von maurischen Hufeisenbögen und mittelalterlichen Mauern überrascht.

che der Gotik und der Renaissance. Die geschickten maurischen Hände gestalteten aus Ziegelsteinen, Holz und Gips einige der schönsten Bauwerke der Extremadura – besonders im Osten und Süden, wohin die Zentren iberischer Mudéjarkunst, Toledo und Sevilla, ausstrahlten.

Das Kloster von Guadalupe zeigt einen höchst eleganten, der Konvent von Tentudía einen eher rustikalen Mudéjar-Kreuzgang. Hufeisenbögen fassen Innenhöfe in Llerena, im archäologischen Museum von Badajoz oder im Palast der Grafen von Alba in Abadía ein. Mudéjare Kirchenfassaden aus Backstein verzaubern in Azuaga, Hornachos und Llerena.

Festungshäuser werden zu Palästen

Die gotischen Adelspaläste des 14. und 15. Jh. ähnelten kleinen Burgen. Sogar inmitten der Städte. Wachtürme und Pechnasen sollten vor den Übergriffen rivalisierender Familien schützen. Erst Königin Isabella gelang es Ende des 15. Jh., den Adel zu disziplinieren und die Zentralmacht zu festigen. Aus ungehobelten Rittern wurden allmählich weltoffene Aristokraten.

Dieser Abschied vom Mittelalter manifestierte sich alsbald in baulichen Veränderungen. Als Fingerzeig auf die heraufziehende Neuzeit erhielten die abweisenden Wehrpaläste ein elegantes Outfit. Platereske Fensterumrandungen, filigrane Eckbalkone und imposante Adelswappen wurden angefügt. Ein deutliches Exempel statuierte die Königin in Cáceres. Kurzerhand ließ sie die hohen Geschlechtertürme, Ausdruck des aristokratischen Herrschaftsstrebens, abreißen. Bis auf wenige Ausnahmen verschwanden sie aus dem Stadtbild. Stattdessen erschienen an den Wänden kunstvolle Medaillons im Stile der Renaissance. Sie zeigen manchmal sogar Gesichter von Indianern – Kunst am Bau und stolzes Symbol für die extremenischen Eroberungen in Übersee. ∎

Unter Geiern

Ungewöhnliche Brutstätte: In Los Barruecos bei Cáceres fühlen sich Störche sogar auf den glatten Granitfelsen heimisch.

Storch Jonas aus Sachsen-Anhalt — wollte nicht so, wie er sollte. Er flog nicht wie seine Artgenossen ins Winterquartier nach Afrika, sondern blieb in der Extremadura hängen. Jonas wusste ganz offensichtlich, wo es Vögeln gut geht.

Vom Naturschutzbund NABU mit einem Sender augestattet, verriet der Storch den Naturschützern seinen Lieblingsort: die Extremadura. Dünne Besiedlung, wenig Industrie, saubere Luft und vielgestaltige Naturräume schaffen ideale Lebensbedingungen für die 337 Vogelarten, die hier brüten oder überwintern. 60 davon gelten laut europäischer Vogelschutzrichtlinie weltweit als höchst gefährdet. Für ihr dauerhaftes Überleben setzt sich auch die Regionalregierung ein. 69 Vogelschutzgebiete sind ausgewiesen und damit 26 % der gesamten Fläche. Zum Vergleich: In Bayern sind es 7,8 %.

Wer piept denn wo?

Blauelstern kommen europaweit nur in den Eichenhainen Spaniens und Portugals vor. Dort lassen sich auch Blau- und Kohlmeisen nieder, Buchfinken, Gimpel, Grauschnäpper, Heidelerchen, Orpheusgrasmücken oder Rotkehlchen. Zu den Watvögeln gehören Kiebitz und Triel., Aber auch Wiedehopf, Bienenfresser und Blauracke sind zu entdecken.

Diverse Spechtarten nisten in den Wäldern, außerdem Eichelhäher und Nachtigallen. Die landwirtschaftlichen Anbauflächen und Steppengebiete geben Häherkuckucken, Lerchen, Wachteln, Rebhühnern, Ringel- und Sandflughühnern, Korn- und Wiesenweihen, Steinkäuzen eine Heimstatt. An den Stauseen und den beiden großen Flüssen Tajo und Guadiana tummeln sich neben Enten, Bachstelzen und Flussregenpfeifern auch Haubentaucher, Kormorane, Reiher, Schwalben oder Wasserläufer. Die Felsen wiederum bieten Platz für die Nester der verschiedenen Raubvögel.

VOGELBEOBACHTUNG – ORGANISIERT ODER AUCH INDIVIDUELL

V

Wer die Vögel der Extremadura unter sachkundiger Führung beobachten will, kommt am studierten Forstwirt Roberto Cabo kaum vorbei. Der Frankfurter hat sich seit über 30 Jahren auf naturkundliche Reisen in seiner zweiten Heimat Spanien spezialisiert. Zu buchen sind sie bei **Birdingtours** (www.birdingtours.de) oder bei **Roberto Cabo Naturreisen** (www.spanien-natur-reisen.de).
Der Veranstalter **Reisen in die Natur** legt den Schwerpunkt auf Naturfotografie (www.reisen-in-die-natur.de). **Studiosus** baut in seine Reisen für Vogelfreunde einige Besuche von kulturellen Sehenswürdigkeiten ein (www.studiosus.com), der Extremadura-Spezialist **Unbekanntes Spanien** in seine Kulturreisen einige Vogelbeobachtungen. Weiteres Plus sind kleine Gruppen. (www.unbekanntes-spanien.de/extremadura)
Das Angebot von **Arcatour** führt zusätzlich ins benachbarte Andalusien (www.arcatour.ch). Das Tourismusamt der Extremadura betreibt den **Birding Club** (www.birdinginextremadura.com), der Individualtouristen unterstützt.

Die Könige der Lüfte

Was für ein faszinierendes Schauspiel – ein Felsen voller Gänsegeier im Nationalpark Monfragüe. Von weltweit nur noch knapp 6000 Mönchsgeierpaaren kreisen 964 über der Extremadura (Zählung 2018). Sie sind willkommene Gesundheitspolizisten, denn sie fressen die Kadaver verendeter Tiere und beseitigen Seuchengefahren für die Schafherden.

Ein bayerischer Prinz, Adalbert Wilhelm, verlieh dem Spanischen Kaiseradler *(alquila alberti)* den majestätischen Namen, denn entdeckt wurde der Greifvogel mit einer Flügelspannweite von über 2 m erst 1860 vom Bruder des Prinzen. Von den insgesamt 250 Paaren leben 45 bis 50 in der Extremadura.

Die Hornschuppen an den Füßen des Fischadlers verhindern, dass ihm die Beute nach dem Fang aus Flüssen und Stauseen entgleitet. Auch Habichtsadler, Rote Milane und die grau und weiß gefiederten Gleitaare mit ihren gelben Füßen kreisen in den Lüften. Ein wahres Naturtheater am Himmel über der Extremadura.

Störche an der Macht

Mérida regieren zwei Störche. Zumindest wachen sie auf der Spitze des Rathausturms. Sie zählen zu den rund 22 000 Weißstörchen, die ihre Hochsitze auf Hausdächern, Kirchtürmen und sogar auf Felsbrocken gebaut haben. Genau wie Jonas aus Sachsen-Anhalt verzichtet etwa ein Drittel auf den herbstlichen Flug nach Afrika und ist zum Dauerbewohner der Extremadura geworden.

Schwarzstörche sind etwas kleiner als ihre weißen Artgenossen und überwiegend metallisch-schwarz gefärbt, tiefrot sind Schnabel und Beine. Die Flügelspannweite erreicht bis zu 2 m. Klar, auch der Schwarzstorch klappert. Jedoch selten. Er singt melodisch und

Gänsegeier leben in Kolonien und ernähren sich von Aas. Die große Spannweite ihrer Flügel von rund 250 cm wird durch den gleitenden Flug noch betont. Weibchen und Männchen sehen übrigens gleich aus.

in Bedrängnis faucht er sogar. Nur etwa 12 000 Schwarzstorchpaare werden weltweit gezählt, knapp 200 leben in der Extremadura, so viele wie in keiner anderen europäischen Region. Alte Laub- und Mischwälder in der Nähe von Seen, Fließgewässern und Feuchtwiesen bilden ihren Lebensraum.

Ansturm der Kraniche

Geschätzt 128 000 der aschgrauen Vögel verbrachten den Winter 2018/19 im Westen Spaniens. Das ist ein Rekord! Im Februar und März ging es über die Pyrenäen zurück in den Norden. Nahrung finden die würdevollen Vögel mit 2,20 m Flügelspannweite in den Eichenwäldern und Kornfeldern, Schlafplätze an Stauseen und in Sumpfgebieten. Die Aufenthaltsorte werden zum Schutz der empfindlichen Schreitvögel geheim gehalten oder die Zufahrten gesperrt, doch sind sie auf Nahrungssuche und beim faszinierenden Anflug auf ihre Schlafplätze zu beobachten.

Gefährdete Großtrappen

Zu den begehrtesten Fotomotiven der Birdwatcher gehört die Balz der Großtrappen: Die Hähne verwandeln sich in weiße Kugeln, indem sie Hals und Brust aufblasen und ihre weißen Flügelfedern nach außen kehren. So locken sie Hennen aus bis zu 30 km Entfernung an. Danach ist ihnen alles egal, sie fühlen sich Weibchen und Nachwuchs in keiner Weise verpflichtet. Bis zu 6500 der gefährdeten Vögel werden in der winterlichen Extremadura gezählt, ungefähr 13 % der Weltpopulation. Und sind dennoch schwer vor die Linse zu bekommen. Sie gehören mit einem maximalen Gewicht von 18 kg zu den schwersten flugfähigen Vögeln und finden Lebensraum im Nebeneinander von Ackerflächen, Feuchtgebieten und Weidelandschaften. ∎

»Wir fördern Innovation«

Antonio Ruiz Romero ist Wirtschaftsminister — und 2019 war ein einschneidendes Jahr für ihn: Immerhin verließ die Extremadura die Gruppe der ärmsten Regionen Europas. Allerdings bildet sie weiterhin Spaniens Schlusslicht. Noch.

Denn was die ökonomischen Perspektiven der Region betrifft, gibt sich der Regierungsvertreter in einem gemeinsamen Gespräch mit dem Generaldirektor des regionalen Tourismusamts, Francisco Martín Simón, durchaus optimistisch.

Erst einmal legt er einen schmalen USB-Stick auf den Tisch, geformt wie ein Zeigefinger, der einem den Weg weist. Darauf abgespeichert: ein 1000-seitiger Infrastrukturplan 2016 bis 2030, dazu Förderpläne zur Schaffung von Arbeitsplätzen, von Industrieansiedlungen, zum Außenhandel, zum Tourismus. Eine enorme Fleißarbeit, und voller guter Vorsätze. Aber wie sieht die Realität aus?

Ungünstige Ausgangslage

Nur 37 von 388 Gemeinden zählen, laut Minister Antonio Ruiz, mehr als 5000 Einwohner. »Eine ländliche Region. Dementsprechend fördern wir ökologische Innovation, Umweltschutz und Lebensqualität. Konkret saubere Energie, nachhaltigen Tourismus, technologischen Fortschritt und die Verarbeitung landwirtschaftlicher Produkte«. So sollen endlich die Jahre zwischen 1951 bis 1980 vergessen werden, als 700 000 Menschen ihrer Heimat den Rücken kehren mussten – nahezu 40 % der Bevölkerung! Die Zeiten, da sich ein Fünftel der Menschen als Tagelöhner verdingen musste, die Dörfer nur auf Schotterpisten erreichbar waren, Häuser weder Wasser- noch Stromanschluss besaßen und Reisende in abgelegene Gebiete eine Notration mitnehmen mussten.

Und nun, Herr Minister?

»Extremadura ist Wasser, Erde, Sonne. Das werden wir nutzen«, erläutert Antonio Ruiz. »Wir besitzen 25 % aller

Der Wirtschaftsminister der Extremadura ist optimistisch: Wir werden der größte Produzent erneuerbarer Energien in Spanien werden.

spanischen Süßwasserreserven. 25 000 ha Land sind bewässert. So wurden wir zum führenden europäischen Produzenten von Tomatenkonzentrat und Dosentomaten und zum zweitgrößten Reisproduzenten in Spanien.«

Bis zum Jahre 2030, so seine Planung, soll die Extremadura 20 % des sauberen Stroms für Spanien bereitstellen. Einen Beitrag hierfür leistet seit 2019 der erste extremenische Windpark bei Plasencia, in den der Energieversorger Naturgy 40 Mio. € investierte. Antonio Ruiz freut sich: »Genau heute wird der Grundstein für eine Fotovoltaikanlage bei Logrosán östlich von Trujillo gelegt. 100 Mio. € beträgt die Investitionssumme. Für 400 Mio. € entsteht bei Usagre nahe Hornachos die zweitgrößte Sonnenenergieproduktion in Europa.«

Wirtschaftsfaktor Wasser

Die natürlichen Ressourcen, besonders Wasserkraft, sollten schon 1902 die Grundlage für einen Wirtschaftsaufschwung bilden. Allerdings geschah lange Zeit nichts. Erst 1948 wies eine Untersuchung im Auftrag der Franco-Regierung auf die unhaltbaren sozialen Zustände hin. Zwar blieb die Studie geheim, aber Angst vor Aufständen der Landarbeiter führte endlich zu einer vorsichtigen Agrarreform.

1952 verabschiedete das spanische Oberhaus den »Plan Badajoz«. Kernpunkt war der Bau von Straßen, Brücken und Stauseen am Río Guadiana. Durch die Regulierung des Flusses wurden neue Anbauflächen erschlossen und die Bewässerung sichergestellt. Die Intensivierung der Landwirtschaft sollte den steigenden Bedarf an Lebensmitteln in Spanien decken und Hungersnöten vorbeugen. Die langsam wachsende Industrialisierung des politisch isolierten Landes brauchte Energie, auch aus Wasserkraft. Und so wurden zwischen 1956 und 1963 die ersten drei Stauseen fertiggestellt.

Triebfeder Tourismus

Große Bedeutung messen die Verantwortlichen auch der Entwicklung eines nachhaltigen Tourismus bei. Der Tourismusverantwortliche Francisco Martín Simón gerät an diesem Punkt geradezu ins Schwärmen: »Die spektakulären Weidelandschaften, im Spanischen Dehesas genannt, bilden ein weltweit einzigartiges Ökosystem, auf dem zwei außergewöhnliche Tierarten leben: Das iberische Schwein und der Stier. Urlauber können gastronomische Ausflüge auf die Weiden unternehmen und die Tiere beobachten. Wir haben drei natürliche UNESCO-Welterbestätten. Das ist der Nationalpark Monfra-

---

EIN ZUCKERMÄRCHEN AUS 1001 NACHT? **Z**

Al Khaleej Sugar heißt das Unternehmen, beheimatet in den Vereinigten Arabischen Emiraten. Es produziert Zucker, und das zukünftig auch auf dem Industriepark von Mérida. 425 Mio. € ist das Projekt den Arabern wert, 200 Arbeitsplätze sollen geschaffen werden. Ziel ist die Verarbeitung von 1,5 t Zuckerrüben pro Stunde (!) und die Herstellung von 1,7 Mio. t Feinzucker im Jahr. Ein Luftschloss? Viele vor Ort jedenfalls glauben erst an die Verwirklichung dieses Wirtschaftstraums, wenn das erste Zuckerpäckchen die Aufschrift »Made in Mérida« trägt. Wer die Entwicklung nachverfolgen will: https://alkhaleejsugar.ae.

güe, der die höchste Konzentration an Raubvögeln weltweit aufweist. Dann der Parque Natural Tajo Internacional, der zwei Länder verbindet. Es ist ein einmaliges Erlebnis, mit dem Schiff nach Portugal zu schippern.

Und schließlich der Geopark Villuercas-Ibores-Jara, der einen Blick in die Ursprünge der Menschheit ermöglicht. Dort befindet sich auch das UNESCO-Welterbe Kloster Guadalupe. Hinzu kommen die archäologische Stadt Mérida und das historische Zentrum von Cáceres.«

Ein eigentlich perfektes Reiseziel also. Doch bereisen jährlich nur rund 20 000 deutsche Urlauber die Region, Tendenz bisher gleichbleibend. Damit teilt die Extremadura das Schicksal vieler Gegenden, die zwar wunderschön, aber weitgehend unbekannt sind und deswegen wenige Besucher anziehen. Ein durchschlagendes Konzept fehlt noch, das die Extremadura auf der Wunschliste der Reiseziele ganz nach oben katapultieren könnte. Auch wenn Generaldirektor Martín Simón betont, dass die unberührte Natur wunderschöne Erlebnisse ermöglicht, dass Schinken und Käse so wunderbar munden, dass eine Million Kirschblüten sogar Japaner anlocken, dass sich die Sterne nirgends sonst auf dem europäischen Festland so klar am Firmament abzeichnen.

Extremadura 2030 – der Himmel auf Erden

Und trotzdem, Herr Minister, wie sieht nun die Extremadura nach Erfüllung des Strategieplans aus? »Wir werden der größte Produzent von erneuerbaren Energien sein und die hohe Lebensqualität wird viele Menschen anziehen«, ist Antonio Ruiz überzeugt. »Wir werden verkehrsmäßig sehr gut angebunden sein, per Bahn an Lissabon und den wichtigen portugiesischen Atlantikhafen Sines, mit dem Hochgeschwindig-

B

EINEM BÜRGERMEISTER GEHEN SEINE BÜRGER VERLOREN

Juan Pedro Dominguez Sánchez ist Bürgermeister der 840-Seelen-Gemeinde Deleitosa. Im Jahre 2000 zählte sie noch 920 Einwohner. Doch die Hälfte der 900 Häuser steht inzwischen leer. »Das andalusische Cadiz zählt mehr Deleitosas wie wir hier«, erklärt der Bürgermeister bei einem Mittagessen. Seine aktuellen Probleme sind konkret: Wird die Feuerwehr aufgelöst? Bleibt das Polizeirevier? Seine Hoffnung: die Europäische Union. Mit deren Geld beispielsweise wurde der Ort an die Wasserversorgung angeschlossen. Die EU hat die Anbindung durch Straßen kofinanziert und unterstützt zudem touristische Projekte. Und genau darin sieht auch Sr. Sánchez die Zukunft für seine Gemeinde. Im Naturtourismus in den umliegenden Dehesas sowie im Archäologietourismus im nahen Geopark.

keitszug an Madrid, Barcelona, Sevilla, Gijón. Das auch per Autobahn. Wir werden internationale Flugverbindungen mit Paris, London, Berlin, Brüssel haben. Wir werden viele Arbeitsplätze schaffen und so der Entvölkerung entgegenwirken. Mit grüner, nachhaltiger Ökonomie. Dank der europäischen Gelder und der Leistungen der Extremeños wird die Region ideal sein zum Wohnen, Besuchen und Investieren. Und für einen Zweitwohnsitz inmitten der Natur. So sehe ich die Extremadura 2030.«

Es bleibt für Einwohner wie Urlauber zu hoffen, dass die Wünsche des Ministers zumindest teilweise in Erfüllung gehen. ∎

Sünden im Umweltparadies

Wirkt harmlos inmitten der Frühlingswiese, dennoch ist das einzige Atomkraftwerk der Extremadura heftig umstritten.

Die Natur der Region ist einmalig — das stimmt. Doch sie ist in Gefahr. Der erste Sündenfall geht auf das Jahr 1980 zurück. Damals wurde in Almaraz, am Rande des Nationalparks Monfragüe, ein Atomkraftwerk angeworfen.

Die 2010 eigentlich auslaufende Betriebserlaubnis für dieses Kraftwerk wurde zunächst bis 2020 verlängert. Und nun nochmals bis 2028. Und das trotz mehrerer Störfälle. Einen großen Erfolg konnten Naturfreunde dagegen im Jahr 2012 verbuchen: Nach langjährigen Protesten wurde der Bau einer Erdölraffinerie bei Badajoz samt einer 200 km langen Pipeline nach Andalusien vom spanischen Umweltministerium gestoppt.

Eigentlich hat es die Natur gut in der Extremadura. Noch. Die niedrige Bevölkerungsdichte von 26,3 Einwohnern pro km² lässt ihr viel Raum. Großindustrie fehlt, Luft- und Wasserverschmutzung sind gering. Die Landwirtschaft wird vielerorts nach wie vor extensiv betrieben: mit Herden heimischer Weidetiere, aufgelockert gepflanzten Eichen- und Olivenhainen und wenig Einsatz landwirtschaftlicher Maschinen.

Immergrüne Eichenhaine

Ein himmlischer Anblick: Bis zum Horizont ziehen sich knorrige Eichen über weite Ebenen und sanfte Hügel. 35 % der Fläche bedecken die parkähnlichen Landschaften aus überwiegend Stein- und selteneren Korkeichen, oftmals viele Jahrhunderte alt. Weit auseinander wachsen sie, nur 10 bis 60 Bäume pro Hektar. Darunter ist Platz für Weidewirtschaft.

Der Schatten unter den ausladenden Baumkronen schützt Gras und Kräuter vor zu schnellem Austrocknen sowie Schafe, Ziegen, Rinder, Stiere, Schweine vor den Unbilden des Wetters. Die Eicheln sind Futter für Weidevieh und viele Vögel, allen voran die Kraniche. Der Dung der Tiere nährt die fruchtbare Erde. Getreide wird angebaut, allerdings nur auf begrenzten Flächen, um die Böden nicht auszulaugen. Nebenbei wird Imkerei betrieben. Es ist schon seit keltischen Zeiten ein nachhaltiges System des Wirtschaftens, bestimmt vom gegenseitigen Geben und Nehmen zwischen Natur und Mensch.

Diese sogenannten *dehesas* beugen einer Versteppung der Extremadura vor. Niederschlag verdunstet nicht sofort, sondern füllt das Grundwasser auf. Im Gegensatz zu freien Ackerflächen absorbieren die Wälder das klimaschädliche Kohlendioxid und begrenzen die Folgen der Luftverschmutzung.

… müssen Olivenbäumen weichen

Doch die extensive Landwirtschaft bringt wenig Profit. Unterstützt von europäischen Förderprogrammen wird die Viehhaltung intensiviert. Billige Massenproduktion lautet die Devise. Die Herden bleiben das ganze Jahr auf der Weide und nicht mehr nur in der feuchten Jahreszeit. Den Böden fehlt dadurch die Zeit zur Regeneration, die Baumbestände überaltern. Und werden ersetzt.

In Reih und Glied stehen nun die Olivenbäume. In den Tälern, an den Hängen. Monokulturen auf rund 300 000 ha. Gefördert aus staatlichen und europäischen Töpfen. Die englischsprachige Website OliveOilTimes bejubelt gar eine »Revolution in Extremadura's Olive Sector« durch »superintensive Olivenkulturen« auf knapp 70 % der neuen Anbauflächen. So erreichte der Distrikt Badajoz einen Anteil von 1,7 % an der Weltproduktion.

Ziel ist die Steigerung der Ernte von 73 000 t im Jahr 2018 auf 100 000 t in den kommenden Jahren. Ermöglichen soll dies zum einen die Ausdehnung der Pflanzungen – auf Kosten der historischen Eichenhaine –, zum anderen die weitere Intensivierung, einhergehend mit intensiver Bewässerung. Und das in einer regenarmen Region! Da klingt es beinahe zynisch, wenn die Regierung zur Linderung der Wasserknappheit ein Notprogramm über 140 Mio. € aufgelegt hat. Mit dem Geld sollen Stauseen vergrößert und neue Bewässerungskanäle gebaut werden.

David gegen Goliath

Adenex besteht seit 1978 und ist die wichtigste Umweltschutzorganisation der Extremadura (www.adenex.org). Die 800 Mitglieder starten politische Aktionen beispielsweise für die Schließung des AKW Almaraz. Sie initiieren konkrete Naturschutzprojekte und fördern die Umweltbildung. Tausende von Jugendlichen finden sich dann zusammen, um bei der Wiederaufforstung nach Waldbränden zu helfen oder Wälder zu säubern. Hunderte nehmen an Feriencamps teil. Die Zukunft ist ein zartes Pflänzchen, aber es wächst. Hoffentlich schnell genug. ∎

Romantisch, doch dem Untergang geweiht? Wie in ganz Europa ist die Bienenpopulation auch in der Extremadura von Monokulturen bedroht, insbesondere von riesigen Olivenplantagen.

Die Emanzipation von Marien und Mönchen

Der Kirchenkampf — wurde in der Extremadura über Jahrhunderte hinweg in aller Schärfe geführt: sei es christliche Rückeroberung, katholische Gegenreformation oder blutige Inquisition. Daher dominieren religiöse Themen die Künste.

Zwei einheimische Maler, Luis de Morales und Francisco de Zurbarán, beherrschten die christliche Bildersprache meisterhaft und erlangten Weltruhm. Erst im 19. Jh. lösten sich ihre Nachfolger zögerlich von religiösen Themen und Auftraggebern.

Die inbrünstigen Marienbilder des Luis de Morales

Wenig ist bekannt aus dem Leben des Luis de Morales. Wohl um das Jahr 1509 – die Vermutungen reichen allerdings von 1500 bis 1520 – erblickte er in Badajoz das Licht der Welt, wo er 1586 auch starb. Die Extremadura hat er wahrscheinlich nie verlassen. Seine düsteren Darstellungen biblischer Szenen zieren zahlreiche Altäre, vorzugsweise die Pietà, Ecce Homo und Christus am Kreuz. Schier unerschöpflich sind seine erhaben rätselhaften Variationen Mariens.

Zwar arbeitete Morales scheinbar isoliert vom europäischen Kunstgeschehen, doch ließ er sich von bedeutenden Malschulen inspirieren. Zarte Madonnenbilder aus der Frühphase seines Schaffens zeigen italienische Einflüsse, wenn er die von Leonardo da Vinci entwickelte Sfumato-Technik anwendet. Die Farben fließen scheinbar ineinander. Morales' Madonnen strahlen vor schwarzem Hintergrund und ähneln darin denen Raffaels. Allerdings treten sie betont theatralisch und weniger lieblich auf.

Mit fortschreitendem Alter ergriff den Künstler eine mystische Spiritualität. Die Körper sind verzerrt, die Gliedmaßen überlang, die Farben erscheinen unwirklich, wie dem Diesseits enthoben. Er erinnert an seinen Zeitgenossen El Greco. Doch gab er die von den flämischen Meistern übernommene Sachlichkeit und Genauigkeit nie ganz auf, sein Stil blieb gefälliger.

Zurbarán: Maler des Königs und König der Maler

Ebenfalls in der Extremadura wurde einer der großen Barockkünstler geboren, Francisco de Zurbarán (1598–1664). Königshof und Kirche waren die einzi-

HAUPTWERKE VOR ORT **H**

... von Luis de Morales
Arroyo de la Luz: Pfarrkirche Nuestra Señora de la Asunción (Altar mit 20 Bildtafeln)
Alcántara: Iglesia de Santa María de Almocóvar (fünf Bilder)
Badajoz: Museo Catedralicio (fünf Gemälde)
Higueira la Real: Iglesia de Santa Catalina (Altar mit sechs Bildtafeln)
Plasencia: Iglesia de San Martín (Altar mit vier Bildtafeln)
Valencia de Alcántara: Iglesia de Nuestra Señora de Rocamador (ein Gemälde)
Über sein Leben: Museo de la Ciudad Luis de Morales in Badajoz

... von Francisco de Zurbarán
Badajoz: Museo de Bellas Artes (zwei Gemälde)
Guadalupe: El Real Monasterio de Santa María (19 Gemälde)
Llerena: Nuestra Señora de la Granada (ein Gemälde)
Zafra: Nuestra Señora de la Candelaria (neun Gemälde)
Über sein Leben: Centro de Interpretación de Zurbarán in Fuente de Cantos

... Kunst des 19. und 20. Jh.
Badajoz: Museo de Bellas Artes

gen Themengeber für die Kunst der Gegenreformation. Und sie hatten reichlich Aufträge zu verteilen. 52 Klöster mussten im prosperierenden Sevilla ausgestaltet werden, wohin der 16-jährige Zurbarán zur Malerlehre geschickt wurde. Dort schloss er lebenslange Freundschaft mit dem künftigen Hofmaler Velasquez, der ihn später mit königlichen Aufträgen in Madrid versorgen sollte. Doch glücklich wurde er am Hofe nicht, obwohl er laut König Philipp IV. der »Maler des Königs und König der Maler« war. Denn mit den erwünschten gefälligen Historienbildern und allegorischen Darstellungen konnte und wollte er sich nicht anfreunden.

Weiß gewandete Mönche

Geprägt von der kargen Landschaft seiner Heimat bevorzugte Zurbarán einen asketischen Malstil ohne komplexe Komposition und Perspektive. Beeinflusst von Caravaggio leben seine Bilder vom starken Hell-Dunkel-Kontrast. Bevorzugtes Sujet sind Mönche. In der thematischen Beschränkung durch die klösterlichen Auftraggeber sah Zurbarán die Herausforderung, Porträts in immer neuen Facetten auf die Leinwand zu bannen. Sie zeugen von psychologischem Feinsinn und zeigen die Ordensträger in andächtiger Stille und hoher Würde, wohl schon auf das Jenseits verweisend. Ganz so, wie die Klosterbrüder sich selbst gerne sahen.

Meisterhaft gelingt die naturalistische Wiedergabe des Faltenwurfs der oft weißen Mönchsgewänder. Zurbarán arbeitet – gleich seinem Zeitgenossen Rubens – die Stofflichkeit so vollkommen heraus, dass der Betrachter die groben Kutten förmlich auf der eigenen Haut zu spüren meint. Selbst in seinen Stillleben erzeugt der Meister eine tiefe Feierlichkeit, etwa erinnern wie zufällig auf einem Tisch aufgereihte Küchengerätschaften an liturgische Gegenstände auf einem Altar.

Hinwendung zum (scheinbar) Alltäglichen

Noch zu seinen Lebzeiten endete in Spanien die Dominanz der religiösen Motive. Bartolomé Esteban Murillo (1618–82) aus Sevilla war es, der mit Abbildungen einfacher, aber scheinbar glücklicher Straßenkinder die Herzen

Eines der Meisterwerke Zurbaráns zeigt den heiligen Hugo im Refektorium der Kartäuser. Eben jener Hugo reicht den sieben Gründern des Ordens während der Fastenzeit ein Fleischgericht. Doch dieses zerfällt zu Asche.

städtisch-bürgerlicher Käuferschichten erweichte. In der rückständigen Extremadura sollte es noch bis zum Ende des 19. Jh. dauern, bis die Künstler das alltägliche Leben und die volkstümlichen Sitten als Motiv entdeckten. Unkritisch gegenüber gesellschaftlichen Entwicklungen entwarfen sie das Bild eines glücklichen Landlebens.

Eine Ausnahme bildete der 1844 in Badajoz geborene Felipe Checa. In traditionell anmutenden Bildern entlarvte er die Laster und Doppelmoral seiner Zeit und schloss in seine harte und doch liebenswürdige Kritik den Klerus ein. Hier stibitzen die Messdiener den Wein, dort futtert sich der Geistliche in einer gutbürgerlichen Küche satt.

Erst im 20. Jh. wurde der beschwerliche Alltag der Armen als Motiv entdeckt. José Pérez Jiménez bildet den Übergang in diese Epoche. 1908 malte er zwei ge-

wissenhaft gekleidete Burschen auf des Esels Rücken von der Quelle zurückkehrend. Ihnen folgt eine weiß gewandete Frau. Das leichte Rot am Horizont deutet einen romantischen Sonnenuntergang an. Das Gegenstück folgte ein Jahr später. »El Trata de Niños« zeigt zwei ärmliche Kinder, hinter ihnen steht vor dunklem Hintergrund die ausgemergelte Mutter. Godofredo Ortega Muñoz malt einen hageren Landarbeiter – mit leerem Blick auf unfruchtbaren Erdkrumen neben einem toten Baum stehend (»Campesino extremeño«, 1939).

Francisco Pedraja Muñoz hat das Elend in schreiende Farben getaucht. »Emigración« (1970) zeigt drei mutlose Erwachsene, die sich auf ihrem Weg in die Fremde eine Pause gönnen. Unter einer Vogelscheuche! Nur ein Mädchen weckt Hoffnung. Ihm zu Füßen wachsen zwei rote Mohnblumen. ∎

Eine Jungfrau erobert die Welt

Als einem Hirten — in den Bergen von Guadalupe die Jungfrau Maria erschien, ahnte der gute Mensch nicht, welche Folgen dieses Ereignis für die spanische Welt haben sollte. Er war doch nur auf der Suche nach seiner entlaufenen Kuh.

Erst nach drei Tagen fand der Gute sein Tier – scheinbar tot. Doch dann erlebte er die Überraschung seines Lebens … Natürlich gibt es, wie meist in solchen Fällen, mehrere Versionen der Geschichte. Nicht einmal das genaue Datum der Himmelserscheinung steht fest. Es muss um das Jahr 1300 liegen. Wie auch immer: Als Gil Cordero dem unversehrten Tierkadaver ein Kreuz einritzen wollte, erhob sich die Kuh und stand putzmunter vor ihm. In diesem Augenblick erschien Maria am Firmament. Ihrem Auftrag folgend eilten kirchliche Würdenträger herbei und gruben vor Ort nach ihrem Bildnis.

Diese Maria ist schwarz

Die Kirchenleute fanden unter den Steinen am Flussufer des Guadalupejo eine festlich gewandte Marienfigur. Der Legende nach hatte sie der Evangelist Lukas eigenhändig aus dunklem Zedernholz geschnitzt. Seiner Grabstätte in Konstantinopel entnahm der spätere Papst Gregor die Statue und brachte sie 582 nach Rom, von wo sie nach Sevilla gebracht wurde. Auf ihrem Weg soll sie eine Pestepidemie beendet und einen schweren Sturm beruhigt haben. Aufgrund dieser Verdienste vom Volk sehr verehrt, wurde sie im Jahr 714 vor den anrückenden Mauren im unwegsamen Gebirge versteckt. Erst nach der christlichen Rückeroberung erblickte sie wieder das Tageslicht und erlangte als Symbol für den Sieg über die Araber wahren Kultstatus.

Kein Geringerer als Christopher Kolumbus betete vor seiner ersten Amerikafahrt zu eben dieser Jungfrau von Guadalupe. Ihren Namen sollte der erste entdeckte Eingeborene erhalten, der sogar im Wallfahrtsort getauft wurde. Und eine Insel, das spätere französische Guadeloupe. Ohne Garantie auf Vollständigkeit tragen je fünf Orte, Inseln oder Flüsse den Namen Guadalupe in Mexiko und im Süden der USA, drei in Kolumbien, zwei in Bolivien und je eine Stadt in Brasilien und Costa Rica.

Die Madonna von Guadalupe missioniert Mexiko

Im eroberten Mexiko stand es um die Sache der Spanier zunächst gar nicht gut. Die Azteken schwankten zwischen Widerstand gegen die Eroberung und Resignation. Sie sangen ihr Trauerlied: »Wir haben Blutvergießen und Schmerz gesehen, wo es einst Schönheit und Mut gab. Wir sind zu Boden geschlagen. Wir liegen in Trümmern.« Wahrlich keine ideale Grundlage für die Christianisierung. Da half erneut eine schwarze Madonna: Unter einem Regenbogen in gleißendes

Licht getaucht erschien sie dem bereits zum Katholizismus übergetretenen Indio Juan Diego mehrfach zwischen dem 9. und 12. Dezember 1531 und erteilte über ihn den mexikanischen Würdenträgern den Auftrag zu einem Kirchenbau. Warum auch sie Guadalupe genannt wurde, ist nicht mehr zweifelsfrei zu klären. Allerdings zweifeln einige Kirchenhistoriker schon die Existenz des Juan Diego an und halten die Himmelserscheinung für eine rein spanische Erfindung.

Auf in den Kampf

Jedenfalls hatte sie ein Vorbild in der Extremadura und half bei der Durchsetzung der spanischen Interessen. Mit einem Mal schienen es nicht mehr die Eroberer zu sein, die den Indios die neue Religion aufdrängten, sondern Maria höchstpersönlich rief ein offensichtlich auserwähltes Volk zum Christentum. Auf die Schnelle nahmen fast 10 Mio. Azteken den katholischen Glauben an, Grundlage für die Mestizierung, die Vermischung der Indios mit den Weißen. Deren Machterhalt war für die nächsten drei Jahrhunderte gesichert.

Doch dann wendete sich das Blatt. Die Maria von Guadalupe wurde zu einem Symbol, unter dem sich die unterdrückte einheimische Bevölkerung gegen die spanischen Gebieter vereinigte. »Es lebe Amerika, es lebe die Jungfrau von Guadalupe« wurde zum Schlachtruf des Befreiungskriegs von 1810. Der Kreis vom Beginn der spanischen Vorherrschaft zu ihrer Beendigung hatte sich geschlossen. Eine Gemeinsamkeit aber blieb beiden Ländern. Ihre Schutzheiligen heißen Guadalupe, in Spanien gefeiert am 12. Oktober, in Lateinamerika auf den Tag genau zwei Monate später. ■

Nahe Mexico-Stadt soll die schwarze Madonna erschienen sein. Nun wird sie in zwei Kirchen und bei einer riesigen Mariendarstellung verehrt.

Das zählt

Zahlen sind schnell überlesen — aber sie können die Augen öffnen. Nehmen Sie sich Zeit für ein paar überraschende Einblicke. Und lesen Sie, was in der Extremadura zählt.

3

Welterbestätten hat die UNESCO ausgewiesen: Cáceres, Mérida und Guadalupe.

1,07

Millionen Einwohner beheimatet die Extremadura und gehört damit zu den kleinsten Regionen Spaniens.

2399,33

Meter misst der höchste Berg. Der Calvitero steht auf der Grenze zwischen der Provinz Cáceres und dem kastilischen Salamanca.

175

Kilogramm bringt ein veritables Iberisches Schwein auf die Waage, dabei kommt es mit gerade einmal 1,5 kg aus dem Mutterleib.

35

Prozent der Fläche sind von parkähnlichem Weideland, der Dehesa, bedeckt, die überwiegend von Steineichen bewachsen ist.

400

Millionen Euro beträgt die höchste Auslandsinvestition für eine Zuckerfabrik in Mérida, finanziert mit Geldern aus den Vereinigten Arabischen Emiraten.

41.635

Quadratkilometer Fläche umfasst die Extremadura, immerhin 8,2 % von Spanien.

1500

Kilometer Strände an Flüssen und Seen besitzt die Extremadura, so viele wie keine andere spanische Region. Und da sind die unzähligen Naturschwimmbäder an Bergbächen noch gar nicht mitgezählt.

12.501

Oppositionelle ließ Diktator Franco in der Extremadura ermorden, in Cáceres hatte er sich an die Macht geputscht.

2,07

Bars kommen auf 1000 Einwohner in Badajoz, damit liegt die Stadt noch vor Madrid mit 1,84 Bars. Unerreichbar ist allerdings Spitzenreiter León mit umgerechnet 5,03 Bars.

20.000

deutsche Urlauber bereisen jährlich die Extremadura.

1

Million Kirschbäume blühen im Frühjahr, gefeiert sogar von Japanern, die zu diesem Anlass im März eigens das nördliche Valle del Jerte besuchen.

25.000

Quadratmeter Nutzfläche besitzt das Kloster von Guadalupe, Symbol für die spanische Welteroberung. Hier betete Kolumbus um Gottes Hilfe für seine Amerikafahrt.

300

Kilometer läuft der Pilgerpfad Vía de la Plata nach Santiago do Compostela durch die Extremadura.

451

Bibliotheken zählt die Region und ist damit führend. Durchschnittlich 2,78-mal schaut ein Extremeño nach einer Lektüre, 2,48-mal die anderen Spanier.

46

Grad betrug die höchste Temperatur, gemessen am 4. Aug. 2018 in Badajoz. Aufgrund der Klimaerwärmung dürfte der Rekord laufend überboten werden.

56

spanische Eroberer stammen aus Trujillo, der berühmteste hieß Francisco Pizarro, seine ›Leistung‹: die Zerschlagung des Inkareichs.

2,53

Meter maß der größte Extremeño, der seinen Lebensunterhalt Mitte des 19. Jh. als menschliche Kuriosität im Zirkus verdiente.

128.000

Kraniche überwintern jedes Jahr in der Region und locken ihrerseits Tausende Birdwatcher an.

75

Prozent der spanischen Tomaten liefern die Bauern der Extremadura, zumindest behauptet das ihre Vereinigung.

66.700

Jahre zählt der älteste Handabdruck, gefunden in einer Höhle mitten in Cáceres und Beleg für eine Besiedlung der Region durch Neandertaler.

Pause am erodierten Felsbrocken Porra del Burro bei Valencia de Alcántara, an dem unsere Urahnen kultische Riten feierten.

Reise durch Zeit & Raum

Geschichte kann auch unterhaltsam sein — im Centro de Divulgación Semana Santa können Sie höchst persönlich in die Rolle eines Kapuzenträgers schlüpfen, s. S. 54.

Sensation oder Irrtum?
vor 64 000 Jahren

Ein Bohrer explodierte. In Cáceres. Beim Abbau von Kalkstein. Und auf tat sich ein Hohlraum, und mit ihm der Zugang zur Höhle von Maltravieso. 1951 war das. Fünf Jahre sollte es anschließend bis zur Entdeckung von Felszeichnungen dauern, wohl 25 000 Jahre alt. Dachten die Forscher. Bis 2018. Da veröffentlichten Wissenschaftler u. a. des Max-Planck-Instituts für evolutionäre Anthropologie das Ergebnis einer neuen radiometrischen Messmethode. 66 700 Jahre alt soll ein Handabdruck sein. Neandertaler in der Extremadura? Die Wissenschaftler ermitteln weiter.
Zum Anschauen: Museo de Cáceres, S. 57

(Sehr) frühe Bewohner
6500–193 v. Chr.

Über das Land verstreut liegen zahlreiche Dolmen (Steingräber), Überbleibsel einer blühenden Megalithkultur vor rund 4500 Jahren. Vor etwa 3000 Jahren wandern Kelten aus dem Norden ein und vermischen sich mit den Urstämmen der Iberer (sog. Keltiberer). Ab dem 8. Jh. v. Chr. entwickelt sich ein lebhafter Handel mit dem tartessischen Volk am Mittelmeer, das Landwirtschaft und Lebenskultur in die Extremadura bringt. Rund

200 Jahre später drängen erneut Kelten in das Gebiet und errichten Befestigungsanlagen an den großen Flüssen Tajo und Guadiana. Sie vermischen sich mit den Stämmen der Vettonen und Lusitaner, den Vorfahren der Portugiesen.
Zum Anschauen:
Dolmen bei Valencia de Alcántara, S. 152

Erst Hinterlist, dann Handel
193 v. Chr.–254 n. Chr.

Das haben sich die Römer leichter vorgestellt. Zwar errichten sie gleich nach ihrer Invasion erste Siedlungen. Aber vergleichbar einem Asterix leistet ihnen der lusitanische Feldherr und Freiheitskämpfer Viriato erbitterten Widerstand. Erst nach seiner heimtückischen Ermordung 139 v. Chr. bricht der Widerstand zusammen. 60 Jahre später errichtet Feldherr Metello in Medellín am Guadiana die erste römische Befestigungsanlage. Schnell geht es steil aufwärts: 25 v. Chr. erfolgt die Gründung von Emerita Augusta, dem heutigen Mérida. Hier stößt der zentrale Handelsweg Vía de la Plata von Sevilla nach Norden auf die Straße von Lissabon Richtung Toledo. Die römische Stadt wird Hauptstadt von Lusitania und entwickelt sich zum wichtigsten Handelsdrehkreuz der iberischen Halbinsel.
Zum Anschauen: Mérida, S. 14

Germanische Raubzüge
409–711

Es hausen die Vandalen, die 409 gemeinsam mit den Alanen die Pyrenäen überschreiten und in die Region südlich des Flusses Duero (Port.: Douro) streben, von wo sie aber sogleich nach Andalusien vertrieben werden, und zwar von Westgoten, die von 414 bis 418 das römische Imperium auch im Inneren der iberischen Halbinsel beenden. Mérida wird ihr Bischofssitz. Zur Ruhe kommt die Region allerdings nicht. Tiefpunkt: Im Jahr 582 wird Cáceres von Gotenkönig Leovigildo dem Erdboden gleichgemacht. Kurz darauf (589) erhebt das 3. Konzil von Toledo unter Leitung des Bischofs von Mérida den christlichen Glauben zur Staatsreligion.

Zum Anschauen: Basílica de Santa Lucia del Trampal, S. 43

Religiöse Toleranz …
711–1085

Der nordafrikanische Feldherr Tariq ibn Ziyad überquert die Meerenge von Gibraltar und erobert in nur sieben Jahren fast die gesamte iberische Halbinsel. Die meisten seiner Krieger stammen aus der ehemaligen römischen Provinz Mauretanien in Westafrika, daher der Name Mauren. Der christliche Glaube bleibt erlaubt, das Judentum wird toleriert. 756 wird das andalusische Córdoba zur Hauptstadt eines eigenständigen Emirats auf der iberischen Halbinsel. Mérida leistet Widerstand – und bekommt als Strafe die Stadtmauer geschleift. Stattdessen wird die bisher unbedeutende Ansiedlung Badajoz zur mächtigen Festungs- und regionalen Hauptstadt ausgebaut. Zeitgleich entstehen Wehrburgen in Alcántara, Cáceres, Monfragüe und Trujillo. Jedoch läuten ab 1010 gewaltsame Konflikte um die Erbfolge das Ende der maurischen Herrschaft ein. Das Kalifat zerfällt in 23 kleine Königreiche *(taifas)*.

Zum Anschauen: Casa Museo Arabe in Cáceres, S. 58

… und Krieg um den Glauben
1085–1340

Es fliegen die Fetzen zwischen den Religionen. Zunächst erobern christliche Truppen die Königsstadt Toledo. Dann setzen die fanatischen Almoraviden und nachfolgend die Almohaden von Marokko aus auf die iberische Halbinsel über und stoppen die christliche Rückeroberung (Reconquista). Erst 1212 bricht in der Schlacht von Las Navas de Tolosa der Sieg vereinigter christlicher Heere den islamischen Widerstand. 1230 fällt Badajoz in christliche Hand. Mit der Eroberung von Azuaga und Montemolin im äußersten Süden wird zehn Jahre später die Rückeroberung der Extremadura abgeschlossen. 1340 wird Guadalupe zum Zentrum des religiösen Lebens.

Zum Anschauen: Monasterio de Guadalupe, S. 221

Andersgläubige raus
1469–1492

Eine politische Heirat? Jedenfalls treibt die Eheschließung zwischen Ferdinand V. von Aragon und Isabella I. von Kastilien ab 1469 die Einigung Spaniens voran. Sie werden ›Katholische Könige‹ genannt und führen die Inquisition ein. Auch Llerena erhält ein Inquisitionsgericht. Das bisher bedeutende jüdische Leben in der Extremadura wird ausgelöscht. Der Höhepunkt der Regentschaft: 1492 entdeckt Kolumbus für Spanien den amerikanischen Kontinent.

Zum Anschauen: Inquisitionspalast in Llerena, S. 199

Per Segelschiff in goldene Zeiten
1492–1580

Der Kleinadel in der abgelegenen Extremadura fühlt sich vom Reichtum in den spanischen Zentren abgeschnitten. Deshalb sind es gerade Extremeños, die ihr Glück in den fernen Ländern suchen: Hernán Cortés aus Medellín erobert Mexiko, Pedro de Alvarado aus Badajoz entdeckt Guatemala, Francisco Pizarro aus Trujillo zerschlägt das Aztekenreich in Peru, Hernando de Soto aus Barcarrota findet den Mississippi, Pedro de Valdívia aus Villanueva gründet Santiago de Chile. Wohlhabende Rückkehrer aus Amerika bauen in ihrer Heimat mächtige Kirchen und herrschaftliche Wohnhäuser. Mitte des 16. Jh. prosperiert die Region, erst recht, als 1580 Portugal mit Spanien vereinigt wird und die Extremadura sich nicht mehr in benachteiligter Randlage befindet.

Zum Anschauen: Adelspaläste in Trujillo, S. 73

Das Glück verspielt
1700–1900

Doch sinnloses Verpulvern des schnellen Gewinns, Pestepidemien und Auseinandersetzungen mit dem portugiesischen Adel lassen die Extremadura zum Armenhaus verkommen. Ein Krieg mit Portugal zwischen 1640 und 1648 verwüstet das Gebiet. Und damit nicht genug. Anfang des 19. Jh. erobert der in der Extremadura gebürtige Minister Manuel Godoy zwar die portugiesische Grenzstadt Olivença, nunmehr Olivenza. Aber gleich darauf macht der spanische Unabhängigkeitskrieg gegen Napoleon 1808–1814 die Grenzregion Extremadura zum Schlachtfeld.

Im Zuge der Säkularisierung ab 1830 werden die extremenischen Ländereien von Kirche, religiösen Orden und aufgelöster Inquisition an Adelige und reiche Bürger aus Madrid und Andalusien veräußert. Die Anbaufläche verdoppelt sich. Die Extremadura wird in die Provinzen Badajoz und Cáceres geteilt. Doch die Gewinne fließen ab, Bauernaufstände gegen soziale Verelendung werden brutal niedergeschlagen.

Zum Anschauen: Olivenza, S. 167

Armut und Diktatur
1900–1975

Der Bau der Bahnstrecke Talavera de la Reina nach Villanueva de la Serena bindet ab 1928 fast alle Arbeitskräfte und führt in Zusammenhang mit zahlreichen weiteren Bahnprojekten zu hoher Inflation und Verschuldung. Vor diesem Hintergrund wird die Ausrufung der Zweiten Spanischen Republik 1931 von der Mehrheit der Bevölkerung begeistert gefeiert. Als jedoch die versprochene Agrarreform nur sehr schleppend beginnt, kommt es zu teilweise blutigen Auseinandersetzungen zwischen Landarbeitern und der Staatsmacht. 1936 siegt eine linke Volksfront in freien Wahlen. Es folgen ein Militärputsch der Generäle Franco und Mola und dreijähriger Bürgerkrieg. In der Stierkampfarena von Badajoz veranstalten Francos Schergen Massenerschießungen. Ab den 1950er-Jahren wandern etwa 700 000 Extremeños aus, weil ihnen ihre Heimat nicht genug zum Leben gibt.

Zum Anschauen: Dokumentationszentrum Las Hurdes, S. 129

Demokratie und Aufschwung
1975–heute

Nach dem Tod von Diktator Franco 1975 wird König Juan Carlos I. Staatsoberhaupt. Die demokratische Erneuerung beginnt. Die Extremadura erhält 1983 einen Autonomiestatus. Erster Ausdruck der Unabhängigkeit von der spanischen Zentralregierung ist der Stopp des Baus eines Atomkraftwerks bei Valdecaballeros per Regionalgesetz. 1986 tritt Spanien der Europäischen Gemeinschaft bei. Nach Jahren der Krise legt das Wirtschaftswachstum in der Extremadura seit 2016 wieder deutlich zu. Dennoch bleibt sie die einkommensschwächste Region Spaniens. Bei den Nationalwahlen im April 2019 wird die Sozialistische Arbeiterpartei PSOE stärkste Partei, bei den Regionalwahlen im Mai gewinnt sie mit absoluter Mehrheit.

Tod in der Extremadura

Es ist der 28. September 1936 — eine Menschenmenge versammelt sich vor einem Stadtpalast in Cáceres. Ans Fenster tritt General Franco, seit einigen Wochen Gast einer einflussreichen Adelsfamilie, und wird bejubelt.

Im Spanischen Bürgerkrieg haben seine Truppen gerade erste militärische Erfolge erzielt, seine engsten Verbündeten haben ihn zum *generalísimo* und Staatschef proklamiert. Nun lässt sich der zukünftige Diktator erstmals groß feiern. Hier in der Extremadura.

Das Massaker von Badajoz

Im Kampf gegen die demokratisch gewählte Regierung war Francos Truppen schnell die Eroberung des Nordwesten Spaniens bis Cáceres gelungen, im Süden großer Teile Andalusiens. Notwendig für den weiteren Vormarsch war die Verbindung zwischen diesen beiden Gebieten. Dies gelang am 14. August 1936 in der Schlacht von Badajoz.

6000 republikanische Milizionäre hatten gegen Francos Panzer und Berufssoldaten keine Chance. Diese schreckten selbst vor der Erschießung von Kindern und Massenvergewaltigungen nicht zurück. In den Straßen wurden Widerständler niedergemetzelt. Durch die Calle de Zurbarán nahe der Kathedrale soll das Blut in Strömen geflossen sein. Schließlich trieben Francos Schergen ihre Gegner in der Stierkampfarena zusammen, wo die Massentötungen einen grausamen Höhepunkt erreichten.

Die in Spanien auch *Matanza de Badajoz* (Gemetzel von Badajoz) genannten Bluttaten fanden großen Widerhall in der internationalen Presse. Die »Chicago Tribune« berichtete von 1800 ermordeten Republikanern und Zivilisten schon in der ersten Nacht. Und Badajoz zählte damals gerade einmal 40 000 Einwohner.

Gras wächst über die Geschichte

Die Putschisten verwandelten die nördliche Extremadura in ein nationalistisches Bollwerk und begannen ihren Marsch auf Madrid. Rasch nahmen sie Mérida und Don Benito. Doch erst am 23. Juli 1938 fiel die letzte republikanische Bastion in der Extremadura: Castuera, knapp 160 km östlich von Badajoz. Für ihren erbitterten Widerstand wurden die Einwohner im April 1939 mit der Errichtung eines Kon-

Viele Spanier kämpfen im Bürgerkrieg von 1936 bis 1939, schätzungsweise 200 000 verlieren ihr Leben. Bis heute spaltet dieses dunkle Kapitel die spanische Gesellschaft.

zentrationslagers bestraft. Spanienweit gab es bis 1947 nachweislich 180 Lager mit bis zu 500 000 Gefangenen.

Nur wenige Mauerreste erinnern noch an das Lager. In der Nähe führt die Eisenbahnlinie von Madrid nach Badajoz vorbei, über die viele der Verhafteten hergeschafft wurden. Die Bauern allerdings achten das 7 ha große Gelände auf ihre Weise und verzichten auf dessen landwirtschaftliche Nutzung.

Bis zu 7000 politische Gefangene waren in 92 Baracken eingepfercht. Von einem Graben umgeben und mit doppeltem Stacheldraht umzäunt. Die beiden einzigen Brunnen versiegten unter der Sommerhitze schnell, die Temperaturen im Winter waren oft eisig kalt. Psychische Schikanen machten das Überleben noch schwerer. Immer wieder mussten die Hymne der nationalistischen Falange-Bewegung gesungen und Franco gefeiert werden. Willkürliche Erschießungen waren an der Tagesordnung. Eine Aufstellung listet 12 501 Namen von Ermordeten in der Extremadura. In Spanien sollen es über 140 000 gewesen sein.

Zögerliche Aufarbeitung

Bis 2007 dauerte es, bis sich eine spanische Regierung für die Rehabilitierung der Franco-Opfer und die finanzielle Entschädigung ihrer Hinterbliebenen einsetzte. Das »Gesetz des historischen Andenkens« verurteilt das Franco-Regime und verlangt die Entfernung seiner Symbole. Und erst 2016 wurde auf einem Friedhof für Gefallene in Campillo de Llerena östlich von Hornachos das erste Museum zum Bürgerkrieg eröffnet.

An den Massenmord in der Stierkampfarena von Badajoz erinnert eine moderne Skulptur vor dem dortigen Kongresszentrum. Reflektierende Metallröhren winden sich so ineinander, dass sie bei starkem Sonnenlicht einer Blume gleichen, Symbol für das ewige Andenken. 2019 trat das »Gesetz der historischen und demokratischen Erinnerung der Extremadura« in Kraft, das ein aktives Gedenken auch von offizieller Seite befördert. Ein Mahnmal des Künstlers Francisco Cedenila nahe Plasencia (s. S. 118) allerdings wurde noch am Tage der Einweihung von Unbekannten geschändet. ■

Das große Schmatzen

»Jamón iberíco« — Generationen spanischer Könige lief beim Gedanken daran das Wasser im Munde zusammen. Doch woher stammt dieser ebenso köstliche wie wertvolle Schinken?

Genau dass will Jürgen Strohmaier bei seinem Besuch auf einer Schweinefarm herausfinden. Und natürlich die kulinarische Krone der Extremadura direkt vor Ort probieren!

Treffpunkt mit Gutsverwalter Pedro Domínguez Sanchéz ist auf der Dorfstraße von Deleitosa, nordöstlich von Trujillo. Eine erste Enttäuschung. Kein Schwein lässt sich blicken, als der betagte Landrover über unbefestigte Wege durch weite Eichenhaine rumpelt. Nicht einmal bei der Ankunft am Gutshof, wo die Familienmitglieder Andreas und Santi Domínguez an einem Traktor herumbasteln. Die fettleibigen Vierbeiner sind scheu. Sehr scheu! Von der Straße aus sind sie jedenfalls kaum zu sehen.

Schüchtern und nimmersatt

Doch gefräßig sind sie. Sehr gefräßig! Wie aus dem Nichts flitzen sie herbei, als Sr. Andreas die Eicheln vom Baum schlägt. Das geschieht mit der *zurriaga*, einer Peitsche aus zwei dünnen, am Ende miteinander verbundenen Stecken. Das große Schmatzen beginnt. Und Pedro schmunzelt über Fake News, die er selbst verantwortet: Ein Unternehmen für Tiefkühlkost drehte einen Werbefilm auf dem Gut und wollte Schweine auf der Straße zeigen.

»Ich erklärte dem Regisseur, die Tiere würden Mensch und Straße meiden. Doch die Filmcrew ließ nicht locker. Also streuten wir Eicheln auf dem Teer aus, und schnell war die gewünschte Aufnahme im Kasten«.

Feines Schweineleben

Das iberische Schwein, span. *cerdo ibérico*, stammt aus Nordafrika, wurde aber wohl schon in vorrömischen Zeiten in der Extremadura und in Andalusien heimisch. Es besitzt einen lang gezogenen Körper, einen kleinen Kopf und zeigt sich lauffreudig. 500 eher kleine extremenische Bauernhöfe sind auf die Zucht der halbwilden Rasse spezialisiert. Pedro Domínguez weiß, dass der Familienhof mit 500 ha Größe etwas über dem Durchschnitt liegt. »Betrieben in der dritten Generation«, wie er stolz anfügt. Mehr als 300 Bäume wachsen pro Hektar, jeder gibt 200 kg Eicheln, ein Festmahl für Schweine.

»Wir ziehen 150 bis 200 Schweine pro Jahr groß. Unsere Frischlinge haben es richtig gut«. Sie erblicken mit knapp

Fein geschnitten muss der Schinken sein, an der Maserung des Fettes ist die Qualität zu erkennen.

1,5 kg das Licht der Welt und werden anfangs im Gehege vom Muttertier gesäugt. Neugierig sind sie. Pedro ahmt ihr Grunzen nach, ein schnelles Trappeln und schon schnüffeln die Kleinen an Schuhen und Hosenbeinen.

Nach drei Monaten geht's auf die Wiese, wo sie mit Getreide, Klee und Kräutern gefüttert werden, bis sie nach fast einem Jahr über 100 kg auf die Waage bringen. Das dauert fast ein Jahr. Und dann folgt die entscheidende Zeit, um den besten Schinken zu bekommen.

Saubere Ausdauerläufer

Ab Oktober, wenn die reifen Eicheln vom Baum fallen, suchen sie sich ihr Futter selbst. »10 kg fressen Sie jeden Tag, hochgerechnet aufs Schweineleben bedeutet das etwa 15 kg Eicheln pro Kilogramm Gewicht. Dabei entwickeln sie sich«, so Pedro, »zu echten Dauerläufern. 12 km täglich schaffen sie. In Gruppen von sieben bis 20 Tieren. Und bilden Muskeln aus.« Zumindest anfangs, denn in drei weiteren Monaten legen sie nochmals 60 kg zu und werden langsam gehfaul. Nur in tierärztlich genehmigten Ausnahmefällen dürfen Eicheln, ausschließlich aus der Extremadura, zugefüttert werden. Und allerhöchstens zwei Wochen lang.

In der gesamten Extremadura werden je nach den Wetterbedingungen jährlich 35 000 bis 65 000 Ferkel geworfen. Zum Vergleich: In Deutschland wurden 26,9 Mio. Schweine im Jahr 2018 gezüchtet, mancher Betrieb zählt über 200 000 Ferkel.

Frisches Bad am Morgen

Zur Entspannung nimmt das Schwein gerne mal ein Bad, am liebsten in der Frühe sowie zur Abkühlung an heißen Tagen. Jeder Bauernhof hat eigene Seen angelegt.» Wenn in kalten Winternächten der Weiher zufriert, brechen sie das Eis auf, um sich im Wasser zu suhlen«, wundert sich Pedro. Hitze und Kälte, Trockenheit und Regen können ihnen nichts anhaben, haben sie sich doch über die Jahrhunderte an das Klima der Extremadura gewöhnt Zu viel Niederschlag ist für die Züchter allerdings schlecht. Dann sinken die Schweine auf Schritt und Tritt tief in den aufgeweichten Boden und verlieren Gewicht. Und 160 bis 175 kg müssen sie auf die Waage bringen, um reif für den besonderen Eichelschinken zu sein. In mitteleuropäischen Massenzuchtbetrieben sind es übrigens nur 85 bis 100 kg bei der Schlachtung nach einem halben Lebensjahr.

Ein Schwein mit sechs Beinen?

Auch in Spanien ist nicht alles Gold, was glänzt. Eine Million *cerdos ibéricos*

QUAL DER WAHL **Q**

Jamón Ibérico de Bellota bildet die Spitze des wertvollen *jamón ibérico*. Die frei laufenden Schweine ernähren sich von Eicheln und Kräutern, die sie selbst erschnüffeln. Der Preis für einen Hinterschicken beginnt bei 7 € pro 100 g. Etwas preiswerter sind die kleineren Vorderschinken (**Paleta Ibérico de Bellota**), die schwerere Knochen haben. **Jamón bzw. Paleta Ibérico de Cebo de Campo** stammen von Tieren aus extensiver Haltung, aber Zufütterung mit Mais, Hafer oder Weizen ist erlaubt; hier kosten100 g um die 4 €. Die ideale Verzehrtemperatur liegt übrigens zwischen 20 und 25 °C.

werden jedes Jahr geschlachtet. Doch sechs Millionen Schinken kommen auf den Markt. Nach Adam Riese müsste das iberische Schwein folglich sechs Beine haben. Wahrlich inflationär wird der Begriff *pata negra* inzwischen verwendet. Streng sind deswegen die behördlichen Auflagen in der Extremadura. Höfe und Tiere unterliegen permanenter Kontrolle. Ein Veterinär beaufsichtigt nur ungefähr 25 Höfe und kennt praktisch jedes Schwein persönlich. Sogar die Exkremente der Tiere werden untersucht, um unerlaubte Nahrungszusätze auszuschließen.

Die Schlachtung jedes einzelnen Schweines wird vom Tierarzt vor Ort ebenso überwacht wie der Reifungsprozess des Schinkens, der nur in fünf ausgewiesenen Bezirken der Extremadura erfolgen darf. Ausschließlich in kleinen Familienbetrieben. Eine aufwendige Prozedur, die hochwertige Ware garantiert, aber natürlich auch ihren Preis hat. Der Konsument kann die Herkunft anhand einer Kontrollziffer per kostenloser App »Iberico« nachverfolgen.

Ein Traum von Schinken

Behutsam müssen die Schinken reifen. Señor Bautista in Montánchez lässt mich in eine weiße Schutzkleidung schlüpfen, bis ich einem Spurensicherer im Fernsehkrimi gleiche. Dann geht's in die kleine Fabrik. Dort werden die Keulen für ein paar Tage bei einer Temperatur von 1 bis 5 °C unter Salz gelegt. Das weiße Gold konserviert und entzieht Flüssigkeit.

Nun kommen die Schinken für 40 bis 70 Tage in Kühlkammern, in denen sich das Restsalz im Fleisch verteilt. Dann wird der Trocknungsprozess in großen Räumen bei etwa 18 °C und ausreichender Luftzufuhr fortgesetzt. Zwei bis vier lange Jahre! Gelegentliches Einreiben mit Olivenöl

WOLLEN AUCH SIE DIESE FINCA BESUCHEN? **F**

Ein etwa 90-minütiger Besuch auf dem Gutshof kann mit zwei Tagen Vorlauf reserviert werden und kostet inklusive Kostprobe 120 € (unabhängig von der Besucherzahl, max. 10 Pers., Kinder sind willkommen), zu buchen bei Ganatur, Deleitosa, T 633 13 39 89 (mobil), www. ganatur.es.
Restaurant El Majano: Auf offenem Grill brutzelt Juan Pedro Álvarez vor seinen Gästen im Garten ausschließlich Fleisch aus der Region von höchster Qualität. Asador El Majano, EX-386, km 13 (2,5 km Richtung Guadalupe), T 629 55 31 55 (mobil), tgl. Mitte Juni–Mitte Sept. und an Feiertagen, Hauptspeisen um 12 €, Menüs 25–30 €.

säubert und schützt vor Insektenbefall. Im Zuge des Reifeprozesses schrumpft ein Schinken von ursprünglich 13 kg auf 7 bis 8 kg. Das Fett verteilt sich gleichmäßig im Fleisch und sorgt für eine feine Maserung.

Und nun eine Kostprobe

Zum Probieren lädt Deleitosas Bürgermeister Juan Pedro Domínguez Sanchéz ins nahe Restaurant El Majano. Und schwärmt: »Jamón iberico zu essen gleicht einer Liturgie. Er ist für seinen milden Geschmack bekannt, der im Mund regelrecht explodiert.« Schöner lässt sich der Genuss wohl nicht beschreiben. Die einfachen Schinken auf dem Frühstücksbuffet oder Vorspeisentellern der Restaurants reichen da bei Weitem nicht heran. Zumindest einmal im Urlaub ist ein reiner Eichelschinken seinen Preis wert. ∎

»Zuweilen mache ich spinnerte Dinge«

Über die extremenische Küche — und ihre aktuellen Tendenzen sprechen Toño Pérez und José Polo, Eigentümer des Sternerestaurants Atrio in Cáceres und verraten den Lesern sogar ein eigenes Rezept zum Nachkochen zu Hause.

Sr. Toño und Sr. José, was macht die extremenische Küche so besonders?

José: Sie ist als Alltagsküche entstanden, eng verbunden mit dem Land, mit der Natur.

Toño: Bestes Beispiel ist das iberische Schwein. Das Futter, die reifen Eicheln, finden die Tiere nur in der kalten Jahreszeit. Würden sie sich im Sommer ihr Fett anfressen, hätte es nie iberisches Schweinefleisch gegeben. Es wäre nach dem Schlachten sofort verdorben.

José: Die extremenische Küche hat eine Eigenständigkeit entfaltet, ganz wie die Region. Das iberische Schwein besitzt eine starke Persönlichkeit. Das kann ich gleichfalls über unser Land, unsere Bevölkerung, unsere Küche sagen. Eine Küche mit viel Persönlichkeit. Und beim Genuss der (regionalen Käsespezialität) *torta del casar* schmeckt man ein Stück Weideland mit, schmeckt man das Schaf, das die Milch gegeben hat, die Disteln, die es gefressen hat.

Wie wichtig sind ausländische Gäste für ein Restaurant wie das Atrio?

José: Nun, ich denke, dass derzeit 35 bis 40 % unserer Gäste aus dem Ausland kommen. Dieser Anteil ist wirklich bedeutsam. Und ich vermute, dass er noch zunehmen wird.

Und wie verfeinern Sie selbst das extremenische Essen in Ihrer Cocina de Autor (Autorenküche)?

José: Ausgangspunkt ist immer die Frage, was die Region zu bieten hat. Grundlage ist das Gefühl, das sich beim Genuss einer traditionellen extremenischen Suppe mit Tomaten und Kreuzkümmel einstellt. Wir fügen dann einen knusprig ausgebackenen Chip hinzu. Und so schmecken Sie die typische extremenische Küche, aber ein wenig zeitgenössischer, moderner zubereitet, durch eine neue Idee aufgewertet. Doch im Grunde handelt es sich um sehr, sehr Traditionelles.

Ist die Qualität der Zutaten oder die Art der Zubereitung wichtiger?

Toño: Beides ist von herausragender Bedeutung. Gleichermaßen die

Spitzenkoch Toño Pérez, hier in seiner Küche in Cáceres, liebt regionale Zutaten und verfeinert seine Gerichte gern mit frischen Kräutern.

Die kalte Vorspeise Zorongollo, Paprika und Tomaten in Olivenöl, passt warm und leicht abgewandelt wunderbar zur Schweinelende im Rezept auf der rechten Seite.

Region und der Ort, die die Produkte hervorbringen, wie die Art und Weise ihrer Verwandlung. Wir sprechen vom Kochen, das heißt, wir sprechen von einer Umgestaltung. Das Produkt und die Technik des Kochens gehören zusammen. Wenn wir eines der beiden Dinge vernachlässigen, dann: o je!

Wie verlief die Entwicklung der extremenischen Küche in den letzten Jahren?

Toño: Ich rede natürlich nur von unserem Haus, in dem sie sich schöpferisch weiterentwickelt. Es gibt permanente Updates. Die Art der Zubereitung ändert sich oder die Größe der Portionen. Wir brauchen aufgrund der heutigen Arbeits- und Lebensweise nicht mehr so viel Kalorien wie vor 50 Jahren. Auch die Präsentation der Gerichte ändert sich, sie wird vielfach schöner, ästhetischer.

Spielt Ihrer Ansicht nach auch in Ihrem Bereich der Tourismus eine Rolle?

Toño: Wir können mit unserer neuen Küche etwas mutiger sein, weil wir wissen, dass die Urlauber oftmals offener sind. 8 Mio. Gäste besuchen Spanien pro Jahr, nur um unsere Gastronomie zu erleben.

Sie, Toño, sind der einzige Sternekoch der Extremadura. Beeinflussen Sie dadurch die Küche der Region, prägen Sie, auch durch Ausbildung, vielleicht sogar eine neue Generation von Küchenchefs?

Toño: Viele junge Leute absolvieren bei uns ein Praktikum, um eine neue Idee von der extremenischen Küche zu bekommen. Später verbreiten sie diese in der Region und darüber hinaus. Bis nach Schweden, von wo wir schon Schüler empfingen.

Wie entstehen eigentlich die Ideen zu einem Gericht?

Toño: Nachts, wenn ich nicht einschlafen kann, arbeitet der Kopf weiter. Ich entwickle dann, das räume ich ein, zuweilen spinnerte Sachen. Und dann holt mich oft die raue Realität ein.

Wie viele Ideen funktionieren denn?

Toño: Ein paar. Zuerst denke ich und dann probiere ich. Es ist eine zutiefst befriedigende Tätigkeit, in der viel von meiner Persönlichkeit steckt.

Und wie lange dauert es, bis ein neues Rezept fertig ist?

Toño: Das ist ganz unterschiedlich. Manchmal geht es sehr schnell, und manchmal ganz langsam.

Und die Extremadura bildet immer den Ausgangspunkt?

Toño: Ja, immer gibt es das Ausgangsprodukt von hier, die Art, wie hier gegessen wird. Die Ausarbeitung des Rezepts kann sehr zeitgenössisch erscheinen, doch fußt es immer auf extremenischen Wurzeln.

Sind Sie nicht manchmal müde durch die verantwortungsvolle Arbeit?

Toño: NEIN!

Wie viele Tage haben Sie denn geöffnet?

Toño: Jeden Tag.

Und wie viele Tage stehen Sie selbst in der Küche?

Toño: Auch jeden Tag. Und wenn ich mal weg muss, muss ich eben weg. Es gibt ein gut organisiertes Küchenteam.

Was wäre Ihr letztes Abendmahl, wenn Sie wüssten, dass morgen die Welt untergeht?

Toño und José unisono: Wenn ich ein einziges Gericht auswählen müsste, wäre das iberischer Eichelschinken mit Brot und ein wenig Wein.

Rotwein?

José: Oh nein, für mich Champagner.

Verraten Sie uns zum Abschluss noch eines Ihrer Rezepte aus extremenischen Zutaten für das Nachkochen zu Hause?

Toño: Ja, gerne! Geschmorte iberische Schweinelende mit Thymian auf lauwarmem Zorongollo (*)

(*) Zorongollo ist ein in der Extremadura sehr beliebter gemischter Salat aus gerösteten Paprikaschoten und anderen Gemüsen (Tomate, Zwiebeln). ∎

R

GESCHMORTE SCHWEINELENDE MIT ZORONGOLLO

Zutaten für 4 Personen:
800 g iberische Schweinelende
1 Sträußchen getrockneter Thymian
Salz, Pfeffer
600 g rote Paprika
1 Tomate
4 Frühlingszwiebeln
Mildes Olivenöl (Erstpressung)
Sherry-Essig
frischer Knoblauch
Salz

Zubereitung:
1. Entfernen Sie das überflüssige Fett vom Fleisch, reiben Sie es mit Thymian, Pfeffer und Salz ein und schmoren Sie es 20 Min. bei 180 °C im Ofen, anschließend lassen Sie es 30 Min. bei 70 °C ruhen.
2. In der Zwischenzeit beträufeln Sie in einer Pfanne Paprika, Tomaten, Frühlingszwiebeln und den Knoblauch mit etwas Olivenöl und erhitzen die Mischung.
3. Sobald das Gemüse heiß ist, bedecken Sie es mit Aluminiumpapier und lassen es 30 Min. sanft ziehen.
4. Säubern und enthäuten Sie den Paprika und schneiden ihn in Streifen. Hacken Sie die Tomate, Frühlingszwiebeln und Knoblauch fein.
5. Vermischen Sie alles zu einem kleinen Salat und schmecken ihn mit Olivenöl, Essig und Salz ab.

Anrichten:
Legen Sie das aufgeschnittene Fleisch in die Mitte eines Tellers, geben ein wenig Zorongollo darauf und begießen Sie das Ganze mit dem Bratensaft.

Leben im Naturparadies

Intakte Umwelt — Sie ist eines der Markenzeichen der Extremadura mit abwechslungsreicher Fauna und Flora.

Einsam folgt der Radler dem Weg, einsam schraubt sich der Geier in den Himmel – die Extremadura ist so dünn besiedelt, dass sich auch Urlauber manchmal mutterseelenallein fühlen können.

Bisweilen zeigt sich die Einzigartigkeit eines Flusslaufes erst aus originellem Blickwinkel, während die Einmaligkeit der parkähnlichen Eichenhaine offen vor Augen liegt.

Natürliche Schönheit kann grün, blau und schier endlos sein.

Einfahrt für Autos verboten, verlangt das Verkehrsschild dort, wo die Schafe sich ihren langen Weg bahnen. Oft laufen sie Hunderte Kilometer zu den besten Gräsern und Kräutern, ihre Milch liefert deswegen wunderbar kräftigen Käse.

DAS KLIMA IM BLICK **A**

Reisen bereichert und verbindet Menschen und Kulturen. Wer reist, erzeugt auch CO_2. Der Flugverkehr trägt mit einem Anteil von bis zu 10 % zur globalen Erwärmung bei. Wer das Klima schützen will, sollte sich für eine schonendere Reiseform (z. B. die Bahn) entscheiden – oder die Projekte von atmosfair unterstützen. Atmosfair ist eine gemeinnützige Klimaschutzorganisation. Die Idee: Flugpassagiere spenden einen kilometerabhängigen Beitrag für die von ihnen verursachten Emissionen und finanzieren damit Projekte in Entwicklungsländern, die dort den Ausstoß von Klimagasen verringern helfen. Dazu kann mit dem Emissionsrechner auf www.atmosfair.de berechnet werden, wie viel CO_2 der Flug produziert und was es kostet, eine vergleichbare Menge Klimagase einzusparen (z. B. Berlin–Madrid–Berlin 25 €). Atmosfair garantiert die sorgfältige Verwendung Ihres Beitrags.

MIX
Papier aus verantwortungsvollen Quellen
FSC® C018236

Jürgen Strohmaier lebt seit 1994 im Nachbarland Portugal, genauer in Lissabon. Seitdem erkundet er die Extremadura auf zahlreichen Reisen und ist verzaubert von ihren naturwüchsigen Landschaften, der bunten Vogelwelt und den antiken Stätten. Er hat ein ursprüngliches Stück Spanien für sich entdeckt, das in den massentouristischen Orten am Meer längst verschwunden ist. Ein wenig seiner ungebrochenen Faszination will er mit diesem Buch weitergeben.

Abbildungsnachweis

Extremadura Tourist Board, Merida (ES): S. 7 o. li., 14 li., 15 o. li., 15 o. re., 17, 30, 35, 40 li., 40 re., 50, 55, 63, 67, 71 o. re., 73, 91, 93, 96 li., 99, 122, 133, 136, 140 li., 141 li., 153, 158, 166, 170, 174 li., 210 li., 210 re., 217, 265, 287, 297 o.; 56 (Joaquín Cortés); 114 (Nicolas Yazigi/Rocio Guerrero); 105 (Plasencia Catredral/Coro-Julián Blasco 2009); 175 li. (Rodrigo Pérez); 97 M. (Rubén Cebrián); 10, 61, 143, 174 re., 184, 296 u. li (Sebastian Carbini Princic) **f1-online,** Frankfurt a. M.: S. 161 (age/Hernández) **Getty Images,** Muenchen: S. 2/3 (Eyeem); 45 (EyeEm/Luis Alberto Gallego) **Huber-Images,** Garmisch-Partenkirchen: S. 191, 258 (Günther Gräfenhein); 211 M., 229 (Massimo Ripani) **iStock. com,** Calgary (CA): S. 7 u. li. (alexsalcedo); 211 u. re. (bluebird13); 71 u. re. (Cylonphoto); 211 o. re. (DoloresGiraldez); 15 u. re. (GlobalP); 41 u. re. (hsvrs); 70 re. (jgaunion); 255 (LUNAMARINA); 141 u. re. (senorcampesino); 97 u. re. (susib) **laif,** Köln: S. 234 (4SEE/Alberto Paredes); 8 (Aurora); 71 M., 126 (Aurora/Santiago Garcia); 6 li., 14 re., 27, 69, 141 o. re, 226, 294/295 (Cathrine Stukhard); 246 (Clemens Zahn); 179 (Gonzalo Azumendi); 96 re., 296 o. li. (Guenter Standl); 280 (Hartmut Krinitz); 110 (hemis. fr/Jean-Pierre Degas); 285 (Keystone France); 97 o. re. (Le Figaro Magazine/Voge); 70 li., 76 (REA/Cathrine Stukhard); 12/13 (Redux/Nano Calvo/VWPics); 173 (robertharding/Alex Robinson); 261, 297 u. (robertharding/Michael Snell) **Lookphotos,** München: Titelbild, S. 11, 129, 180, 252/253, 256, 272, 296 re. (age fotostock); 213 (Hauke Dressler); 262/263 (Minden Pictures) **Lydia Hohenberger und Jürgen Strohmaier,** Lissabon (PT): S. 82, 206, 209, S.303 **Mauritius Images,** Mittenwald: S. 95 (Alamy/Historic Images); 223 (age fotostock/Marcelino Ramirez); 38/39 (Alamy/Javier Gil); 87 (Aurora/Chico Sanchez);

139 (Collection Cristophel); 7 re. (Michael Howard photography); 275 (Trigger Image/Felipe Rodriguez) **Restaurant Atrio,** Cáceres (ES): S. 41 li., 290/291, 292 **Shutterstock.com,** Amsterdam (NL): S. 277 (Byelikova Oksana); 75 (Celli07); 140 re. (Clavivs); 175 re., 203 (Eduardo Estellez); 240 (Erlantz P.R); 267 (Esteban Martinena Guerrer); 41 o. re. (Gabino Cisneros); Umschlagklappe vorn, 270 (Gelpi); 197 (joserpizarro); 233 (Juan Aunion)

© VG Bild-Kunst, Bonn 2019: S. 67: »Autofieber«, Wolf Vostell

Umschlagfotos
Titelbild: Blick auf Kloster Guadalupe
Umschlagklappe vorn: Iberische Schweine weiden auf dem Land im Frühjahr

Kartografie
DuMont Reisekartografie, Fürstenfeldbruck
© DuMont Reiseverlag, Ostfildern

Autor: Jürgen Strohmaier **Redaktion/Lektorat:** Petra Juling, Susanne Pütz **Bildredaktion:** Susanne Troll, Titelbild: Carmen Brunner **Grafisches Konzept und Umschlaggestaltung:** zmyk, Oliver Griep und Jan Spading, Hamburg

Hinweis: Autor und Verlag haben alle Informationen mit größtmöglicher Sorgfalt geprüft. Gleichwohl erfolgen alle Angaben ohne Gewähr. Bitte schreiben Sie uns! Über Ihre Rückmeldung und Ihre Verbesserungsvorschläge freuen wir uns: DuMont Reiseverlag, Postfach 3151, 73751 Ostfildern, info@dumontreise. de, www.dumontreise.de

1. Auflage 2020
© DuMont Reiseverlag, Ostfildern
Alle Rechte vorbehalten
Printed in Poland

Offene Fragen*

Wieso ist diese Schutz- heilige schwarz?

Wo steht die vermutlich einzige Kirche der Welt, die für einen Fußballklub wirbt?

Seite 84

Seite 276

Lebten Neandertaler auch in der Extremadura?

Warum nur ist des Kaisers Schlafzimmer so düster?

Seite 112

Warum gibt es nahe Hervás eine Geisterstadt?

Seite 123

Schwebt da wirklich ein Cadillac auf Raketenflügeln?

Seite 65

Ist die Extremadura eigentlich arm?

Seite 266

Wieso bloß schmecken so manche Kekse der Extremadura geradezu himmlisch?

Seite 69

»Game of Thrones« spielte hier?

Seite 47

Wie viel wiegt denn so eine Prozessionsfigur bei den Osterumzügen?

Haben diese Schweine wirklich sechs Beine?

Seite 288

---

* Fragen über Fragen – aber Ihre ist nicht dabei? Dann schreiben Sie an info@dumontreise.de. Über Anregungen für die nächste Ausgabe freuen wir uns.